Bilanzierung von Pensionsverpflichtungen

Stephan Derbort • Richard Herrmann
Christian Mehlinger • Norbert Seeger

Bilanzierung von Pensionsverpflichtungen

HGB, EStG und IFRS / IAS 19

Stephan Derbort,
Richard Herrmann,
Christian Mehlinger,
Heubeck AG,
Köln, Deutschland

Norbert Seeger
Hochschule Bonn-Rhein-Sieg,
Sankt Augustin, Deutschland

ISBN 978-3-8349-2997-6   ISBN 978-3-8349-7151-7 (eBook)
DOI 10.1007/978-3-8349-7151-7

Die Deutsche Nationalbibliothek verzeichnet diese Publikation in der Deutschen Nationalbibliografie;
detaillierte bibliografische Daten sind im Internet über http://dnb.d-nb.de abrufbar.

Springer Gabler
© Gabler Verlag | Springer Fachmedien Wiesbaden 2012

Lektorat: Andreas Funk | Anna Pietras
Einbandentwurf: KünkelLopka GmbH, Heidelberg

Springer Gabler ist eine Marke von Springer DE.
Springer DE ist Teil der Fachverlagsgruppe Springer Science+Business Media
www.springer-gabler.de

Vorwort

Am 16. Juni 2011 ist die Neufassung des internationalen Rechnungslegungsstandards IAS 19 für Pensionen veröffentlicht worden. Eine der wesentlichen Neuerungen - wenn nicht die wichtigste - ist der künftige Wegfall der Korridormethode. Auch wenn der neue Rechnungslegungsstandard erst ab dem Geschäftsjahr 2013 verpflichtend anzuwenden ist, wird der frühere Übergang empfohlen, so dass bereits viele Unternehmen im Jahr 2012 nach dem überarbeiteten Standard bilanzieren werden.

Eine weitaus umfangreichere Veränderung hat die Pensionsbilanzierung nach dem deutschen Handelsrecht durch das Bilanzrechtsmodernisierungsgesetz (BilMoG) im Jahr 2009 erfahren. War es bis dahin zulässig und allgemein üblich, den steuerlichen Bewertungsansatz auch in die Handelsbilanz zu übernehmen, so hat das BilMoG hier zu grundlegenden Änderungen geführt. Insbesondere hat sich der Gesetzgeber - wenn auch nicht vollumfänglich - an den internationalen Bewertungsvorschriften orientiert. Anstelle des Teilwerts nach § 6a Einkommensteuergesetz (EStG) werden nun Bewertungen und Bewertungsannahmen ähnlich wie bei IAS 19 vorgegeben. Ausnahme hiervon bildet der Rechnungszins, der aufgrund der besonderen Vorschriften nicht so starken Schwankungen wie nach internationalen Vorschriften unterliegt. Durch das BilMoG ist die Bewertung und die Rechnungslegung der Pensionsverpflichtungen deutlich komplexer geworden, nicht zuletzt aufgrund des neu eingeführten Prinzips der Nettobilanzierung, nach dem die Pensionsverpflichtungen um qualifizierte Vermögenswerte gekürzt ausgewiesen werden dürfen.

Von den handelsrechtlichen Bewertungsänderungen unberührt sind die steuerlichen Vorschriften zur Bewertung der Pensionsverpflichtungen, die in den letzten Jahren nahezu unverändert geblieben sind.

Leitgedanke des vorliegenden Praxisleitfadens ist es, eine möglichst umfassende Darstellung der Rechnungslegung von Pensionen und ähnlichen Verpflichtungen zu geben, und sich hierbei auf die in der Praxis relevanten Aspekte zu beziehen. Er wendet sich damit in der Hauptsache an den Praktiker, der sich in den bilanzierenden Unternehmen mit Pensionsverpflichtungen und hierbei insbesondere mit dem Jahresabschluss befasst. Beispielhaft genannt seien hier Mitarbeiter des Accounting-Bereichs aber auch des Personalbereichs mit Blick auf die finanzwirtschaftlichen Auswirkungen der personalpolitischen Entscheidungen. Darüber hinaus sind auch Wirtschaftsprüfer, Steuerberater und Aktuare angesprochen. Neben der Praxis kann dieses Buch auch für Studierende, die sich näher mit dem Thema Pensionen beschäftigen wollen, als Nachschlagewerk dienen.

Entsprechend dem Ziel des vorliegenden Buches, eine umfassende Information über die Darstellung der Bilanzierung von Pension zu geben, werden zunächst die wesentlichen Grundlagen der betrieblichen Altersversorgung mit Blick auf die inhaltliche Ausgestaltung von Pensionsplänen, die Durchführungswege der betrieblichen Altersversorgung sowie die arbeitsrechtlichen Rahmenbedingungen dargestellt. Kapitel 3 gibt einen Überblick über die methodischen Grundlagen, ohne auf aktuarielle Einzelheiten einzugehen. Die drei folgenden Kapitel beschäftigen sich ausführlich mit den Pensionsverpflichtungen in der deutschen Handelsbilanz, in der deutschen Steuerbilanz sowie nach internationalen Rechnungslegungsvorschriften. Zur schnellen Information des Lesers ist in Kapitel 7 eine zusammenfassende Gegenüberstellung der drei genannten Vorschriften ausgearbeitet. Die Besonderheiten des Konzernabschlusses werden schließlich in Kapitel 8 dargestellt. Kapitel 9 beschäftigt sich schließlich mit sonstigen Verpflichtungen wie Altersteilzeit, Jubiläumsleistungen und Zeitwertkonten.

Bei Aufbau des Buches, Auswahl der Schwerpunkte und Art der Darstellung haben wir uns von unseren Erfahrungen aus der Beratung und der Gutachtenerstellung als Mitarbeiter der HEUBECK AG leiten lassen. Zugleich haben wir im Rahmen der Erstellung des Buches Unterstützung aus dem Kreise der Mitarbeiter der HEUBECK AG erfahren. Hierfür möchten wir uns, insbesondere bei unseren Kollegen Dipl.-Wirtschaftsmath. Lea Deventer, Dipl.-Wirtschaftsmath. Benedikt Engbroks und Dr. Gerhard Löcherbach, ganz herzlich bedanken.

Köln, im Dezember 2011

Stephan Derbort, Dr. Richard Herrmann, Christian Mehlinger, Prof. Dr. Norbert Seeger

Inhaltsübersicht

Abkürzungsverzeichnis

Abs.	Absatz
AfA	Absetzung für Abnutzungen
AG	Aktiengesellschaft
AltTZG	Altersteilzeitgesetz
AO	Abgabenordnung
ArbG	Arbeitgeber
Art.	Artikel
Aufl.	Auflage
BA	Bundesagentur für Arbeit
BaFin	Bundesanstalt für Finanzdienstleistungsaufsicht
BAG	Bundesarbeitsgericht
BetrAVG	Gesetz zu Verbesserung der betrieblichen Altersversorgung
BetrVG	Betriebsverfassungsgesetz
BFH	Bundesfinanzhof
BGB	Bürgerliches Gesetzbuch
BilMoG	Bilanzrechtsmodernisierungsgesetz
BMF	Bundesministerium der Finanzen
bspw.	beispielsweise
BStBl.	Bundessteuerblatt
BVerfG	Bundesverfassungsgericht
bzw.	beziehungsweise
CGU	Cash Generating Unit
Corp.	Corporation
c.p.	ceteris paribus
CTA	Contractual Trust Arrangement
DB	Defined Benefit
DBL	Defined Benefit Liability
DBO	Defined Benefit Obligation
DC	Defined Contribution
DCF-Methode	Discounted Cash Flow-Methode
d.h.	das heißt
DRS	Deutsche Rechnungslegungs Standards
EBIT	Earnings Before Interest and Taxes
EGHGB	Einführungsgesetz zum Handelsgesetzbuch
EK	Eigenkapital
EStG	Einkommensteuergesetz
EStR	Einkommensteuerrichtlinie
etc.	et cetera
EuGH	Europäischer Gerichtshof
e.V.	eingetragener Verein
evtl.	eventuell

ff.	fortfolgende
FWB	Frankfurter Wertpapierbörse
GE	Geldeinheit
GewStG	Gewerbesteuergesetz
ggf.	gegebcnenfalls
GmbH	Gesellschaft mit beschränkter Haftung
GoB	Grundsätze ordnungsmäßiger Buchführung
GuV	Gewinn- und Verlustrechnung
HFA	Hauptfachausschuss
HGB	Handelsgesetzbuch
HR	Human Resources
IAS	International Accounting Standard(s)
i.d.R.	in der Regel
IDW	Institut der Wirtschaftsprüfer
IFRS	International Financial Reporting Standards
insb.	insbesondere
InsO	Insolvenzordnung
i.S.v.	im Sinne von
i.V.m.	in Verbindung mit
KStG	Körperschaftsteuergesetz
MG	Muttergesellschaft
Mio.	Millionen
Nr.	Nummer
OCI	Other Comprehensive Income
p.a.	per annum (pro Jahr)
PSVaG	Pensions-Sicherungs-Verein auf Gegenseitigkeit
PUC-Methode	Projected Unit Credit-Methode
RegE	Regierungsentwurf
RS	Stellungnahme zur Rechnungslegung
Rz.	Randziffer
S.	Seite
SGB	Sozialgesetzbuch
sog.	so genannt
SprAuG	Sprecherausschussgesetz
SV	Sozialversicherung
TEUR	Tausend Euro
TG	Tochtergesellschaft

TVG	Tarifvertragsgesetz
TW	Teilwert
Tz.	Textziffer
u.a.	unter anderem
US-GAAP	United States-Generally Accepted Accounting Principles
u.U.	unter Umständen
VAG	Versicherungsaufsichtsgesetz
VBL	Versorgungsanstalt des Bundes und der Länder
vgl.	vergleiche
VPI	Verbraucherpreisindex
VVaG	Versicherungsverein auf Gegenseitigkeit
VVG	Versicherungsvertragsgesetz
WpHG	Wertpapierhandelsgesetz
z.B.	zum Beispiel

Literaturverzeichnis

Baetge, Jörg/Kirsch, Hans-Jürgen/Thiele, Stefan: Bilanzen, 11. Aufl., Düsseldorf, 2011

Blomeyer, Wolfgang/Rolfs, Christian/Otto, Klaus: Betriebsrentengesetz Gesetz zur Verbesserung der betrieblichen Altersversorgung, 5. Aufl., München, 2010

Bode, Joachim/Engbroks, Hartmut/Neuburger, Edgar/Oecking, Stefan/Zimmermann, Horst-Günther: H-BetrAV - Bewertung und Finanzierung von Versorgungsverpflichtungen, Heidelberg, 2005

Bohl, Werner/Riese, Joachim/Schlüter, Jörg: Beck'sches IFRS-Handbuch, 3. Aufl., München, 2009

Coenenberg, Adolf/Haller, Axel/Schultze, Wolfgang: Jahresabschluss und Jahresabschlussanalyse: Betriebswirtschaftliche, handelsrechtliche, steuerrechtliche und internationale Grundsätze - HGB, IFRS, US-GAAP, DRS, 21. Aufl., Stuttgart, 2009

Derbort, Stephan/Heubeck, Klaus/Seeger, Norbert: Vergleich der Bilanzierung und Bewertung von Pensionsverpflichtungen nach HGB n.F. und nach IFRS, BetrAV 2009, S. 685-697

Ellrott, Helmut/Förschle, Gerhart/Korzikowski, Michael/Winkeljohann, Norbert (Hrsg.): Beck'scher Bilanz-Kommentar, 7. Aufl., München, 2010

Förster, Wolfgang/Rühmann, Jochen/Cisch, Theodor B.: Betriebsrentengesetz Gesetz zur Verbesserung der betrieblichen Altersversorgung, 12. Aufl., München, 2009

Gelhausen, Hans Friedrich/Fey, Gerd/Kämpfer, Georg: Rechnungslegung und Prüfung nach dem Bilanzrechtsmodernisierungsgesetz, Düsseldorf, 2009

Herrmann, Carl/Heuer, Arndt/Raupach, Gerhard (Fortf.): Einkommensteuer- und Körperschaftsteuergesetz, Kommentar, Köln, 2009

Heubeck, Klaus/Herrmann, Richard/D'Souza, Gabriele: Die Richttafeln 2005 G - Modell, Herleitung, Formeln -, Blätter der DGVFM, 2006, S. 473-517

Heubeck, Klaus/Seeger, Norbert: H-BetrAV - Betriebswirtschaftliche Sicht der Betrieblichen Altersversorgung, Heidelberg, 2007

Höfer, Reinhold: Gesetz zur Verbesserung der betrieblichen Altersversorgung, Kommentar, Band I Arbeitsrecht, 11. Auflage, München, 2010

Höfer, Reinhold/Veit, Annekatrin/Verhuven, Thomas: Gesetz zur Verbesserung der betrieblichen Altersversorgung, Kommentar, Band II Steuerrecht, Sozialabgaben, HGB/IFRS, 7. Auflage, München, 2011

Kemper, Kurt/Kisters-Kölkes, Margret: Arbeitsrechtliche Grundzüge der betrieblichen Altersversorgung, 5. Aufl., München, 2008

Kemper, Kurt/Kisters-Kölkes, Margret: BetrAVG Kommentar zum Betriebsrentengesetz mit Insolvenzsicherung und Versorgungsausgleich, 4. Aufl., Köln, 2010

Kolvenbach, Paulgerd/Sartoris, Jochen: Bilanzielle Auslagerung von Pensionsverpflichtungen, 2. Aufl., Stuttgart, 2009

Langohr-Plato, Uwe: Betriebliche Altersversorgung, 5. Aufl., Münster, 2010

Mehlinger, Christian/Seeger, Norbert: ED IAS 19: Auswirkungen auf die Praxis der Bilanzierung von Pensionsverpflichtungen , BB 2010, S. 1523-1528

Mehlinger, Christian/Seeger, Norbert: Der neue IAS 19: Auswirkungen auf die Praxis der Bilanzierung von Pensionsverpflichtungen - Update zu BB 2010, 1523 ff., BB 2011, S. 1771-1774

Mühlberger, Melanie/Schwinger, Reiner: Betriebliche Altersversorgung und sonstige Leistungen an Arbeitnehmer nach IFRS, München, 2006

Pellens, Bernhard/Fülbier, Rolf Uwe/Gassen Joachim/Sellhorn, Thorsten: Internationale Rechnungslegung, 8. Aufl., Stuttgart, 2011

Petersen Karl/Künkele, Kai Peter/Zwirner, Christian: Rückstellungen in der Bilanzierungspraxis, Köln, 2011

Reinecke, Gerhard: Zur Mitbestimmung des Betriebsrats in der betrieblichen Altersversorgung, BetrAV 2004, S. 633-642

Ries, Norbert: Die Bilanzierung von Arbeitszeitkonten nach dem Bilanzrechtsmodernisierungsgesetz (BilMoG), WPg 2010, S 811-824

Rößler, Nicolas: Contractual Trust Arrangement - eine rechtliche Bestandsaufnahme, BB 2010, S. 1405-1414

Seeger, Norbert/Derbort, Stephan: Die Auswirkungen des BilMoG auf Rückstellungen und Pensionsrückstellungen - Konzeptioneller Vergleich nach HGB und IFRS, BetrAV 2009, S. 697-702

Schmidt, Ludwig (Begr.): Einkommensteuergesetz, Kommentar, 29. Aufl., München, 2010

1 Einleitung

A. Zielsetzung und -gruppe

Das vorliegende Buch „Bilanzierung von Pensionsverpflichtungen" richtet sich zunächst an die Personengruppen, die sich in ihrer täglichen Arbeit der besonderen Herausforderung der Bilanzierung und Bewertung von Pensionsverpflichtungen stellen müssen. Dies sind insbesondere die Mitarbeiter bilanzierender Unternehmen im Rechnungswesen, unabhängig davon, wo sich die Unternehmen auf der Skala vom kleinen mittelständischen Unternehmen bis hin zum global operierenden internationalen Konzern einordnen. Während im mittelständischen Unternehmen vornehmlich die handelsrechtlichen und steuerlichen Anforderungen des deutschen Handels- und Steuergesetzes in die Praxis umgesetzt werden müssen, gelten für den internationalen Konzern neben diesen Anforderungen zusätzlich diejenigen der internationalen Rechnungslegung sowie konzernspezifische Vorschriften.

Unabhängig davon, welche Rechnungslegung die Anforderungen an den Praktiker bestimmt, sieht dieser sich in der Regel der Aufgabe gegenüber, die Angaben eines versicherungsmathematischen Gutachtens in konkrete Buchungen oder Anhangsinformationen zu transferieren. Eventuell sieht er sich auch der Aufgabe gegenüber, die Auswirkungen möglicher Wahlrechte oder Gestaltungsalternativen als Entscheidungsvorlage für den Entscheidungsträger im Unternehmen aufzubereiten. Auch wenn sich der Praktiker in diesen Fällen eines externen Beraters – Aktuar, Wirtschaftsprüfer, Steuerberater oder andere externe Dienstleister – bedient, so ist es dennoch seine Aufgabe, relevante Fragen zu formulieren, Antworten nachzuvollziehen und in der innerbetrieblich gewünschten Form weitergeben zu können.

Diesen Praktikern soll mit dem vorliegenden Buch eine umfassende Hilfe auch hinsichtlich der anderen langfristigen Verpflichtungen wie etwa im Rahmen von Altersteilzeit, Jubiläen oder Zeitwertkonten an die Hand gegeben werden. Dabei sorgt der Aufbau des Buches dafür, dass „Nur-HGB"-Praktiker oder „Nur-IFRS"-Anwender nicht erst durch das Verständnis der jeweils anderen Art der Rechnungslegung die Informationen erhalten, die in der täglichen Arbeit benötigt werden. Vielmehr ermöglicht der Aufbau des Buches ein in sich geschlossenes Bild über die Bilanzierung der jeweiligen Verpflichtungen nach HGB oder IFRS ohne die Notwendigkeit des Erarbeitens des jeweils anderen Teils. Allerdings kann das Verständnis für die Bilanzierungs-Lösungen durchaus dadurch gesteigert werden, dass man sich dem jeweils anderen Blickwinkel öffnet.

Aber auch die Personengruppen, die nur indirekt mit den Herausforderungen der Rechnungslegung von Pensionen und ähnlichen Sachverhalten befasst sind, wie zum Beispiel Rechtsanwälte, Steuerberater und natürlich die Versicherungsmathematiker in den Beratungsunternehmen, werden bei der Beratung ihrer Mandanten unterstützt: Wie wirkt sich zum Beispiel eine Änderung des Rechnungszinses auf das handelsrechtliche Jahresergebnis oder das bilanzielle Eigenkapital aus?

Nicht zuletzt den Studierenden beispielsweise der Betriebswirtschaft, Volkswirtschaft, Rechtswissenschaften oder auch der Versicherungsmathematik vermag dieses Buch einen Einblick zu vermitteln. Hierzu sind neben den handels- und steuerrechtlichen Bilanzierungsdetails insbesondere die Kapitel zum Grundverständnis der Bilanzierungskonzeption von Bedeutung.

Den Anwendern liefert dieses Buch einen klar strukturierten Leitfaden hinsichtlich bilanzieller oder auch damit zusammenhängender Fragestellungen des Grundverständnisses zur Rückstellungsbildung. Im Sinne dieser „Leitfadenfunktion" verzichten die Autoren sehr bewusst auf weitergehende Themen und Interpretationen zum Beispiel betriebswirtschaftlicher Art oder auch auf regulatorische

Kritik. Nicht, dass diese Themen Praktiker oder Studierende nicht interessieren würden, aber diese Fragen sind in der Regel nicht Gegenstand der täglichen Arbeit. Zudem ist die Kenntnis der „Technik", des „Wie", die Vorstufe weitergehender strategischer Überlegungen.

7 Zusammenfassend lässt sich als Ziel des vorliegenden Buches die Unterstützung der mit der Bilanzierung von Pensionen und ähnlichen Sachverhalten befassten Personengruppen durch einen umfassenden Leitfaden zur Bewältigung praktischer Fragestellungen formulieren.

B. Begriffliche Abgrenzungen

8 Gegenstand der anwendungsorientierten Darstellung der Bilanzierung und Bewertung von Pensionen und sonstigen langfristigen Personalverpflichtungen gegenüber Arbeitnehmern sind zunächst die unter § 1 Abs. 1 und 2 BetrAVG fallenden Zusagen eines Arbeitgebers gegenüber seinen Arbeitnehmern im Hinblick auf die Alters-, Invaliditäts- und Hinterbliebenenversorgung. Darunter sind sowohl „klassische" Leistungszusagen als auch beitragsorientierte Leistungszusagen zu subsumieren. Ebenso sind Pensionsverpflichtungen im Rahmen von Entgeltumwandlungen oder anderen arbeitnehmerfinanzierten Zusagearten Gegenstand der Betrachtung.

9 Aufgrund der großen praktischen Relevanz wird sich die Darstellung im vorliegenden Buch jedoch nicht ausschließlich auf betriebliche Altersversorgung im Sinne des § 1 BetrAVG beschränken, sondern darüber hinaus Zusagen des Arbeitgebers behandeln, die langfristigen Verpflichtungscharakter haben und für die eine aktuarielle Herangehensweise notwendig ist. Insofern ist die weitere Fassung der IFRS für die Abgrenzung des Untersuchungsbereichs hilfreich. Anwendungsbereich des IAS 19[1] sind die Leistungen des Arbeitgebers an den Arbeitnehmer. Da für bilanzielle Fragestellungen im Zusammenhang mit kurzfristig fälligen Leistungen wie Löhnen und Gehältern keine eigenständige aktuarielle Bewertung notwendig ist, sind Leistungen im Sinne des IAS 19.5 (a), die innerhalb von 12 Monaten nach dem Stichtag gezahlt werden, nicht Gegenstand der folgenden Darstellung. Neben den Pensionszusagen im Sinne des § 1 BetrAVG bzw. IAS 19.5 (b) umfasst der IAS 19 zudem andere langfristig fällige Leistungen wie etwa Jubiläumsgelder oder vergütete Dienstfreistellungen sowie Leistungen aus Anlass der Beendigung des Arbeitsverhältnisses wie Vorruhestandsgelder oder – je nach Gestaltung – Entgelte im Rahmen von Altersteilzeitregelungen. Insofern erweitert sich der Rahmen um Leistungen im Sinne des IAS 19.5 (c) und (d). Die Abgrenzung des Untersuchungsgegenstandes nach IAS 19.5 (b) bis (d) ist für die Zwecke des vorliegenden Buches besser geeignet als die Begrifflichkeit der Rückstellungen nach § 249 HGB, da der Begriff ungewisse Verbindlichkeiten nach HGB eine Vielfalt von Sachverhalten zulässt, die nicht aktuarieller Natur sind. Übernimmt man den Anwendungsbereich des IAS 19.5 (b) bis (d), ist der Untersuchungsgegenstand auf Verpflichtungen reduziert, die „aktuarieller Natur" sind. Letzteres ist dann gegeben, wenn zur Bewertung der Verpflichtungen sowohl finanz- als auch versicherungsmathematische Verfahren und Annahmen notwendig sind.

---

1 Hier und im Folgenden wird stets auf die Nummerierung des IAS 19, der am 16. Juni 2011 veröffentlicht worden ist, referenziert. Eine Gegenüberstellung des neuen Standards (IAS 19 revised 2011) mit dem alten Standard (IAS 19 revised 2008) befindet sich in Kapitel 6. E.

Abbildung 1.1:   Abgrenzung des Untersuchungsgegenstandes

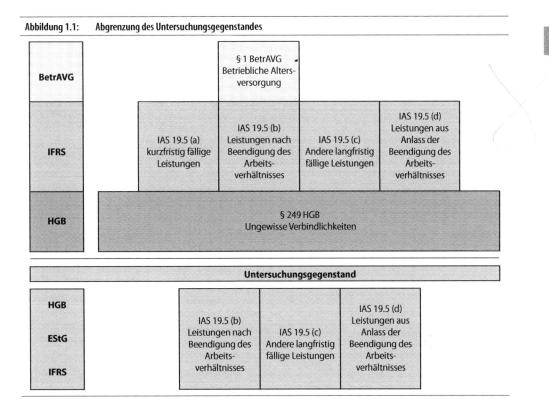

C.   Anforderungen der Rechnungslegung

„Der Kaufmann hat zu Beginn seines Handelsgewerbes und für den Schluss eines jeden Geschäfts- | 10
jahres einen das Verhältnis seines Vermögens und seiner Schulden darstellenden Abschluss aufzustellen." Die Verpflichtung des Kaufmanns im Sinne des § 1 HGB zur Bilanzierung nach § 242 Abs.1
HGB wird durch die Verpflichtung zur Erstellung einer GuV (Gewinn- und Verlustrechnung) im
zweiten Absatz dieser Vorschrift ergänzt. Während somit für Personengesellschaften grundsätzlich
die Bilanz und die GuV als Bestandteile des Jahresabschlusses definiert sind, erweitert sich die Anforderung an den Jahresabschluss von Kapitalgesellschaften durch § 264 Abs. 1 HGB um einen Anhang und den Lagebericht.

Die Anforderungen, die das HGB an die Erstellung eines Einzelabschlusses stellt, werden durch die | 11
Grundsätze ordnungsmäßiger Buchführung (GoB) definiert. So besagt der Grundsatz der Vollständigkeit gemäß § 246 Abs. 1 HGB, dass „sämtliche Vermögensgegenstände und Schulden" in der
Bilanz anzusetzen sind „soweit gesetzlich nichts anderes bestimmt ist". Dies gilt grundsätzlich auch
für Pensionsverpflichtungen oder andere Rückstellungssachverhalte, die als ungewisse Verbindlichkeiten im Sinne des § 249 Abs. 1 HGB zu passivieren sind. Die obige Einschränkung einer anderwei-
tigen Regelung trifft für mittelbare Zusagen und vor dem 1. Januar 1987 erteilte Zusagen (Altzusagen) zu. Art. 28 Abs. 1 EGHGB räumt in diesen beiden Fällen das Wahlrecht zur Bilanzierung ein.
Alternativ zum Bilanzausweis ist eine mögliche Deckungslücke im Anhang zu zeigen. Da es keine

weitere bilanzrechtlich relevante Vorschrift gibt, sind im Umkehrschluss alle übrigen ungewissen Pensionsverbindlichkeiten wie auch Jubiläums-, Vorruhestands- oder Altersteilzeitrückstellungen zwingend zu passivieren.

12 Die zentralen Grundsätze für die Bewertung von Vermögensgegenständen benennt § 252 HGB: Bilanzidentität, Stichtags- und Einzelbewertungsgrundsatz, Vorsichtsprinzip, Periodengerechtigkeit und Stetigkeit. Die Bilanzidentität bewirkt, dass die Schlusssalden des Vorjahres identisch mit den Eröffnungsbuchungen des Folgejahres sind, so dass Bewertungsänderungen oder sonstige Ereignisse, die die Bewertung von Gegenständen und Schulden verursachen, immer bilanziell (und somit auch ggf. erfolgswirksam) erfasst werden. Die Bewertung ist bezogen auf den Abschlussstichtag durchzuführen, unabhängig davon, wann die Bewertung erfolgt oder ob die für die Bewertung notwendigen Umstände möglicherweise erst nach dem Stichtag bekannt werden (Wertaufhellung). Die Einzelbewertung verhindert, dass sich mögliche Werterhöhungen und Wertminderungen mehrerer Vermögensgegenstände zum Beispiel innerhalb eines Bestandes an Gebäuden kompensieren. Dies ist vor dem Hintergrund des Vorsichtsprinzips von zentraler Bedeutung, nach dem Gewinne erst nach entsprechender Realisation ausgewiesen werden dürfen. Dies führt dazu, dass Wertsteigerungen von Aktiva über die Anschaffungskosten hinaus nicht zu Gewinnen führen dürfen, mögliche Wertminderungen jedoch zu Verlusten. Die Ungleichbehandlung von möglichen Gewinnen und Verlusten findet in anderer Form im Imparitätsprinzip ihren Niederschlag, wonach für Aktiva grundsätzlich das (gemilderte) Niederstwertprinzip, für Passiva das Höchstwertprinzip anzuwenden ist. Auf diese Weise sichert das HGB dem Leser eines Einzelabschlusses zu, dass grundsätzlich alle Schulden durch die Vermögensgegenstände gedeckt sind. Zudem wird verhindert, dass ein zu hoher Gewinnausweis zu einer unangemessen hohen Minderung der Substanz des Unternehmens führen kann, da der handelsrechtliche Gewinnausweis als Basis für die tatsächlichen Gewinnausschüttungen dient. Die Fähigkeit, Verbindlichkeiten begleichen zu können, darf nicht durch die Ausschüttung nicht realisierter Gewinne gefährdet werden (Gläubigerschutz). Die Grundsätze der Bewertung werden nach § 253 HGB für Vermögensgegenstände und Schulden spezifiziert. Die Bewertung der Rückstellungen wird in Kapitel 4 vertieft.

13 Die „vorsichtige" handelsrechtliche Gewinnermittlung ist laut § 5 Abs. 1 Satz 1 EStG maßgeblich für die steuerliche Gewinnermittlung: „Gewerbetreibende, die aufgrund gesetzlicher Vorschriften verpflichtet sind, Bücher zu führen und regelmäßige Abschlüsse zu machen," haben die steuerliche Bilanz nach den handelsrechtlichen Grundsätzen ordnungsmäßiger Buchführung zu erstellen. Im Ergebnis bedeutet dies, dass nicht realisierte Gewinne nicht zu Steuerbelastungen führen sollen. Die Übernahme insbesondere der handelsrechtlichen Bewertungsgrundsätze wird durch den sog. Bewertungsvorbehalt des § 5 Abs. 6 EStG eingeschränkt, wonach die steuerlichen Bewertungsvorschriften zu befolgen sind, auch wenn das Handelsrecht eine andere Bewertung vorschreibt oder zumindest erlaubt. Weicht die steuerliche Bewertung aufgrund eines steuerlichen Wahlrechtes von der handelsrechtlichen ab, so sind nach § 5 Abs. 1 Satz 2 EStG gesonderte Verzeichnisse zu führen, in denen die für die Bewertung wesentlichen Daten vermerkt sind. Handelt es sich dagegen um eine steuerliche Pflicht zur abweichenden Bewertung, so ist das Führen derartiger Verzeichnisse nicht notwendig. Die Bewertung von Pensionen fällt aufgrund der Vorschriften des § 6a EStG unter den genannten Bewertungsvorbehalt und unterliegt somit den rein steuerlichen Ansätzen, die in Kapitel 5 detailliert erläutert werden.

14 Anstelle eines HGB-Einzelabschlusses kann ein Unternehmen nach § 325 HGB einen Abschluss nach den International Financial Reporting Standards (IFRS) veröffentlichen. Unabhängig davon müssen nach § 315a HGB „kapitalmarktorientierte" Konzerne einen Konzernabschluss nach IFRS erstellen, alle anderen Konzerne im Sinne des § 290 HGB dürfen hingegen einen IFRS-Konzernabschluss aufstellen, können jedoch stattdessen den Konzernabschluss nach HGB erstellen. Der Konzernabschluss fasst letztlich die Einzelabschlüsse der einzelnen Konzerngesellschaften zusammen.

Um jedoch ein sinnvolles Ergebnis aus der Addition der Posten aus den jeweiligen Einzelabschlüssen ableiten zu können, muss zuvor der Einzelabschluss der jeweiligen Gesellschaft hinsichtlich der Bilanzierungs- und Bewertungsansätze vereinheitlicht werden („Handelsbilanz II"). Die Addition der jeweiligen Handelsbilanzen II zu einem Konzernabschluss hat natürlich die einzelnen gesellschafts- oder schuldrechtlichen Beziehungen der Gesellschaften untereinander ebenso zu berücksichtigen wie etwa die konzerninternen Lieferungs- und Leistungsverflechtungen (Konsolidierung). Insgesamt ist also festzustellen, das die IFRS – ob freiwillig oder obligatorisch – für die Bilanzierung deutscher Unternehmen relevant sind. Die konzernrelevanten Auswirkungen auf die Bilanzierung von Pensionen und ähnlichen Sachverhalten werden in Kapitel 8 vertieft.

Abbildung 1.2:   **Anforderungen an die Rechnungslegung**

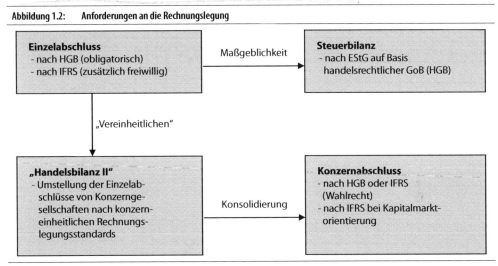

Das im Wesentlichen in IAS 1 und IAS 8 kodifizierte Rahmenkonzept stellt das theoretische Fundament der Bilanzierung nach IFRS dar und dient als Maßstab für die Überarbeitung von Standards und deren Auslegung. Demnach ist es Ziel der IFRS, dem Bilanzleser, wie zum Beispiel einem potenziellen Investor, die Informationen bereit zu stellen, die er für eine wirtschaftliche Entscheidung benötigt. So sind Grundsätze wie etwa die Unterstellung der Unternehmensfortführung bei der Bewertung, die Periodenabgrenzung oder auch die Stetigkeit mit den GoB in weiten Teilen vergleichbar. Dies ist nicht weiter überraschend, wollen doch beide Rechnungslegungsstandards den Leser über die Vermögens-, Finanz- und Ertragslage des Unternehmens informieren. Die Unterschiede zwischen den GoB und IFRS basieren vornehmlich darin, dass die IFRS ausschließlich eine möglichst neutrale Information für einen möglichen Investor bereit stellen möchten, während die GoB neben der reinen Information darüber hinausgehende Ziele und Funktionen verfolgen: Gläubigerschutz, Ausschüttungsbemessung und steuerliche Gewinnermittlung. Insofern unterscheiden sich die Prinzipien insbesondere bei der Ausgestaltung des Vorsichts- und des Realisationsprinzips. Während die GoB diesen Prinzipien ein derart starkes Gewicht einräumen, dass die Zielsetzung der Vermittlung eines den tatsächlichen Verhältnissen entsprechenden Bildes der Vermögens-, Finanz- und Ertragslage oftmals in den Hintergrund tritt, orientieren sich die IFRS an darüber hinausgehenden betriebswirtschaftlichen Methoden und Grundsätzen.

D. Aufbau des Praxisleitfadens

16 Ziel des vorliegenden Bandes ist die umfassende Information über die Darstellung der Bilanzierung so genannter aktuarieller Verpflichtungen auf der Basis des jeweils anzuwenden Rechnungslegungsstandards. Da wir davon ausgehen, dass der Informationsbedarf des interessierten Lesers und Anwenders hinsichtlich der Bilanzierung von Pensionsverpflichtungen sich nicht simultan auf die IFRS-, HGB- und die steuerliche Regelung bezieht, sondern der Leser sich jeweils innerhalb eines der drei Rechnungslegungskonzepte bewegt, spiegelt der Aufbau des Buches die Situation des Lesers wider: Die Darstellung der Pensionsbilanzierung erfolgt für jeden einzelnen Rechnungslegungsstandard separat in den Kapiteln 4 (HGB), 5 (EStG) und 6 (IFRS). Für denjenigen, der anstelle der IFRS- die US-GAAP-Bilanzierung benötigt, werden die Unterschiede in Kapitel 6. F. herausgearbeitet. Um einen Vergleich der jeweiligen Regelungen zu vereinfachen, werden die Bilanzierungsansätze nach HGB, EStG und IFRS in Kapitel 7 synoptisch gegenübergestellt.

17 Eine wesentliche Erkenntnis in der Beratungspraxis ist, dass viele Anwender der Pensions-Bilanzierungsregeln neben der eigentlichen bilanziellen Fachkompetenz ein tieferes Verständnis hinsichtlich des eigentlichen Sachverhalts, der rechtlichen Rahmenbedingungen oder auch hinsichtlich der Methodik der Abbildung von Pensionsverpflichtungen in Jahresabschlüssen benötigen. Die Kenntnis darüber ermöglicht dem Bilanzierungspraktiker erst die „richtige" bilanzielle Einordnung oder gar die Fähigkeit, die bilanzielle Wirkung von Sachverhaltsgestaltungen einzuschätzen. Da die Ausgestaltung der betrieblichen Altersversorgung hinsichtlich seiner Gestaltungsvielfalt, der verschiedenen Durchführungswege als auch hinsichtlich des (arbeits-)rechtlichen Rahmens losgelöst von der bilanziellen Umsetzung nach HGB, EStG oder IFRS ist, werden die notwendigen Erläuterungen zum Sachverhalt vor die „Klammer" der bilanziellen Darstellung gezogen und im zweiten Kapitel dargestellt. Gleiches gilt für die methodischen Grundlagen der Bilanzierung: Auch diese sind grundsätzlich unabhängig vom gewählten Rechnungslegungsstandard und werden daher vor der eigentlichen Darstellung der Bilanzierung im dritten Kapitel dargestellt. Ein Leser, der beispielsweise in seiner beruflichen Praxis ausschließlich mit der HGB-Bilanzierung befasst ist, kann das vorliegende Buch so nutzen, dass er zielgenau und umfassend alle notwendigen Informationen im Zusammenhang mit der Darstellung von Pensionsverpflichtungen nach HGB erhält, ohne sich „ungewollt" mit den steuerlichen oder internationalen Besonderheiten zu beschäftigen. Natürlich möchten wir auch diesen Leser mit dem Praxisleitfaden dennoch dazu motivieren und ermutigen, sich – eventuell später – mit den anderen Rechnungslegungsstandards auseinander zu setzen.

18 Wer unserem Leitfaden bis hierhin gefolgt ist, ist in der Lage, die bilanziellen Verpflichtungen – spezifisch nach Rechnungslegungsstandards – einzuordnen und bilanziell im Einzelabschluss zu verarbeiten. Im Konzernabschluss sind über die genannten Anforderungen hinaus konzernspezifische Regelungen zu beachten. Da in den meisten Fällen davon auszugehen ist, dass der Konzernabschluss auf der Basis der IFRS erstellt wird, stellt das Kapitel 8 die Besonderheiten der Bilanzierung von Pensionsverpflichtungen im Konzernabschluss auf der Basis der IFRS dar. Hierbei werden für den HGB-Anwender die jeweiligen Unterschiede gesondert dargestellt.

19 Über die Bilanzierung und Bewertung der übrigen langfristigen Verpflichtungen gegenüber Arbeitnehmern wird der Leser in Kapitel 9 informiert. Hierbei folgt der Aufbau dem bisher vermittelten Prinzips des Praxisleitfadens: Nach den Informationen zum Sachverhalt wie zum Beispiel zu Gestaltungsformen und rechtlichem Rahmen folgt jeweils eine kurze methodische Darstellung der jeweiligen Zusage, um dann – getrennt nach HGB, EStG und IFRS – die Abbildung der jeweiligen Zusage im Jahresabschluss zu erläutern.

Durch diesen Aufbau möchten wir dem Leser ermöglichen, sich möglichst zielgenau und effizient, aber auch umfassend und praxisorientiert über die Bilanzierung von Pensionen und sonstigen langfristigen Verpflichtungen gegenüber Arbeitnehmern zu informieren.

20

Abbildung 1.3:   Aufbau des Buches

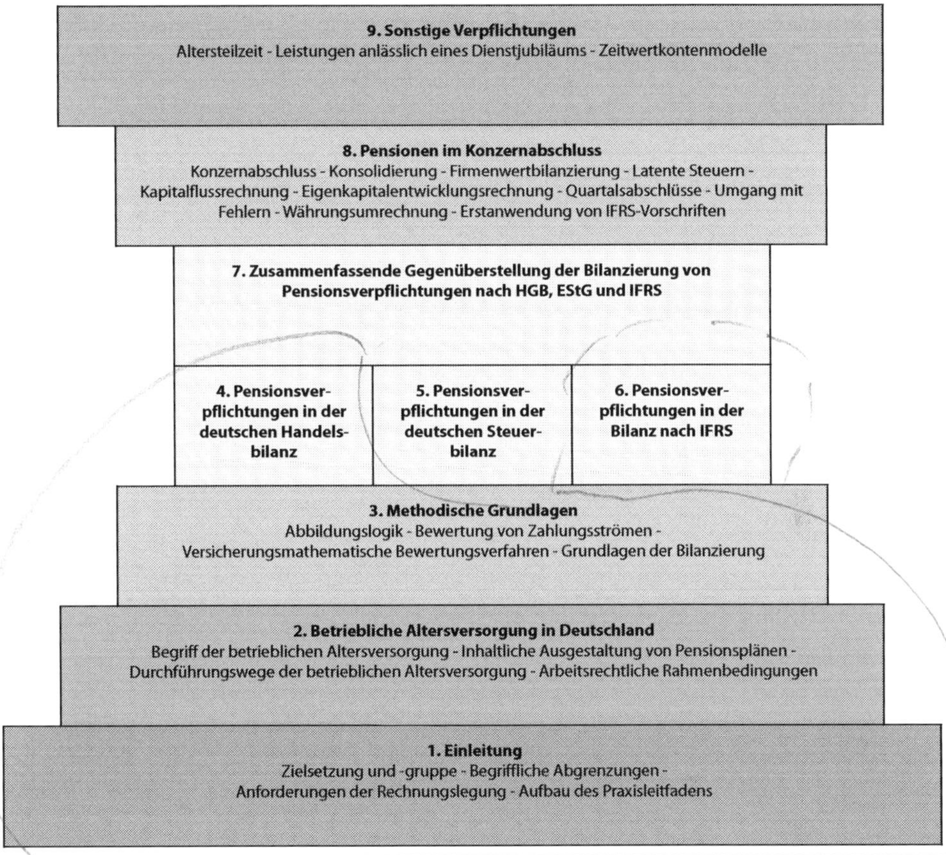

9. Sonstige Verpflichtungen
Altersteilzeit - Leistungen anlässlich eines Dienstjubiläums - Zeitwertkontenmodelle

8. Pensionen im Konzernabschluss
Konzernabschluss - Konsolidierung - Firmenwertbilanzierung - Latente Steuern -
Kapitalflussrechnung - Eigenkapitalentwicklungsrechnung - Quartalsabschlüsse - Umgang mit
Fehlern - Währungsumrechnung - Erstanwendung von IFRS-Vorschriften

**7. Zusammenfassende Gegenüberstellung der Bilanzierung von
Pensionsverpflichtungen nach HGB, EStG und IFRS**

**4. Pensionsver-
pflichtungen in der
deutschen Handels-
bilanz**

**5. Pensionsver-
pflichtungen in der
deutschen Steuer-
bilanz**

**6. Pensionsver-
pflichtungen in der
Bilanz nach IFRS**

3. Methodische Grundlagen
Abbildungslogik - Bewertung von Zahlungsströmen -
Versicherungsmathematische Bewertungsverfahren - Grundlagen der Bilanzierung

2. Betriebliche Altersversorgung in Deutschland
Begriff der betrieblichen Altersversorgung - Inhaltliche Ausgestaltung von Pensionsplänen -
Durchführungswege der betrieblichen Altersversorgung - Arbeitsrechtliche Rahmenbedingungen

1. Einleitung
Zielsetzung und -gruppe - Begriffliche Abgrenzungen -
Anforderungen der Rechnungslegung - Aufbau des Praxisleitfadens

2 Betriebliche Altersversorgung in Deutschland

1 Leistungen der betrieblichen Altersversorgung stellen in Deutschland grundsätzlich freiwillige Sozialleistungen des Arbeitgebers dar und dienen der zusätzlichen Absicherung von Arbeitnehmern und ihnen gleichgestellter Personen (§ 17 Abs. 1 Satz 2 BetrAVG). Zur betrieblichen Altersversorgung können grundsätzlich alle Leistungen gehören, die der Versorgung des Arbeitnehmers im Alter, bei Invalidität oder der Versorgung von Hinterbliebenen im Falle des Todes des Arbeitnehmers dienen und dem Arbeitnehmer vom Arbeitgeber aus Anlass des Arbeitsverhältnisses gewährt werden, vgl. § 1 Abs. 1 Satz 1 BetrAVG.

2 Falls der Arbeitgeber eine sog. Umfassungszusage erteilt, gelten auch Eigenbeiträge des Arbeitnehmers aus versteuertem und mit Sozialversicherungsbeiträgen belegtem Einkommen, die durch den Arbeitgeber an eine Direktversicherung, eine Pensionskasse oder einen Pensionsfonds gezahlt werden, als betriebliche Altersversorgung, vgl. § 1 Abs. 2 Nr. 4 BetrAVG.

3 Eine Ausnahme vom Grundsatz der betrieblichen Altersversorgung als freiwillige Sozialleistung stellt der Anspruch des Arbeitnehmers auf Entgeltumwandlung gem. § 1a BetrAVG dar. Danach hat grundsätzlich jeder in der allgemeinen Rentenversicherung pflichtversicherte Arbeitnehmer einen Anspruch darauf, dass der Arbeitgeber ihm eine Zusage auf Leistungen der betrieblichen Altersversorgung erteilt unter der Voraussetzung, dass der Arbeitnehmer auf einen Teil seines künftigen Entgeltes zu Gunsten einer betrieblichen Altersversorgung verzichtet. Bei der Entgeltumwandlung erteilt also der Arbeitgeber die Zusage, jedoch wird die wirtschaftliche Last i.w. vom Arbeitnehmer getragen. Der Anspruch auf Entgeltumwandlung besteht bis zu einer Höhe von jährlich 4 % der jeweiligen Beitragsbemessungsgrenze in der allgemeinen Rentenversicherung.

4 Die Leistungen der betrieblichen Altersversorgung treten grundsätzlich als 2. Säule neben die Leistungen der Rentenversicherung (1. Säule) und die Leistungen aus einer etwaigen privaten Vorsorge (3. Säule) und stellen damit einen Bestandteil des sog. Drei-Säulen-Modells dar.

5 Die betriebliche Altersversorgung wurde erstmals im Jahr 1974 gesetzlich durch das Gesetz zur Verbesserung der betrieblichen Altersversorgung (BetrAVG) geregelt. Das BetrAVG ist ein Arbeitnehmerschutzgesetz, das lediglich Mindestnormen für den Fall aufstellt, dass der Arbeitgeber einem Arbeitnehmer Leistungen der betrieblichen Altersversorgung zusagt. Bis zum Inkrafttreten des BetrAVG wurden streitige arbeitsrechtliche Fragen in der Regel im Wege des Richterrechts gelöst. Einige wichtige Fragestellungen, wie zum Beispiel die arbeitsrechtlichen Voraussetzungen für eine Änderung bereits erteilter Versorgungsversprechen und deren Konsequenzen, werden nach wie vor nicht durch die Vorschriften des BetrAVG, sondern weiterhin im Wege des Richterrechts geregelt.

6 Die konkrete Ausgestaltung von Leistungen der betrieblichen Altersversorgung in einem Unternehmen hängt von einer Vielzahl von Faktoren ab. Hier ist insbesondere maßgeblich, welche Mitarbeiter überhaupt Leistungen der betrieblichen Altersversorgung erhalten sollen, von wem diese finanziert werden (Arbeitgeber oder/und Arbeitnehmer) und wie die Finanzierung konkret ausgestaltet ist.

7 Grundsätzlich steht es dem Arbeitgeber frei, ob er überhaupt Leistungen der betrieblichen Altersversorgung gewähren möchte. Mit Ausnahme des Rechtsanspruchs auf Entgeltumwandlung und etwaigen tarifvertraglichen Regelungen besteht für einen Arbeitgeber grundsätzlich keine Verpflichtung eine betriebliche Altersversorgung im Unternehmen anzubieten. Bietet der Arbeitgeber allerdings über den Rechtsanspruch der Entgeltumwandlung hinaus Leistungen der betrieblichen Altersversorgung an, gilt – im Rahmen der gesetzlich einzuhaltenden Mindestnormen (z.B. Regelungen des BetrAVG, arbeitsrechtlicher Gleichbehandlungsgrundsatz) – der Grundsatz der Gestaltungsfreiheit des Arbeitgebers, der eine Vielzahl von Ausgestaltungsmöglichkeiten eröffnet. Grundsätzlich unterscheidet man danach, ob die gewährten Leistungen zur betrieblichen Altersversorgung vom Ar-

beitnehmer z.B. im Rahmen der Erfüllung des Rechtsanspruchs auf Entgeltumwandlung oder vom Arbeitgeber als freiwillige Sozialleistung finanziert werden. Gewährt ein Unternehmen sowohl die Möglichkeit, Leistungen durch den Arbeitnehmer als auch über den Arbeitgeber zu finanzieren, spricht man von sog. mischfinanzierten Systemen.

Zur Beantwortung der Fragen, ob der Arbeitgeber Leistungen der betrieblichen Altersversorgung gewähren will, welchen Mitarbeitergruppen und nach welchem konkreten Leistungssystem, ist es wichtig, mit dem Arbeitgeber zu klären, welches Ziel er mit der Einführung einer arbeitgeberfinanzierten betrieblichen Altersversorgung im Unternehmen verfolgt. Leistungen der betrieblichen Altersversorgung können grundsätzlich zur Absicherung des gewohnten Lebensstandards im Alter als Ergänzung oder aber zunehmend als Ersatz von Leistungen der gesetzlichen Rentenversicherung dienen. Ziel des Arbeitgebers könnte es auch sein, durch das Gewähren von Leistungen der betrieblichen Altersversorgung bestehende Betriebstreue zu honorieren und Arbeitnehmer langfristig an das Unternehmen zu binden. Der Arbeitgeber könnte ebenfalls beabsichtigen, Leistungen der betrieblichen Altersversorgung gezielt zur Mitarbeitermotivation einzusetzen. Neben diesen Grundsatzerwägungen hängt es darüber hinaus entscheidend von der konkreten Unternehmensstruktur ab, in welcher Form Leistungen der betrieblichen Altersversorgung gewährt werden sollten, da die Einführung einer betrieblichen Altersversorgung langfristige Auswirkungen z.B. auf die Finanzplanung oder die Liquidität des Unternehmens hat. **8**

Vor dem Hintergrund, den bereits bestehenden Anspruch auf Altersversorgung in der gesetzlichen Rentenversicherung zu ergänzen, waren früher häufiger sog. Gesamtversorgungssysteme im Unternehmen anzutreffen. Der Anspruch auf die betriebliche Altersrente war so ausgestaltet, dass er zum gleichen Zeitpunkt entstand, wie der Anspruch auf Leistungen in der gesetzlichen Rentenversicherung. Die Rentenformel war häufig so gestaltet, dass die Höhe des Anspruchs auf betriebliche Rente i.d.R. 75 % des letzten Bruttogehalts, unter Berücksichtigung der individuellen Ansprüche aus der gesetzlichen Rentenversicherung betrug. **9**

Eine andere Möglichkeit der Gestaltung von Versorgungssystemen besteht darin, dem versorgungsberechtigten Arbeitnehmer eine Festrente zuzusagen. Die Versorgungsregelung enthält in diesem Fall bereits einen festen Eurobetrag, der im Versorgungsfall bspw. als monatliche Rente zur Auszahlung gelangt. Der Arbeitgeber erlangt durch eine solche Regelung Kalkulationssicherheit. Für den Mitarbeiter birgt sie das Risiko, dass sie im Versorgungszeitpunkt nicht seinen tatsächlichen Versorgungsbedarf abdeckt. **10**

Üblich sind in der Praxis auch sog. gehaltsabhängige Zusagen. Hier ist genau zu definieren, welche Gehaltsbestandteile bei der Berechnung der Versorgungsleistung zugrunde zu legen sind. Gehaltsabhängige Zusagen gibt es in unterschiedlichen Ausgestaltungen. Beim Endgehaltsplan erhält der Arbeitnehmer im Versorgungszeitpunkt einen bestimmten Prozentsatz seines zuletzt bezogenen Gehalts. Dieses System berücksichtigt allerdings die Erwerbsbiographie wie z.B. etwaige Schwankungen des Beschäftigungsgrads nur unzureichend. Eine andere Möglichkeit besteht darin, die Höhe unter Zugrundelegung eines Durchschnittsgehalte zu ermitteln. Hier ist zu definieren, welche Dienstjahre zur Ermittlung des Durchschnittsgehalts maßgeblich sind. Dieses System berücksichtigt Schwankungen insbesondere des Beschäftigungsgrads des Arbeitnehmers. Möglich ist es auch, ein sog. Renten-Eckwertsystem zu definieren. **11**

Eine weitere häufige Art der Regelung sind sog. Bausteinsysteme. Hierunter fallen bspw. beitragsorientierte Bausteinsysteme (defined contribution). Bei diesen wird ein fest definierter (fiktiver) Versorgungsaufwand (z.B. jährlich 2 % des insgesamt bezogenen Bruttoarbeitslohns) i.d.R. abhängig vom jeweiligen Alter des Begünstigten versicherungsmathematisch wertgleich in einen Versorgungsbau- **12** stein umgerechnet. Bei leistungsorientierten Bausteinsystemen wird in jedem anrechnungsfähigen Dienstjahr für den versorgungsberechtigten Arbeitnehmer einkommensabhängig eine Leistung in Form eines Versorgungsbausteines gebildet.

13 Eine sich ebenfalls am Beitrag orientierende Regelung stellt die Beitragszusage mit Mindestleistung dar. Bei dieser verpflichtet sich der Arbeitgeber, die auf der Grundlage der Versorgungszusage vereinbarten Beiträge zur Finanzierung von Leistungen der betrieblichen Altersversorgung an einen Pensionsfonds, eine Pensionskasse oder eine Direktversicherung zu zahlen und bei Fälligkeit der Versorgungsverpflichtung das planmäßig zuzurechnende Versorgungskapital für Leistungen zur Altersversorgung zur Verfügung zu stellen (siehe hierzu im Einzelnen unter „B. Ausgestaltung von Pensionsplänen").

14 Die dargestellten Möglichkeiten bieten einen ersten Anhaltspunkt für Ausgestaltungen von Versorgungswerken in der Praxis. Die konkrete Ausgestaltung der Leistungen betrieblicher Altersversorgung im Unternehmen ist immer abhängig von der individuellen Unternehmenssituation.

A. Begriff der betrieblichen Altersversorgung

15 Der Begriff der betrieblichen Altersversorgung wird in § 1 Abs. 1 Satz 1 BetrAVG legaldefiniert. Eine Zusage auf Leistungen der betrieblichen Altersversorgung liegt vor, wenn einem Arbeitnehmer Leistungen der Alters-, Invaliditäts- oder Hinterbliebenenversorgung aus Anlass seines Arbeitsverhältnisses vom Arbeitgeber zugesagt werden.

16 Die betriebliche Altersversorgung umfasst somit neben der Versorgung im Alter auch die Invaliditäts- und Hinterbliebenenversorgung. Nach ständiger Rechtsprechung des BAG gehören zu den Merkmalen einer betrieblichen Altersversorgung das Versprechen einer Leistung aus Anlass des Arbeitsverhältnisses zum Zweck der Versorgung sowie ein den Versorgungsanspruch auslösendes biologisches Ereignis wie Erreichen der Altersgrenze, Invalidität oder Tod.

17 Hierbei müssen nicht zwingend alle Leistungsarten zugesagt werden, damit „betriebliche Altersversorgung" nach der Legaldefinition des BetrAVG vorliegt. Wesentlich ist das Vorliegen eines Versorgungscharakters. Leistungen der betrieblichen Altersversorgung können auch dann vorliegen, wenn diese nicht ausdrücklich als solche bezeichnet werden, aber die Wesensmerkmale der betrieblichen Altersversorgung vorliegen.

18 Das Motiv des Arbeitgebers ist für die rechtliche Qualifikation betrieblicher Versorgungsleistungen nach § 1 BetrAVG unerheblich. Damit fallen auch alle durch einen vom Mitarbeiter erklärten Gehaltsverzicht finanzierten Versorgungsleistungen unter den Begriff der betrieblichen Altersversorgung und damit auch unter den Schutz des BetrAVG.

19 Die Legaldefinition des § 1 Abs. 1 Satz 1 BetrAVG geht zwar von dem Vorliegen eines Arbeitsverhältnisses aus, es können aber auch Nichtarbeitnehmern Versorgungsleistungen aus Anlass ihrer Tätigkeit für ein Unternehmen zugesagt werden, wenn die Voraussetzungen von § 17 Abs. 1 Satz 2 BetrAVG vorliegen. Für die betriebliche Altersversorgung stehen weiterhin alle Durchführungswege, Zusagearten und Rechtsbegründungsakte offen.

20 Die Formulierungen zu Inhalt und Umfang der betrieblichen Versorgungsleistungen sollten so genau wie möglich sein. Auslegungsschwierigkeiten führen im Zweifelsfall dazu, dass nach der sog. Unklarheitenregel bei mehrdeutigen Verträgen die für den Arbeitnehmer günstigere Möglichkeit wirksam ist, wenn der Arbeitgeber ein entsprechendes Vertrauen bei seinen Arbeitnehmern erweckt hat.

I.   Altersversorgung

Damit die zugesagten Leistungen dem Bereich der betrieblichen Altersversorgung zurechenbar sind, ist es erforderlich, dass sie zur Versorgung des Arbeitnehmers nach seinem Ausscheiden aus dem Erwerbs- oder Betriebsleben bestimmt sind. In Versorgungszusagen finden sich daher regelmäßig das Erreichen einer festen Altersgrenze und das Ausscheiden aus dem Erwerbsleben als Anspruchsvoraussetzungen für den Bezug der Altersleistung. Als Untergrenze wird – von Ausnahmen abgesehen – eine Altersgrenze von 60 Jahren angesehen.   21

II.   Invaliditätsversorgung

Es gibt keine arbeitsrechtliche Definition des Begriffes Invalidität. Wann Invalidität vorliegt, muss in der Versorgungszusage definiert werden.   22

Die überwiegende Anzahl der Versorgungszusagen nimmt auf die gesetzliche Rentenversicherung Bezug. § 43 Sozialgesetzbuch Sechstes Buch (SGB VI) unterscheidet hier die volle und die teilweise Erwerbsminderung. Die Begriffe volle und teilweise Erwerbsminderung bestehen allerdings in der heutigen Form erst seit dem „Gesetz zur Reform der Renten wegen verminderter Erwerbsunfähigkeit" vom 20.12.2000. Sie lösten die bisherigen Begriffe Berufs- und Erwerbsunfähigkeit ab. In der Praxis bereitet diese Änderung der Begrifflichkeiten einige Schwierigkeiten, da ältere Versorgungsregelungen teilweise noch die älteren Begrifflichkeiten verwenden. Die Bezugnahme auf den Erwerbsminderungsbegriff der gesetzlichen Rentenversicherung hat den Vorteil, dass der Arbeitgeber nicht prüfen muss, ob Invalidität im Sinne seiner Versorgungszusage vorliegt, da der Bescheid der Rentenversicherung ausreicht. Außerdem ist dadurch sicher gestellt, dass die Leistungen aus der ersten und zweiten Säule gleichzeitig fällig werden.   23

Wurde ein versicherungsförmiger Durchführungsweg (Direktversicherung, Pensionskasse oder Pensionsfonds) gewählt, oder zur Finanzierung einer Versorgungszusage eine Rückdeckungsversicherung abgeschlossen, so wird in vielen Fällen auf den Begriff der Berufsunfähigkeit der jeweiligen Versicherung verwiesen. Dies ist sinnvoll, wenn das Versicherungsunternehmen die Erwerbsminderung nicht versichern kann und dann im Leistungsfall die Versorgungsverpflichtung vollständig erfüllt werden soll.   24

In der Praxis kommt es jedoch auch vor, dass ein unternehmenseigener Invaliditätsbegriff definiert wird.   25

III.   Hinterbliebenenversorgung

Der Begriff des Hinterbliebenen muss ebenfalls in der Versorgungszusage definiert werden. Neben hinterbliebenen Ehepartnern und Kindern kann die Versorgungszusage unter bestimmten Voraussetzungen auch die Versorgung eines Lebenspartners bestimmen.   26

Auch bei der Definition der Hinterbliebenenleistung ist es wichtig, als Leistungszweck die Versorgung des Hinterbliebenen herauszustellen, damit keine Abgrenzungsschwierigkeiten zu anderen betrieblichen Sozialleistungen wie etwa Sterbegeldern oder Übergangsgeldern entstehen.   27

B.   Inhaltliche Ausgestaltung von Pensionsplänen

28   Durch den Pensionsplan werden die konkreten Rechte und Pflichten des Arbeitgebers und des Arbeitnehmers zur Durchführung des Versorgungsversprechens geregelt. Für den Arbeitgeber gilt bei der konkreten Ausgestaltung der Grundsatz der Gestaltungsfreiheit. Er hat aber u.U. Mitbestimmungsrechte des Betriebsrates zu beachten.

29   Der Pensionsplan trifft üblicherweise Regelungen zu Art und Höhe der zugesagten Leistungen sowie Teilnahmeberechtigungen an der betrieblichen Versorgung und regelt z.B. die Fälligkeit und die Auszahlungsformen. Bei der Festlegung der Höhe des Versorgungsniveaus und damit des vom Arbeitgeber zu tragenden Aufwands, d.h. bei der Festlegung des Dotierungsrahmens, ist der Arbeitgeber weitgehend frei. Die nähere Ausgestaltung des Pensionsplans hängt maßgeblich von der Zielsetzung des einzelnen Arbeitgebers ab. Die konkrete Gestaltung des Pensionsplans hat in der Regel langfristige Auswirkungen auf die finanzielle Situation des Unternehmens (Personalaufwand, Zinsergebnis, bilanzielle Auswirkungen, Liquidität, Finanzplanung etc.) und sollte daher vorausschauend abgewogen und vorbereitet werden. Ist der Inhalt des Pensionsplanes nicht eindeutig geregelt, sind zunächst alle in Betracht kommenden Auslegungsvarianten auszuschöpfen. Erst wenn danach noch erhebliche Zweifel verbleiben, gehen Unklarheiten der Regelung zu Lasten des Arbeitgebers.

I.   Teilnahmeberechtigung

30   Im Pensionsplan wird üblicherweise definiert, welche Mitarbeiter vom Geltungsbereich der Regelung erfasst werden. Bei der Auswahl der von der Regelung begünstigten Mitarbeiter hat der Arbeitgeber grundsätzlich Gestaltungsfreiheit. Grenzen der arbeitgeberseitigen Gestaltungsfreiheit ergeben sich allerdings insbesondere durch den Gleichbehandlungs- und Gleichberechtigungsgrundsatz und durch etwaige Mitbestimmungsrechte eines Betriebsrates.

II.   Zugesagte Leistungen

31   Leistungen der betrieblichen Altersversorgung können grundsätzlich alle Leistungen sein, die die Versorgung des Arbeitnehmers im Alter, bei Invalidität oder die Versorgung von Hinterbliebenen im Falle des Todes des Arbeitnehmers bezwecken und dem Arbeitnehmer vom Arbeitgeber aus Anlass des Arbeitsverhältnisses gewährt werden, vgl. Kapitel 2 Tz. 1 und § 1 Abs. 1 Satz 1 BetrAVG.

III.   Zusageformen

32   In der betrieblichen Altersversorgung gibt es eine ganze Reihe von Möglichkeiten, die zugesagten Leistungen bzw. Leistungskomponenten zu definieren und damit zu strukturieren. In der Praxis üblich ist es, die Höhe der Leistung sowohl nach der zurückgelegten Dienstzeit oder Betriebszugehörigkeit als auch nach dem Einkommen zu bemessen. Grundsätzlich reichen die Gestaltungsformen von einer reinen Leistungszusage über eine beitragsorientierte Leistungszusage bis zu einer reinen Beitragszusage. Eine reine Beitragszusage ist zwar nach dem BetrAVG nicht vorgesehen, jedoch gibt es bei der beitragsorientierten Leistungszusage Gestaltungsmöglichkeiten, die eine Bilanzierung als „Defined Contribution" im Sinne der internationalen Bilanzierungsvorschriften ermöglichen (vgl. Kapitel 2 Tz. 63 ff.). Die reine Beitragszusage zeichnet sich dadurch aus, dass die arbeitsrechtliche Verpflichtung bereits dann erfüllt ist, wenn der Beitrag vom Arbeitgeber wie zugesagt erbracht wurde.

Das BetrAVG stellt dem Arbeitgeber verschiedene Zusageformen der betrieblichen Altersversorgung   33
zur Verfügung. Die Leistungszusage (§ 1 Abs. 1 Satz 1 BetrAVG), die beitragsorientierte Leistungszusage (§ 1 Abs. 2 Nr. 1 BetrAVG) und die Beitragszusage mit Mindestleistung (§ 1 Abs. 2 Nr. 2
BetrAVG). Das BetrAVG ist auch dann anwendbar, wenn die betriebliche Altersversorgung im Wege
der Entgeltumwandlung oder unter bestimmten Voraussetzungen durch Eigenbeiträge des Arbeitnehmers finanziert wird.

Eine Leistungszusage liegt beispielsweise vor, wenn sich der Arbeitgeber gegenüber dem Arbeit-   34
nehmer verpflichtet, eine bestimmte Versorgungsleistung zu erbringen. Die Verpflichtung kann so
gestaltet sein, dass der Arbeitgeber dem Arbeitnehmer eine monatliche Rente beispielsweise in Höhe
von 500.- €, fällig ab dem 1. des Monats nach Vollendung des 65. Lebensjahres und Ausscheiden
aus dem Unternehmen, zusagt. Damit handelt es sich um ein Versprechen des Arbeitgebers, dem
Arbeitnehmer im Versorgungsfall eine bestimmte Rentenzahlung in zugesagter Höhe zu verschaffen.

Eine beitragsorientierte Leistungszusage liegt vor, wenn sich der Arbeitgeber verpflichtet, bestimmte   35
Beiträge in eine Anwartschaft auf Alters-, Invaliditäts- oder Hinterbliebenenversorgung umzuwandeln. Es handelt sich also um eine Zusageform, bei der ausdrücklich ein Zusammenhang zwischen
dem vom Arbeitgeber zu erbringenden Finanzierungsaufwand und der Höhe der daraus resultierenden Leistung besteht. Dem Arbeitnehmer wird wie bei einer Leistungszusage ein fester Versorgungs-
betrag versprochen. Anders als bei einer reinen Leistungszusage wird dem Arbeitnehmer darüber
hinaus der Betrag mitgeteilt, den der Arbeitgeber aufwendet, um die zugesagte Versorgungsleistung
zu finanzieren, beispielsweise 1 % des versorgungsfähigen Einkommens je Dienstjahr. Damit trifft
den Arbeitgeber die Verpflichtung, bestimmte Beiträge oder einen bestimmten Aufwand in eine Anwartschaft auf Leistungen der betrieblichen Altersversorgung umzuwandeln und dem Arbeitnehmer
bestimmte Leistungen zu gewähren (vgl. Beispiel 1).

Die beitragsorientierte Leistungszusage kann nicht als reine Beitragszusage angesehen werden. Bei   36
einer Beitragszusage beschränkt sich die Verpflichtung des Arbeitgebers gegenüber dem Arbeitnehmer darauf, einen festgelegten Beitrag an einen Versorgungsträger zu entrichten, ohne dass ihn eine
Einstandsverpflichtung für die spätere Versorgungsleistung treffen würde. Die beitragsorientierte
Leistungszusage wird trotz ihrer Beitragsorientierung im internationalen Vergleich als eine sog. „Defined Benefit"-Gestaltung beurteilt.

> **Beispiel 1**

> Ein Unternehmen bietet seinen Angestellten eine Altersvorsorge in Form einer beitragsorientierten Leistungszusage an.
> Den Arbeitnehmern wird zugesagt, dass für jedes Dienstjahr 1 % ihres Bruttogehaltes in eine Anwartschaft auf Rentenlei-
> stung umgewandelt wird. Die Höhe der Rentenleistung ist abhängig vom Gehalt des Arbeitnehmers, seinem Alter im ent-
> sprechenden Geschäftsjahr, dem Renteneintrittsalter sowie der angenommenen Verzinsung.

> Nehmen wir an, ein 35-jähriger Arbeitnehmer erhält ein jährliches Bruttogehalt von 100.000 €. Zur Vereinfachung schließen
> wir Gehaltssteigerungen aus. Das Renteneintrittsalter beträgt 65 Jahre und das Unternehmen rechnet mit einer jährlichen
> Verzinsung von 5 %.

> Der finanzierbare Rentenbaustein im Alter 35 berechnet sich dann wie folgt:

> $Rentenbaustein_{35} = 100.000 € * 1 \% / Barwert_{35}$.

> Durch den versicherungsmathematischen Barwert werden sowohl die Verzinsung als auch die Wahrscheinlichkeit für eine
> spätere Leistung (z.B. Überlebenswahrscheinlichkeiten) berücksichtigt.

> Auf den Barwert wird in späteren Kapiteln noch genauer eingegangen. Für den Moment genügt es zu wissen, dass er mit
> dem Alter steigt und somit die Höhe der Rentenbausteine bei gleich bleibendem Gehalt mit zunehmendem Alter sinkt.

> Für die genannten Annahmen ergibt sich im Alter 35 ein Barwert von 4,669. Der erste Rentenbaustein im Alter 35 beträgt
> daher 214,17 €.

Die während der Dienstzeit erworbenen Rentenbausteine werden addiert. Im Alter 65 ergibt sich dann aus den einzelnen Bausteinen ein jährlicher Rentenanspruch von 3.825,10 €. Tabelle 2.1 zeigt die Höhe der Rentenbausteine abhängig vom Alter des Mitarbeiters, wobei wir weiter davon ausgehen, dass der erste Rentenbaustein im Alter 35 erworben wird.

Tabelle 2.1:   Rentenbausteine

Rententabelle für den jährlichen Rentenanspruch (Rentenbaustein) bei einem Aufwand (Beitrag) von 1.000 € p.a., Zins 5,0 %, Rentenerhöhung 1,5 % p.a. mit 60 % Witwen/rrenten-Anwartschaft			
Alter	**Anspruch auf Altersrente p.a. ab Alter 65**	**Alter**	**Anspruch auf Altersrente p.a. ab Alter 65**
20	416,30 €	43	152,97 €
21	398,07 €	44	146,76 €
22	380,65 €	45	140,82 €
23	364,01 €	46	135,12 €
24	348,10 €	47	129,67 €
25	332,90 €	48	124,46 €
26	318,38 €	49	119,47 €
27	304,50 €	50	114,71 €
28	291,25 €	51	110,17 €
29	278,60 €	52	105,84 €
30	266,53 €	53	101,73 €
31	255,01 €	54	97,85 €
32	244,03 €	55	94,15 €
33	233,58 €	56	90,58 €
34	223,63 €	57	87,22 €
35	214,17 €	58	84,03 €
36	205,18 €	59	80,99 €
37	196,62 €	60	78,07 €
38	188,47 €	61	75,20 €
39	180,71 €	62	72,34 €
40	173,30 €	63	69,42 €
41	166,22 €	64	66,35 €
42	159,45 €	65	63,08 €

Abbildung 2.1:   Rentenbausteine

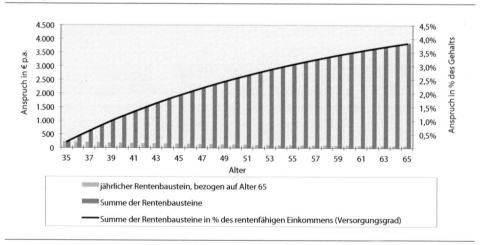

jährlicher Rentenbaustein, bezogen auf Alter 65

Summe der Rentenbausteine

Summe der Rentenbausteine in % des rentenfähigen Einkommens (Versorgungsgrad)

Abbildung 2.1 zeigt, wie sich der Rentenanspruch über die gesamte Dienstzeit entwickelt. An der rechten Skala der Grafik ist der Versorgungsgrad, d.h. die Rentenhöhe im Verhältnis zum letzten Gehalt vor Pensionierung angegeben. Im Alter 65 beträgt der Versorgungsgrad 3,83%. Mit 1 % des Gehaltes ist also bei einer Finanzierung ab Alter 35 ein Versorgungsgrad von 3,8 % erreichbar.

❯ Beispiel 2

Ein Unternehmen bietet seinen Angestellten eine betriebliche Altersversorgung in Form einer gehaltsabhängigen Leistungszusage. Der Arbeitnehmer erwirbt für die ersten fünf Dienstjahre eine Anwartschaft auf Altersrente von 5 % und für jedes weitere Dienstjahr eine Anwartschaft von 0,5 % seines Jahresgehalts bei Firmenaustritt. Die Höhe der Anwartschaft ist daher abhängig vom Gehalt bei Firmenaustritt sowie von der Anzahl der erbrachten Dienstjahre.

Zusätzlich erwirbt der Angestellte eine Anwartschaft auf Hinterbliebenenrente in Höhe von 60 % der erreichten Altersrente. Es wird eine Wartezeit von 5 Jahren festgesetzt, d.h. es wird frühestens bei einem Versorgungsfall nach 5 Dienstjahren eine Leistung erbracht. Die Altersgrenze liegt bei 67 Jahren.

Nehmen wir an, ein Arbeitnehmer tritt mit 35 Jahren in das Unternehmen ein und erhält ein Bruttojahresgehalt von 100.000 €. Zur Vereinfachung schließen wir Gehaltsteigerungen erneut aus. Zu Rentenbeginn hat er eine Dienstzeit von 32 Jahren absolviert. Seine erworbene Rentenhöhe berechnet sich dann wie folgt:

Jahresrente $= 100.000 \, € \times (5 \, \% + 27 \times 0,5 \, \%) = 18.500 \, €$

Die Tabelle 2.2 zeigt die Höhe der erreichten Anwartschaft auf Altersrente bzw. Witwenrente in Abhängigkeit von den Dienstjahren.

Tabelle 2.2: Anwartschaftsverlauf

Rententabelle für den jährlichen Rentenanspruch aus einer gehaltabhängigen Rentenzusage mit 5% für die ersten 5 Dienstjahre und 0,5% für jedes weitere Dienstjahr sowie mit 60 % Witwen/rrenten-Anwartschaft					
Dienstjahre	Anspruch auf Altersrente p.a. ab Alter 67	Anspruch auf Witwen/rrente p.a. ab Alter 67	Dienstjahre	Anspruch auf Altersrente p.a. ab Alter 67	Anspruch auf Witwen/rrente p.a. ab Alter 67
1	0 €	0 €	17	11.000 €	6.600 €
2	0 €	0 €	18	11.500 €	6.900 €
3	0 €	0 €	19	12.000 €	7.200 €
4	0 €	0 €	20	12.500 €	7.500 €
5	5.000 €	3.000 €	21	13.000 €	7.800 €
6	5.500 €	3.300 €	22	13.500 €	8.100 €
7	6.000 €	3.600 €	23	14.000 €	8.400 €
8	6.500 €	3.900 €	24	14.500 €	8.700 €
9	7.000 €	4.200 €	25	15.000 €	9.000 €
10	7.500 €	4.500 €	26	15.500 €	9.300 €
11	8.000 €	4.800 €	27	16.000 €	9.600 €
12	8.500 €	5.100 €	28	16.500 €	9.900 €
13	9.000 €	5.400 €	29	17.000 €	10.200 €
14	9.500 €	5.700 €	30	17.500 €	10.500 €
15	10.000 €	6.000 €	31	18.000 €	10.800 €
16	10.500 €	6.300 €	32	18.500 €	11.100 €

Abbildung 2.2:   Anwartschaftsverlauf

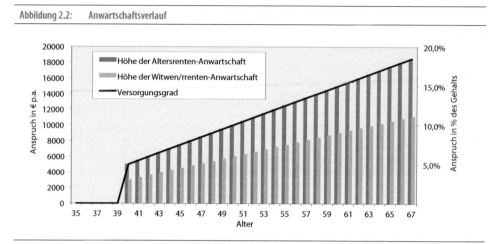

Abbildung 2.2 zeigt wie mit den Dienstjahren die Renten- und Witwen/rrenten-Anwartschaft und somit auch der Versorgungsgrad steigt. Im Alter 67 ist ein Versorgungsgrad 18,5 % erreicht. Da die Höhe der Leistung vom letzten Gehalt vor Firmenaustritt abhängt, gilt dieser Versorgungsgrad unabhängig von Gehaltssteigerungen.

37   Eine Beitragszusage mit Mindestleistung liegt vor, wenn der Arbeitgeber Beiträge zur Finanzierung von Leistungen der betrieblichen Altersversorgung an einen Pensionsfonds, eine Pensionskasse oder eine Direktversicherung zahlt und für Leistungen zur Altersversorgung das planmäßig zuzurechnende Versorgungskapital auf der Grundlage der gezahlten Beiträge (Beiträge und die daraus erzielten Erträge), mindestens die Summe der zugesagten Beiträge, soweit sie nicht rechnungsmäßig, d.h. entsprechend den Kalkulationsannahmen, für einen biometrischen Risikoausgleich verbraucht wurden, hierfür zur Verfügung stellt. Der Arbeitgeber verpflichtet sich also, die auf der Grundlage der Versorgungszusage vereinbarten Beiträge zur Finanzierung von Leistungen der betrieblichen Altersversorgung zu zahlen und bei Erreichen der Altersgrenze dafür zu sorgen, dass das planmäßig zuzurechnende Versorgungskapital für Leistungen zur Altersversorgung zur Verfügung steht (arbeitsrechtlicher Verschaffungsanspruch des Arbeitnehmers). Als Mindestleistung wird dem Arbeitnehmer vom Arbeitgeber die Summe der Beiträge abzüglich der Kosten für den biometrischen Risikoausgleich zugesagt, die für seine Versorgung aufgewendet werden. Kosten für den biometrischen Risikoausgleich fallen an, wenn nach der Versorgungszusage dem Arbeitnehmer bzw. seinen Angehörigen Invaliditäts- und/oder Todesfallschutz zu gewähren ist. Die dafür erforderlichen Aufwendungen (Risikobeiträge) dürfen von der Mindestleistung abgezogen werden und mindern entsprechend die Mindestleistung bei Erreichen der Altersgrenze, für die der Arbeitgeber eine Einstandsverpflichtung gegenüber dem Arbeitnehmer übernommen hat. Sind mit den angesammelten Beiträgen zusätzlich Erträge erwirtschaftet worden, so stehen diese ebenfalls dem Versorgungsberechtigten zu. Damit trägt der Arbeitgeber nur das Risiko einer Mindestverzinsung von 0%, d.h. des nominalen Werterhalts der Beiträge. Das darüber hinaus gehende Anlagerisiko trägt im Gegensatz zur beitragsorientierten Leistungszusage der Arbeitnehmer.

38   Die beschriebenen Zusageformen unterscheiden sich insbesondere in Bezug auf den Umfang der Einstandsverpflichtung des Arbeitgebers für den Anlageerfolg. Der Arbeitgeber nimmt mit der Entscheidung für eine bestimmte Zusageart eine wichtige Weichenstellung für die ihn ggf. treffende Haftung vor.

IV. Leistungsform

Die zugesagten Leistungen können grundsätzlich als Kapital- oder als Rentenzahlung zugesagt wer- 39
den. Besonderheiten bestehen allerdings z.B. beim Durchführungsweg Pensionsfonds. Das Auf-
sichtsrecht gibt in § 112 Abs. 1 Nr. 4 Versicherungsaufsichtsgesetz (VAG) vor, dass als Leistungsform
lediglich eine Rentenzahlung vorgesehen werden darf. Teilkapitalauszahlungen sind nur in gerin-
gem Umfang möglich. Bei den Durchführungswegen Direktversicherung und Pensionskasse muss
die Versorgungszusage in allen Versorgungsfällen aus steuerlichen Gründen (§ 3 Nr. 63 EStG) eine
Rentenzahlung vorsehen. Es ist jedoch möglich, ein Kapitalwahlrecht zu vereinbaren. Zur Ausübung
dieses Kapitalwahlrechtes sind die besonderen Bestimmungen der Versicherungsbedingungen der
jeweiligen Versorgungsträger zu beachten.

V. Leistungsvoraussetzungen

In Versorgungsregelungen werden üblicherweise weitere Leistungsvoraussetzungen vereinbart. Die 40
Versorgungsregelung enthält z.B. genaue Regelungen zu den Leistungsvoraussetzungen der einzelnen Versorgungsfälle, zu etwaigen Wartezeiten, zur Unverfallbarkeit (siehe hierzu auch unter D. II.),
zur vorzeitigen Altersleistung (siehe hierzu auch unter D. IV.) und zu den Bemessungsgrößen.

C. Durchführungswege der betrieblichen Altersversorgung

Zur Durchführung der betrieblichen Altersversorgung stehen fünf verschiedene Durchführungswe- 41
ge zur Auswahl. Diese werden im Betriebsrentengesetz genannt und näher beschrieben. Der Gesetzgeber unterscheidet generell zwischen der unmittelbaren Durchführung (§ 1 Abs. 1 Satz 2 BetrAVG)
der betrieblichen Altersversorgung über den Arbeitgeber und der mittelbaren Durchführung unter
Einschaltung eines externen Versorgungsträgers (§ 1b Abs. 2 bis 4 BetrAVG). Von der Wahl des
Durchführungsweges hängt es ab, ob der Arbeitgeber die zu erbringenden Leistungen unmittelbar
aus seinem Vermögen selbst zu erbringen hat oder sich eines externen Versorgungsträgers zur Erbringung seiner Verpflichtung bedient.

Die Frage, welcher Durchführungsweg vereinbart wird, ist streng vom jeweilig gewählten Rechts- 42
begründungsakt zu unterscheiden. Der Rechtsbegründungsakt stellt die rechtliche Grundlage der
arbeitsrechtlichen Verpflichtung dar (siehe hierzu im Einzelnen unter Kapitel 2 D. I.). Die Wahl des
Durchführungsweges ist maßgeblich für die konkreten Rahmenbedingungen der Finanzierung der
Versorgungsverbindlichkeit. Grundsätzlich kann durch jeden Rechtsbegründungsakt jeder Durchführungsweg vereinbart werden.

Nach § 1 Abs. 1 Satz 3 BetrAVG steht der Arbeitgeber für die Erfüllung der von ihm zugesagten 43
Leistungen auch dann ein, wenn die Durchführung nicht unmittelbar über ihn erfolgt. Das bedeutet,
dass eine Einstandsverpflichtung des Arbeitgebers grundsätzlich auch dann besteht, wenn er für die
Durchführung der arbeitsrechtlichen Versorgungszusage an seine Arbeitnehmer einen mittelbaren
Durchführungsweg (Direktversicherung, Pensionskasse, Pensionsfonds oder Unterstützungskasse)
wählt. Die Einstandspflicht des Arbeitgebers besteht bei allen Leistungsplanstrukturen, d.h. bei reinen Leistungszusagen, beitragsorientierten Leistungszusagen und der Beitragszusage mit Mindestleistung und auch bei Umfassungszusagen gemäß § 1 Abs. 2 Nr. 4 BetrAVG. Die Arbeitgeberver-
pflichtung erstreckt sich in diesem Fall auch auf die Leistungen aus den Arbeitnehmerbeiträgen.

Abbildung 2.3:   Durchführungswege

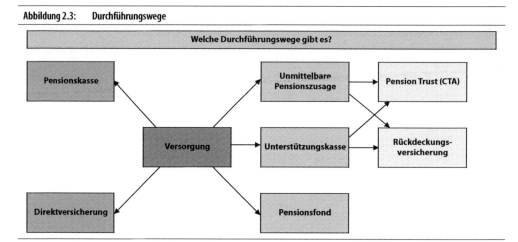

44   Beim Arbeitgeber verbleibt demnach immer eine arbeitsrechtliche Grundverpflichtung unabhängig von der Wahl des Durchführungsweges und der Zusageart. Falls die Leistungen des externen Versorgungsträgers hinter den arbeitsrechtlich zugesagten Leistungen zurückbleiben, etwa weil der Arbeitgeber nicht in ausreichendem Umfang Beiträge gezahlt hat, dann hat der Arbeitnehmer einen Anspruch gegen den Arbeitgeber aus der Versorgungszusage auf die Differenz zwischen zugesagter Leistung und der vom externen Versorgungsträger tatsächlich erbrachten Leistung.

I.   Finanzierung der betrieblichen Altersversorgung

45   Leistungen der betrieblichen Altersversorgung können wirtschaftlich sowohl vom Arbeitgeber als auch vom Arbeitnehmer finanziert werden. Eine Finanzierung von Leistungen der betrieblichen Altersversorgung durch den Arbeitnehmer kann im Wege der Entgeltumwandlung (§ 1a BetrAVG) oder der Leistung von sog. Eigenbeiträgen (§ 1 Abs. 2 Nr. 4 BetrAVG) erfolgen.

46   Der Rechtsanspruch des Arbeitnehmers auf Entgeltumwandlung wird in Bezug auf den Personenkreis eingeschränkt, indem nach § 17 Abs. 1 Satz 3 BetrAVG nur diejenigen Arbeitnehmer einen Anspruch auf Entgeltumwandlung erhalten, die in der gesetzlichen Rentenversicherung pflichtversichert sind. Bei allen anderen Arbeitnehmern (z.B. Organmitglieder) kann eine Entgeltumwandlung nur aufgrund einer freiwilligen Vereinbarung zwischen Arbeitgeber und Arbeitnehmer erfolgen. Weiterhin kann eine Umwandlung von Tariflohn nur dann stattfinden, wenn dies von einem etwaigen Tarifvertrag vorgesehen und zugelassen ist (§ 17 Abs. 5 BetrAVG). Der Anspruch auf Entgeltumwandlung erfordert einen gewissen Mindestbetrag (§ 1a Abs. 1 Satz 4 BetrAVG).

47   Die Entgeltumwandlung muss in einer Vereinbarung zwischen Arbeitgeber und Arbeitnehmer geregelt sein. Dabei müssen künftige Entgeltansprüche in eine wertgleiche Anwartschaft auf Versorgungsleistungen umgewandelt werden. Durch die Entgeltumwandlungsvereinbarung verzichtet der Arbeitnehmer gegenüber dem Arbeitgeber auf Teile seines Arbeitlohnes zugunsten einer Versorgungszusage auf Leistungen der betrieblichen Altersversorgung.

48   Zur Durchführung der Entgeltumwandlung stehen grundsätzlich alle im BetrAVG genannten Durchführungswege zur Verfügung. Der Arbeitgeber kann jedoch im Rahmen seines Wahlvorrechts bestimmen, dass die Entgeltumwandlung innerhalb einer Pensionskasse oder eines Pensionsfonds erfolgt. Andernfalls kann der Arbeitnehmer verlangen, dass der Arbeitgeber für ihn eine Direktversicherung abschließt, vgl. § 1a Abs. 1 Satz 3 BetrAVG.

Es können grundsätzlich auch alle Zusagearten (Leistungszusage, beitragsorientierte Leistungszusage und Beitragszusage mit Mindestleistung) vereinbart werden. 49

Sollte der Arbeitnehmer bei fortbestehendem Arbeitsverhältnis kein Entgelt erhalten (z.B. aufgrund von Elternzeit oder Bezug von Krankengeld), so hat er das Recht, die Versicherung oder Versorgung mit eigenen Beiträgen fortzusetzen, § 1a Abs. 4 BetrAVG. 50

Für Versorgungsanwartschaften, die auf Entgeltumwandlung beruhen, ist für ab dem 1.1.2001 erteilte Versorgungszusagen eine gesetzliche sofortige Unverfallbarkeit gegeben, vgl. § 1b Abs. 5 BetrAVG (siehe hierzu auch Kapitel 2 D. II. Unverfallbarkeit). 51

Wird die Entgeltumwandlung über den Durchführungsweg Direktzusage oder Unterstützungskasse durchgeführt, sind auf den umgewandelten Betrag in der Anwartschaftsphase keine Steuern und nach § 14 Abs. 1 Satz 2 SGB IV bis zu einem Beitrag von 4% der Beitragsbemessungsgrenze keine Sozialabgaben zu entrichten. Allerdings unterliegen dann die Versorgungsleistungen der nachgelagerten Besteuerung nach § 19 Abs. 1 Satz 1 Nr. 2 EStG. 52

Wird die Entgeltumwandlung über die Durchführungswege Direktversicherung, Pensionskasse oder Pensionsfonds durchgeführt, bleiben die Beiträge an diese in der Anwartschaftsphase bis 4 % der Beitragsbemessungsgrenze sozialabgabenfrei (§ 1 Abs. 1 Nr. 9 Sozialversicherungsentgeltverordnung) und steuerfrei (§ 3 Nr. 63 EStG). Zusätzlich ist es seit dem Kalenderjahr 2005 möglich, diesen Betrag um 1.800,- Euro zu erhöhen; der Erhöhungsbetrag ist ebenfalls steuerfrei, jedoch müssen Sozialabgaben entrichtet werden. Die aus einer Versorgungszusage im Durchführungsweg Direktversicherung, Pensionsfonds und Pensionskasse resultierenden Versorgungsleistungen werden im Zeitpunkt der Auszahlung ebenfalls nachgelagert besteuert (§ 22 Nr. 5 Abs. 1 EStG) soweit sie auf unversteuerten Beiträgen beruhen. 53

Wenn die betriebliche Altersversorgung über einen Pensionsfonds, eine Pensionskasse oder eine Direktversicherung durchgeführt wird, kann der Arbeitnehmer, der einen Rechtsanspruch auf Entgeltumwandlung hat, von seinem Arbeitgeber verlangen, dass die Voraussetzungen für eine Förderung nach den §§ 10a, 82 Abs. 2 EStG erfüllt werden (Riesterförderung). 54

II. Direktzusage

Ohne dass der Arbeitgeber zur Finanzierung der Versorgungsverbindlichkeit einen externen Versorgungsträger einschaltet, kann er selbst unmittelbar für die Finanzierung der Versorgungsverbindlichkeit aufkommen, indem er eine unmittelbare Versorgungszusage oder Direktzusage i.S.v. § 1 Abs. 1 Satz 2 BetrAVG erteilt. In diesem Fall ist er selbst als Arbeitgeber zugleich der Versorgungsträger. Er haftet für die Erfüllung der aus der Versorgungszusage resultierenden Leistung unmittelbar selbst. In der Unternehmensbilanz werden die resultierenden Versorgungsverpflichtungen aus Direktzusagen in Form von Pensionsrückstellungen ausgewiesen. Für den Arbeitgeber stellt sich die Frage, ob er die aus der Versorgungszusage resultierenden künftigen Ansprüche der Arbeitnehmer bei Fälligkeit aus dem Vermögen des Unternehmens unmittelbar erbringt oder zur Rückdeckung der künftigen Versorgungsansprüche bereits in der Anwartschaftsphase Maßnahmen zur Finanzierung ergreift. Entscheidet sich der Arbeitgeber bereits in der Anwartschaftsphase die künftigen Versorgungsansprüche auszufinanzieren, kommen hierfür verschiedene Möglichkeiten in Betracht. Von zunehmender Bedeutung ist in der Praxis neben der Rückdeckungsversicherung die Ausfinanzierung der Versorgungsverbindlichkeiten mithilfe eines Contractual Trust Arrangement (CTA). Bei geeigneter Ausgestaltung können diese Finanzierungen als „Plan Assets" im Sinne der deutschen Handelsbilanz oder der internationalen Rechnungslegung in Ansatz gebracht werden (vgl. Kapitel 4 und Kapitel 6). 55

Abbildung 2.4:   Direktzusage

1.   Contractual Trust Arrangement (CTA)

56   Ein CTA ist eine Treuhandlösung. Ziel des CTA ist die Herbeiführung eines privatrechtlichen Insolvenzschutzes und die Verbesserung des Bilanzbildes beim internationalen Jahresabschluss sowie bei dessen Übernahme für den deutschen Konzernabschluss. Zugleich kann auch in der Handelsbilanz seit Einführung des Bilanzrechtsmodernisierungsgesetzes (BilMoG) bei Vorliegen eines CTA das dort vorhandene Vermögen zur Saldierung mit der Pensionsrückstellung verwendet werden. Durch ein CTA kann somit die bilanzielle Saldierung der passivierten Versorgungsverpflichtungen mit dem ausgewiesenen Wert der ausgelagerten Vermögensmittel und dadurch eine Bilanzverkürzung erreicht werden. Diese Saldierungsmöglichkeit besteht allerdings u.a. nur dann, wenn die Auslagerung der Vermögensmittel insolvenzfest erfolgt ist, d.h. der Insolvenzverwalter auf diese Vermögensmittel bei einer etwaigen Insolvenz des Unternehmens nicht zugreifen kann.

57   Das Planvermögen muss von einem rechtlich selbständigen Dritten gehalten werden, um saldierungsfähig zu sein. Die Funktion des rechtlich selbständigen Dritten wird in aller Regel durch Gründung eines eingetragenen Vereins (sog. Treuhand-Verein, Trust e.V.) begründet. Zweck des Vereins (Treuhänder) ist die fremdnützige Verwaltung des Treuhandvermögens sowie die Auszahlung des Treuhandvermögens an die Versorgungsberechtigten im Sicherungsfall (Insolvenz). Die Satzung des Vereins muss eine Vielzahl von Kriterien erfüllen. U.a. darf der Verein selbst keine eigenen Erwerbsinteressen verfolgen. Der Verein sollte weiterhin von dem Unternehmen (Trägerunternehmen), das an ihn Planvermögen übereignet, unabhängig sein. Gleichzeitig wird es dem Trägerunternehmen wichtig sein, Einfluss auf den Treuhänder und insbesondere auf die Kapitalanlage ausüben zu können.

58   Zwischen dem Trägerunternehmen und dem Treuhänder wird die sog. Verwaltungstreuhandvereinbarung geschlossen. Inhalt dieser Vereinbarung ist die Übertragung des Planvermögens und die fremdnützige Verwaltung des übertragenen Vermögens als zentrale Aufgabe des Treuhänders.

59   Die Verwaltungstreuhandvereinbarung ist ein Geschäftsbesorgungsvertrag gemäß §§ 675, 667 BGB. Dieser erlöscht nach §§ 115 Abs. 1, 116 Abs. 1 Insolvenzordnung (InsO) im Fall der Insolvenz des Trägerunternehmens mit der Folge, dass das Planvermögen vom Treuhänder an den Insolvenzverwalter zu übertragen ist. Damit diese Folge vermieden wird, bestehen in der Praxis verschiedene Modelle zur Sicherung des CTA-Vermögens im Fall der Insolvenz des Trägerunternehmens. Besonders häufig sind sog. Verpfändungsmodelle und die sog. Sicherungstreuhand (doppelseitige Treuhand).

60   Beim Verpfändungsmodell verpfändet das Trägerunternehmen seinen Rückübertragungsanspruch gegen den Treuhänder für den Fall, dass der Treuhänder erlöscht oder der Zweck der Verwaltungstreuhandvereinbarung erfüllt ist, an den Versorgungsberechtigten. Im Fall der Insolvenz des Trägerunternehmens steht dem Versorgungsberechtigten aufgrund des Pfandrechts ein Absonderungsrecht zu (§ 50 Abs. 1 InsO). Die Pfandrechtsbestellung setzt im Wesentlichen voraus, dass sich das Trägerunternehmen mit jedem Versorgungsberechtigten einigt, der verpfändete Anspruch hinreichend bestimmt ist und die Verpfändung dem Treuhänder angezeigt wird. Es ist zu beachten, dass nach § 130 InsO die Verpfändung eines Anspruches durch den Insolvenzverwalter angefochten werden kann, wenn die Verpfändung in den letzten drei Monaten vor Stellung des Insolvenzantrages erfolgt ist.

Bei der doppelseitigen Treuhand tritt neben die Verwaltungstreuhandvereinbarung die Vereinbarung   61
einer Sicherungstreuhand. Inhalt dieser Vereinbarung ist, dass das Treuhandverhältnis der Sicherung der Versorgungsansprüche dient und das Planvermögen durch den Treuhänder nur für Zwecke
der Erfüllung der bestehenden Versorgungsverbindlichkeiten eingesetzt wird. Es wird weiterhin ein
Anspruch des Versorgungsberechtigten gegen den Treuhänder auf Erfüllung der Versorgungsan-
rechte, der durch den Eintritt des Sicherungsfalls (Insolvenz) aufschiebend bedingt ist, begründet.
Der Versorgungsberechtigte erhält lediglich für den Sicherungsfall einen zusätzlichen Schuldner.

2.   Rückdeckungsversicherung

Der Abschluss einer Rückdeckungsversicherung dient ebenfalls der Finanzierung von Versorgungs-   62
verbindlichkeiten. Versicherungsnehmer und bezugsberechtigte Person ist bei der Rückdeckungsversicherung der Arbeitgeber, die versicherte Person ist der Arbeitnehmer. Die Rückdeckungsversicherung gehört zum Vermögen des Arbeitgebers und ist nicht zweckgebunden für betriebliche
Altersversorgung. Sollte der Arbeitgeber insolvent werden, steht dem versorgungsberechtigten Arbeitnehmer kein Absonderungsrecht an der Rückdeckungsversicherung zu. Auch dann nicht, wenn
der versorgungsberechtigte Arbeitnehmer unwiderruflich bezugsberechtigt für die Leistungen aus
der Rückdeckungsversicherung ist. Um einen Insolvenzschutz zu erreichen muss der Anspruch auf
die Leistungen der Rückdeckungsversicherung an den versorgungsberechtigten Arbeitnehmer verpfändet werden. Hierduch wird sichergestellt, dass der Anspruch bei einer etwaigen Insolvenz des
Arbeitgebers gemäß § 9 Abs. 2 BetrAVG auf den Pensions-Sicherungs-Verein Versicherungsverein
auf Gegenseitigkeit (PSVaG) übergeht oder, wenn der Anspruch nicht über den PSVaG gesichert ist,
den versorgungsberechtigten Arbeitnehmern als Aussonderungsrecht gemäß §§ 49 InsO zusteht.

Hierzu bedarf es einer Verpfändung des Anspruchs auf Auszahlung der Leistungen der Rückdek-   63
kungsversicherung zum vertraglich vereinbarten Leistungszeitpunkt.

III.   Unterstützungskasse

Nach der Legaldefinition des § 1b Abs. 4 Satz 1 BetrAVG sind Unterstützungskassen rechtsfähige   64
Versorgungseinrichtungen, die auf ihre Leistungen keinen Rechtsanspruch gewähren. Unterstützungskassen können für einen oder mehrere Arbeitgeber (Trägerunternehmen) eingerichtet sein.
Unterstützungskassen können in verschiedenen Rechtsformen betrieben werden. Besonders häufig
sind die Rechtsformen des eingetragenen Vereins (e.V.) und der Gesellschaft mit beschränkter Haftung (GmbH) anzutreffen.

Die Unterstützungskasse verfügt über ein eigenes vom Arbeitgeber abgetrenntes Sondervermögen,   65
das durch Zuwendungen des Arbeitgebers entsteht. Das Fehlen des Rechtsanspruchs hat zur Folge,
dass sie nicht vom Versicherungsaufsichtsgesetz (VAG) erfasst ist und deshalb auch nicht der Versicherungsaufsicht durch die Bundesanstalt für Finanzdienstleistungsaufsicht (BaFin) untersteht.

Die Unterstützungskasse ist bezüglich der Leistungserfüllung der erste Ansprechpartner des Ar-   66
beitnehmers. Daneben besteht aber auch im Durchführungsweg Unterstützungskasse eine arbeitsrechtliche Grundverpflichtung des Arbeitgebers gegenüber seinen Arbeitnehmern auf Erfüllung der
zugesagten Leistungen der betrieblichen Altersversorgung. Der Arbeitgeber ist verpflichtet, die Unterstützungskasse ausreichend zu dotieren. Sollte der Arbeitgeber als Trägerunternehmen aus der
Unterstützungskasse ausscheiden, entfällt die Leistungspflicht der Unterstützungskasse mit der Folge, dass der Arbeitgeber für die Erbringung der Leistungen einzustehen hat.

Abbildung 2.5: Unterstützungskasse

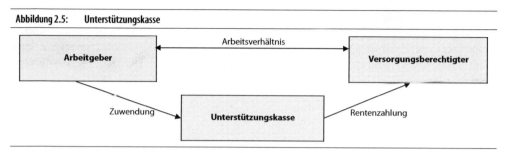

67 Da die Unterstützungskasse keinen Rechtsanspruch auf ihre Leistungen gewährt, hat der Gesetzgeber die Erfüllung der Unverfallbarkeitszeiten nicht von der Zusagedauer, sondern von der Zugehörigkeit zum Kreis der Begünstigten der Unterstützungskasse abhängig gemacht, vgl. § 1b Abs. 4 Satz 2 BetrAVG.

68 Grundsätzlich können auch bei der Unterstützungskasse die künftigen Versorgungsverbindlichkeiten durch den Abschluss einer Rückdeckungsversicherung finanziert werden. In diesem Fall ist Versicherungsnehmer der Rückdeckungsversicherung die Unterstützungskasse. Bei einer kongruent rückgedeckten Unterstützungskasse entsprechen die künftigen Leistungen der Rückdeckungsversicherung an die Unterstützungskasse der Höhe nach den Leistungen, die die Unterstützungskasse an die versorgungsberechtigten Personen zu zahlen hat. Es ist auch möglich, nur einen Teil der künftigen Versorgungsverpflichtungen durch den Abschluss einer Rückdeckungsversicherung abzusichern.

69 Die pauschaldotierte Unterstützungskasse unterscheidet sich von der rückgedeckten Unterstützungskasse vor allem im Hinblick auf die Vermögensanlage und die steuerlicher Anerkennung der Zuwendungen des Trägerunternehmens als Betriebsausgaben beim Arbeitgeber. Der Betriebsausgabeneffekt von Zuwendungen für Anwärter bei der pauschaldotierten Unterstützungskasse ist im Vergleich mit der rückgedeckten Unterstützungskasse deutlich eingeschränkt. Bei der rückgedeckten Unterstützungskasse ist die vollständige Ausfinanzierung der Versorgung bis zum Versorgungsbeginn durch laufende jährliche Zuwendungen zur Finanzierung von Versicherungsprämien mit steuerlicher Wirkung zulässig.

Bei der Beurteilung der steuerlichen Rahmenbedingungen der Unterstützungskasse ist zwischen der steuerlichen Behandlung der Zuwendungen des Arbeitgebers an die Unterstützungskasse als Betriebsausgaben (§ 4d EStG), der Steuerfreiheit des Vermögens der Unterstützungskasse (§ 5 KStG) und der Besteuerung der Versicherungsleistungen beim Leistungsempfänger als nachträgliche Einkünfte aus nichtselbständiger Arbeit (§ 19 Abs. 1 Satz 1 Nr. 2 EStG) zu unterscheiden.

70 Die Leistungen der Unterstützungskasse werden aus Zuwendungen des Arbeitgebers finanziert. Je nach Ausgestaltung der Unterstützungskasse (rückgedeckte oder pauschaldotierte Unterstützungskasse) kann das Trägerunternehmen die Zuwendungen als Betriebsausgaben (§ 4d EStG) geltend machen.

71 Bei der rückgedeckten Unterstützungskasse ist eine vollständige Finanzierung der Versorgungsverpflichtung während der Anwartschaftszeit möglich. Wird die Versorgungsverpflichtung kongruent rückgedeckt, entsprechen die Leistungen der Rückdeckungsversicherungen in voller Höhe dem Anspruch des Versorgungsempfängers auf Versorgungsleistungen aus der Versorgungszusage.

72 Unter bestimmten Voraussetzungen, die in der Regel erfüllt sind, ist die Unterstützungskasse von der Steuer befreit (vgl. § 5 KStG). Hier kommt es u.a. darauf an, dass die Unterstützungskasse die Voraussetzungen einer „sozialen Einrichtung" erfüllt.

Die Zuwendungen des Arbeitgebers an die Unterstützungskasse führen wegen des fehlenden Rechts- 73 anspruchs nicht zum Zufluss von Arbeitslohn, d.h. in der Anwartschaftsphase findet keine Lohnbesteuerung statt. Die Leistungen der Unterstützungskasse unterliegen dann als nachträgliche Einkünfte aus nichtselbständiger Arbeit gemäß § 19 Abs. 1 Satz 1 Nr. 2 EStG der Einkommensteuer (nachgelagerte Besteuerung).

IV. Pensionskasse

Die Pensionskasse wird in § 1b Abs. 3 Satz 1 BetrAVG als rechtsfähige Versorgungseinrichtung defi- 74 niert, die dem Arbeitnehmer oder seinen Hinterbliebenen auf ihre Leistungen einen Rechtsanspruch gewährt. Als Zeitpunkt der Erteilung der Versorgungszusage gilt der Versicherungsbeginn, frühestens jedoch der Beginn der Betriebszugehörigkeit, § 1b Abs. 3 Satz 2 BetrAVG. Man unterscheidet grundsätzlich öffentlich-rechtlich und privatrechtlich organisierte Pensionskassen.

Die öffentlich-rechtlichen Pensionskassen dienen der Versorgung der Arbeitnehmer des öffentlichen 75 Dienstes. Diese Pensionskassen sind überwiegend als Körperschaft des öffentlichen Rechts (VBL, Zusatzversorgungskassen von Ländern und Gemeinden, kirchliche Zusatzversorgung) organisiert.

Bei den privatrechtlichen Pensionskassen unterscheidet man zwischen sog. betrieblichen und über- 76 betrieblichen Pensionskassen. Betriebliche Pensionskassen sind häufig in der Rechtsform des Versicherungsvereines auf Gegenseitigkeit (VVaG) und die überbetrieblichen in der Rechtsform der Aktiengesellschaft (AG) organisiert.

Bei den betrieblichen Pensionskassen kann eine Pensionskasse für ein Unternehmen, einen Kon- 77 zern oder mehrere Arbeitgeber (Gruppenpensionskasse) gegründet werden. Es besteht zwischen Arbeitgeber, Arbeitnehmer und Pensionskasse ein Dreiecksverhältnis. Der Arbeitgeber ist Träger der Pensionskasse und finanziert die Leistungen. Der Arbeitnehmer ist Versicherungsnehmer und häufig auch Mitglied der Pensionskasse. Den rechtlichen Rahmen bilden die Vorschriften der Satzung der Pensionskasse, die Regelungen des Versicherungsvertragsgesetzes (VVG), des Versicherungsaufsichtsgesetzes (VAG) und des Handelsgesetzbuches sowie die Regelungen des Bürgerlichen Gesetzbuches (BGB) und des Genossenschaftsrechtes.

Abbildung 2.6: Pensionskasse

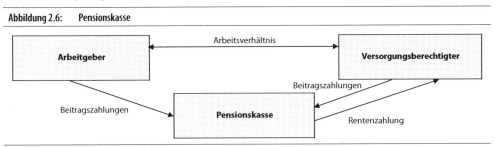

Bei der betrieblichen Pensionskasse kann sich ein Mitbestimmungsrecht des Betriebsrates des Ar- 78 beitgebers aus § 87 Abs. 1 Nr. 8 Betriebsverfassungsgesetz (BetrVG) ergeben, wenn die Pensionskasse eine Sozialeinrichtung darstellt. In diesem Fall hat der Betriebsrat bei Form, Ausgestaltung und Verwaltung mitzubestimmen.

Bei den sog. überbetrieblichen Pensionskassen besteht ebenfalls ein Dreiecksverhältnis zwischen Ar- 79 beitgeber, Arbeitnehmer und Pensionskasse. Im Unterschied zur betrieblichen Pensionskasse ist das Rechtsverhältnis bei der überbetrieblichen Pensionskasse allerdings so ausgestaltet, dass der Arbeitgeber Versicherungsnehmer und der Arbeitnehmer versicherte Person ist. Die überbetriebliche Pensionskasse ist von ihrer Konstruktion her vergleichbar mit einer Lebensversicherung. Sie ist lediglich auf den Wirkungskreis der betrieblichen Altersversorgung begrenzt.

80   Ein Mitbestimmungsrecht des Betriebsrates des jeweiligen Arbeitgebers kann sich bei der überbetrieblichen Pensionskasse nur eingeschränkt aus § 87 Abs. 1 Nr. 10 BetrVG ergeben. Eine Einflussnahme ist lediglich mittelbar möglich.

81   Die privatrechtlichen Pensionskassen unterstehen der Versicherungsaufsicht durch die BaFin. Diese soll sicherstellen, dass die Erfüllbarkeit der im Rahmen der Versorgungsversprechen begründeten Leistungsversprechen jederzeit gewährleistet ist. Der Arbeitnehmer hat einen unmittelbaren Anspruch auf Erfüllung der Leistungen gegenüber der Pensionskasse.

82   Gemäß § 3 Nr. 63 EStG wird seit dem 1.1.2005 eine begrenzte Lohnsteuerfreiheit der Beiträge an eine Pensionskasse gewährt. Die Beiträge die der Arbeitgeber an die Pensionskasse zahlt, sind bis zu einer Höhe von 4 % der jeweiligen Beitragsbemessungsgrenze sozialabgabenfrei (§ 1 Abs.1 Nr. 9 SvEV) und lohnsteuerfrei. Hierbei sind die arbeitgeber- und arbeitnehmerfinanzierten Beiträge zusammenzurechnen. Zusätzlich ist es unter bestimmten Voraussetzungen möglich, in Höhe von weiteren 1.800 € Beiträge zwar steuerfrei jedoch sozialabgabepflichtig zuzuwenden.

83   Da die Beiträge an eine Pensionskasse, die unter Anwendung von § 3 Nr. 63 EStG durch den Arbeitgeber gezahlt wurden, in der Anwartschaftsphase steuerfrei waren, sind nach § 22 Nr. 5 EStG i.V.m. §§ 9a Satz 1 Nr. 2, 24a EStG die Leistungen später steuerpflichtig.

V.   Pensionsfonds

84   Der Pensionsfonds wurde als fünfter Durchführungsweg der betrieblichen Altersversorgung zum 1.1.2002 eingeführt. Er ist eine rechtsfähige Versorgungseinrichtung, die dem Arbeitnehmer oder seinen Hinterbliebenen auf seine Leistungen einen Rechtsanspruch gewährt.

85   Das VAG enthält neben der Definition des Pensionsfonds eine Reihe weiterer Vorschriften den Pensionsfonds betreffend. Nach § 112 Abs. 1 VAG ist ein Pensionsfonds eine rechtsfähige Versorgungseinrichtung, die im Wege des Kapitaldeckungsverfahrens Leistungen der betrieblichen Altersversorgung für einen oder mehrere Arbeitgeber zugunsten von Arbeitnehmern erbringt. Die Höhe der Leistungen und die Höhe der für diese Leistungen zu entrichtenden künftigen Beiträge dürfen nicht für alle vorgesehenen Leistungsfälle vom Pensionsfonds versicherungsförmig garantiert werden.

86   Als Zeitpunkt der Erteilung der Versorgungszusage gilt der Versorgungsbeginn, frühestens jedoch der Beginn der Betriebszugehörigkeit, § 1b Abs. 3 Satz 2 BetrAVG.

87   Der Pensionsfonds kann den Arbeitnehmern einen Anspruch auf eine lebenslange Rente einräumen oder die Leistungen in Form eines Auszahlungsplans mit unmittelbar anschließender Restverrentung gemäß § 1 Abs. 1 Nr. 5 Altersvorsorgeverträge-Zertifizierungsgesetz erbringen.

Abbildung 2.7:   Pensionsfonds

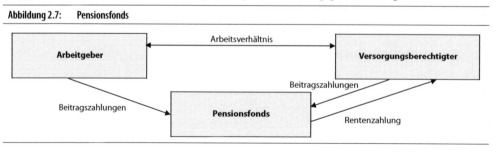

Der Pensionsfonds ist zwar kein Versicherungsunternehmen, er wird aber durch die einschlägigen 88 Vorschriften weitestgehend wie eine Versicherung behandelt. So bestimmt § 113 Abs. 1 VAG, dass ein Teil der die Lebensversicherung betreffenden Vorschriften auf den Pensionsfonds entsprechende Anwendung findet. Er wird in der Rechtsform des Pensionsfondsvereins auf Gegenseitigkeit (PF-VaG) oder der AG betrieben. Wie bei der Pensionskasse unterscheidet man zwischen betrieblichen und überbetrieblichen Pensionsfonds. Für den Pensionsfonds in der Rechtsform des PVaG gelten gemäß § 113 Abs. 2 Nr. 3 VAG die Vorschriften für den VVaG entsprechend.

Der Pensionsfonds untersteht der Aufsicht der BaFin und bedarf zur Aufnahme seines Geschäftsbe- 89 triebes nach § 112 Abs. 2 VAG auch deren Erlaubnis.

Grundsätzlich kann es bei Leistungszusagen in der Anwartschafts- und in der Rentenphase erfor- 90 derlich werden, dass der Arbeitgeber zusätzliche Beiträge an den Pensionsfonds erbringen muss, z.B. weil die zugesagte Leistung durch die bisherigen Beiträge nicht finanziert werden konnte. In diesem Zusammenhang ist zu beachten, dass auch im Durchführungsweg Pensionsfonds nach § 1 Abs. 1 Satz 3 BetrAVG eine arbeitsrechtliche Grundverpflichtung zur Erbringung der zugesagten Leistungen beim Arbeitgeber verbleibt.

Bei der Vermögensanlage ist der Pensionsfonds freier als bspw. Lebensversicherungsunternehmen 91 oder die Pensionskasse. Aus diesem Grund enthält z.B. § 115 VAG einige Vorschriften, welche Standards bei der Vermögensanlage zu beachten sind. Sowohl die Vorschriften für die Kapitalanlage als auch für die Kapitalausstattung sind im Vergleich zu den Regelungen für Lebensversicherungsunternehmen und Pensionskassen flexibler. So ist nach § 115 VAG eine Unterdeckung im Pensionsfonds nicht stets sofort auszugleichen, sondern es ist bei Unterdeckungen im Umfang von bis zu 10% nur erforderlich, einen Sanierungsplan aufzustellen, der die Unterdeckung spätestens nach 10 Jahren beseitigt.

Nur für den Pensionsfonds hat der Gesetzgeber die Möglichkeit eröffnet, bestehende Versorgungs- 92 verpflichtungen aus unmittelbaren Versorgungszusagen und Unterstützungskassenzusagen auf den Pensionsfonds auszulagern und zwar nach § 3 Nr. 66 EStG steuerfrei und auch sozialabgabenfrei.

Hierbei kann der Arbeitgeber nach § 4e Abs. 3 EStG auf Antrag die insgesamt erforderlichen Lei- 93 stungen an einen Pensionsfonds zur teilweisen oder vollständigen Übernahme einer bestehenden Versorgungsverpflichtung oder Versorgungsanwartschaft durch den Pensionsfonds erst in den dem Wirtschaftsjahr der Übertragung folgenden zehn Wirtschaftsjahren gleichmäßig verteilt als Betriebsausgaben abziehen. Der Antrag ist unwiderruflich; der jeweilige Rechtsnachfolger ist an den Antrag gebunden. Ist eine Pensionsrückstellung nach § 6a EStG gewinnerhöhend aufzulösen, kann der Teil der Übertragung in Höhe der aufgelösten Rückstellung im Jahr der Übertragung als Betriebsausgaben und der die aufgelöste Rückstellung übersteigende Betrag in den folgenden zehn Wirtschaftsjahren gleichmäßig verteilt als Betriebsausgaben abgezogen werden.

Beiträge an einen Pensionsfonds dürfen von dem Unternehmen, das die Beiträge leistet (Trägerun- 94 ternehmen), als Betriebsausgaben abgezogen werden, soweit sie auf einer festgelegten Verpflichtung beruhen oder der Abdeckung von Fehlbeträgen bei dem Fonds dienen (§ 4e Abs. 1 EStG). Sie dürfen nicht als Betriebsausgaben abgezogen werden, soweit die Leistungen des Fonds, wenn sie vom Trägerunternehmen unmittelbar erbracht würden, bei diesem nicht betrieblich veranlasst wären (§ 4e Abs. 2 EStG).

Wie bei Pensionskassen wird gemäß § 3 Nr. 63 EStG eine begrenzte Lohnsteuerfreiheit der Beiträge 95 an einen Pensionsfonds gewährt. Die Beiträge die der Arbeitgeber an den Pensionsfonds zahlt, sind bis zu einer Höhe von 4 % der jeweiligen Beitragsbemessungsgrenze sozialabgaben- und einkommensteuerfrei. Hierbei sind die arbeitgeber- und arbeitnehmerfinanzierten Beiträge zusammenzurechnen. Zusätzlich ist es unter bestimmten Voraussetzungen möglich in Höhe von weiteren 1.800 € Beiträge zwar steuerfrei jedoch sozialabgabenpflichtig zuzuwenden.

96 Da die Beiträge an einen Pensionsfonds, die unter Anwendung von § 3 Nr. 63 EStG durch den Arbeitgeber gezahlt werden, in der Anwartschaftsphase steuerfrei sind, sind die Leistungen nach § 22 Nr. 5 EStG i.V.m. §§ 9a Satz 1 Nr. 3, 24a EStG erst in der Leistungsphase steuerpflichtig.

VI. Direktversicherung

97 Nach § 1b Abs. 2 Satz 1 BetrAVG liegt eine Direktversicherung vor, wenn für die betriebliche Altersversorgung auf das Leben des Arbeitnehmers durch den Arbeitgeber eine Lebensversicherung abgeschlossen wird und der Arbeitnehmer oder seine Hinterbliebenen hinsichtlich der Leistungen des Versicherers ganz oder teilweise bezugsberechtigt sind. Als Zeitpunkt der Erteilung der Versorgungszusage im Durchführungsweg Direktversicherung gilt der Versicherungsbeginn, frühestens jedoch der Beginn der Betriebszugehörigkeit, § 1b Abs. 2 Satz 4 BetrAVG.

98 Bei der Direktversicherung besteht ebenfalls ein Dreiecksverhältnis zwischen Arbeitgeber, Arbeitnehmer und Versicherungsunternehmen. Versicherungsnehmer ist der Arbeitgeber. Dieser ist verpflichtet, durch die Beitragszahlung an den Versicherer sicherzustellen, dass die dem Arbeitnehmer zugesagten Leistungen im Versorgungsfall erbracht werden. Versicherte Person ist der Arbeitnehmer. Bei der Direktversicherung ist es zwingend erforderlich, dass der Arbeitgeber selbst Versicherungsnehmer auch des einzelnen Versicherungsvertrages ist. Es reicht nicht aus, wenn er lediglich Versicherungsnehmer eines Gruppenversicherungsvertrages ist, unter dem die jeweiligen Arbeitnehmer als Versicherungsnehmer Einzelverträge abgeschlossen haben.

Abbildung 2.8:   Direktversicherung

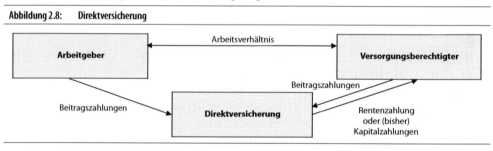

99 Das arbeitsrechtliche Versorgungsverhältnis ist von dem zwischen Arbeitgeber und Versicherer bestehenden Versicherungsverhältnis zu unterscheiden. Im Rahmen des Versicherungsverhältnisses schließt der Arbeitgeber auf das Leben des Arbeitnehmers einen Versicherungsvertrag ab. In den Abschluss des Versicherungsvertrages muss der Arbeitnehmer – außer bei Kollektivlebensversicherungen – vorher eingewilligt haben.

100 Das Bezugsrecht des Versicherungsvertrages kann widerruflich oder unwiderruflich ausgestaltet sein. Es ist auch möglich, ein sog. gespaltenes Bezugsrecht im Hinblick auf einzelne Leistungen oder die Höhe des Versicherungsleistungen zu vereinbaren. Wurde hinsichtlich der aus dem Versicherungsvertrag resultierenden Überschussanteile keine vertragliche Vereinbarung geschlossen, stehen diese grundsätzlich dem Arbeitgeber zu. Sollte die Versorgung des Arbeitnehmers im Wege der Entgeltumwandlung erfolgen, ist der Arbeitgeber verpflichtet, dem Arbeitnehmer von Beginn an ein unwiderrufliches Bezugsrecht einzuräumen, vgl. § 1b Abs. 5 Satz 2 BetrAVG.

101 Wenn der Versicherungsvertrag ein widerrufliches Bezugsrecht vorsieht, kann der Arbeitgeber das Bezugsrecht jederzeit einseitig ändern. Er ist dann berechtigt, den Anspruch auf die Versicherungsleistung abzutreten, zu verpfänden oder zu beleihen. Nach Eintritt der Voraussetzungen der Unverfallbarkeit ist es dem Arbeitgeber zwar versicherungsrechtlich weiterhin möglich, im oben beschriebenen Sinn über die Versicherung zu bestimmen, arbeitsrechtlich gegenüber dem Arbeitnehmer ist

allerdings beispielsweise der Widerruf des Bezugsrechtes nach Eintritt der Unverfallbarkeitsfristen unwirksam. Widerruft der Arbeitgeber etwa das Bezugsrecht nach Austritt mit unverfallbaren Ansprüchen, macht er sich gegenüber dem Arbeitnehmer schadenersatzpflichtig. Er muss dem Arbeitnehmer eine beitragsfreie Versicherungsanwartschaft verschaffen, deren Wert dem widerrufenen Bezugsrecht bei Beendigung des Arbeitsverhältnisses entspricht. Bei einer etwaigen Insolvenz des Arbeitgebers fällt der Anspruch auf die Versicherungsleistung in die Insolvenzmasse, wenn dem Arbeitnehmer lediglich ein widerrufliches Bezugsrecht zustand.

Bei der Einräumung eines unwiderruflichen Bezugsrechtes erhält der Arbeitnehmer ein durch den Eintritt des Versicherungsfalles bedingtes Recht auf die Leistung aus dem Versicherungsvertrag. Der Arbeitgeber ist dann ohne die Einwilligung des Arbeitnehmers nicht berechtigt, den Anspruch auf die Versicherungsleistung an einen Dritten abzutreten, zu beleihen oder zu verpfänden. Die Einräumung eines unwiderruflichen Bezugsrechtes bewirkt weiterhin, dass der Anspruch auf die Versicherungsleistung bei einer etwaigen Insolvenz des Arbeitgebers nicht in die Insolvenzmasse fällt, dem Arbeitnehmer steht vielmehr ein Absonderungsrecht zu. 102

Bei einem Ausscheiden des Arbeitnehmers aus dem Arbeitsverhältnis nach Eintritt der Voraussetzungen der Unverfallbarkeit ist der Arbeitgeber verpflichtet, etwaig erfolgte Beleihungen, Abtretungen oder Verpfändungen rückgängig zu machen. Dieses Recht des Arbeitnehmers kann dieser allerdings nur arbeitsrechtlich durchsetzen. Einen Anspruch aus dem Versicherungsvertrag hierauf hat er nicht. 103

Gemäß § 3 Nr. 63 EStG besteht eine begrenzte Lohnsteuerfreiheit der Beiträge an eine Direktversicherung für alle Direktversicherungen, die nach dem 1.1.2005 geschlossen wurden. Die Beiträge, die der Arbeitgeber an die Direktversicherung zahlt, sind bis zu einer Höhe von 4 % der jeweiligen Beitragsbemessungsgrenze sozialabgaben- und einkommensteuerfrei. Hierbei sind die arbeitgeber- und arbeitnehmerfinanzierten Beiträge zusammenzurechnen. Zusätzlich ist es unter bestimmten Voraussetzungen möglich, in Höhe von weiteren 1.800 € Beiträge zwar steuerfrei jedoch sozialabgabenpflichtig zuzuwenden. Die Beiträge an eine Direktversicherung stellen beim Arbeitgeber Betriebsausgaben dar. 104

Da die Beiträge an eine Direktversicherung, die unter Anwendung von § 3 Nr. 63 EStG durch den Arbeitgeber gezahlt werden, in der Anwartschaftsphase steuerfrei sind, sind die Leistungen nach § 22 Nr. 5 EStG i.V.m. §§ 9a Satz 1 Nr. 2, 24a EStG erst in der Leistungsphase steuerpflichtig. 105

VII. Wechsel des Durchführungsweges

Der Wechsel des Durchführungsweges wird im BetrAVG nicht geregelt. Er kann in unterschiedlicher Ausgestaltung erfolgen. 106

Die zugesagte betriebliche Altersversorgung kann bspw. beim Arbeitgeber mittelbar über einen externen Versorgungsträger durchgeführt worden sein und soll nun künftig unmittelbar über ihn erfolgen. Dies ist bspw. der Fall, wenn der Arbeitgeber einen Betrieb oder Betriebsteil verkauft hat und nun die betriebliche Altersversorgung der betroffenen Arbeitnehmer nicht mehr wie bisher über eine Unterstützungskasse durchgeführt werden kann. 107

Es ist auch denkbar, dass eine bisher unmittelbar über den Arbeitgeber durchgeführte betriebliche Altersversorgung nun auf einen externen Versorgungsträger (Direktversicherung, Pensionskasse, Unterstützungskasse oder Pensionsfonds) übertragen werden soll oder ein Wechsel unter mittelbaren Versorgungsträgern erfolgen soll. Hier stellt sich dann weiterhin die Frage, ob die gesamte Versorgungsverpflichtung übertragen werden soll oder lediglich der bereits erdiente Teil (past service) 108 oder der noch zu erdienende Teil (future service). Ist der Hintergrund des beabsichtigten Wechsels bspw. ein Betriebsübergang, würde eine Übertragung der gesamten Versorgungsverpflichtung u.U. dazu führen, dass der gesamte Betrag, wenn er als Einmalbetrag gezahlt würde, steuerpflichtig wäre. Es kann daher sinnvoll sein, lediglich den future service über einen neuen Versorgungsträger durchzuführen.

109 Wird die Versorgung im Wege der Entgeltumwandlung durchgeführt, bedarf ein Wechsel des Durchführungsweges grundsätzlich der Zustimmung des Arbeitnehmers.

110 Bei einer Übertragung einer Versorgungsanwartschaft oder einer bereits laufenden Versorgungsverpflichtung auf einen Pensionsfonds führt das Austauschen des Versorgungsträgers nicht zu einer Beseitigung des arbeitsrechtlichen Grundverhältnisses. Das bedeutet, die Subsidiärhaftung des Arbeitgebers nach § 1 Abs. 1 Satz 3 BetrAVG bleibt bestehen. Der Arbeitgeber ist lediglich solange von seiner Verpflichtung zur Leistungserbringung befreit, wie der Pensionsfonds die Leistungen erbringt. Der Wechsel des Durchführungsweges i.S.v. § 3 Nr. 66 EStG ist keine befreiende Schuldübernahme oder Übertragung i.S.v. § 4 BetrAVG.

D.   Arbeitsrechtliche Rahmenbedingungen

I.   Rechtsbegründungsakte

111 Unter Rechtsbegründungsakt wird der konkrete arbeitsrechtliche Verpflichtungstatbestand für die Begründung des Versorgungsverhältnisses verstanden. In Deutschland besteht grundsätzlich keine Rechtspflicht des Arbeitgebers zur Gewährung betrieblicher Versorgungsleistungen. Ein Versorgungsverhältnis entsteht nur, wenn der Arbeitgeber Mitarbeitern ausdrücklich Leistungen der betrieblichen Altersversorgung zusagt. Eine Ausnahme bildet hier nur der Bereich der Entgeltumwandlung (vgl. Kapitel 2 Tz. 3). Das BetrAVG als Arbeitnehmerschutzgesetz, stellt lediglich gewisse Mindeststandards auf, die zu beachten sind, wenn eine Versorgungszusage erteilt worden ist. Es legt somit die Rahmenbedingungen fest, setzt aber die Existenz einer arbeitsrechtlichen Versorgungsverpflichtung voraus. Erteilt der Arbeitgeber eine Versorgungszusage, die in Teilen die im BetrAVG normierten Mindeststandards nicht einhält, dann gelten diese Mindeststandards kraft Gesetzes. Ein Anspruch des Mitarbeiters auf betriebliche Versorgungsleistungen folgt auch nicht aus der allgemeinen Fürsorgepflicht des Arbeitgebers.

112 Die Versorgungsverpflichtung kann grundsätzlich durch einen individualrechtlichen Vertrag (Einzelzusage, Gesamtzusage/vertragliche Einheitsregelung), einen allgemeinen arbeitsrechtlichen Rechtsgrundsatz (betriebliche Übung, Gleichberechtigung, Gleichbehandlung) oder eine kollektivrechtliche Vereinbarung (Tarifvertrag, Betriebsvereinbarung, Regelungen nach dem Sprecherausschussgesetz), ausdrücklich oder stillschweigend begründet werden. Von der Wahl des konkreten Rechtsbegründungsaktes ist es abhängig, wie bestehende Versorgungsverpflichtungen nachträglich geändert oder aber auch aufgehoben werden können.

1.   Einzelzusage

113 Bei der Einzelzusage beruht die Versorgungsverpflichtung des Arbeitgebers auf einem individuell zwischen ihm und dem Mitarbeiter ausgehandelten Vertrag. Es gelten hier die allgemeinen Vertragsbestimmungen über Angebot und Annahme (§§ 145 ff. BGB). Die Annahme durch den Arbeitnehmer kann auch stillschweigend erfolgen, da es sich bei dem Versorgungsversprechen des Arbeitge-

bers um eine den Arbeitnehmer begünstigende Erklärung handelt (§ 151 BGB). Die Einzelzusage über Leistungen der betrieblichen Altersversorgung wird Bestandteil des Arbeitsvertrages und kann nur nach den allgemeinen Regeln des Dienstvertragsrechts geändert werden. Aus Gründen der Beweisbarkeit und der Rechtssicherheit werden Einzelzusagen üblicherweise schriftlich erteilt; ausreichend ist arbeitsrechtlich allerdings auch eine lediglich mündliche Vereinbarung. Hierbei ist zu beachten, dass bei unmittelbaren Versorgungszusagen gemäß § 6a Abs. 1 Nr. 3 EStG nur dann Pensionsrückstellungen in der Steuerbilanz gebildet werden dürfen, wenn die Versorgungszusage schriftlich erteilt wurde.

2.   Gesamtzusage und vertragliche Einheitsregelung

Bei der Gesamtzusage und auch bei der vertraglichen Einheitsregelung werden durch den Arbeit-   114
geber einzelnen abgrenzbaren Belegschaftsgruppen oder auch der gesamten Belegschaft Leistungen der betrieblichen Altersversorgung nach einheitlichen Grundsätzen zugesagt. Der wesentliche Unterschied zur Einzelzusage besteht darin, dass der Inhalt der Versorgungsverpflichtung nicht mit jedem einzelnen Mitarbeiter ausgehandelt wird, sondern einer Vielzahl von Mitarbeitern gleich strukturierte Versorgungszusagen erteilt werden. Gesamtzusagen und vertragliche Einheitsregelungen begründen, trotz ihres kollektiven Bezugs, vertragliche Ansprüche und werden Bestandteil des Arbeitsvertrages. Sie unterscheiden sich insoweit nicht von individualvertraglich begründeten Ansprüchen bei Einzelzusagen.

Der Unterschied zwischen Gesamtzusagen und vertraglichen Einheitsregelungen ist formaler Na-   115
tur. Bei der Gesamtzusage werden die Mitarbeiter in der Regel lediglich durch einen Aushang am „Schwarzen Brett" oder hausinterne Rundschreiben über das Bestehen einer Versorgungsregelung informiert. Bei der vertraglichen Einheitsregelung erhalten die Mitarbeiter z.B. individuell gestaltete Versorgungszusagen ausgehändigt, die bezüglich ihrer inhaltlichen Rahmenbedingungen mit denen vergleichbarer Mitarbeiter übereinstimmen und nicht individuell mit dem Arbeitgeber verhandelt werden.

3.   Betriebliche Übung

Rechtsbegründungsakt einer Versorgungszusage auf Leistungen der betrieblichen Altersversorgung   116
kann auch eine betriebliche Übung sein. Im Bereich der betrieblichen Altersversorgung ist die betriebliche Übung als Rechtsquelle vom Gesetzgeber ausdrücklich anerkannt worden (§ 1b Abs. 1 Satz 4 BetrAVG). Danach steht der Verpflichtung aus einer ausdrücklichen Versorgungszusage eine auf betrieblicher Übung beruhende Versorgungsverpflichtung gleich. Nach ständiger Rechtsprechung des 3. Senates des Bundesarbeitsgerichtes (BAG) ist die betriebliche Übung ein gleichförmiges und wiederholtes Verhalten des Arbeitgebers, das den Inhalt der Arbeitsverhältnisse gestaltet und geeignet ist, vertragliche Ansprüche auf eine Leistung zu begründen, wenn die Arbeitnehmer aus dem Verhalten des Arbeitgebers schließen dürfen, ihnen werde die Leistung auch künftig gewährt. Auf die subjektiven Vorstellungen des Arbeitgebers kommt es nicht an. Entscheidend ist, ob der Arbeitnehmer dem Verhalten des Arbeitgebers einen Verpflichtungswillen entnehmen kann. Die aufgrund einer betrieblichen Übung entstehenden Ansprüche weisen dieselbe Rechtsqualität und Bestandskraft auf wie betriebliche Versorgungsansprüche, die auf anderen Rechtsbegründungsakten beruhen.

4.   Gleichberechtigung und Gleichbehandlung

117   Ein Anspruch auf Leistungen der betrieblichen Altersversorgung kann sich auch aus dem Grundsatz der Gleichbehandlung ergeben. Dies wird in § 1b Abs. 1 Satz 4 BetrAVG ausdrücklich klargestellt; die Verpflichtung aus einer Versorgungszusage steht Versorgungsverpflichtungen gleich, die auf dem Grundsatz der Gleichbehandlung beruhen. Nach dem Gleichbehandlungsgrundsatz ist es dem Arbeitgeber verwehrt, in seinem Betrieb einzelne Arbeitnehmer oder Gruppen von Arbeitnehmern ohne sachlichen Grund von allgemein begünstigenden Regelungen im Arbeitsverhältnis auszuschließen oder schlechter zu stellen. Dieser Grundsatz gebietet es, Gleiches gleich und Ungleiches seiner Eigenart entsprechend verschieden zu behandeln. Der Grundsatz ist dann verletzt, wenn sich ein vernünftiger, aus der Natur der Sache sich ergebender oder sonstwie sachlich einleuchtender Grund für eine Differenzierung nicht finden lässt, wenn also die unterschiedliche Behandlung verschiedener Gruppen als willkürlich bezeichnet werden muss. Voraussetzung für die Rechtfertigung einer Ungleichbehandlung ist daher, dass sachliche Gründe eine Differenzierung rechtfertigen. Ein Anspruch auf Gleichbehandlung kann nicht geltend gemacht werden, wenn der Arbeitgeber aufgrund der Vertragsfreiheit nur einzelne individuelle Vereinbarungen mit Arbeitnehmern schließt.

118   Ein Anspruch auf Leistungen der betrieblichen Altersversorgung kann sich auch aus dem Gleichberechtigungsgrundsatz ergeben. Bei der Gewährung von Leistungen der betrieblichen Altersversorgung darf nicht zwischen Männern und Frauen unterschieden werden. Unzulässig sind sowohl unmittelbare als auch mittelbare Diskriminierungen. Eine unmittelbare Diskriminierung kann bspw. vorliegen, wenn eine Versorgungsordnung unterschiedliche Altersgrenzen für Männer und Frauen vorsieht. Eine mittelbare Diskriminierung kann u.a. vorliegen, wenn durch die konkrete Regelung üblicherweise ein Geschlecht häufiger betroffen ist als das andere, es sei denn, das Unternehmen legt dar, dass diese Maßnahme auf Faktoren beruht, die objektiv gerechtfertigt sind und nichts mit einer Diskriminierung aufgrund des Geschlechts zu tun haben.

119   Die Verletzung des allgemeinen Gleichbehandlungsgrundsatzes und des Gleichberechtigungsgrundsatzes hat zur Folge, dass der benachteiligte Arbeitnehmer den begünstigten Arbeitnehmern gleichgestellt werden muss. Die Ungleichbehandlung führt also nicht zur Nichtigkeit der Regelung.

5.   Betriebsvereinbarung

120   Als Rechtsbegründungsakt für eine betriebliche Altersversorgung werden häufig Betriebsvereinbarungen gewählt. Auch Betriebsvereinbarungen sind dem kollektiven Arbeitsrecht zuzurechnen. Eine Betriebsvereinbarung liegt vor, wenn Arbeitgeber und Betriebsrat über eine Angelegenheit des Unternehmens einen gemeinsamen Beschluss fassen, dieser schriftlich niedergelegt und von beiden Seiten gemeinsam unterschrieben wird. Betriebsvereinbarungen gelten unmittelbar und zwingend. Werden Arbeitnehmern durch die Betriebsvereinbarung Rechte eingeräumt, so ist ein Verzicht nur mit Zustimmung des Betriebsrats zulässig, vgl. § 77 Abs. 4 Betriebsverfassungsgesetz (BetrVG).

121   Der Betriebsrat hat auf den Abschluss von Betriebsvereinbarungen, die Leistungen einer betrieblichen Altersversorgung zum Gegenstand haben, keinen Anspruch. Die Einführung von Leistungen der betrieblichen Altersversorgung gehört zum Bereich der freiwilligen Mitbestimmung (§ 88 BetrVG). Ebenso wie die Auswahl des begünstigten Personenkreises, die Wahl des Durchführungsweges und die Festsetzung des finanziellen Umfangs der Versorgungsansprüche (Dotierungsrahmen). Die konkrete Ausgestaltung der Versorgungsverpflichtung unterliegt demgegenüber der Mitbestimmung des Betriebsrates nach § 87 Abs. 1 Nr. 8 oder Nr. 10 BetrVG.

Zu beachten ist, dass nach § 77 Abs. 3 BetrVG Arbeitsentgelte und sonstige Arbeitsbedingungen, die durch Tarifvertrag geregelt sind oder üblicherweise geregelt werden, nicht Gegenstand einer Betriebsvereinbarung sein können. Dies gilt nicht, wenn ein Tarifvertrag den Abschluss ergänzender Betriebsvereinbarungen ausdrücklich zulässt. Die Sperrwirkung des § 77 Abs. 3 BetrVG setzt voraus, dass sich der räumliche, fachliche und persönliche Geltungsbereich des Tarifvertrages auf den Betrieb und die Arbeitnehmer erstreckt. Weder der Arbeitgeber noch der Arbeitnehmer des Betriebs muss tarifgebunden sein. Soweit für die betriebliche Regelung ein Mitbestimmungsrecht gemäß § 87 Abs. 1 BetrVG besteht, kommt es nach der Ansicht des BAG entsprechend dem Tarifvorrang in § 87 Abs. 1 BetrVG darauf an, dass ein Tarifvertrag besteht, nicht aber, dass er nur üblich ist. 122

6.   Regelungen nach dem Sprecherausschussgesetz

Seit dem 1.1.1989 regelt das Sprecherausschussgesetz (SprAuG) die kollektivrechtliche Interessenvertretung derjenigen leitenden Angestellten, die nach § 5 Abs. 3 BetrVG von der Vertretung durch den Betriebsrat ausgeschlossen sind. Zwischen dem Sprecherausschuss und dem Arbeitgeber können Richtlinien und Vereinbarungen u.a. über die betriebliche Altersversorgung der leitenden Angestellten geschlossen werden. Das bedeutet, auch durch diese Richtlinien und Vereinbarungen kann ein Anspruch auf Leistungen der betrieblichen Altersversorgung begründet werden. Hierbei handelt es sich allerdings nicht um erzwingbare Mitbestimmung. 123

7.   Tarifvertrag

Versorgungsverpflichtungen können auch durch einen Tarifvertrag begründet werden. Tarifverträge sind dem kollektiven Arbeitsrecht zuzurechnen und können von einer Gewerkschaft mit einem einzelnen Arbeitgeber oder einem Arbeitgeberverband geschlossen werden, vgl. § 2 Abs. 1 Tarifvertragsgesetz (TVG). Der Tarifvertrag gilt unmittelbar und zwingend für die Arbeitgeber, die ihn mit einer Gewerkschaft selbst abschließen oder Mitglied in einem Arbeitgeberverband sind, der einen Tarifvertrag mit einer Gewerkschaft schließt, vgl. § 3 Abs. 1 TVG. Eine beiderseitige Tarifbindung von Arbeitgeber und Arbeitnehmer liegt vor, wenn Arbeitgeber und Arbeitnehmer vom Geltungsbereich des Tarifvertrages erfasst werden. Tarifverträge können auch für allgemeinverbindlich erklärt werden mit der Folge, dass von diesen auch nicht tarifgebundene Arbeitgeber und Arbeitnehmer erfasst werden. Durch einen Tarifvertrag kann von einigen Mindestnormen des BetrAVG zulasten des Arbeitnehmers abgewichen werden z.B. bei der Anpassungsprüfung nach § 16 BetrAVG und der Berechnung der Höhe der unverfallbaren Anwartschaften nach § 2 BetrAVG, vgl. § 17 Abs. 3 Satz 1 BetrAVG. 124

Seit dem mit dem Altersvermögensgesetz aus dem Jahr 2001 verankerten Rechtsanspruch auf Entgeltumwandlung (§ 1a BetrAVG) und dem gleichzeitig in § 17 Abs. 5 BetrAVG für Entgeltumwandlungsvereinbarungen normierten Tarifvorbehalt sind eine Vielzahl von Tarifverträgen zur näheren Ausgestaltung und Umsetzung dieses Rechtsanspruchs auf Entgeltumwandlung vereinbart worden. 125

8.   Änderungsmöglichkeiten

Mitunter kommt es vor, dass Versorgungsregelungen geändert bzw. angepasst werden sollen. Hier stellt sich die Frage, ob und wie die arbeitsrechtliche Versorgungsverbindlichkeit für die Zukunft bzw. u.U. auch mit Wirkung für die Vergangenheit änderbar ist. Die betriebliche Altersversorgung ist dem Bereich der freiwilligen Sozialleistungen zuzuordnen. Dem Arbeitgeber steht es insofern frei, ob er überhaupt eine betriebliche Altersversorgung gewähren will. Er hat deshalb auch das Recht, die be- 126 triebliche Altersversorgung für künftig eintretende Arbeitnehmer, also für neue Arbeitsverhältnisse in der Zukunft, einseitig dahingehend zu modifizieren, dass die betroffenen Mitarbeiter gar nicht mehr oder nur in eingeschränktem Umfang an der vorhandenen Altersversorgung beteiligt werden. Diese stichtagsbezogene Schließung oder Änderung eines Versorgungswerkes für die Zukunft sollte dokumentiert werden, damit sich neu eintretende Mitarbeiter nicht auf einen z.B. durch betriebliche Übung oder Gleichbehandlung bedingten Vertrauenstatbestand berufen können, der die Gewährung betrieblicher Versorgungsleistungen auch ihnen gegenüber bindend macht (vgl. Kapitel 2 D. I. 3.).

127 Hiervon zu unterscheiden ist die verschlechternde Änderung bestehender Versorgungsregelungen. Grundsätzlich sind die arbeitsrechtlichen Änderungsmöglichkeiten abhängig von dem konkret gewählten Rechtsbegründungsakt. Denkbar ist auch eine Änderung aufgrund eines vorbehaltenen Widerrufs.

128 Dem Arbeitgeber ist es nur unter sehr engen Voraussetzungen möglich, Versorgungsanwartschaften zu kürzen bzw. zu entziehen. Hier ist die bereits erworbene Rechtsposition (d.h. der Besitzstand) des Arbeitnehmers zu beachten. Eine Verschlechterung der Versorgungszusage ist nur dann zulässig, wenn der Besitzstand des Arbeitnehmers angemessen berücksichtigt wird. Der Eingriff in die Versorgungszusage unterliegt einer Rechts- und Billigkeitskontrolle durch die Gerichte. Das BAG hat in diesem Zusammenhang abstufende Kriterien (3-Stufen-Theorie) für den Eingriff in ein bestehendes Versorgungswerk aufgestellt. Je nach Stärke des Besitzstandes setzt der Eingriff zwingende (erdienter Teilbetrag, erste Stufe), triftige (erdiente Dynamik, zweite Stufe) oder sachliche Gründe (noch nicht erdiente Steigerungsbeiträge, dritte Stufe) voraus.

Erste Stufe: erdienter Teilbetrag

129 Eine Reduzierung der erdienten, gemäß § 2 BetrAVG bei Ausscheiden mit unverfallbaren Ansprüchen aufrechtzuerhaltenen Anwartschaftteile kommt grundsätzlich weder als Widerruf noch als Kürzung in Betracht. Durch seine Arbeit und seine Betriebstreue hat der Arbeitnehmer die von ihm erwartete Leistung erbracht, der Ruhegeldanspruch hängt insoweit nur noch vom Eintritt des Versorgungsfalls ab. Die erdiente Anwartschaft steht zudem unter dem Eigentumsvorbehalt des Artikel 14 Grundgesetz, in den ohne überragendes Allgemeininteresse nicht eingegriffen werden darf.

130 Unter einem zwingenden Grund, der einen Eingriff ausnahmsweise möglich macht, versteht das BAG schwerste Gründe. Bisher hat das BAG zu zwei Fallvarianten Stellung genommen: Der Fall der schweren wirtschaftlichen Notlage des Arbeitgebers und der Fall der planwidrigen Überversorgung durch Änderung der Rahmenbedingungen. Im ersten Fall würde – ohne Entlastung – die Opfergrenze des Arbeitgebers überschritten, im anderen Fall würde der mit der Zusage verfolgte Zweck, etwa die Erhaltung des bisherigen Lebensstandards im Ruhestand, massiv verfehlt.

Zweite Stufe: erdiente Dynamik

131 Das BAG ist der Ansicht, wer nur die Aussicht habe, seine Altersversorgung durch weitere Betriebstreue zu steigern, könne nicht den gleichen Bestandsschutz erwarten, wie derjenige, der das ihm Mögliche und von ihm Verlangte schon geleistet habe. Zuwächse können aber von verschiedenen Bemessungsfaktoren abhängig sein. Das BAG nimmt daher im Einzelnen weitere Differenzierungen vor. Die weitere künftige Betriebszugehörigkeit kann bei einer Versorgungsregelung, die auf das jeweilige Gehalt abstellt, den erreichten Besitzstand aufgrund von Gehaltserhöhungen weiter steigern (erdiente Dynamik). Darüber hinaus können durch weitere Betriebszugehörigkeit weitere Dienstjahre zur Anspruchssteigerung führen (künftige Steigerungsbeträge).

Zum Eingriff in eine erdiente Dynamik hat das BAG als triftigen Grund anerkannt, dass die Versorgungslast langfristig die Substanz des Unternehmens gefährden würde. Dies ist insbesondere der Fall, wenn die Kosten des bisherigen Versorgungswerks nicht mehr aus den Unternehmenserträgen und etwaigen Wertzuwächsen des Unternehmensvermögens erwirtschaftet werden können, sodass eine die Entwicklung des Unternehmens beeinträchtigende Substanzaufzehrung droht.

Dritte Stufe: noch nicht erdiente Steigerungsbeträge

Noch nicht erdiente Steigerungsbeträge können nach der Rechtsprechung des BAG bei Vorliegen sachlicher Gründe reduziert werden oder gänzlich wegfallen. Unter sachlichen Gründen versteht das BAG willkürfreie, nachvollziehbare und anerkennenswerte Erwägungen, die darauf hinzielen, dienstzeitabhängige Zuwächse für die Zukunft neu zu regeln. Das kann eine wirtschaftlich ungünstige Entwicklung des Unternehmens sein, aber auch eine Fehlentwicklung der Versorgung. Grundsätzlich wird man hierunter auch jede Änderung der Sach- und Rechtslage erfassen können, die nach Einrichtung des betrieblichen Versorgungswerkes aufgetreten ist und einen Eingriff in das Leistungsniveau erforderlich macht. Grundsätzlich ist auch in diesem Zusammenhang der Verhältnismäßigkeitsgrundsatz zu wahren, das bedeutet insbesondere, dass das jeweils mildeste Mittel beim Eingriff in die Versorgungsanwartschaft zu wählen ist.

a)   Einzelzusage

Für eine Verschlechterung einer dem Arbeitnehmer im Rahmen einer Einzelzusage erteilten Versorgungszusage auf Leistungen der betrieblichen Altersversorgung ist es erforderlich, dass der Arbeitnehmer der Änderung ausdrücklich zustimmt. Etwas anderes kann ausnahmsweise gelten, wenn besondere Umstände vorliegen, die nach Treu und Glauben keinen besonderen Widerspruch erwarten lassen, so z.B. bei einem Personalleiter, der selbst als Verhandlungspartner für den Arbeitgeber Eingriffe in Versorgungsanwartschaften anderer Mitarbeiter durchgesetzt hat.

Verweigert der Mitarbeiter die einzelvertragliche Zustimmung zur Änderung der Einzelzusage, kann der Arbeitgeber sein Ziel nur noch im Wege der „Änderungskündigung" verfolgen. Die Änderungskündigung beinhaltet im Gegensatz zur ordentlichen Kündigung ein Angebot zur Fortsetzung des Arbeitsverhältnisses unter veränderten Rahmenbedingungen. Lehnt der Mitarbeiter dieses Angebot ab, ist sein Arbeitsverhältnis gekündigt; es greifen jedoch hier die Schutzvorschriften des Kündigungsschutzgesetzes.

b)   Gesamtzusage und vertragliche Einheitsregelung

Wurde eine Versorgungszusage im Wege einer Gesamtzusage oder vertraglichen Einheitsregelung erteilt, gilt zunächst das zur Änderung der Einzelzusage Gesagte entsprechend.

Es besteht jedoch auch grundsätzlich die Möglichkeit, die bestehende Gesamtzusage durch eine Betriebsvereinbarung abzulösen. Die Gesamtzusage muss in diesem Fall eine Regelung enthalten, dass eine spätere ggf. auch verschlechternde Abänderung durch eine Betriebsvereinbarung möglich ist. Die Öffnungsklausel muss allerdings nicht ausdrücklich vereinbart sein, sie kann sich auch stillschweigend ergeben, wenn sich dies aus den entsprechenden Begleitumständen folgern läßt. Nach der im Zusammenhang mit der Ablösung von Gesamtzusagen über Betriebsvereinbarungen ergangenen Rechtsprechung ist dies etwa dann zu bejahen, wenn der Arbeitgeber bei Ankündigung der Leistung darauf hinweist, die Leistungsgewährung sei „im Einvernehmen mit dem Gesamtbetriebsrat beschlossen oder mit ihm abgestimmt worden". Ein stillschweigender Vorbehalt kommt auch dann in Betracht, wenn eine vertragliche Einheitsregelung auf einen früher geltenden Tarifvertrag oder auf einen unter Beteiligung von Betriebsräten zustande gekommenen Beschluss einer Pensionskasse zurückgeht.

138   Sollte die Regelung der Gesamtzusage im Ergebnis nicht betriebsvereinbarungsoffen sein, kommt lediglich eine Änderung der Gesamtzusage durch eine so genannte umstrukturierende Betriebsvereinbarung in Betracht. Merkmal einer umstrukturierenden Neuregelung, etwa über eine Betriebsvereinbarung, ist, dass die bestehende Regelung unter Wahrung des Dotierungsrahmens verändert wird. Die neue Regelung darf bei kollektiver Betrachtungsweise insgesamt für die Belegschaft nicht ungünstiger sein. Eine umstrukturierende Neuregelung kann beispielsweise andere Verteilungsmaßstäbe setzen, unpraktikable Regelungen abschaffen oder Verteilungsmaßstäbe an geänderte Zielvorstellungen und Rahmenbedingungen anpassen.

139   Nach Ansicht des BAG muss zur Ablösung einer Gesamtzusage durch eine umstrukturierende Betriebsvereinbarung ein kollektiver Günstigkeitsvergleich erfolgen, soweit arbeitsvertragliche Ansprüche auf Sozialleistungen in Rede stehen. Danach wird bei umstrukturierenden Betriebsvereinbarungen die arbeitsvertragliche Gesamtzusage abgelöst, wenn bei einem kollektiven Günstigkeitsvergleich die Betriebsvereinbarung insgesamt für die Belegschaft nicht ungünstiger ist als die Regelung in der Gesamtzusage. In den Vergleich werden alle Regelungen einbezogen, die in einem Zusammenhang stehen. Für das Verhältnis der Regelung der Gesamtzusage zu den Normen einer nachfolgenden Betriebsvereinbarung gilt das Günstigkeitsprinzip so, wie es in § 4 Abs. 3 TVG zum Ausdruck kommt. Das Günstigkeitsprinzip ist als allgemeiner Grundsatz unabhängig von der Art der Rechtsquelle auch außerhalb der Gültigkeit des Tarifvertragsgesetzes anzuwenden.

c)   Betriebliche Übung und Gleichbehandlung

140   Die aufgrund einer betrieblichen Übung oder des Grundsatzes der Gleichbehandlung entstandenen Versorgungsverbindlichkeiten werden in § 1b Abs. 1 Satz 3 BetrAVG den vertraglich begründeten Versorgungsverpflichtungen gleichgestellt. Nach der Rechtsprechung des BAG sind diese Versorgungsverpflichtungen schuldrechtlich wie Gesamtzusagen zu behandeln mit der Folge, dass das oben Gesagte zu den Änderungsmöglichkeiten einer Gesamtzusage entsprechend gilt.

d)   Betriebsvereinbarung

141   Grundsätzlich besteht die Möglichkeit, eine Betriebsvereinbarung zu kündigen. In § 77 Abs. 5 BetrVG wird eine gesetzliche Kündigungsfrist von drei Monaten geregelt. Vertragliche Vereinbarungen über die Kündigungsmöglichkeiten gehen der gesetzlichen Regelung jedoch grundsätzlich vor. Die grundsätzliche Kündbarkeit einer Betriebsvereinbarung ist allerdings von den Rechtsfolgen einer Kündigung zu unterscheiden. Aus der Kündigung der Betriebsvereinbarung ergibt sich nicht deren Nichtigkeit. Vielmehr sollte bei der Kündigung die beabsichtigte Nachwirkung dem Betriebspartner genau mitgeteilt werden.

e)   Tarifvertrag

142   Tarifverträge können grundsätzlich durch Kündigung und Abschluss eines neuen Tarifvertrages auch zum Nachteil der Versorgungsberechtigten unter Einhaltung von Besitzständen (vgl. Kapitel 2 Tz. 126 ff.) geändert werden.

f) Widerruf

Eine Änderung der Versorgungsregelungen durch die Vereinbarung sog. Widerrufsvorbehalte ist 143
u.U. denkbar. Die in Versorgungszusagen üblicherweise enthaltenen Widerrufsvorbehalte entsprechen jedoch meist den sog. steuerunschädlichen Vorbehalten wie sie in R6a Abs. 4 EStR formuliert sind. Diese Widerrufsvorbehalte haben lediglich deklaratorische Bedeutung und beschreiben insoweit nur die Rechtsgrundsätze von der Störung der Geschäftsgrundlage (§ 313 BGB). Diese sind grundsätzlich geeignet, Eingriffe in bestehende Versorgungsregelungen wiederum unter Berücksichtigung der Drei-Stufen-Theorie des BAG zu rechtfertigen.

II. Unverfallbarkeit

Grundsätzlich besteht ein Anspruch auf die vom Arbeitgeber zugesagten Versorgungsleistungen, 144
wenn zum Zeitpunkt des Eintrittes des jeweiligen Versorgungsfalles das Arbeitsverhältnis noch besteht. Bereits vor der gesetzlichen Normierung der Unverfallbarkeitsregeln wurde allerdings durch Rechtsprechung festgelegt, dass ein Arbeitnehmer, der aus dem Arbeitsverhältnis vor Eintritt eines Versorgungsfalles ausscheidet, unter bestimmten Voraussetzungen eine Anwartschaft auf betriebliche Versorgungsleistungen behält. Diese richterrechtlichen Regelungen wurden in die Vorschriften des BetrAVG überführt und im Laufe der Jahrzehnte immer wieder modifiziert.

1. Gesetzliche Unverfallbarkeit dem Grunde nach

Heute gibt es unterschiedliche gesetzliche Unverfallbarkeitsfristen für die arbeitgeberfinanzierte be- 145
triebliche Altersversorgung und für die arbeitnehmerfinanzierte betriebliche Altersversorgung (Entgeltumwandlung).

§ 1b Abs. 1 Satz 1 BetrAVG regelt die gesetzliche Unverfallbarkeitsfrist dem Grunde nach für Versor- 146
gungsansprüche aus einer arbeitgeberfinanzierten betrieblichen Altersversorgung. Hiernach bleibt einem Arbeitnehmer, dem Leistungen aus der betrieblichen Altersversorgung zugesagt worden sind, die Anwartschaft erhalten, wenn das Arbeitsverhältnis vor Eintritt des Versorgungsfalls, jedoch nach Vollendung des 25. Lebensjahres endet und die Versorgungszusage zu diesem Zeitpunkt mindestens 5 Jahre bestanden hat. Zu beachten ist, dass nach § 1b Abs. 1 Satz 2 BetrAVG ein Arbeitnehmer seine Anwartschaft auch dann behält, wenn er aufgrund einer Vorruhestandsregelung ausscheidet und ohne das vorherige Ausscheiden die Wartezeit und die sonstigen Voraussetzungen für den Bezug von Leistungen der betrieblichen Altersversorgung hätte erfüllen können.

§ 1b Abs. 5 Satz 1 BetrAVG regelt die gesetzliche Unverfallbarkeit für Versorgungsansprüche aus 147
Entgeltumwandlung dem Grunde nach. Nach dieser Regelung behält der Arbeitnehmer seine Anwartschaft aus Entgeltumwandlung, wenn sein Arbeitsverhältnis vor Eintritt des Versorgungsfalls endet (sofortige Unverfallbarkeit).

Der Eintritt der gesetzlichen Unverfallbarkeit ist damit heute nicht mehr abhängig von der Dauer 148
der Betriebszugehörigkeit. Diese spielt erst bei der Bestimmung der Höhe der unverfallbaren Versorgungsanwartschaft nach dem Quotierungsverfahren gem. § 2 Abs. 1 BetrAVG für Leistungszusagen eine Rolle. Nach § 1b Abs. 1 Satz 3 BetrAVG unterbricht eine Änderung der Versorgungszusage oder ihre Übernahme durch eine andere Person nicht den Ablauf der Fristen nach § 1b Abs. 1 Satz 1 BetrAVG. Da das BetrAVG lediglich Mindestnormen zugunsten der Arbeitnehmer enthält, kann mit einer vertraglichen Regelung ein früherer Zeitpunkt für den Eintritt der Unverfallbarkeit vereinbart werden.

149   § 1b Abs. 2 bis 5 BetrAVG enthält Regelungen zur Unverfallbarkeit in den Durchführungswegen Direktversicherung, Pensionskasse, Pensionsfonds und Unterstützungskasse.

150   Hat der Arbeitgeber zur Durchführung der Versorgung des Arbeitnehmers den Durchführungsweg Direktversicherung gewählt, so darf er nach dem Eintritt der Unverfallbarkeit das Bezugsrecht nicht mehr widerrufen, vgl. § 1b Abs. 2 Satz 2 BetrAVG. Hat der Arbeitgeber die Versicherung beliehen, verpfändet oder abgetreten, so muss er diese Verfügungen rückgängig machen, vgl. § 1b Abs. 2 Satz 3 BetrAVG. Im Fall der Entgeltumwandlung über eine Direktversicherung bestimmt § 1b Abs. 5 Satz 2 BetrAVG, dass der Arbeitgeber dem Arbeitnehmer mit Beginn der Entgeltumwandlung ein unwiderrufliches Bezugsrecht einräumen muss.

151   Führt der Arbeitgeber die Versorgung der Arbeitnehmer im Durchführungsweg Pensionskasse oder Pensionsfonds durch, gelten die näheren Rahmenbedingungen des § 1b Abs. 3 BetrAVG. Für das Entstehen einer unverfallbaren Versorgungsanwartschaft gilt § 1b Abs. 1 BetrAVG entsprechend. § 1b Abs. 3 Satz 2 BetrAVG stellt klar, dass als Zeitpunkt der Erteilung der Versorgungszusage im Sinne von § 1b Abs. 1 Satz 1 BetrAVG der Versicherungsbeginn bzw. der Versorgungsbeginn, frühestens jedoch der Beginn der Betriebszugehörigkeit gilt.

152   Wird die Versorgung der Arbeitnehmer über eine Unterstützungskasse durchgeführt, gelten die Voraussetzungen von § 1b Abs. 1 Satz 1 und 2 BetrAVG entsprechend. Nach § 1b Abs. 4 Satz 2 BetrAVG gilt die Versorgungszusage in dem Zeitpunkt als erteilt im Sinne des § 1b Abs. 1 BetrAVG, ab dem der Arbeitnehmer zum Kreis der Begünstigten der Unterstützungskasse gehört.

2.   Gesetzliche Unverfallbarkeit der Höhe nach

153   Die Höhe der bei Ausscheiden mindestens aufrecht zu erhaltenden Versorgungsanwartschaft richtet sich nach § 2 BetrAVG. Durch eine vertragliche Abrede können für den Arbeitnehmer hiervon abweichende günstigere Regelungen getroffen werden. Für die Berechnung der Höhe der Versorgungsanwartschaft sind bezüglich der einzelnen Durchführungswege und Zusagearten Besonderheiten zu beachten.

154   § 2 Abs. 1 BetrAVG regelt, in welcher Höhe unverfallbare Versorgungsanwartschaften bei einer unmittelbaren Versorgungszusage aufrechtzuerhalten sind. Danach ist im Versorgungsfall zunächst die Leistung nach Maßgabe der Versorgungsregelung zu berechnen, die ohne vorzeitige Beendigung des Arbeitsverhältnisses zu erbringen wäre. Diese Leistung ist im Verhältnis der tatsächlich abgeleisteten Betriebszugehörigkeit zur insgesamt bis zum Erreichen des Pensionierungsalters möglichen Betriebszugehörigkeit durch einen Zeitwertfaktor (sog. m/n-tel Faktor) zu kürzen. Für die Berechnung des Zeitwertfaktors ist auf die gesamte Beschäftigungszeit seit dem Beginn des Arbeitsverhältnisses abzustellen. Maßgeblich ist also nicht nur die ruhegehaltsfähige Beschäftigungszeit, sondern die gesamte Betriebszugehörigkeit einschließlich einer etwaigen betrieblichen Berufsausbildung.

155   Werden bei einem Leistungsplan auch andere Leistungsarten, z.B. vorzeitige Altersleistungen, Invaliditäts- und/oder Todesfallleistungen vorgesehen, so ist bei Eintritt eines entsprechenden Leistungsfalles immer die Versorgungsleistung für den betriebstreuen Arbeitnehmer nach Maßgabe des Leistungsplanes neu zu bestimmen und entsprechend dem Zeitwertfaktor zu kürzen.

156   Bei Leistungen wegen Invalidität oder Tod vor Erreichen der Altersgrenze ist die Limitierungsklausel des § 2 Abs. 1 Satz 2 BetrAVG zu beachten. Hiernach braucht der Mindestanspruch auf Leistungen wegen Invalidität oder Tod vor Erreichen der Altersgrenze nicht höher zu sein als der Betrag, den der Arbeitnehmer oder seine Hinterbliebenen erhalten hätten, wenn im Zeitpunkt des Ausscheidens der Versorgungsfall eingetreten wäre und die sonstigen Leistungsvoraussetzungen erfüllt gewesen wären.

Nach § 2 Abs. 5 Satz 1 BetrAVG bleiben bei der Berechnung des Teilanspruchs nach § 2 Abs. 1   157
BetrAVG Veränderungen der Versorgungsregelung und der Bemessungsgrundlagen für die Leistung
der betrieblichen Altersversorgung, soweit sie nach dem Ausscheiden des Arbeitnehmers eintreten,
außer Betracht; dies gilt auch für die Bemessungsgrundlagen anderer Versorgungsbezüge, die bei
der Berechnung der Leistung der betrieblichen Altersversorgung zu berücksichtigen sind. In der
Praxis bedeutet dies, dass bei gehaltsabhängigen Pensionszusagen nach dem Ausscheiden keine weiteren Steigerungen der Anwartschaft erfolgen, sondern das Gehalt bei Ausscheiden weiterhin Bemessungsgrundlage bleibt.

Für die Direktversicherung (§ 2 Abs. 2 BetrAVG) und die Pensionskasse (§ 2 Abs. 3 BetrAVG) sieht   158
das Gesetz neben der ratierlichen Berechnungsmethode zur Ermittlung der Höhe der unverfallbaren
Versorgungsanwartschaft auf Wunsch des Arbeitgebers auch eine versicherungsvertragliche Lösung
zur Bestimmung der Höhe der unverfallbaren Versorgungsanwartschaft vor.

Die versicherungsvertragliche Lösung beschränkt die Leistung auf die von dem Versicherer auf-   159
grund des Versicherungsvertrages zu erbringende Versicherungsleistung und kann vom Arbeitgeber
gewählt werden, wenn

■ spätestens nach 3 Monaten seit dem Ausscheiden des Arbeitnehmers das Bezugsrecht unwiderruflich ist und eine Abtretung oder Beleihung des Rechts aus dem Versicherungsvertrag durch
den Arbeitgeber und Beitragsrückstände nicht vorhanden sind,

■ vom Beginn der Versicherung, frühestens jedoch vom Beginn der Betriebszugehörigkeit an, nach
dem Versicherungsvertrag die Überschussanteile nur zur Verbesserung der Versicherungsleistung zu verwenden sind und

■ der ausgeschiedene Arbeitnehmer nach dem Versicherungsvertrag das Recht zur Fortsetzung der
Versicherung mit eigenen Beiträgen hat.

Kommt es nicht zur versicherungsvertraglichen Lösung, so muss der Arbeitgeber den ratierlichen   160
Teilanspruch gewähren. Soweit der ratierliche Teilanspruch über die von dem Versicherer nach dem
Versicherungsvertrag aufgrund der Beiträge des Arbeitgebers zu erbringende Versicherungsleistung
hinausgeht, richtet sich dieser gegen den Arbeitgeber unmittelbar.

Für den Pensionsfonds sieht das Gesetz keine versicherungsvertragliche Lösung vor. Hier gilt das   161
Quotierungsprinzip des § 2 Abs. 1 BetrAVG mit der Maßgabe, dass sich der vom Arbeitgeber zu
finanzierende Teilanspruch, soweit er über die vom Pensionsfonds auf der Grundlage der nach dem
geltenden Pensionsplan im Sinne des § 112 Abs. 1 Satz 2 i.V.m. § 113 Abs. 2 Nr. 5 des VAG berechnete
Deckungsrückstellung hinausgeht, gegen den Arbeitgeber richtet, vgl. § 2 Abs. 3a BetrAVG.

Eine Unterstützungskasse hat bei Eintritt des Versorgungsfalles, wie bei einer unmittelbaren Pensi-   162
onszusage einem vorzeitig ausgeschiedenen Arbeitnehmer und seinen Hinterbliebenen, mindestens
den nach § 2 Abs. 1 BetrAVG berechneten Teil der Versorgung zu gewähren, vgl. § 2 Abs. 4 BetrAVG.

Bei einer beitragsorientierten Leistungszusage gilt für die Durchführungswege unmittelbare Ver-   163
sorgungszusage, Pensionskasse und Unterstützungskasse eine abweichende Regelung zum Quotierungsprinzip. Nach § 2 Abs. 5a 2. Halbsatz BetrAVG ist die Anwartschaft aufrechtzuerhalten, die
vom Zeitpunkt der Zusage auf betriebliche Altersversorgung bis zum Ausscheiden aus den bis dahin zugeteilten Beiträgen erdient wurde. Diese Berechnungsmethode gilt nach § 30g Abs. 1 Satz 1
BetrAVG nur für Versorgungszusagen, die ab dem 1.1.2001 erteilt wurden.

Bei einer Beitragszusage mit Mindestleistung gilt für die hierfür möglichen Durchführungswege   164
Direktversicherung, Pensionskasse und Pensionsfonds ebenfalls eine abweichende Regelung zum
Quotierungsprinzip nach § 2 Abs. 1 BetrAVG. Nach § 2 Abs. 5b BetrAVG ist dem Arbeitnehmer
das bis zum Ausscheiden planmäßig zuzurechnende Versorgungskapital auf der Grundlage der bis

zu seinem Ausscheiden geleisteten Beiträge (Beiträge und die bis zum Eintritt des Versorgungsfalls erzielten Erträge), mindestens die Summe der bis dahin zugesagten Beiträge, soweit sie nicht rechnungsmäßig für einen biometrischen Risikoausgleich verbraucht wurden, zu gewähren.

165 Bei einer unverfallbaren Anwartschaft aus Entgeltumwandlung ist dem Arbeitnehmer die vom Zeitpunkt der Zusage auf betriebliche Altersversorgung bis zu seinem Ausscheiden erreichte Anwartschaft auf Leistungen aus den bis dahin umgewandelten Entgeltbestandteilen zu gewähren, vgl. § 2 Abs. 5a, 1. Halbsatz BetrAVG.

III.   Übertragung

166 Bei Wechsel des Arbeitgebers ist es zulässig, dass die bestehende Pensionszusage vom bisherigen auf den neuen Arbeitgeber übergeht, d.h. übertragen wird. § 4 BetrAVG regelt die Voraussetzungen der Übertragung unverfallbarer Versorgungsanwartschaften und laufender Leistungen. Die Regelung ist rechtsdogmatisch als Verbotsnorm ausgestaltet, d.h. eine Übertragung unverfallbarer Versorgungsanwartschaften und laufender Leistungen ist nur in den vom Gesetz explizit genannten Fällen zulässig. Die Regelung des § 4 BetrAVG wurde mit Wirkung ab dem 1.1.2005 neu gefasst. In der ab diesem Zeitpunkt geltenden Fassung wird in § 4 Abs. 2 BetrAVG aufgeführt, in welchen Fällen eine Übertragung unverfallbarer Versorgungsanwartschaften in Betracht kommt. Hierbei spielt es keine Rolle, ob die betriebliche Altersversorgung durch den Arbeitgeber und/oder den Arbeitnehmer finanziert wurde. Nach § 4 Abs. 1 BetrAVG werden vom Anwendungsbereich der Regelung sowohl Arbeitnehmer als auch Versorgungsempfänger erfasst. Praktische Bedeutung hat die Vorschrift für Versorgungsempfänger nach § 4 Abs. 4 BetrAVG allerdings nur, wenn die Betriebstätigkeit eingestellt und das Unternehmen liquidiert wird.

167 Nach § 4 Abs. 2 BetrAVG kann nach Beendigung des Arbeitsverhältnisses im Einvernehmen des ehemaligen mit dem neuen Arbeitgeber sowie dem Arbeitnehmer

- die Zusage durch den neuen Arbeitgeber übernommen werden oder

- der Wert der vom Arbeitnehmer erworbenen unverfallbaren Anwartschaft auf betriebliche Altersversorgung (Übertragungswert) auf den neuen Arbeitgeber übertragen werden, wenn dieser eine wertgleiche Zusage erteilt; für die neue Anwartschaft gelten die Regelungen über Entgeltumwandlung entsprechend.

168 § 4 Abs. 2 Nr. 1 BetrAVG regelt somit, dass bei einer einvernehmlichen Übertragung der unverfallbaren Versorgungsanwartschaft durch eine dreiseitige Vereinbarung zwischen neuem und altem Arbeitgeber und dem Arbeitnehmer die Versorgungszusage mit schuldbefreiender Wirkung auf den neuen Arbeitgeber übertragen werden kann. Das bedeutet, dass der neue Arbeitgeber in die bestehende Versorgungsverbindlichkeit so eintritt, wie sie besteht. Er haftet dem Arbeitnehmer gegenüber ggf. auch aus Umständen heraus, die beim alten Arbeitgeber entstanden sind und von denen er keine Kenntnis hatte.

169 Im Fall der Portabilität (§ 4 Abs. 2 Nr. 2 BetrAVG) wird nicht die Versorgungszusage selbst auf den neuen Arbeitgeber übertragen, sondern lediglich der Wert der vom Arbeitnehmer erworbenen unverfallbaren Anwartschaft auf betriebliche Altersversorgung (Übertragungswert) worauf der neue Arbeitgeber dem Arbeitnehmer eine wertgleiche Zusage erteilt. Für diese Form der Übertragung ist ebenfalls eine dreiseitige Vereinbarung zwischen neuem und altem Arbeitgeber und Arbeitnehmer erforderlich. Vorteil dieser Übertragungsmöglichkeit ist, dass der neue Arbeitgeber die Versorgungsanwartschaft des Arbeitnehmers in seine im Unternehmen bestehende Versorgung überführen kann.

Der Übertragungswert entspricht bei einer unmittelbar über den Arbeitgeber oder über eine Unter-   170
stützungskasse durchgeführten betrieblichen Altersversorgung dem Barwert der nach § 2 BetrAVG
bemessenen künftigen Versorgungsleistung im Zeitpunkt der Übertragung; bei der Berechnung des
Barwerts sind die Rechnungsgrundlagen sowie die anerkannten Regeln der Versicherungsmathematik maßgebend, vgl. § 4 Abs. 5 Satz 1 BetrAVG.

Bei den versicherungsförmigen Durchführungswegen (Pensionsfonds, Pensionskasse, Direktversi-   171
cherung) entspricht der Übertragungswert dem gebildeten Kapital im Zeitpunkt der Übertragung,
vgl. § 4 Abs. 5 Satz 2 BetrAVG.

Mit der vollständigen Übertragung des Übertragungswerts erlischt die Zusage des ehemaligen Ar-   172
beitgebers, vgl. § 4 Abs. 6 BetrAVG.

Steuerlich begleitet wird die Übertragung des Übertragungswertes nach § 4 Abs. 2 Nr. 2 BetrAVG   173
durch die Regelung des § 4d Abs. 1 Nr. 1 d) EStG und § 3 Nr. 55 EStG.

Nach § 4 Abs. 3 BetrAVG besteht unter bestimmten Voraussetzungen ein Anspruch des Arbeit-   174
nehmers gegen seinen ehemaligen Arbeitgeber auf Übertragung des Übertragungswertes auf seinen
neuen Arbeitgeber. Voraussetzungen hierfür sind:

▦ Der Arbeitnehmer muss das Übertragungsverlangen innerhalb eines Jahres nach der Beendigung des Arbeitsverhältnisses gegenüber seinem Arbeitgeber geltend machen. Ausnahmsweise
  richtet sich der Anspruch gegen den Versorgungsträger, wenn der ehemalige Arbeitgeber die
  versicherungsförmige Lösung über eine Pensionskasse oder eine Direktversicherung gewählt hat
  oder soweit der Arbeitnehmer die Versicherung oder Versorgung (Pensionskasse, Direktversicherung, Pensionsfonds) mit eigenen Beiträgen fortgeführt hat, vgl. § 4 Abs. 3 Satz 2 BetrAVG.

▦ Die betriebliche Altersversorgung muss beim ehemaligen Arbeitgeber über einen Pensionsfonds,
  eine Pensionskasse oder eine Direktversicherung durchgeführt worden sein, § 4 Abs. 3 Satz 1 Nr.
  1 BetrAVG.

▦ Der Übertragungswert darf die Beitragsbemessungsgrenze in der allgemeinen Rentenversicherung nicht übersteigen, § 4 Abs. 3 Satz 1 Nr. 2 BetrAVG.

Der neue Arbeitgeber ist verpflichtet, eine dem Übertragungswert wertgleiche Zusage zu erteilen   175
und diese über einen Pensionsfonds, eine Pensionskasse oder eine Direktversicherung durchzuführen, vgl. § 4 Abs. 3 Satz 3 BetrAVG. Für die neue Anwartschaft gelten die Regelungen über Entgeltumwandlung entsprechend, vgl. § 4 Abs. 3 Satz 4 BetrAVG.

In § 4 Abs. 4 BetrAVG werden besondere Voraussetzungen für eine Übertragung der Versorgungs-   176
zusage für den Fall getroffen, dass die Betriebstätigkeit eingestellt und das Unternehmen liquidiert
wird. Hierzu muss die Versorgungszusage mit schuldbefreiender Wirkung von einem Lebensversicherungsunternehmen oder einer Pensionskasse übernommen werden. Eine Veränderung des Zu-
sageinhaltes kommt nicht in Betracht, da eine Übertragung mit wertgleicher Zusage nicht genannt
wird. Eine Zustimmung der Arbeitnehmer oder der Versorgungsempfänger zur Übertragung ist
nicht erforderlich.

Ab Rentenbeginn müssen in diesem Fall alle Überschussanteile zur Erhöhung der Leistung verwen-   177
det werden, vgl. § 4 Abs. 4 Satz 1 BetrAVG. Es sind ebenfalls die Verfügungsbeschränkungen einzu-
halten, vgl. § 4 Abs. 4 Satz 2 BetrAVG.

In § 4 Abs. 4 BetrAVG wird nicht auf den Übertragungswert des § 4 Abs. 5 BetrAVG verwiesen. Für   178
die Übernahme der Zusage muss an die Pensionskasse oder an das Lebensversicherungsunternehmen ein Einmalbetrag gezahlt werden, der auch die künftigen Verwaltungskosten umfasst. Würde
nur der Übertragungswert gezahlt, müssten die betroffenen Arbeitnehmer Leistungskürzungen hin-
nehmen.

IV.   Vorzeitige Altersleistung

179   Nach § 6 Satz 1 BetrAVG sind einem Arbeitnehmer, der die Altersrente aus der gesetzlichen Rentenversicherung als Vollrente in Anspruch nimmt, auf sein Verlangen nach Erfüllung der Wartezeit und sonstiger Leistungsvoraussetzungen Leistungen der betrieblichen Altersversorgung zu gewähren.

180   Von dem Anwendungsbereich der Vorschrift werden nur solche Mitarbeiter erfasst, die in der gesetzlichen Rentenversicherung versichert sind. Ein gesetzlicher Anspruch auf eine vorzeitige Altersleistung nach § 6 BetrAVG besteht darüber hinaus nur, wenn die gesetzliche Altersrente als Vollrente in Anspruch genommen wird. Weitere Voraussetzungen für den Anspruch aus § 6 BetrAVG sind die Erfüllung einer etwaigen Wartezeit und sonstiger Leistungsvoraussetzungen der einschlägigen Versorgungsregelung. Nach der Rechtsprechung des BAG kann der Arbeitnehmer auch nach seinem vorzeitigen Ausscheiden aus dem Arbeitsverhältnis eine etwaige Wartezeit erfüllen. Der Arbeitnehmer muss die vorzeitige Altersleistung nach § 6 BetrAVG von seinem Arbeitgeber einfordern.

181   § 6 BetrAVG regelt den Anspruch auf eine vorzeitige Altersleistung nicht der Höhe nach. Der Arbeitgeber ist berechtigt, wegen der vorgezogenen Inanspruchnahme der Altersleistung eine Kürzung vorzunehmen. Werden versicherungsmathematische Abschläge vorgenommen, müssen diese ausdrücklich in der Versorgungsregelung vereinbart worden sein. Eine vereinbarte Kürzung um 0,5 % für jeden Monat der vorgezogenen Inanspruchnahme ist nach Ansicht des BAG nicht unbillig, etwa wertgleich und in der Praxis weit verbreitet. Fehlt in der betrieblichen Versorgungsregelung eine Kürzungsbestimmung, so kann eine Kürzung nur in entsprechender Anwendung von § 2 BetrAVG zeitanteilig vorgenommen werden. Eine zusätzliche und damit doppelte Kürzung, sowohl zeitanteilig als auch nach einer Kürzungsbestimmung in der betrieblichen Versorgungsregelung, darf nicht vorgenommen werden.

182   Die dargestellten Grundsätze zur Berechnung der Höhe der vorzeitig in Anspruch genommenen Versorgungsleistung gelten auch für mit einer unverfallbaren Anwartschaft ausgeschiedene Arbeitnehmer. Bei diesen Arbeitnehmern kann es zu einer doppelten Kürzung kommen. Die erste Kürzung folgt aus der Unverfallbarkeitsquote des § 2 BetrAVG. Die zweite Kürzung ergibt sich aus im Leistungsplan vorgesehenen Abschlägen. Das BAG erteilte der in der Praxis in vielen Fällen gebräuchlichen dreifachen Kürzung eine Absage. Hier wurde nur die bis zum Eintritt des Versorgungsfalles abgeleistete Zeit leistungssteigernd berücksichtigt, diese Leistung mit versicherungsmathematischen Abschlägen oder entsprechend § 2 BetrAVG gekürzt und anschließend bei ausgeschiedenen Anwärtern darauf die Unverfallbarkeitsquote angewendet. In diesen Fällen muss die Leistung auf der Grundlage der Dienstjahre bis zum vertraglichen Pensionierungsalter ermittelt werden.

183   Die vorgezogenen Versorgungsleistungen von Pensionskassen und Direktversicherungen sind der Höhe nach auf das für den einzelnen Versorgungsberechtigten zum Zeitpunkt des Abrufs vorhandene Deckungskapital beschränkt, so dass es insoweit zu einer unmittelbaren Verpflichtung des Arbeitgebers kommt, wenn der arbeitsrechtlich unverfallbare Anspruch von der Direktversicherung oder der Pensionskasse nicht erreicht wird. Beim Pensionsfonds gilt dies entsprechend, sofern eine Leistungszusage erteilt wurde. Bei der Beitragszusage mit Mindestleistung ist der Wert der für den Versorgungsberechtigten bis zum vorgesehenen Rentenbeginn reservierten Deckungsmittel maßgeblich. Bei Rentenzusagen ist dieser Wert nach versicherungsmathematischen Grundsätzen zu verrenten.

V. Insolvenzschutz

Die §§ 7 bis 15 BetrAVG regeln die Voraussetzungen der Insolvenzsicherung für laufende Versor- 184
gungsleistungen, Kapitalzusagen und gesetzlich unverfallbare Versorgungsanwartschaften. Träger
der Insolvenzsicherung ist der PSVaG mit Sitz in Köln. Er wurde 1974 von den Deutschen Arbeit-
geberverbänden, dem Bundesverband der Deutschen Industrie und dem Verband der Lebensversicherungsunternehmen gegründet. Er unterliegt der Aufsicht der Bundesanstalt für Finanzdienstleistungsaufsicht (BaFin).

Durch die Vorschriften zur Insolvenzsicherung sollen die Ansprüche des Arbeitnehmers bei Zah- 185
lungsunfähigkeit des Arbeitgebers in Form einer Ausfallhaftung sichergestellt werden. Die Versorgungsberechtigten erhalten einen gesetzlichen Anspruch aufgrund der Insolvenz des Arbeitgebers
gegen den PSVaG. Die Arbeitgeber, die ihre betriebliche Altersversorgung nicht über eine Pensionskasse oder eine Direktversicherung mit unwiderruflichem Bezugsrecht, die weder abgetreten noch
beliehen ist, durchführen, sind verpflichtet, an den PSVaG Beiträge zu zahlen. Die Leistungspflicht
des PSVaG ist – entsprechend seinem Bestimmungszweck – unabhängig davon, ob der insolvente
Arbeitgeber auch tatsächlich Beiträge gezahlt hat.

Generell und uneingeschränkt unterliegen unmittelbare Pensionszusagen und Versorgungszusagen, 186
die über Unterstützungskassen finanziert werden, nach § 7 Abs. 2 BetrAVG der gesetzlichen Insolvenzsicherung. Da Pensionskassen der Versicherungsaufsicht der BaFin unterliegen und Beleihungen nicht zulässig sind, sind die zugrundeliegenden Versorgungszusagen nicht insolvenzsicherungspflichtig. Bei Versorgungszusagen, die über eine Direktversicherung finanziert werden, hängt
eine etwaige Insolvenzsicherungspflicht entscheidend von der Ausgestaltung des Bezugsrechtes und
der Beleihung der Versicherung durch den Arbeitgeber ab. Versorgungszusagen über den Durchführungsweg Pensionsfonds sind ebenfalls insolvenzsicherungspflichtig. Die vom Arbeitgeber zu
leistenden Beiträge sind jedoch im Vergleich zu denen einer unmittelbaren Versorgungszusage auf
20 % der sonst zu zahlenden Beiträge reduziert, vgl. § 10 Abs. 3 Nr. 4 BetrAVG.

Der PSVaG leistet in den in § 7 Abs. 1 BetrAVG genannten Fällen: 187

- bei Eröffnung des Insolvenzverfahrens über das Vermögen des Arbeitgebers,
- bei Abweisung des Antrags auf Eröffnung des Insolvenzverfahrens mangels Masse,
- beim außergerichtlichen Vergleich und
- bei der vollständigen Beendigung der Betriebstätigkeit, wenn ein Insolvenzverfahren mangels
  Masse nicht in Betracht kommt.

Die Höhe der Leistung des PSVaG hängt davon ab, ob es sich um eine bereits fällige Versorgungslei- 188
stung oder um eine gesetzlich unverfallbare Versorgungsanwartschaft handelt. Grundsätzlich werden bereits fällige Versorgungsleistungen in voller Höhe erbracht. Wegen etwaiger Höchstbeträge ist
§ 7 Abs. 3 BetrAVG zu beachten.

Um Missbrauchsmöglichkeiten zu vermeiden sieht § 7 Abs. 5 Satz 3 BetrAVG vor, dass Versorgungs- 189
zusagen oder Zusageerhöhungen erst zwei Jahre nach ihrer Erteilung insolvenzgeschützt sind. Ausnahmen von diesem Grundsatz bestehen unter bestimmten Voraussetzungen für Versorgungszusagen aus Entgeltumwandlung und bei einer Übertragung im Sinne von § 4 BetrAVG, vgl. § 7 Abs. 5
Satz 3, 2. Halbsatz BetrAVG.

Unter den Schutzbereich der §§ 7 – 15 BetrAVG fallen lediglich Arbeitnehmer und ihnen gleichge- 190
stellte Personen im Sinne von § 17 Abs. 1 Satz 2 BetrAVG.

VI.   Anpassungsprüfungspflicht

191   § 16 BetrAVG regelt die Anpassung laufender Versorgungsleistungen. Zweck der Regelung ist es grundsätzlich, den Werterhalt der Versorgungsleistungen zu erreichen und so einer inflationsbedingten Auszehrung vorzubeugen.

192   Nach § 16 Abs. 1 BetrAVG hat der Arbeitgeber alle drei Jahre eine Anpassung der laufenden Leistungen der betrieblichen Altersversorgung zu prüfen und hierüber nach billigem Ermessen, d.h. unter Berücksichtigung der Belange des Versorgungsempfängers und der wirtschaftlichen Lage des Arbeitgebers zu entscheiden. Versorgungsanwartschaften sind nicht zu berücksichtigen.

193   Die Anpassungsprüfung soll im dreijährigen Rhythmus nach dem individuellen Rentenbeginn vorgenommen werden mit der Folge, dass in jedem Monat einige Anpassungsprüfungen durchzuführen wären. Aus Gründen der Verwaltungsvereinfachung kann ein so genannter Bündelungstermin eingeführt werden. Der Arbeitgeber kann die in einem Jahr fällig werdenden Anpassungsprüfungen gebündelt zu einem bestimmten Zeitpunkt innerhalb oder am Ende des Jahres vornehmen.

194   Die Anpassungsverpflichtung gilt nach § 16 Abs. 2 BetrAVG als erfüllt, wenn der Arbeitgeber die Betriebsrenten entweder

- entsprechend der Entwicklung des Verbraucherpreisindexes für Deutschland (VPI) oder
- entsprechend der Entwicklung der Nettolöhne vergleichbarer Arbeitnehmergruppen im Unternehmen

im Prüfungszeitraum erhöht.

195   Die Anpassungsverpflichtung nach § 16 Abs. 1 BetrAVG entfällt in den Fällen des § 16 Abs. 3 BetrAVG, wenn

1. der Arbeitgeber sich verpflichtet, die laufenden Leistungen jährlich um wenigstens eins vom Hundert anzupassen (nur für Zusagen ab 1.1.1999 möglich),

2. die betriebliche Altersversorgung über eine Direktversicherung oder Pensionskasse durchgeführt wird, ab Rentenbeginn sämtliche auf den Rentenbestand entfallende Überschussanteile zur Erhöhung der laufenden Leistungen verwendet werden und zur Berechnung der garantierten Leistung der nach § 65 Abs. 1 Nr. 1 Buchstabe a des VAG festgesetzte Höchstzinssatz zur Berechnung der Deckungsrückstellung nicht überschritten wird oder

3. eine Beitragszusage mit Mindestleistung erteilt wurde; § 16 Abs. 5 BetrAVG findet insoweit keine Anwendung.

196   Die Anpassungsverpflichtung des Arbeitgebers besteht nicht, wenn seine wirtschaftliche Lage dem entgegensteht. Das BAG hat eine Reihe von Kriterien entwickelt, nach denen die wirtschaftliche Lage zu beurteilen ist.

197   Sollten Rentenanpassungen aufgrund der wirtschaftlichen Lage des Arbeitgebers vor dem 1.1.1999 zu Recht nicht vorgenommen worden sein, so hat der Arbeitgeber bei späteren Anpassungsterminen eine nachholende Anpassung für die früheren unterlassenen Anpassungen zusätzlich zu prüfen und ggf. vorzunehmen.

3 Methodische Grundlagen

A. Die Abbildungslogik der wirtschaftlichen Wirkung von Pensionsverpflichtungen

Beschreibt man die wesentlichen Konturen der Bilanzierung von Pensionsverpflichtungen in den diversen Rechnungslegungsstandards, so wird die „Statik" der Abbildung durch den einfachen Grundzusammenhang eines virtuellen Darlehens des Arbeitnehmers an den Arbeitgeber geprägt:

1. Der Arbeitnehmer erdient ein Entgelt als Gegenleistung für seine Arbeitsleistung.

2. Einen Teil des Entgelts erhält der Arbeitnehmer in Form von Barlohn.

3. Der Arbeitnehmer stellt einen Teil des von ihm erarbeiteten (erdienten) Entgelts dem Arbeitgeber zur Verfügung. Das somit in der Anwartschaftsphase gestundete Arbeitsentgelt bewirkt eine Verpflichtung des Arbeitgebers gegenüber dem Arbeitnehmer (Erfüllungsrückstand).

4. Auch für die Überlassung von Kapital ist ein Entgelt fällig. Die virtuellen, nicht tatsächlichen Zinsforderungen des Arbeitnehmers werden – wie schon die Entgelte – gestundet.

5. Die in der Anwartschaftsphase gestundeten Entgelte für Arbeit und die Zinsen addieren sich zu der Darlehens- bzw. Pensionsverpflichtung des Arbeitgebers gegenüber dem Arbeitnehmer. Diese erhöht sich um die jeweils jährlich hinzukommenden gestundeten Entgelte für die Arbeitsleistung und Zinsen.

6. Nach Eintritt des Versorgungsfalls zahlt der Arbeitgeber in der Leistungsphase die vereinbarten Renten an den Arbeitnehmer aus. Diese Rentenzahlungen mindern das Darlehen aus gestundeten Entgelten somit aus gestundeten Zinsen und somit die jeweilige Pensionsverpflichtung. Insofern stellen die Rentenzahlungen Tilgungen des Kredites bzw. der Pensionsverpflichtung dar.

7. Vernachlässigt man das biometrische Risiko (z.B. Invalidität oder Sterblichkeit), entspricht die Summe aller Rentenzahlungen bzw. Tilgungen in der Leistungsphase der Summe der gestundeten Zins- und Arbeitsentgelte in der Anwartschaftsphase. Der Arbeitgeber zahlt den Kredit inklusive aller Zinsen zurück. Wäre das Darlehen zinslos, entspräche die Summe aller Renten- bzw. Tilgungszahlungen der Summe der gestundeten Arbeitsentgelte.

Sähe man in der betrieblichen Altersversorgung lediglich eine Kreditbeziehung zwischen Arbeitgeber und -nehmer, würde die Entstehung dieses Kredits im Zeitablauf durch jährlich neue Stundungen von Arbeitsentgelten sowie durch Stundung der virtuellen Zinsen den „Buchungs-Praktiker" kaum vor schwierige buchhalterische Herausforderungen stellen. Pensionsverpflichtungen unterscheiden sich jedoch in einigen wesentlichen Aspekten von Darlehensverpflichtungen, ohne dass die oben dargestellten Schritte der Abbildungslogik eines Kredits verändert werden müssen. Der zentrale Unterschied besteht darin, dass die Darlehensvaluta im Sinne des erdienten, jedoch nicht ausgezahlten Teils des Arbeitsentgelts, nicht als konkreter Betrag vereinbart wurde und sich daher alle weiteren buchungsrelevanten Beträge auf der Basis von Zins- und Tilgungsplänen nicht durch einfaches „Vorwärtsrechnen" ergeben. Vielmehr definiert bei Pensionsverpflichtungen in Form von Leistungszusagen (vgl. Kapitel 2 Tz. 32) die Pensionszusage die Höhe und die möglichen Zeitpunkte der Rentenzahlungen. Bezogen auf die Darlehensanalogie bedeutet dies, dass die Renten bzw. Tilgungszahlungen den Ausgangspunkt der Betrachtung bilden. Von dieser Basis aus wird die „Darlehenssumme", das ist der Barwert der Renten, sowie die gestundeten Arbeits- und Zinsentgelte retrograd ermittelt, um die jeweiligen Aufwandsgrößen periodengerecht den Jahren ihrer Entstehung zuzuordnen. Wenn auch die Statik von Darlehen und Pensionsverpflichtungen vergleichbar ist, so liegt ein wesentlicher Unterschied darin, dass bei den Pensionsverpflichtungen „rückwärts" statt „vorwärts" zu rechnen ist, wozu es der Anwendung versicherungsmathematischer Regeln bedarf.

Abbildung 3.1:   Gegenüberstellung von Darlehen und Pensionsverpflichtungen

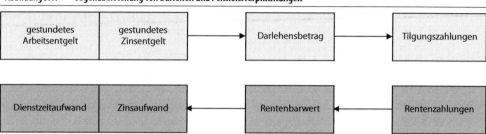

3   Aus den Renten- bzw. Tilgungsleistungen wird zunächst der (Renten-)Barwert zu Beginn der Leistungsphase ermittelt. Dieser Rentenbarwert entspricht der „Darlehenssumme" zu Beginn der Tilgungsphase des Kredits. Wie man dann von diesem Barwert bzw. der Darlehenssumme auf die Höhe der jährlichen Kreditaufnahme schließt, hängt von weiteren Annahmen ab. Zunächst einmal ist eine Annahme darüber zu treffen, wie sich das gestundete Arbeitsentgelt über die Jahre verteilt (Periodenabgrenzung): Verteilt man es gleichmäßig über die Jahre, weil zum Beispiel die Pensionszusage keinerlei Hinweis darauf gibt, in welchem Jahr in welcher Höhe ein Teil des Arbeitsentgeltes erdient wurde? Oder nimmt man andere Verteilungsregeln an? Da es sich hierbei um eine „Spielregel" zur „Rückwärtsverteilung" einer feststehenden (Kredit-)Summe auf die Zeit der Kreditentstehung handelt, ist diese Rückwärtsverteilung letztlich willkürlich. Daher gibt es in der Praxis auch weltweit sehr unterschiedliche Vorstellungen (vgl. Kapitel 3 C.), die sich in der Existenz unterschiedlicher Bewertungsregeln manifestieren. Ob nun die gestundeten Arbeitsentgelte in jedem Jahr gleich hoch sind oder in unterschiedlicher Höhe über die Zeit der Kreditentstehung verteilt werden, ist eine Frage der gewünschten Abbildungslogik. Ein realer, buchungsrelevanter Vorgang liegt der Bilanzierung und Bewertung dieses virtuellen Darlehens nicht zu Grunde.

4   Unterstellt man zunächst einmal, dass die Leistungszusage keinerlei Hinweis auf eine mögliche Verteilung in der Vergangenheit liefert, so erscheint eine Gleichverteilung plausibel. Wenn man nun weiterhin unterstellt, dass für das Darlehen des Arbeitnehmers an den Arbeitgeber keine Zinsen berechnet werden, wären die jährlichen „Kreditbausteine" konstant und entsprächen dem jeweils gestundeten Arbeitsentgelt, dem Dienstzeitaufwand des entsprechenden Jahres:

Abbildung 3.2:   Stundung und Rückzahlung von Arbeitsentgelt

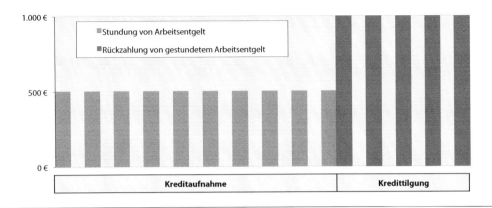

● Beispiel 1

Es wird von einer Zusage ausgegangen, nach der eine Rente in Höhe von 1.000 € insgesamt 5 Jahre lang vorschüssig ausgezahlt wird. Die dazugehörige Anwartschaftszeit beträgt genau 10 Jahre. Für den Fall, dass keine Verzinsung berücksichtigt wird, bedeutet dies, dass der Arbeitnehmer jährlich auf 500 € Arbeitsentgelt verzichtet bzw. diese dem Arbeitgeber stundet. Das Kreditvolumen wächst somit um 500 € jährlich an, beträgt nach 10 Jahren 5.000 € und wird dann jährlich mit einem Betrag von 1.000 € getilgt.

Da eine unentgeltliche Kapitalüberlassung aber eine unrealistische Annahme darstellt und der allgemeinen Lebenserfahrung widerspricht, ist in einer Kreditbeziehung von einer Zinsanforderung des Darlehensgebers gegenüber dem -nehmer in einer bestimmten Höhe auszugehen. Vernachlässigt man zunächst die Frage nach der Höhe dieses Zinsanspruchs, so bewirkt bereits dessen Existenz, dass bei der „Rückwärtsverteilung" die Darlehenssumme bzw. der Rentenbarwert nicht ausschließlich auf das gestundete Arbeitsentgelt entfällt, sondern auch auf die gestundeten Zinsanforderungen. Da durch die Existenz von Zinsanforderungen die zugesagte Rentenzahlung nicht steigt, bewirkt die Aufteilung auf Zins- und Entgeltbestandteile, dass mit zunehmendem Zinsentgelt (Rechnungszins) der Anteil der gestundeten, jährlich gleichbleibenden Arbeitsentgelte sinkt.

Abbildung 3.3:   Stundung und Rückzahlung von Arbeitsentgelt und Zins

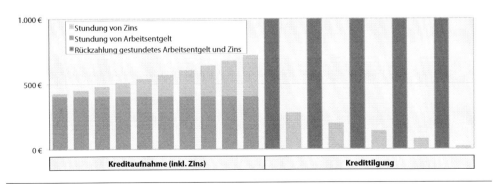

◉ **Beispiel 2**

Es wird von einer Zusage ausgegangen, nach der eine Rente in Höhe von 1.000 € insgesamt 5 Jahre lang vorschüssig ausgezahlt wird. Die dazugehörige Anwartschaftszeit beträgt genau 10 Jahre. Es wird ein Rechnungszins von 6 % unterstellt. Bei der Rückwärtsverteilung der gestundeten Arbeitsentgelte sowie der gestundeten Zinsansprüche wächst das Darlehen des Arbeitnehmers wie folgt bis zum Jahr 10 an und nimmt dann entsprechend bis zum Jahr 15 auf Null ab.

Tabelle 3.1:   Gestundetes Arbeitsentgelt, gestundeter Zins sowie Darlehenshöhe (Zins: 6,00 %)

Jahr	gestundetes Arbeitsentgelt pro Jahr	gestundeter Zinsanspruch pro Jahr	Tilgungs- leistung pro Jahr	Darlehen
1	320	0	0	320
2	320	19	0	658
3	320	40	0	1.017
4	320	61	0	1.398
5	320	84	0	1.802
6	320	108	0	2.229
7	320	134	0	2.683
8	320	161	0	3.163
9	320	190	0	3.672
10	320	220	0	4.212
11	0	253	1.000	3.465
12	0	208	1.000	2.673
13	0	160	1.000	1.833
14	0	110	1.000	943
15	0	57	1.000	0

Die Rückwärtsverteilung hängt somit wesentlich von der Festlegung des Rechnungszinses ab. Würde man das obige Beispiel mit einem Rechnungszins von 3 % berechnen, sähe die Entwicklung des gestundeten Arbeitsentgeltes sowie des gestundeten Zinsanspruchs wie folgt aus:

Tabelle 3.2:   Gestundetes Arbeitsentgelt, gestundeter Zins sowie Darlehenshöhe (Zins: 3,00 %)

Jahr	gestundetes Arbeitsentgelt pro Jahr	gestundeter Zinsanspruch pro Jahr	Tilgungs- leistung pro Jahr	Darlehen
1	400	0	0	400
2	400	12	0	811
3	400	24	0	1.235
4	400	37	0	1.671
5	400	50	0	2.121
6	400	64	0	2.584
7	400	78	0	3.061
8	400	92	0	3.552
9	400	107	0	4.059
10	400	122	0	4.580
11	0	137	1.000	3.717
12	0	112	1.000	2.829
13	0	85	1.000	1.914
14	0	57	1.000	971
15	0	29	1.000	0

Die Erklärung der grundsätzlichen Zusammenhänge der wirtschaftlichen Wirkung einer Pensi-   6
onszusage mit Hilfe der Abbildungslogik eines Darlehens ist nicht die einzige mögliche Erklärung.
Ebenso offensichtlich ist die Analogie zu dem Verfahren einer Kapitallebensversicherung. Unterstellt
man, dass die Kapitalleistung dem Barwert der Renten auf der Basis einer Pensionszusage entspricht,
so ist ebenfalls auf dem Wege der „Rückwärtsverteilung" der Betrag zu ermitteln, der als jährliche
Prämie an diese fiktive Versicherung zu zahlen wäre. Auf der Basis der kalkulierten Prämien würden
dann zum definierten Versorgungsfall Zahlungen in Höhe des Rentenbarwerts, der Darlehenssumme fällig. Das heißt bei retrograder Anwendung des Verteilungsgedankens zum Zwecke der Rechnungsabgrenzung: Wie hoch ist die kalkulierte Prämie in Abhängigkeit vom Rechnungszins, damit
unter den gegebenen Prämissen eine Rentenzahlung mit der definierten Höhe und Laufzeit gezahlt
werden kann? Diese Prämie ist ein Maßstab für die Stundung des Arbeitsentgelts in der Aktivphase
und der wirtschaftliche Gegenwert der Rentenzahlung in der Leistungsphase: Der Arbeitgeber hätte
ein Arbeitsentgelt in Höhe der Prämie auszahlen und der Arbeitnehmer hätte diese Liquidität selbst
anlegen können, um dann genau zum Zeitpunkt des Eintritts des Versorgungsfalls ein Vermögen
exakt in Höhe des Rentenbarwerts zu besitzen – solange jeweils von identischen Zinssätzen auszugehen ist. Da die Liquidität in Höhe von Prämien und gestundeten Zinsen nicht an den Arbeitnehmer
ausgezahlt wurde, ist die entsprechende Darlehenssumme des Arbeitgebers gegenüber dem Arbeitnehmer entsprechend angewachsen. Die zum jeweiligen Zeitpunkt aufgelaufene Darlehenssumme
ist somit ein Maßstab für die jeweils zu zeigende Pensionsverbindlichkeit des Arbeitgebers zu einem
beliebigen Betrachtungszeitpunkt.

Unabhängig von der gewählten Abbildungslogik ist offensichtlich, dass die Höhe des Rechnungszin-   7
ses Einfluss auf die Höhe der zu ermittelnden Prämie oder des zu ermittelnden gestundeten Arbeitsentgelts nimmt. Entsprechend der Tatsache, dass bereits die Abbildungsregel eine Fiktion bemüht, ist
die Höhe der fiktiven Verzinsung entweder der Versicherung oder der Kreditsumme abhängig von
dem jeweiligen zu Grunde gelegten „Gedankengebäude".

Ob es sich bei diesem Rechnungszins daher um die Fiktion eines Anlage- oder eines Sollzinses han-   8
delt, ist nicht eindeutig. Wenn es sich um einen Anlagezins handeln sollte, könnte es ebenso gut
die Kapitalanlage eines Versicherungsunternehmens wie die operative Anlage des finanzierenden
Arbeitgebers oder aber die Finanzanlage des darlehensgebenden Arbeitnehmers sein. Insofern ist
lediglich die Erkenntnis von Bedeutung, dass die Rechnungslegung mangels eines realen Vorgangs
den Rechnungszins im Sinne einer fiktiven Abbildungslogik festlegt. Dies ist der Grund dafür, dass
sich in diesem Punkt nicht nur die zahlreichen unterschiedlichen Rechnungslegungsstandards auf
der ganzen Welt, sondern bereits die in Deutschland relevanten Standards nach HGB, nach dem Einkommensteuergesetz als auch die nach IFRS voneinander unterscheiden. Mit welcher Begründung
auch immer letztlich die Höhe des Rechnungszinses definiert wird: Fest steht, sie nimmt Einfluss auf
den Barwert der Renten und durch die „Rückwärtsverteilung" dieses Barwerts auf die jährlich zu
ermittelnde Höhe der gestundeten Arbeitsentgelte und auf die Höhe der jährlich gestundeten Zinsentgelte. Der Rechnungszins beeinflusst somit sowohl die Höhe der Pensionsverpflichtung als auch
die Höhe des Dienstzeit- als auch die Höhe des Zinsaufwands.

B.   Bewertung von Zahlungsströmen

Während im vorherigen Abschnitt die Logik der Abbildung von Pensionsverpflichtungen auf der   9
Basis virtueller Kreditbeziehungen im Vordergrund stand, sollen nun die sich aufgrund von einge-
gangenen Pensionsverpflichtungen möglicherweise ergebenden tatsächlichen Zahlungsströme betrachtet werden.

10 Mit Erteilung einer Pensionszusage geht der Arbeitgeber gegenüber seinem Arbeitnehmer eine Verpflichtung ein, die in der Zukunft zu einem Zahlungsabfluss beim Arbeitgeber führen wird. Im Falle einer Direktzusage werden die Zahlungen erst bei Eintritt des Versorgungsfalls, also bei Invalidität, Erreichen der Altersgrenze oder Tod, fällig. Diese Leistungen können je nach Gestaltung der Versorgungszusage als einmalige Kapitalleistungen, befristete oder unbefristete Rentenzahlungen erbracht werden. Die Höhe der Leistungen ergibt sich aus den Regelungen der Pensionszusage. Diese Leistungshöhe kann sich unmittelbar aus dem Regelungswerk ergeben (z.B. im Falle einer Festbetragszusage), kann aber auch von externen Einflussfaktoren wie Tariftabellen oder im Falle einer Gesamtversorgungszusage von der Höhe der gesetzlichen Rente abhängen.

11 Es stellen sich die beiden Fragen, wie die Höhe der künftigen Zahlungsströme zu ermitteln ist und wie anschließend deren Bewertung im Sinne einer Übernahme in die vorgegebenen Rechenwerke zu erfolgen hat. Im Rahmen der Bewertung ist zu klären, wie die hierbei relevanten Parameter (Zins, Wahrscheinlichkeiten) festzulegen sind und welches versicherungsmathematische Modell zur vorliegenden Fragestellung passt.

12 Zu diesen Fragen sollen in den folgenden Abschnitten Antworten gefunden werden. Hierbei wird insbesondere auf die Besonderheiten der durch Versorgungszusagen verursachten Zahlungsströme eingegangen. Diese besonderen Merkmale sind, dass die Fälligkeit der Zahlungen vom Lebensschicksal von Menschen abhängt, dass die in Frage kommenden Zahlungen zum Teil von externen Einflussfaktoren (z.B. Gehaltsentwicklung, Inflation) abhängen und dass sich die Zahlungen über sehr lange Zeiträume zwischen der Erteilung der Zusage und der vollständigen Erfüllung der Verpflichtung erstrecken.

I. Bewertungsanlässe

13 Es gibt zahlreiche Anlässe für die Bewertung von Zahlungsströmen aus Versorgungsverpflichtungen. Als erstes ist sicherlich die Abbildung der Pensionsverpflichtungen im Rahmen des Rechnungswesens eines Unternehmens zu nennen. Hierzu werden Pensionsverpflichtungen zum einen für das externe Rechnungswesen bewertet. Wie in Kapitel 1 C. skizziert, erfordern die Vorschriften des Handelsrechts (national wie auch ggf. international) sowie des Steuerrechts eine Abbildung der Pensionsverpflichtungen in der Bilanz, der Gewinn- und Verlustrechnung und darüber hinaus in der Kapitalflussrechnung, der Eigenkapitalentwicklung sowie im Anhang. Zum anderen werden Pensionsverpflichtungen auch für die Zwecke des internen Rechnungswesens (Kostenrechnung bzw. Controlling) bewertet. Das Ergebnis der Bewertung findet sich somit zum Beispiel bei der Kalkulation bzw. Preisfindung von Produkten, bei der Entscheidung über Standortfragen oder Produktionsverfahren ebenso wieder wie in der Unternehmensplanung (Budget, Liquidität, Ergebnis) für das Folgejahr oder auch innerhalb eines mittel- bzw. langfristigen Planungshorizonts.

14 Daneben spielt die Bewertung der Pensionsverpflichtungen eines Unternehmens auch im Rahmen von Unternehmenstransaktionen eine Rolle. Die Höhe der Pensionsverpflichtungen hat Einfluss auf eine Unternehmensbewertung und somit auf die Kaufpreisfindung im Falle eines Unternehmenskaufs oder bei Fusionen, Abspaltungen oder ähnlichen gesellschaftsrechtlichen Transaktionen. Ein besonderer Fall des Unternehmenskaufs sind Börsentransaktionen wie etwa die (Neu-)Emission von Aktien zum Beispiel auch bei Kapitalerhöhungen. Auch bei einem solchen Vorgang ist die Einordnung des Wertes von Pensionsverpflichtungen oftmals ein gewichtiger Aspekt der Kaufpreisfindung. Aber nicht nur bei Eigenkapitaltransaktionen kann die Bewertung der Pensionsverpflichtung bedeutsam sein, auch bei der Kreditwürdigkeitsbeurteilung steht diese Fragestellung im Fokus. Insbesondere die Frage der Berücksichtigung von Pensionsverpflichtungen – sowohl dem Grunde als auch der Höhe nach – im Rahmen des Ratings ist dabei oft umstritten.

Aus personalstrategischer Sicht werden Pensionsverpflichtungen auch dann bewertet, wenn über die   15
Einführung einer neuen oder Änderung einer bestehenden betrieblichen Altersversorgung nach-
gedacht wird. Das Ergebnis der Bewertung dient in diesem Fall als Entscheidungskriterium für die
Ausgestaltung des Versorgungssystems, für die Festlegung des Dotierungsrahmens, die Wahl des
Durchführungsweges sowie der Finanzierung bzw. der möglichen Auslagerung von Vermögenswerten. Gerade bei den Finanzierungs- und Auslagerungsentscheidungen ist die Kenntnis der tatsächlichen Zahlungsströme sowie deren Bewertung von Bedeutung, da die Zeit- und Risikostruktur der
möglichen Kapitalanlage den jeweiligen Anforderungen aus der Verpflichtung zur Zahlung von Renten entsprechen muss (Asset-Liability-Management). Ob diese Entscheidungen eher im HR-Bereich
oder im Finanzbereich getroffen werden, differiert von Unternehmen zu Unternehmen.

II.   Grundproblem der Bewertung

Das Bewertungsproblem zeichnet sich durch die oben genannten besonderen Eigenschaften von   16
Pensionsverpflichtungen aus:

- Der Beginn und das Ende der Zahlungsströme sind unbekannt. Diese beiden Zeitpunkte hängen
  nicht nur vom individuellen Lebensschicksal des Begünstigten, sondern in der Regel auch sogar
  dem seiner Hinterbliebenen ab.

- Die Höhe der Zahlungen kann von unterschiedlichen internen wie externen Einflussfaktoren
  abhängen. Hierunter sind u.a. zu zählen: Gehaltsentwicklung, Rentensteigerung aufgrund von
  Inflation oder Preisentwicklungen. Aber auch die Rechtsprechung kann Einfluss auf die Höhe
  der Zahlungen haben.

- Die Zahlungen erstrecken sich über sehr lange Zeiträume. Da die Zahlungen zu unterschiedlichen Zeitpunkten fällig werden, sind diese nicht direkt miteinander vergleichbar.

⊗ Beispiel 3:

Heinz Müller, geboren am 11.11.1988, tritt am 1.10.2011 seine Stelle als Buchhalter bei der Schrauben Karl GmbH, einem
mittelständischen Unternehmen mit rund 2.000 Beschäftigten, an. Für seine Tätigkeit erhält er ein Jahresfestgehalt in Höhe
von 35.000 €. Mit Eintritt erhält er gemäß bestehender Betriebsvereinbarung eine Zusage auf betriebliche Altersversorgung.
Danach wird eine Alters- bzw. Invalidenrentenleistung in Höhe von 20 % des Jahresfestgehaltes zum Zeitpunkt des Eintritts
des Leistungsfalls gewährt. Ferner wird eine Hinterbliebenenrentenleistung in Höhe von 60 % der erreichten Alters- bzw.
Invalidenrentenleistung zugesagt.

Bei der Bewertung der aus dieser Zusage resultierenden Zahlungsströme ist zum Beispiel unbekannt, ob Heinz Müller das
Rentenalter als Aktiver erreicht oder ob er bereits vorher aufgrund einer Invalidität ausscheidet. Daneben gibt es auch weitere
Ausscheideursachen wie zum Beispiel Tod sowie Verlassen des Unternehmens mit unverfallbarer Anwartschaft oder vorher.
Aufgrund dieses Sachverhalts ist die Dauer der Zahlung an Heinz Müller bzw. seine Hinterbliebenen – sofern vorhanden –
unsicher.

Derzeit verdient Heinz Müller 35.000 € pro Jahr. Wie sich dieses Gehalt vor dem Hintergrund seiner Karriereentwicklung, aber
auch externer Einflussgrößen wie Tarifabschlüssen entwickeln wird, ist unklar. Diese Abschlüsse dürften durch allgemeine
Entwicklungen wie Arbeitsmarktsituation oder Inflationsentwicklungen beeinflusst werden. Letztere beeinflussen auch die
Höhe der auszuzahlenden Renten ab Leistungsbeginn aufgrund der gesetzlichen oder vertraglichen Verpflichtung zur Anpassung laufender Renten.

Ausgangspunkt, um des Grundproblems der Bewertung Herr zu werden, bildet üblicher Weise ein versicherungsmathematisches Modell. Bei einem solchen Modell werden Annahmen getroffen und Schätzungen vorgenommen, um den Anfang, das
Ende und die dazwischen liegende Entwicklung des Zahlungsstroms abzubilden und einschätzen zu können. Um Zahlungen,

die zu unterschiedlichen Zeitpunkten anfallen können, vergleichbar zu machen, wird ein der Höhe nach wirtschaftlich zu begründender Zins angesetzt. Die methodische Herangehensweise zur Behandlung dieses Grundproblems der Bewertung wird in den folgenden Abschnitten herausgearbeitet.

III.   Versicherungsmathematisches Modell

1.   Biometrische Rechnungsgrundlagen

17   Um den Beginn, den Verlauf und das Ende einer Rentenzahlung einschätzen zu können, stellt sich zunächst die Frage, welchen Status ein Pensionsberechtigter überhaupt haben kann. Als Status kommen grundsätzlich in Frage:

Tabelle 3.3:   Übersicht der unterschiedlichen Status

Status	Rentenleistung
Aktiver	Der Berechtigte arbeitet noch für das Unternehmen. Der Leistungsfall ist noch nicht eingetreten.
Unverfallbar Ausgeschiedener	Der Berechtigte ist aus dem Unternehmen ausgeschieden. Der Leistungsfall ist jedoch noch nicht eingetreten.
Invalidenrentner	Der Leistungsfall der Invalidität ist eingetreten. Es wird eine Invalidenrente ausgezahlt.
Altersrentner	Der Leistungsfall des Erreichens der Altersgrenze ist eingetreten. Es wird eine Altersrente ausgezahlt.
Hinterbliebener	Der Leistungsfall des Todes ist eingetreten. Es wird eine Hinterbliebenenrente als Witwen-/Witwer- oder Waisenrente ausgezahlt.

18   Desweiteren ist zu beantworten, mit welcher Wahrscheinlichkeit ein Status bestehen bleibt bzw. mit welcher Wahrscheinlichkeit sich ein Status ändert. Hierzu ist die Entwicklung eines Populationsmodells notwendig, das genau auf diese Frage eine Antwort gibt. In einem solchen Modell wird beschrieben, wie eine Gruppe von Personen die verschiedenen Versorgungsstatus (Aktiver, unverfallbar Ausgeschiedener, Invalidenrentner, Altersrentner, Hinterbliebener) durchlebt. Hierzu werden bei einem vorgegebenen zeitlichen Raster von in der Regel einem Jahr Übergangswahrscheinlichkeiten hergeleitet, also die Wahrscheinlichkeiten, den zu Beginn des Jahres gültigen Status beizubehalten oder in einen jeweils anderen Status innerhalb eines Jahres überzugehen. Als Ausscheideursachen für einen Statuswechsel bei den oben aufgelisteten Status kommen in Betracht:

- Ein Aktiver kann seinen Status durch Kündigung, Tod, Invalidität oder Erreichen der Altersgrenze verlieren.

- Ein mit einer unverfallbaren Anwartschaft Ausgeschiedener verliert diesen Status durch Wiedereintritt, Tod, Invalidität oder Erreichen der Altersgrenze.

- Ein Invalidenrentner verliert den Status durch Reaktivierung, Tod oder Erreichen der Altersgrenze.

- Ein Altersrentner verliert seinen Status durch Tod.

■ Ein Hinterbliebener verliert den Status durch Tod, ggf. Wiederheirat (bei Witwen/Witwern) oder Wegfall von Leistungsvoraussetzungen (Überschreiten eines Höchstalters bzw. Ende der Berufsausbildung bei Waisen).

Inwieweit sich die Ausscheideursachen realisieren, hängt vom Einzelfall ab. Im Einzelnen können höchst unterschiedliche Merkmale wie Alter, Geschlecht, Lebensgewohnheiten, Betriebsklima und Region relevant sein. Da die Beobachtung und Messung von Ausscheidehäufigkeiten in Abhängigkeit aller möglichen in Frage kommenden Merkmale schier unmöglich ist, ist ein zweckmäßiges Modell zu wählen, das eine geeignete Merkmalauswahl enthält. Bei der Modellierung wird in der Regel auf die beiden Merkmale Alter (ggf. auch Geburtsjahr) und Geschlecht zur Ermittlung der Ausscheidewahrscheinlichkeiten zurückgegriffen. Die Übergangswahrscheinlichkeiten, von einem Status am Beginn zu einem (ggf. unveränderten) Status am Ende eines Jahres zu wechseln, werden aus den Ausscheidewahrscheinlichkeiten errechnet. Zusätzlich fließen hierbei noch Annahmen über das Vorhandensein und das Alter leistungsberechtigter Hinterbliebener ein. Abhängig vom jeweils erreichten Versorgungsstatus kann der weitere Verlauf des individuellen Versorgungsschicksals durch sukzessive Verknüpfung der einjährigen Übergangswahrscheinlichkeiten beschrieben werden. Schließlich kann so jeder Zahlung eine Wahrscheinlichkeit für deren Fälligkeit zugeordnet werden.

19

Ein individuelles Versorgungsschicksal kann beispielsweise wie folgt dargestellt werden:

20

Abbildung 3.4: Mögliche Verläufe eines individuellen Versorgungsschicksals

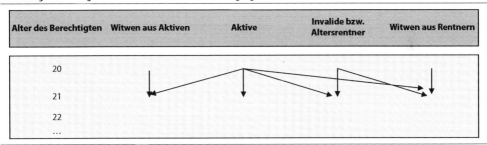

Die Übergangswahrscheinlichkeiten werden häufig in Tabellenwerken zusammengefasst. Bei der Bewertung von Pensionsverpflichtungen werden in der Regel als biometrische Rechnungsgrundlagen die Richttafeln 2005 G von Klaus Heubeck zugrunde gelegt. Diese basieren im Wesentlichen auf Material der gesetzlichen Rentenversicherung und der Gesamtbevölkerung. Den Richttafeln liegen die folgenden beiden Populationsmodelle „Aktive" und „Gesamtbestand" zugrunde:

21

Abbildung 3.5: Populationsmodell Aktive

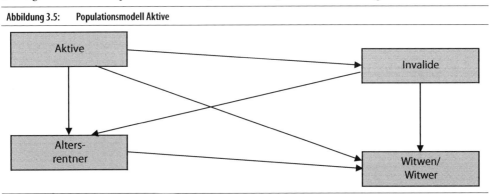

22   Bei dem Populationsmodell „Aktive" gibt es die Zustände Aktive/Invalide/Altersrentner/Hinterbliebene (Witwen/Witwer) mit den folgenden Statuswechseln:

Tabelle 3.4:   Übergänge im Populationsmodell Aktive

alter Status	neuer Status
Aktive	Invalide, Altersrentner, Witwen/Witwer
Invalide	Altersrentner, Witwen/Witwer
Altersrentner	Witwen/Witwer

23   Das Modell ist geeignet für die Abbildung von Pensionsverpflichtungen, aber auch von Jubiläums- und Vorruhestandsverpflichtungen. Je nach Verwendungszeck können zudem noch die ausgeschiedenen Anwärter als fünfte Statusgruppe berücksichtigt werden. Dieses Modell stellt natürlich wie jedes Modell eine vereinfachte Abbildung der Wirklichkeit dar. Verfeinerungen wie die Berücksichtung unterschiedlicher Stufen der Invalidität oder verschiedene Leistungsarten an Hinterbliebene sind zwar denkbar, werden in der Praxis in der Regel jedoch nicht vorgenommen. Ebenso sind rückwärtige Übergänge wie beispielsweise die Reaktivierung eines Invalidenrentners in diesem Modell nicht vorgesehen.

Abbildung 3.6:   Populationsmodell Gesamtbestand

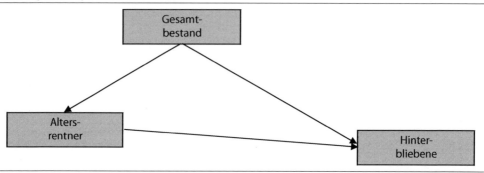

24   Bei dem Populationsmodell „Gesamtbestand" werden nur die Zustände Gesamtbestand/Altersrentner /Hinterbliebene mit den Übergängen vom Gesamtbestand bzw. Ausgangsbestand zum Bereich Altersrentner und Hinterbliebene sowie der Übergang vom Status Altersrentner zum Status Hinterbliebener betrachtet. Bei diesem Modell wird nicht unterschieden, ob eine Person vor Erreichen der Altersgrenze aktiv oder invalide ist. Das Modell Gesamtbestand kann somit zur Anwendung kommen, wenn eine mögliche Invalidität dem Unternehmen nicht bekannt wäre, z.B. bei geschiedenen Ehepartnern nach durchgeführtem Versorgungsausgleich.

2.   Bewertungsannahmen

25   Bei der Bewertung einer Pensionsverpflichtung sind unterschiedliche Bewertungsannahmen festzulegen. Als wichtigste Bewertungsannahme neben den biometrischen Rechnungsgrundlagen ist der Rechnungszins zu nennen. Zunächst geht man von der Modellvorstellung aus, dass ein zur Verfügung stehender Kapitalbetrag im Rahmen einer Kapitalanlage eine bestimmte Rendite erwirtschaftet. Dieser Ertrag steigt als absolute Größe aufgrund der Verzinsung mit der Länge des Anlagezeitraums. Idealtypisch kann unter Berücksichtigung der Zinseszinseffekte dieser Kapitalbetrag zur

Begleichung der Pensionsverpflichtungen gegenüber dem Arbeitnehmer verwendet werden. Wenn die unterstellte virtuelle Zinsforderung des Arbeitnehmers (siehe Kapitel 3. A.) identisch mit der Rendite der Kapitalanlage ist, ist der Arbeitgeber jederzeit in der Lage, die Verpflichtung zu decken.

Um Zahlungen, die zu unterschiedlichen Zeitpunkten anfielen, vergleichbar zu machen, müssen diese Zahlungen über den Zins und Zinseszins auf einen einheitlichen Stichtag, den Bewertungsstichtag, transformiert werden. Liegt ein Auszahlungszeitpunkt nach dem Bewertungsstichtag, so muss dieser Zahlbetrag auf den aktuellen Bewertungsstichtag abgezinst werden. Dieser abgezinste Wert entspricht also gerade dem Betrag, der unter Berücksichtigung von Zins und Zinseszins zum Zahlungszeitpunkt auf den Zahlbetrag angewachsen sein wird.   26

> **Beispiel 4**
> In 5 Jahren soll eine Kapitalzahlung in Höhe von 100.000 € erbracht werden. Der abgezinste Wert dieser Verpflichtung beträgt aus heutiger Sicht $100.000 €/1,04^5 = 82.192,71 €$. Hierbei wurde ein Zins in Höhe von 4 % unterstellt. D.h., wenn aus dem zur Verfügung stehenden Kapital in Höhe von 82.192,71 € ein jährlicher Zins von 4 % erwirtschaftet wird, so ergibt sich nach fünf Jahren der Zahlbetrag von 100.000 €.

Spannend ist natürlich die Frage, wie die Höhe des Rechnungszinses festzulegen ist. Bei den wesentlichen Bewertungsanlässen (siehe Kapitel 3 B. I.), die sich insbesondere im Rahmen eines Jahresabschlusses ergeben, bestehen Vorschriften darüber, wie der Rechnungszins festzulegen sind. Diese reichen von einer festen Vorgabe von 6 % in der Steuerbilanz (siehe Kapitel 5 B. II.) über handelsrechtliche Vorgaben, die auf Veröffentlichungen der Deutschen Bundesbank basieren und abhängig von der Duration der Verpflichtung gemacht werden (siehe Kapitel 4 C. I. 2.), bis zu den relativ weichen Vorschriften der IFRS, bei denen sich der Zins an der Rendite für erstrangige, festverzinsliche Industrieanleihen zu orientieren hat (siehe Kapitel 6 C. I.). Ist man frei von diesen regulatorischen Zwängen und kann eine rein ökonomische Betrachtungsweise anstellen, so geht die Wahl des Zinses von einer subjektiven Handlungsalternative aus. Ob der Ansatz eines Fremdkapitalzinses für die subjektive Betrachtung angemessen ist oder ein Anlagezins, ob dieser Anlagezins derjenige einer Finanzanlage ist oder einer operative Unternehmensinvestition ist und welche Rendite dann letztlich unterstellt wird, ist in der betriebswirtschaftlichen Literatur offen. Zudem kann eine Anlage eines Unternehmens auch darin bestehen, Verbindlichkeiten zu tilgen. In diesem Fall entspricht der Anlagezins dem Sollzins der getilgten Verbindlichkeit. Insofern wird es einen eindeutigen, betriebswirtschaftlich „richtigen" Rechnungszins nicht geben. Die verschiedenen Kriterien und Modellannahmen zur Begründung des Rechnungszinses bewirken einen Bewertungsspielraum: Bei der Bewertung künftiger Zahlungsverpflichtungen führt ein niedrigerer Zins zu einer höheren Verpflichtung, und umgekehrt führt ein höherer Zins zu einer niedrigeren Verpflichtung: 27

> **Beispiel 5**
> In 5 Jahren soll eine Kapitalzahlung in Höhe von 100.000 € erbracht werden. Legt man nunmehr einen Rechnungszins in Höhe von 5 % zu Grunde, beträgt der abgezinste Wert dieser Verpflichtung aus heutiger Sicht $100.000 €/1,05^5 = 78.352,62 €$. Bei einem Rechnungszins in Höhe von 3 % beträgt der abgezinste Wert 86.260,88.

Neben den biometrischen Rechnungsgrundlagen und dem Rechnungszins werden eine Reihe weiterer Rechnungsannahmen für die Bewertung von Zahlungsströmen benötigt. Derartige Prämissen dienen vorrangig dazu, den Zahlungsstrom der Höhe nach zu beschreiben. Wesentliche Annahmen in diesem Zusammenhang sind im Falle entgeltabhängiger Zusagen der Gehaltstrend und aufgrund der Rentenanpassungsprüfungspflicht gemäß § 16 BetrAVG (siehe Kapitel 2 D. III.) der Rententrend. Darüber hinaus gilt es, den Zeitpunkt des Abrufs der Altersrentenleistung, also das Pensionierungsalter einzuschätzen und festzulegen.   28

IV.   Barwert einer Pensionsverpflichtung

29   Möchte man den Wert einer Pensionsverpflichtung bestimmen, wird in der Regel auf den Begriff des Barwerts zurückgegriffen. Das Barwert-Konzept soll zunächst für eine gewisse Verbindlichkeit vorgestellt werden. Bei einer gewissen Verbindlichkeit besteht Gewissheit über den Zeitpunkt und die Höhe zukünftiger Zahlungen:

▸ Beispiel 6

Klaus Fischer erhält eine Pensionszusage mit einer jährlichen Rentenleistung in Höhe von 1.200 €. Die Laufzeit der Zusage ist auf 5 Jahre begrenzt. Die Leistungen sind vererbbar. Der Barwert dieser Verpflichtungen ergibt sich unter Berücksichtigung eines Rechnungszinses in Höhe von 5 % nach folgendem Schema:

Tabelle 3.5:   Beispiel zur Ermittlung des finanzmathematischen Barwerts einer Pensionsverpflichtung

Jahr	Leistung (in €)	abgezinste Leistung (in €)
0	1.200	1.200,00
1	1.200	1.142,86
2	1.200	1.088,44
3	1.200	1.036,61
4	1.200	987,25
finanzmathematischer Barwert der Pensionsverpflichtung		**5.455,16**

In der oben stehenden Übersicht wird in der ersten Spalte der (feststehende) Zeitpunkt der Zahlung angeführt. In der anschließenden Spalte steht der Zahlbetrag, hier der konstante Betrag von 1.200 € p.a. Die abschließende Spalte zeigt in den fünf Zeilen den jeweiligen abgezinsten Betrag. Der jeweilige abgezinste Betrag ergibt sich als

$$1.200\ €/(1+i)^k, \text{ mit } i = 5\ \% \text{ (Rechnungszins) und } k = 0,\dots,4.$$

Summiert man die fünf einzelnen abgezinsten Werte auf, erhält man den finanzmathematischen Barwert der Verpflichtung.

30   Liegt nun eine ungewisse Verbindlichkeit vor, wie es in der Regel bei einer Pensionsverpflichtung der Fall ist, sind in dem oben vorgestellten Modell zusätzlich die Wahrscheinlichkeiten des Eintretens der Zahlungen zu berücksichtigen.

▸ Beispiel 7

Wird also nun angenommen, dass die Leistungen nicht vererbbar sind, sondern nur direkt an den Berechtigten gezahlt werden, ohne dass Hinterbliebene eine Anwartschaft besitzen, ergibt sich der Barwert für den 65-jährigen Klaus Fischer mit Geburtsjahrgang 1945 unter Berücksichtigung der Richttafeln 2005 G von Klaus Heubeck unter den sonst gleichen Bedingungen des Vorbeispiels wie folgt:

Tabelle 3.6:   Beispiel zur Ermittlung des versicherungsmathematischen Barwerts einer Pensionsverpflichtung

Jahr	Leistung (in €)	Wahrscheinlichkeit, dass Leistung zu zahlen ist	mit Wahrscheinlichkeit gewichtete abgezinste Leistung (in €)
0	1.200	1,000000	1.200,00
1	1.200	0,984255	1.124,86
2	1.200	0,967403	1.052,96
3	1.200	0,949436	984,19
4	1.200	0,930357	918,49
versicherungsmathematischer Barwert der Pensionsverpflichtung			**5.280,50**

Es lässt sich also die folgende Definition festhalten: Der versicherungsmathematische Barwert eines   31
Zahlungsstroms ist die Summe der mit der Wahrscheinlichkeit der jeweiligen Fälligkeit gewichteten,
auf den Bewertungsstichtag abgezinsten möglichen künftigen Zahlungen. Insofern handelt es sich
im stochastischen Sinne um einen Erwartungswert.

Der Barwert einer Verpflichtung ist der Betrag, der bei einem rechnungsmäßigen Verlauf, d.h. wenn   32
die versicherungsmathematischen Annahmen wie angenommen eintreffen, genau ausreichend ist,
um die Verpflichtung zu erfüllen. Anders formuliert, handelt es sich bei dem Barwert einer Pensionsverpflichtung um den Betrag, der im Durchschnitt ausreicht, die Verpflichtungen zu erfüllen.

Der oben dargestellte Barwert ist ein Barwert für laufende Renten in der Leistungsphase (Renten-   33
barwert). Sind im Pensionsbestand eines Unternehmens neben Rentnern auch noch Anwärter enthalten, so ist neben dem Rentenbarwert ein Anwartschaftsbarwert zu kalkulieren. Wie ein Anwartschaftsbarwert zu berechnen ist, zeigt das folgende Beispiel.

◐ Beispiel 8

Peter Grau, geboren am 1.7.1955, erhält im Jahre 2010 eine Pensionszusage auf Altersrentenleistung in Höhe von jährlich
1.200 € ab dem Alter 65. Invalidenrenten- und Hinterbliebenenrentenleistungen werden nicht zugesagt. Die Leistungsdauer
ist auf fünf Jahre begrenzt.

Der Anwartschaftsbarwert ergibt sich nun aus dem Barwert der Rente, der Wahrscheinlichkeit des Eintritts des Versorgungsfalls (d.h. in diesem Fall, dass Herr Grau das Pensionierungsalter 65 erreicht, der Einfachheit halber wird nicht davon ausgegangen, dass Herr Grau vor Eintritt des Versorgungsfalls ausscheidet) sowie dem Abzinsungsfaktor.

Tabelle 3.7:   Beispiel zur Ermittlung des Anwartschaftsbarwerts einer Pensionsverpflichtung

Jahr	Leistung (in €)	abgezinste Leistungen	Wahrscheinlichkeit, dass Leistung zu zahlen ist	mit Wahrscheinlichkeit gewichtete abgezinste Leistung (in €)
0	0	0,00	1,000000	0,00
1	0	0,00	0,993884	0,00
2	0	0,00	0,987347	0,00
3	0	0,00	0,980361	0,00
4	0	0,00	0,972894	0,00
5	0	0,00	0,964913	0,00
6	0	0,00	0,956388	0,00
7	0	0,00	0,947275	0,00
8	0	0,00	0,937553	0,00
9	0	0,00	0,927208	0,00
10	1.200	736,70	0,916233	674,99
11	1.200	701,62	0,904613	634,69
12	1.200	668,20	0,892103	596,10
13	1.200	636,93	0,878684	559,19
14	1.200	606,08	0,864343	523,86

versicherungsmathematischer Barwert der Pensionsverpflichtung	2.988,83

C.   Versicherungsmathematische Bewertungsverfahren

34   Die oben vorgestellten Barwert-Modelle eignen sich für die Bewertung einer Pensionsverpflichtung nur dann, wenn der Berechtigte – als Leistungsempfänger oder als Anwärter mit einer unverfallbaren Anwartschaft – aus dem Unternehmen ausgeschieden ist. Denn in diesem Fall kann ein Beitrag des Berechtigten zur Finanzierung der Pensionsverpflichtung nicht mehr erwartet werden. Für die Bewertung von Pensionsverpflichtungen gegenüber Anwärtern, deren Verpflichtungen sich über deren Aktivitätszeit finanzieren sollen, bedarf es versicherungsmathematischer Bewertungsverfahren, die als betriebswirtschaftliches Ziel eine periodengerechte Zuordnung der Gesamtverpflichtung auf einzelne Zeitabschnitte haben. Hierbei besteht der Grundgedanke, dass die Verpflichtung nicht in Gänze in einem Moment entsteht, sondern über die Dienstzeit erdient wird. Somit bildet ein Unternehmen im Zeitpunkt der Zusageerteilung nicht etwa eine Rückstellung in der Höhe des gesamten Barwerts. Stattdessen wird bei den gängigen Periodisierungsverfahren die Rückstellung über die Dienstzeit, also bis zum Eintritt des Leistungsfalls oder dem vorzeitigen unverfallbaren Ausscheiden, periodengerecht angesammelt.

35   Besonders häufig findet man zwei Periodisierungsverfahren: das Teilwertverfahren und die Projected Unit Credit-Methode. Beim Teilwertverfahren handelt es sich um ein Gleichverteilungsverfahren, d.h. die Rückstellung wird mit gleichbleibendem Aufwand angesammelt. Kennzeichen des Teilwertverfahrens ist es, den Jahresaufwand so zu kalkulieren, dass unter den Bedingungen am Bewertungsstichtag der Jahresaufwand bzw. die Prämie während der gesamten Aktivitätsarbeit gleichbleibend ist. Um den Jahresaufwand nach diesem Verfahren zu ermitteln, wird die aus der Lebensversicherung bekannte Methode zur Ermittlung von Versicherungsprämien verwendet. Dabei ist die Prämie so zu bestimmen, dass der Barwert der künftigen Leistungen zu Beginn dem Barwert der während der Aktivitätszeit zu erwartenden Prämien entspricht.

Die Projected Unit Credit-Methode ist eine Vertreterin der Ansammlungsverfahren. Hierbei wird die Verpflichtung nach den arbeitsrechtlichen Vorschriften des Erdienens angesammelt. Folgendes Beispiel zeigt die unterschiedliche Wirkungsweise der beiden Verfahren:

36

❯ Beispiel 9

Es wird angenommen, dass einem Arbeitnehmer eine Festbetragszusage über 1.200 € für jedes Dienstjahr erteilt wird. Ferner wird angenommen, dass die Leistung nach fünf Jahren als Einmalkapital fällig wird. Für die Bewertung wird von einem Zinssatz in Höhe von 4,5 % ausgegangen.

Tabelle 3.8:   Beispiel für die Bewertung einer Pensionsverpflichtung mit der Projected Unit Credit-Methode

Projected Unit Credit-Methode (in €)			
Jahr	Dienstzeitaufwand	Zinsaufwand	Gesamtaufwand	Verpflichtung
1	1.006,27	0,00	1.006,27	1.006,27
2	1.051,56	45,28	1.096,84	2.103,11
3	1.098,88	94,64	1.193,52	3.296,63
4	1.148,32	148,35	1.296,67	4.593,30
5	1.200,00	206,70	1.406,70	6.000,00
Summe	5.505,03	494,97	6.000,00	

Hierbei ergibt sich die jährlich steigende Jahresprämie nach folgender Gleichung:

Dienstzeitaufwand $= 1.200 € / 1{,}045^{(5-k)}$, für $k = 0, ..., 4$,

also für das Jahr 1 zum Beispiel

Dienstzeitaufwand Jahr 1 $= 1.200 € / 1{,}045^4$

$= 1.006{,}27 €$

Der Zinsaufwand ergibt sich jeweils aus dem Produkt aus Zinssatz von 4,5 % und Verpflichtung zu Beginn des Jahres, also für das zweite Jahr beispielsweise aus:

Zinsaufwand Jahr 2 $= 4{,}5 \% * 1.006{,}27 €$

$= 45{,}28 €$

Die Verpflichtung am Jahresende ergibt sich als Summe aus der Verpflichtung zu Beginn des Jahres und dem korrespondierenden Gesamtaufwand.

Tabelle 3.9:   Beispiel für die Bewertung einer Pensionsverpflichtung nach dem Teilwertverfahren

Teilwertverfahren (in €)			
Jahr	Prämie	Zinsaufwand	Gesamtaufwand	Verpflichtung
1	1.096,75	0,00	1.096,75	1.096,75
2	1.096,75	49,35	1.146,10	2.242,85
3	1.096,75	100,93	1.197,68	3.440,53
4	1.096,75	154,82	1.251,57	4.692,10
5	1.096,75	211,15	1.307,90	6.000,00
Summe	5.483,75	516,25	6.000,00	

Hierbei ergibt sich die konstante Jahresprämie nach folgender Gleichung:

Prämie $= (5*1.200 \, €) / (1+1,045+1,045^2+1,045^3+1,045^4)$

$= 1.096,75 \, €$

Der Zinsaufwand und die Verpflichtung am Jahresende ergeben sich analog zur Ermittlung bei der Projected Unit Credit-Methode.

37   Folgende Abbildung vergleicht den Verpflichtungsumfang, ermittelt nach der Projected Unit Credit-Methode (Defined Benefit Obligation, DBO), mit dem nach dem Teilwertverfahren ermittelten Verpflichtungsumfang:

Abbildung 3.7:   Vergleich von Teilwert und DBO

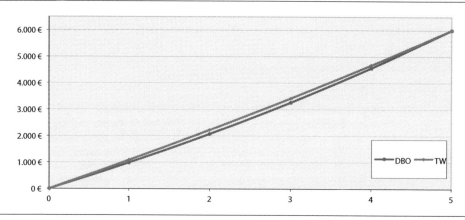

38   Der Vergleich der beiden Verfahren miteinander zeigt, dass

- bei Eintritt des Leistungsfalls die nach beiden Verfahren bewertete Verpflichtung mit dem Barwert der Verpflichtung übereinstimmt,

- das Teilwertverfahren bis zum Eintritt des Leistungsfalls zu einem höheren Wert der Pensionsverpflichtung als die Projected Unit Credit-Methode führt,

- der Prämienaufwand beim Teilwertverfahren konstant ist und bei der Projected Unit Credit-Methode von Jahr zu Jahr steigt und

- der Pensionsaufwand über die Totalperiode bei beiden Verfahren mit der zu zahlenden Leistung übereinstimmt.

39   Die Gegenüberstellung des Dienstzeitaufwands bei der PUC-Methode mit der Teilwertprämie wird in der folgenden Abbildung gezeigt. Während die Teilwertprämie konstant verläuft, steigt der Dienstzeitaufwand an. Zu Beginn des Verteilungszeitraums liegt der Dienstzeitaufwand noch unter der Teilwertprämie. Während des Verlaufs übersteigt der Dienstzeitaufwand die Teilwertprämie.

Abbildung 3.8:   Vergleich Dienstzeitaufwand und Teilwertprämie

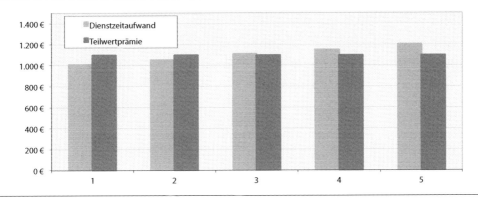

D.   Grundlagen der Bilanzierung

Das Grundproblem der Abbildung der betrieblichen Altersversorgung in den verschiedenen Rechen-   40
werken der Unternehmen besteht darin, dass eine Zuordnung der aus der betrieblichen Altersversorgung resultierenden Belastungen auf bestimmte Wirtschaftsjahre vorzunehmen ist. Dem einzelnen
Wirtschaftsjahr oder einer sonstigen Periode ist dabei der Teil der Belastungen zuzuordnen, der in
diesem Wirtschaftsjahr bzw. in dieser Periode verursacht wurde. Im Falle externer Durchführungswege (Unterstützungskasse, Pensionskasse, Pensionsfonds, Direktversicherung) ist diese Zuordnung
durch die Beitragszahlung oft explizit vorgegeben. Bei einer internen Finanzierung (Direktzusage)
ist in der Regel erforderlich, – abhängig von den jeweiligen Bilanzierungsvorschriften (HGB, EStG,
IFRS) – eines der beiden oben vorgestellten Verfahren anzuwenden, um zu einer periodengerechten
Zuordnung der Belastungen zu gelangen. Hierbei finden, ebenfalls den unterschiedlichen Bewertungsvorschriften (HGB, EStG, IFRS) folgend, verschiedene Bewertungsprämissen Anwendung.

Die folgende Abbildung zeigt (ohne Berücksichtigung eines Rechnungszinses), wie der Liquiditäts-   41
abfluss in der Rentenphase verursachungsgerecht auf die Aktivitätszeit des Berechtigten aufwandswirksam umverteilt wird. Dabei entspricht die Darstellung derjenigen aus Kapitel 3 A. Lediglich
die Bezeichnungen ändern sich dahin gehend, dass nunmehr der Dienstzeitaufwand das gestundete
Arbeitsentgelt und die Rentenzahlung die Rückzahlung des gestundeten Arbeitsentgeltes ersetzt. Die
Phase der aktiven Tätigkeit des Berechtigten entspricht derjenigen der Kreditaufnahme, die Rentenphase entspricht demnach der Kredittilgung:

Abbildung 3.9:   Abgrenzung von Dienstzeitaufwand und Rentenzahlung (ohne Zins)

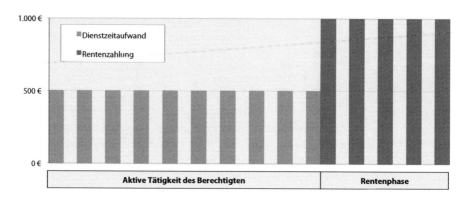

42   Der Zahlungsabfluss findet erst nach Eintritt des Leistungsfalls statt. Der Pensionsaufwand entsteht hingegen bereits während der Aktivitätszeit des Begünstigten. Eine Betrachtung über die Totalperiode zeigt, dass die Summe der Rentenauszahlungen mit der Summe der Aufwendungen während der aktiven Tätigkeit des Berechtigten übereinstimmt.

43   Bezieht man zusätzlich zum Aufwand und den Zahlungen die Entwicklung der Pensionsrückstellung in die Betrachtung ein, so ergibt sich folgendes Bild. Hierbei wurde wieder kein Zins berücksichtigt:

Abbildung 3.10:   Verlauf von Aufwand, Zahlungen und Pensionsrückstellung (ohne Zins)

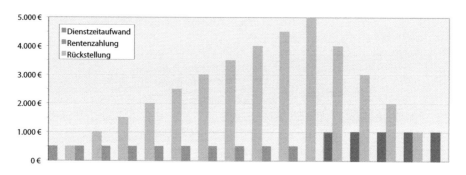

44   Es wird deutlich, dass sich die Pensionsrückstellung bis zum Eintritt des Leistungsfalls von Jahr zu Jahr aufbaut. Nach Eintritt des Leistungsfalls vermindert sich die Rückstellung um die Rentenzahlungen und sinkt somit von Jahr zu Jahr.

45   In der folgenden Betrachtung des Pensionsaufwands und der Zahlungen wird nun ein Rechnungszins in Höhe von 6 % berücksichtigt. Ferner wird nun der Pensionsaufwand in den Zinsaufwand und den Dienstzeitaufwand aufgeteilt. Der Zinsaufwand ergibt sich hierbei als das Produkt aus Zinssatz und Höhe der Pensionsrückstellung zu Beginn des Jahres. Der Zinsaufwand innerhalb eines Jahres entsteht durch das Ansteigen der Verpflichtung, indem die Verpflichtung um ein Jahr näher an den Erfüllungszeitpunkt heranrückt. Der Dienstzeitaufwand ergibt sich aus der Veränderung der Rückstellung abzüglich Zinsaufwand und zuzüglich Rentenzahlung:

Abbildung 3.11:   Verlauf von Dienstzeit-, Zinsaufwand und Rentenzahlung (mit Zins)

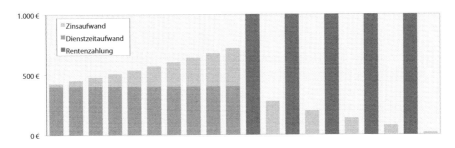

Es stellt sich heraus, dass bei dem hier gewählten Teilwertverfahren der Dienstzeitaufwand konstant   46
ist und der Zinsaufwand mit der steigenden Rückstellung ebenfalls von Jahr zu Jahr bis zum Erreichen des Leistungsfalls steigt. Mit dem Beginn des Auszahlens der Leistungen gibt es keinen Dienstzeitaufwand mehr und es entsteht nur noch Zinsaufwand. Dieser sinkt nun von Jahr zu Jahr, da die
Auszahlungen erfolgen und die Rückstellung dementsprechend abnimmt.

Aus didaktischen Gründen wurde für die Darstellung des Verlaufs von Dienstzeit- und Zinsauf-   47
wand sowie der Rentenzahlung das Teilwertverfahren gewählt, da aufgrund der Gleichverteilung des
Dienstzeitaufwands der Zinseffekt klarer abgrenzbar ist. Die grundsätzlichen Aussagen stimmen mit
denen bei der Projected Unit Credit-Methode überein.

4 Pensionsverpflichtungen in der deutschen Handelsbilanz

A. Handelsrechtliche Grundlagen

1 Jeder Kaufmann im Sinne der §§ 1-3, 6 HGB unterliegt grundsätzlich der Buchführungspflicht gemäß § 238 HGB und ist gemäß § 242 HGB dazu verpflichtet, zum Ende eines Geschäftsjahres, dem Bilanzstichtag, einen Jahresabschluss, d.h. eine Bilanz und eine Gewinn- und Verlustrechnung, aufzustellen. Für Kapitalgesellschaften erweitert sich gemäß § 264 Abs. 1 HGB der Jahresabschluss grundsätzlich um einen Anhang und einen Lagebericht. Die Vorschriften darüber, wie die Bilanz bzw. die Gewinn- und Verlustrechnung zu gliedern sind, sind in den §§ 266 bzw. 275 HGB kodifiziert. Die zu leistenden Anhangangaben werden in den §§ 284-285 HGB beschrieben. § 289 HGB beschreibt, welche Informationen der Bilanzierende im Lagebericht bereitzustellen hat.

2 Der Jahresabschluss richtet sich an eine Vielzahl von außen stehenden Adressaten. Hier sind zum einen Aktionäre oder andere Eigentümer des Unternehmens und Gläubiger sowie Geschäftspartner zu nennen. Zum anderen stellt der Jahresabschluss auch Informationen für Arbeitnehmer und Gewerkschaften als Tarifpartner sowie die interessierte Öffentlichkeit bereit. Schließlich richtet sich der handelsrechtliche Jahresabschluss aber auch an die Finanzverwaltung – hier als Grundlage für die Einkommens- bzw. Ertragsbesteuerung – sowie weitere Interessierte wie Wirtschaftsprüfer, Rating-Agenturen oder Medien.

3 Aus der Vielzahl der unterschiedlichen Interessen der Adressaten des Jahresabschlusses definieren sich seine wesentlichen Aufgaben und Ziele. Der Jahresabschluss hat zunächst die Aufgabe, sämtliche Geschäftsvorfälle für Rekonstruktions- und Kontrollzwecke zu dokumentieren. Weitere grundlegende Aufgaben eines Jahresabschlusses sind die Informationsbereitstellung sowie die Rechenschaftslegung über die Verwendung des überlassenen Kapitals der Eigentümer sowie den Erfolg der Geschäftstätigkeit. Darüber hinaus verfolgt ein handelsrechtlicher Jahresabschluss die folgenden drei zentralen Funktionen:

- Information: Durch die Offenlegung der Vermögens-, Finanz- und Ertragslage sollen die Eigen- und Fremdkapitalgeber sowie weitere Interessierte, wie oben beschrieben, über die Situation des bilanzierenden Unternehmens informiert werden.

- Ausschüttungsbemessungsgrundlage: Der handelsrechtliche Jahresüberschuss bildet die Grundlage für Gewinnausschüttungen an die Eigner.

- Steuerbemessungsgrundlage: Aufgrund des Maßgeblichkeitsprinzips (vergleiche hierzu auch Kapitel 1 C. und 5 A.) stellt der handelsrechtliche Jahresabschluss die Ausgangsbasis zur Ermittlung der Ertragsteuerlast des Unternehmens dar.

Neben den originär handelsrechtlichen Vorschriften sind möglicherweise auch steuerliche Regelungen (z.B. aus den Einkommensteuerrichtlinien) zu beachten, sofern sie als Grundsätze ordnungsmäßiger Buchführung (GoB) in das Handelsrecht übernommen werden. Es wird im Allgemeinen bspw. davon ausgegangen, dass die steuerlichen Vorschriften zur Inventurerleichterung handelsrechtlichen GoB entsprechen. Zum Inventurvereinfachungsverfahren ist grundsätzlich anzumerken, dass gemäß § 240 Abs. 2 HGB der Bestand der Pensionsverpflichtungen zum Bilanzstichtag festzustellen ist. § 241 Abs. 3 HGB erlaubt es jedoch, das Pensionsmengengerüst auch zu einem Tag vorzunehmen, der innerhalb von 3 Monaten vor und 2 Monate nach dem Bilanzstichtag liegt. Die zugehörigen steuerlichen Vorschriften des R 6a EStR (vergleiche hierzu Kapitel 5 B. V.) über die Verfahrensweise mit Veränderungen zwischen Datenerhebungs- und Bilanzstichtag gelten als GoB in der Handelsbilanz.

I. Grundsätze ordnungsmäßiger Buchführung

Das deutsche Handelsrecht folgt im Unterschied zu den eher kasuistischen Vorschriften der internationalen Rechnungslegung vielmehr prinzipienbasierten Grundsätzen, den Grundsätzen ordnungsmäßiger Buchführung (GoB). Auch gibt es anders als im Steuerrecht im Rahmen der handelsrechtlichen Vorschriften grundsätzlich keine umfassende Spezialvorschrift für die Bewertung und Bilanzierung von Pensionsrückstellungen.

Bei den GoB handelt es sich um grundlegende Richtlinien, von denen nur in begründeten Ausnahmefällen abgewichen werden darf. Im Folgenden werden die wesentlichen handelsrechtlichen Grundsätze ordnungsmäßiger Buchführung dargestellt, und es wird kurz skizziert, welche Auswirkungen diese auf die Bilanzierung und Bewertung von Pensionsverpflichtungen haben, bevor in den folgenden Kapiteln eine detaillierte Darstellung der Bilanzierungsvorschriften für Pensionsverpflichtungen folgt.

Der hier aufgeführte erste Grundsatz ordnungsmäßiger Buchführung ergibt sich aus § 246 HGB.

▨ Grundsatz der Vollständigkeit und des Saldierungsverbots/-gebots

Gemäß § 246 Abs. 1 HGB hat der Jahresabschluss sämtliche Vermögensgegenstände und Schulden, somit auch Pensionsverpflichtungen, zu enthalten. Daher ist es nach § 246 Abs. 2 Satz 1 HGB grundsätzlich nicht zulässig, eine Verrechnung von Bilanzposten der Aktiv- und Passivseite und von Aufwendungen und Erträgen vorzunehmen; es gilt ein Saldierungsverbot. Eine Ausnahme von diesem Grundsatz gibt es gemäß § 246 Abs. 2 Satz 2 HGB bei der Bilanzierung von Pensionsverpflichtungen. Falls zur Erfüllung der Verpflichtungen zweckgebundenes Vermögen vorhanden ist, und dieses Vermögen als Deckungsvermögen zu qualifizieren ist (vergleiche Kapitel 4 D.), ist dieses mit den korrespondierenden Pensionsverpflichtungen zu saldieren. In diesem Fall werden in der Gewinn- und Verlustrechnung entsprechend die zugehörigen Aufwendungen aus der Abzinsung und Erträge aus dem zu verrechnenden Deckungsvermögen miteinander saldiert.

Die folgenden wesentlichen GoB beziehen sich auf Bewertungsvorschriften und ergeben sich aus § 252 HGB.

▨ Vorsichtsprinzip

Vor dem Hintergrund der Gläubigerschutzfunktion des handelsrechtlichen Jahresabschlusses ist das Vorsichtsprinzip ein zentraler Grundsatz ordnungsmäßiger Buchführung. Das Vorsichtsprinzip drückt sich bei Gewinnen im Realisationsprinzip, d.h. Gewinne dürfen erst im Zeitpunkt ihrer Realisierung erfasst werden, und bei drohenden Verlusten im Imparitätsprinzip aus: Danach sind Verluste im Unterschied zu Gewinnen bereits dann zu bilanzieren, wenn diese mit hinreichend großer Wahrscheinlichkeit drohen. Ergebnis des Vorsichts- und des damit einhergehenden Realisationsprinzips ist somit das Anschaffungs- und Herstellungskostenprinzip, wonach Vermögensgegenstände gemäß § 253 Abs. 1 HGB maximal zu diesen Werten angesetzt werden können, sofern sie nach § 253 Abs. 3 und 4 HGB nicht zum niedrigeren beizulegenden Wert anzusetzen sind (Niederstwertprinzip). Für die Schulden gilt aufgrund des Imparitätsprinzips grundsätzlich, dass diese zum Erfüllungsbetrag, dies dürfte in der Regel der Rückzahlungsbetrag sein, zu bewerten sind. Dieser Rückzahlungs- oder Erfüllungsbetrag berücksichtigt auch Sachverhalte, die die Verpflichtung mit ausreichend großer

Wahrscheinlichkeit erhöhen (z.B. gesetzliche Anpassung von Betriebsrenten bei Pensionsverpflichtungen). Bei der Bewertung von Rückstellungen mit einer Restlaufzeit von mehr als einem Jahr wird dieser Grundsatz durch die Diskontierungsregel des § 253 Abs. 2 HGB spezifiziert.

■ Going Concern-Prinzip

10   Bei diesem Grundsatz wird unterstellt, dass die Unternehmenstätigkeit über das Ende des Berichtsjahres hinaus fortgeführt wird, sofern dem nicht tatsächliche oder rechtliche Gegebenheiten entgegenstehen. Für die Bewertung der Pensionsverpflichtungen bedeutet dies, dass von einer Fortsetzung der bestehenden Arbeitsverhältnisse und Pensionszusagen auszugehen ist und nicht beispielsweise der Betrag zu bilanzieren ist, der einem Versicherer bei Übertragung der Verpflichtung zu zahlen wäre.

■ Einzelbewertungsgrundsatz

11   Jede Pensionsverpflichtung ist einzeln zu bewerten.

■ Stichtagsprinzip

12   Die Bewertung der Pensionsverpflichtungen hat zum Bilanzstichtag zu erfolgen unabhängig davon, zu welchem Zeitpunkt die Bewertung erfolgt.

■ Periodisierungsprinzip

13   Aufwendungen und Erträge sind unabhängig von den jeweiligen Zahlungszeitpunkten zu berücksichtigen, d.h. sie werden in dem Wirtschaftsjahr erfasst, in dem sie verursacht werden. Hieraus ergibt sich, dass der Aufwand für die Bildung von Pensionsrückstellungen bereits während der Dienstzeit entsteht und nicht erst bei Auszahlung der Pensionsleistungen.

■ Ansatz- und Bewertungsstetigkeit

14   Die auf den vorhergehenden Jahresabschluss angewandten Ansatz- und Bewertungsmethoden sind beizubehalten. Die Konkretisierung dieses Grundsatzes für die Bilanzierung und Bewertung von Pensionsverpflichtungen wird in den folgenden Abschnitten erläutert.

II.   Begriffliche Abgrenzungen

15   Im deutschen Handelsrecht ist die Sprachregelung nicht einheitlich. Zum einen sprechen die Regelungen der §§ 246 Abs. 2 Satz 2 Halbsatz 1 und 253 Abs. 2 Satz 2 HGB von Altersversorgungsverpflichtungen (und vergleichbaren langfristig fälligen Verpflichtungen), zum anderen werden in den §§ 266 Abs. 3 B. 1., 285 Nr. 24 HGB sowie Art. 28 Abs. 1 EGHGB Vorschriften zu Pensionen (und ähnlichen Verpflichtungen) getroffen. Man geht jedoch allgemein davon aus, dass zwischen den beiden Begriffen der Altersversorgungs- und Pensionsverpflichtung eine inhaltliche Übereinstimmung besteht.

16   Unter Pensions- bzw. Altersversorgungsverpflichtungen im handelsrechtlichen Sinne sind Verpflichtungen im Sinne des Betriebsrentengesetzes (BetrAVG) zu verstehen. Das sind Alters-, Invaliditäts- oder Hinterbliebenenleistungen, die dem Begünstigten aus Anlass seiner Tätigkeit für den Bilanzierenden zugesagt worden sind (vgl. §§ 1 Abs. 1 Satz 1, Abs. 2 i.V.m. 17 Abs. 1 Satz 1 BetrAVG). Demzufolge zählen neben Verpflichtungen gegenüber Arbeitnehmern auch Verpflichtungen gegenüber Organmitgliedern oder Gesellschaftern einer Personengesellschaft sowie gegenüber externen Beratern, denen aus Anlass ihrer Tätigkeit für den Bilanzierenden eine Pensionszusage erteilt worden ist, zu den Altersversorgungsverpflichtungen im handelsrechtlichen Sinne.

17   Bei mit Altersversorgungsverpflichtungen vergleichbaren langfristig fälligen Verpflichtungen handelt es sich um Verpflichtungen, die mit einem biometrischen Risiko behaftet sind, aber nicht bereits Altersversorgungsverpflichtungen im Sinne des Betriebsrentengesetzes sind. Als Beispiele für

derartige Verpflichtungen sind Jubiläums-, Sterbegeld-, Vorruhestands-, Übergangsgeld-, Beihilfe-, Altersteilzeit-, Zeitwertkontenverpflichtungen zu nennen. Der Bewertung und Bilanzierung solcher Verpflichtungen ist mit dem Kapitel 9 ein eigenes Kapitel gewidmet.

Das HGB unterscheidet in Art. 28 Abs. 1 EGHGB zwischen unmittelbaren und mittelbaren Pensionsverpflichtungen. Kennzeichen der unmittelbaren Zusage (man spricht hier auch von einer Direktzusage) ist es, dass sich der Bilanzierende selbst durch die Erteilung einer Pensionszusage dazu verpflichtet, bei Eintritt des Leistungsfalls direkt die Leistungen an den Berechtigten zu erbringen. Bei der Direktzusage handelt es sich somit um ein Zwei-Parteien-Verhältnis zwischen Arbeitgeber und -nehmer. Charakteristikum der mittelbaren Verpflichtungen ist, dass diese zwar unmittelbar von einem anderen Rechtsträger erfüllt werden, das zusagende Unternehmen jedoch gemäß § 1 Abs. 1 Satz 3 BetrAVG für die zugesagten Leistungen einzustehen hat (Drei-Parteien-Verhältnis). Die Mittelbarkeit dieser Verpflichtungen bezieht sich also auf das zusagende Unternehmen. Mittelbare Verpflichtungen werden im Wege der Unterstützungskasse, Pensionskasse, des Pensionsfonds oder Direktversicherung (vgl. Kapitel 2 C.) durchgeführt.

18

B.   Handelsrechtliche Vorschriften zur Bilanzierung von Pensionsverpflichtungen

Pensionsverpflichtungen sind Schulden des Arbeitgebers gegenüber seinen (ehemaligen) Arbeitnehmern. Diese Schulden zeichnen sich durch eine Ungewissheit hinsichtlich ihrer tatsächlichen Höhe und des Zeitpunktes ihrer Fälligkeit aus. Denn bei Versorgungsanwärtern ist – je nach Gestaltung – beispielsweise die Höhe der künftig zu zahlenden Rentenleistungen ungewiss, ebenso bei Leistungsempfängern beispielsweise die Dauer der Zahlungen. Aus diesem Grund zählen Pensionsverpflichtungen zu den ungewissen Verbindlichkeiten im Sinne des § 249 Abs. 1 HGB. Für ungewisse Verbindlichkeiten sind gemäß § 249 Abs. 1 HGB grundsätzlich Rückstellungen zu bilden. Es besteht für Pensionsverpflichtungen also eine prinzipielle handelsrechtliche Passivierungspflicht des Bilanzierenden.

19

Gemäß Art. 28 Abs. 1 Satz 1 EGHGB gilt diese Passivierungspflicht jedoch nur für nach dem 31.12.1986 erteilte unmittelbare Pensionszusagen (so genannte „Neuzusagen"). Für vor dem 1.1.1987 erteilte „Altzusagen" sowie für nach dem 31.12.1986 eintretende Erhöhungen dieser Altzusagen besteht ein Passivierungswahlrecht. Ein derartiges Bilanzierungswahlrecht besteht gemäß Art. 28 Abs. 1 Satz 2 EGHGB darüber hinaus auch für mittelbare Pensionsverpflichtungen. Auf eine Rückstellungsbildung für mittelbare Pensionsverpflichtungen kann somit danach grundsätzlich verzichtet werden.

20

▶ Beispiel 1

Die Betriebsvereinbarung der Automobil AG vom 17.5.1984 sieht vor, dass allen Arbeitern und Angestellten eine betriebliche Altersversorgung gewährt wird. Für alle diejenigen, die am 31.12.1986 zum Begünstigtenkreis dieser Vereinbarung zählten, besteht ein Wahlrecht zur Passivierung dieser Pensionsverpflichtung.

Mit Betriebsvereinbarung vom 16.11.1992 wird bei der Bemessung der pensionsfähigen Bezüge zusätzlich ein Teil des Urlaubs- und Weihnachtsgelds berücksichtigt. Für den oben genannten Begünstigtenkreis (Eintritt bis zum 31.12.1986) gilt diese Leistungserhöhung als im Rahmen der „Altzusage" erteilt und somit bleibt es beim Wahlrecht zur Passivierung. Für den Begünstigtenkreis, der erst nach dem 31.12.1986 eingetreten ist, ist eine Pensionsverpflichtung zwingend zu passivieren.

Abbildung 4.1: Handelsrechtliche Passivierungspflichten und -wahlrechte von Pensionsverpflichtungen

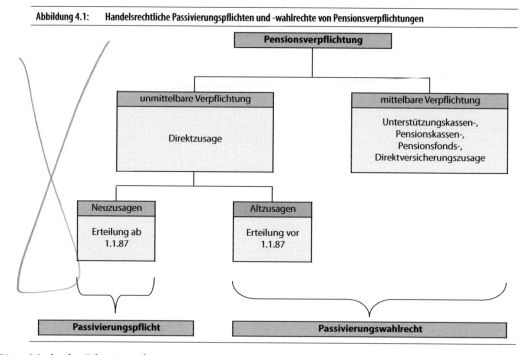

21 Macht der Bilanzierende von seinem Passivierungswahlrecht für Altzusagen oder mittelbare Verpflichtungen Gebrauch, müssen gemäß Art. 28 Abs. 2 EGHGB die in der Bilanz nicht ausgewiesenen Pensionsrückstellungen im Anhang dargestellt werden, sofern der Bilanzierende dazu verpflichtet ist, einen solchen Anhang aufzustellen.

22 Pensionsrückstellungen unterliegen dem Auflösungsverbot gemäß § 249 Abs. 2 Satz 2 HGB. Danach dürfen Rückstellungen nur aufgelöst werden, soweit der Grund für die Bildung der Rückstellung entfallen ist. Dieses Auflösungsverbot gilt in gleicher Weise sowohl für Pensionsrückstellungen, die aufgrund einer Passivierungspflicht gebildet worden sind, als auch für solche Rückstellungen, die aus der Ausübung eines Passivierungswahlrechts resultieren. Mögliche Gründe für die Auflösung einer Pensionsrückstellung sind:

- Ausscheiden eines aktiven Begünstigten vor Erreichen der Unverfallbarkeit der Leistungen,
- Versterben eines Leistungsempfängers ohne Hinterbliebene,
- Verminderung der Barwerts der Verpflichtung aufgrund der Leistung der laufenden Pensionszahlungen (versicherungsmathematische Auflösungsmethode).

23 Bei der Ausübung des Passivierungswahlrechts sowohl für Altzusagen als auch für mittelbare Pensionsverpflichtungen sind die Stetigkeitsvorschriften des § 246 Abs. 3 HGB zu beachten. Danach sind die gewählten Ansatzmethoden grundsätzlich beizubehalten. Nur in begründeten Ausnahmefällen darf hiervon abgewichen werden. Für den Ansatz der Altzusagen bzw. mittelbaren Zusagen bedeutet dies, dass der Bilanzierende nicht jährlich neu darüber entscheiden darf, ob die zusätzlich erworbene Erhöhung der Ansprüche für diese grundsätzlich dem Passivierungswahlrecht unterliegenden Zusagen passiviert wird oder nicht. Entscheidet sich der Bilanzierende einmal dafür, diesen Wertzuwachs zu passivieren, so bindet ihn diese Entscheidung auch für folgende Geschäftsjahre. Es ist zulässig, bei der Bildung von Rückstellungen dem Grunde nach zwischen unterschiedlichen Verpflichtungen zu differenzieren. So kann beispielsweise das Passivierungswahlrecht abhängig vom Status

(Anwärter, Rentner) oder nach Art des Durchführungsweges mittelbarer Zusagen unterschiedlich ausgeübt werden. Hat der Bilanzierende in vergangenen Geschäftsjahren von einer Passivierung von Anspruchserhöhungen abgesehen, darf er diese Handhabung fortsetzen oder aber auch erstmals passivieren. Bisher unterlassene Zuführungen zu den Pensionsrückstellungen dürfen jederzeit ganz oder teilweise nachgeholt werden, da dies zu einer Annäherung der Darstellung der Vermögens- und Ertragslage des Bilanzierenden an die tatsächlichen Verhältnisse führt.

C. Bewertung von unmittelbaren Pensionsverpflichtungen

I. Bewertungsannahmen

Im Rahmen der handelsrechtlichen Bewertung von unmittelbaren Pensionsverpflichtungen ist eine 24
Reihe versicherungsmathematischer Bewertungsannahmen festzulegen. Zunächst sind demographische bzw. personalbezogene Annahmen zu definieren. Zur Gruppe dieser Annahmen gehören biometrische Grundlagen wie Sterblichkeits- und Invalidisierungswahrscheinlichkeiten, Fluktuation, Pensionierungsalter sowie Entgelt- und Rententrends. Vor allem ist als weitere wichtige versicherungsmathematische Bewertungsannahme der Rechnungszins festzulegen. Hierbei handelt es sich um eine finanzwirtschaftliche Annahme, mit der Zahlungen, die zu unterschiedlichen Zeitpunkten anfallen, ökonomisch vergleichbar gemacht werden (vgl. Kapitel 3 Tz. 26).

Die Festlegung der Bewertungsannahmen unterliegt nicht dem Stetigkeitsprinzip, wohl jedoch die 25
Methodik der Festlegung. Die Definition der Parameter erfolgt jährlich neu auf Basis aktualisierter Erkenntnisse unter Zugrundelegung des Stichtagsprinzips (vergleiche folgendes Kapitel 4 C. I. 1.).

1. Demographische Annahmen

Gemäß § 253 Abs. 1 Satz 2 HGB sind Verbindlichkeiten zu ihrem Erfüllungsbetrag und Rückstel- 26
lungen in Höhe des nach vernünftiger kaufmännischer Beurteilung notwendigen Erfüllungsbetrags anzusetzen. Für die Bewertung von Pensionsverpflichtungen ist unter dem Begriff des Erfüllungsbetrags die Orientierung an den tatsächlich zu erwartenden späteren Rentenzahlungen zu verstehen. Konsequenterweise sind somit sämtliche Effekte zu berücksichtigen, die zu einer Erhöhung der Rentenzahlung führen können wie zum Beispiel die regelmäßige Erhöhung des pensionsfähigen Entgelts (Gehaltstrend) oder die Anpassungen der laufenden Rentenzahlungen an den Verbraucherpreisindex (Rententrend). Die Berücksichtigung dieser Trendannahmen führt dazu, dass sich die Höhe der zu erwartenden Auszahlungen verändert. Der Erfüllungsbetrag stellt demnach eine bestmögliche Schätzung der Pensionsverpflichtung dar. Die Forderung des Gesetzes nach einer vernünftigen kaufmännischen Beurteilung bedeutet, dass für die Festlegung der zukunftsbezogenen Bewertungsannahmen ausreichende objektive Hinweise vorhanden sein müssen; eine willkürliche Festlegung der Bewertungsparameter ist somit ausgeschlossen.

Bei der Bewertung von Pensionsverpflichtungen sind im Rahmen dieses rechtlichen Umfeldes somit 27
die folgenden wesentlichen personalbezogenen versicherungsmathematischen Annahmen festzulegen. Diese Annahmen können für den gesamten zu bewertenden Bestand angesetzt werden. Im Einzelfall kann es aber auch sachgerecht sein, die Annahmen für unterschiedliche Personengruppen – z.B. tarifliche und außertarifliche Kräfte – gesondert festzulegen.

■ Biometrische Grundlagen

28   Bei der Bewertung von Pensionsverpflichtungen ist die elementare Frage zu beantworten, zu welchen Zeitpunkten Leistungen zu zahlen sind. Es ist also einzuschätzen, wann ein Leistungsfall im Sinne der zu Grunde liegenden Leistungsordnung, also in der Regel Pensionierung, Invalidität oder Tod, eintritt. Diese so genannten biometrischen Rechnungsgrundlagen sind unter Verwendung zeitnaher Beobachtungswerte und zulässiger mathematisch-statistischer Methoden zu erstellen. Da die Größe der Unternehmensbestände in der Regel nicht ausreicht, um unternehmensspezifische Sterblichkeits- und Invalidisierungswahrscheinlichkeiten zu ermitteln, wird in der Regel auf allgemein anerkannte Tabellenwerke zurückgegriffen.

29   In der Praxis wird der Bewertung in der Regel das allgemein anerkannte Tafelwerk der Richttafeln 2005 G von Klaus Heubeck zugrunde gelegt. Bei diesen Tafeln handelt es sich um Generationentafeln, d.h. die Sterblichkeit einer Person hängt nicht nur von deren Alter, sondern auch von deren Geburtsjahrgang ab:

❯ Beispiel 2

Der Begünstigtenkreis der Einzelhandel GmbH besteht zum 31.12.2011 aus 4 Anwärtern sowie 2 Rentnern. In Abhängigkeit von Geschlecht und Alter kann auf der Grundlage der Generationentafeln auf die durchschnittliche Lebenserwartung und von daher auf die wahrscheinliche Laufzeit der Rentenleistung geschlossen werden. Dabei werden weitere Informationen wie Gesundheitszustand, Lebensgewohnheiten, Ernährung, Wohnort, Vorsorgeverhalten etc. nicht berücksichtigt.

Tabelle 4.1:   Lebenserwartung

Name	Geschlecht	Geburts-jahrgang	Alter	restliche Lebens-erwartung	erwarte Lebensjahre insgesamt
Emilie Schmitz	weiblich	1979	32 Jahre	57,56	89,56
Arne Holzhuber	männlich	1979	32 Jahre	52,37	84,37
Maria Weiß	weiblich	1959	52 Jahre	35,82	87,82
Fritz Grau	männlich	1959	52 Jahre	30,81	82,81
Anna Zybulla	weiblich	1940	71 Jahre	16,83	87,83
Heinrich Wirtz	männlich	1940	71 Jahre	13,59	84,59

■ Fluktuation

30   Das Ausscheiden eines begünstigten Arbeitnehmers aus dem Unternehmen löst in der Regel keine unmittelbare Zahlung aus. Die Leistungsansprüche nach dem Ausscheiden ändern sich jedoch aufgrund der gesetzlichen Vorschriften zur Unverfallbarkeit gemäß § 1b i.V.m. § 2 BetrAVG (vergleiche hierzu auch Kapitel 2 D. II.) gegenüber den Leistungen, die ohne vorheriges Ausscheiden fällig würden. Ferner können auch vertragliche Regelungen zur Unverfallbarkeit zu einer Änderung der Leistungen bei Ausscheiden des Begünstigten führen. Scheidet ein Mitarbeiter vor Erreichen der gesetzlichen bzw. ggf. vertraglichen Unverfallbarkeitsfristen aus, so erlischt sein Anspruch auf Leistungen der betrieblichen Altersversorgung.

31   Aufgrund dieser Sachverhalte ist es von Bedeutung, die Fluktuation, also die Wahrscheinlichkeit dafür, dass ein Arbeitnehmer vor Eintritt des Leistungsfalls das Unternehmen verlässt, in die Bewertung einzubeziehen. Ein pauschaler Ansatz, wie ihn das Steuerrecht kennt, ist handelsrechtlich unzulässig. Die Berücksichtigung der Fluktuation hat zumindest unter Berücksichtigung des Alters des Begünstigten zu erfolgen. Weitere Kriterien wie das Geschlecht oder auch die Dauer der Betriebszugehörigkeit des Begünstigten können zusätzlich bei der Festlegung der Fluktuationswahrscheinlichkeiten berücksichtigt werden. Da eine unternehmensindividuelle Ermittlung der Fluktuationswahrscheinlichkeiten unter Umständen aufwändig ist und bei kleineren Beständen zu nicht zuverlässigen

Werten führen kann, gilt es auch als zulässig, auf Branchenwerte oder auch auf allgemeine Erfahrungswerte – wie sie beispielsweise im Rahmen des Modells der Richttafeln 2005 G veröffentlicht vorliegen – zurückzugreifen.

⊙ Beispiel 3

Da der Begünstigtenkreis der Einzelhandel GmbH lediglich aus zum 31.12.2011 aus 4 Anwärtern sowie 2 Rentnern besteht, würde eine unternehmensindividuelle Untersuchung des Fluktuationsverhaltens sehr wahrscheinlich zu nicht sachgerechten Ergebnissen führen. Insofern würde man auf Branchenwerte oder die Richttafelwerte zurückgreifen. Aber auch große Unternehmen verzichten häufig auf eine eigene Analyse und übernehmen allgemeine Erfahrungswerte wie beispielsweise die der Richttafeln 2005 G.

▨ Pensionierungsalter

Mit der Festlegung des Pensionierungsalters wird der Zeitraum zur Finanzierung der Pensionsverpflichtung sowie damit einhergehend der voraussichtliche Beginn und damit die erwartete Dauer der Rentenzahlungen definiert. Die Festlegung dieser versicherungsmathematischen Prämisse erfolgt auf Basis der vertraglich vorgesehenen Altersgrenze, aber auch unter Berücksichtigung des voraussichtlichen Pensionierungsverhaltens der Begünstigten. Häufig orientiert man sich bei der Festlegung dieser Annahme an der Möglichkeit des Arbeitnehmers, Leistungen aus der gesetzlichen Rentenversicherung vorzeitig in Anspruch zu nehmen. Denn gemäß § 6 BetrAVG sind einem Arbeitnehmer, der die Altersrente aus der gesetzlichen Rentenversicherung in Anspruch nimmt, auf sein Verlangen nach Erfüllung der Wartezeit und sonstiger Leistungsvoraussetzungen Leistungen aus der betrieblichen Altersversorgung zu gewähren (vergleiche hierzu auch Kapitel 2 D. IV.). 32

⊙ Beispiel 4

Die Versorgungsordnung der Einzelhandel GmbH sieht vor, dass die Altersrente mit Erreichen des 65. Lebensjahres abgerufen werden kann. Das Pensionierungsverhalten der Arbeitnehmer zeigt jedoch, dass die Pensionierung in der Regel nicht im Alter 65 erfolgt, sondern mit dem frühestmöglichen Abrufen der gesetzlichen Sozialversicherungsrente. Aus diesem Grund entschließt sich die Einzelhandel GmbH, das Pensionierungsalter dementsprechend festzusetzen.

▨ Trendannahmen

Künftige Erhöhungen der Leistungen sind sowohl für Anwärter als auch für Rentner durch den Ansatz angemessener Trends zu berücksichtigen. Im Bereich der Anwärter kann sich eine Erhöhung der künftigen Leistungen durch ein gesteigertes Entgelt, aber im Falle einer Festbetragszusage auch durch eine Erhöhung der Festbeträge ausdrücken. Sofern eine Anwartschaftsdynamik nicht vertraglich zugesagt worden ist, kann bei der Festlegung dieser Trendannahme die vergangene Entwicklung eine erste Orientierungshilfe sein, sofern auf dieser Basis Rückschlüsse für die künftige Wertentwicklung möglich sind. Eine weitere Orientierungshilfe zur Festlegung des Entgelttrends können Tarifabschlüsse für künftige Jahre darstellen. Bei der Festlegung der Gehaltsdynamik sind auch so genannte Karrieretrends zu berücksichtigen, um der Möglichkeit der außerplanmäßigen Erhöhung von Gehältern oder Anwartschaften einzelner Mitarbeiter aufgrund von Karriereentwicklungen Rechnung zu tragen. Dies kann durch einen Zuschlag auf die angenommene Regelgehaltserhöhung berücksichtigt werden. 33

Ferner ist im Falle einer vertraglich zugesagten Rentensteigerung diese bei der Bewertung der Pensionsverpflichtungen gegenüber den Anwärtern und den Rentnern zu berücksichtigen. Aber auch wenn kein Rententrend vertraglich zugesichert worden ist, ist aufgrund der Regelungen des § 16 Abs. 2 BetrAVG von einer Steigerung der laufenden Renten in Höhe der Entwicklung des Verbraucherpreisindexes für Deutschland bzw. der Nettolohnentwicklung vergleichbarer Arbeitnehmergruppen des Unternehmens auszugehen. 34

> Beispiel 5

Die Leistungen der Versorgungsordnung der Einzelhandel GmbH hängen vom Endgehalt zum Zeitpunkt des Eintritts des Leistungsfalls ab. Aus diesem Grund legt die Einzelhandel GmbH einen Gehaltstrend in Höhe von 2,5 % pro Jahr für die versicherungsmathematische Bewertung der Pensionsverpflichtungen fest. Sie hat sich hierbei am letzten Tarifabschluss orientiert.

Die Europäische Zentralbank hat die Zielvorgabe gemacht, die langfristige Inflationsrate (Verbraucherpreisindex) knapp unter 2 % p.a. zu halten. Diese Vorgabe diente der Einzelhandel GmbH als Anhaltspunkt, als sie die jährliche Rentenanpassung auf 1,75 % festsetzte.

■ Stichtagsprinzip

35   Es ist grundsätzlich im Rahmen eines Inventurvereinfachungsverfahrens gemäß § 241 Abs. 3 HGB als zulässig zu erachten, die der Bewertung zugrunde gelegten Parameter einschließlich der Personaldaten der Versorgungsberechtigten bis zu drei Monate vor dem Bilanzstichtag zu erheben (vgl. auch Kapitel 5 B. V.). Sofern sich jedoch bis zum Bilanzstichtag wesentliche Änderungen der Parameter ergeben, sind diese zumindest näherungsweise in Form einer qualifizierten aktuariellen Schätzung zu berücksichtigen. Beispiele für derartige wesentliche Änderungen können unternehmensinterne Umstrukturierungen, verbunden mit Personalabbaumaßnahmen, ebenso wie Änderungen der gesetzlichen Rahmenbedingungen sein.

2.   Vorschriften zum Rechnungszins

36   Das Handelsgesetzbuch schreibt in § 253 Abs. 2 Satz 1 eine Diskontierungspflicht für Rückstellungen mit einer Restlaufzeit von mehr als einem Jahr vor. Die Abzinsung der Rückstellungen hat mit dem ihrer Restlaufzeit entsprechenden durchschnittlichen Marktzins der vergangenen sieben Geschäftsjahre zu erfolgen. Für Pensionsverpflichtungen ist es gemäß § 253 Abs. 2 Satz 2 HGB zulässig, von einer pauschalen Restlaufzeit von 15 Jahren auszugehen und die Abzinsung mit dem zu dieser Restlaufzeit passenden durchschnittlichen Marktzins vorzunehmen. Diese Ausnahmeregel ist grundsätzlich immer anwendbar. Allerdings empfiehlt es sich bei wesentlichen Abweichungen der tatsächlichen Laufzeit von der pauschalen 15-jährigen Laufzeit, den Rechnungszins auf Basis der tatsächlichen Laufzeit festzulegen, um die Vermögens-, Finanz- und Ertragslage, möglichst den tatsächlichen Verhältnissen entsprechend, darzustellen. Ein solches gravierendes Abweichen der tatsächlichen Laufzeit von einer 15-jährigen Laufzeit in Gestalt einer Laufzeitverkürzung kann es bei reinen Rentnerbeständen geben. Umgekehrt ist es im Falle von Beständen, die eher durch Anwärter dominiert sind, möglich, dass die tatsächliche Laufzeit der Verpflichtungen deutlich über 15 Jahren liegt. Bei einer solchen Wahl eines fristenkongruenten Rechnungszinses ist eine strikte Einhaltung des Einzelbewertungsgrundsatzes nicht erforderlich, vielmehr kann der Rechnungszins für sachlich abgegrenzte Teilkollektive einzeln ermittelt werden. Eine Unterscheidung nach Pensionszusage, Versorgungsstatus (Anwärter, Leistungsempfänger) oder Finanzierungsart dürfte grundsätzlich genauso unkritisch sein, wie die Zusammenfassung sämtlicher Pensionsverpflichtungen zu einem Bestand.

37   Der durchschnittliche Marktzins der letzten sieben Jahre wird für Restlaufzeiten zwischen 1 und 50 Jahren monatlich von der Deutschen Bundesbank auf ihrer Internetseite veröffentlicht. Der Marktzins basiert auf der Null-Kupon-Zinsswapkurve unter Berücksichtigung eines Zuschlags.

38   Die Durchschnittsbildung des Marktzinses über die letzten sieben Jahre führt zu einer starken Glättung dieser Größe. Beispielhaft für das Jahr 2010 vergleicht die folgende Abbildung den durchschnittlichen Marktzins der letzten sieben Jahre mit dem Marktzins jeweils zum Monatsende in 2010. Während sich die Schwankung des Durchschnittszinses innerhalb eines Monats auf maximal 0,01 Prozentpunkte beläuft, beträgt die Veränderung des Stichtagszinses innerhalb eines Monats bis zu 0,65 Prozentpunkte.

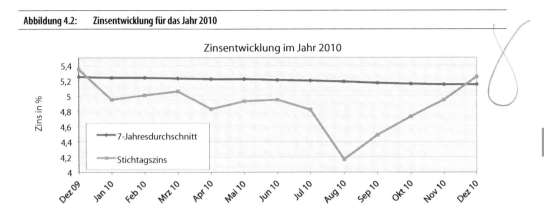

Abbildung 4.2:   Zinsentwicklung für das Jahr 2010

Gemäß § 252 Abs. 1 Nr. 6 HGB ist die gewählte Methodik zur Festlegung des Rechnungszinses – bestandsspezifische Restlaufzeit oder pauschale Restlaufzeit – grundsätzlich beizubehalten. Nur in begründeten Ausnahmefällen darf hiervon abgewichen werden. Dieses Stetigkeitsprinzip gilt selbstverständlich nicht für die Festlegung des Rechnungszinses selbst. Dieser kann im Rahmen des unter Kapitel 4 Tz. 4 beschriebenen Inventurvereinfachungsverfahrens bis zu drei Monate vor dem Bilanzstichtag festgelegt werden. Aufgrund der Durchschnittsbildung des Marktzinses über die letzten sieben Jahre ist nicht von wesentlichen Schwankungen des Rechnungszinses innerhalb des Zeitraums von bis zu drei Monaten bis zum Bilanzstichtag auszugehen. Von einer qualifizierten Umschätzung der Pensionsverpflichtung aufgrund einer Änderung des Rechnungszinses vom Zeitpunkt der Festlegung drei Monate vor dem Bilanzstichtag bis hin zum Bilanzstichtag kann daher in der Regel abgesehen werden.   39

II.   Bewertungsverfahren

Das HGB schreibt grundsätzlich kein bestimmtes versicherungsmathematisches Verfahren zur Bewertung von Pensionsverpflichtungen vor. Die einzigen Anforderungen an das Verfahren ergeben sich aus § 253 Abs. 1 Satz 2 HGB, wonach Rückstellungen in Höhe des nach vernünftiger kaufmännischer Beurteilung notwendigen Erfüllungsbetrags anzusetzen sind, und aus den allgemeinen Vorschriften des § 264 Abs. 2 Satz 1 HGB, wonach jenes Verfahren zu wählen ist, bei dem die Vermögens-, Finanz- und Ertragslage der Gesellschaft den tatsächlichen Verhältnissen entsprechend dargestellt wird.   40

Auf Basis dieser allgemeinen Vorschriften in Verbindung mit den Grundsätzen ordnungsgemäßer Buchführung präzisiert das IDW in seiner Stellungnahme RS HFA 30 aus dem Jahre 2010, dass das Bewertungsverfahren den folgenden Bedingungen genügen soll: 41

■   Es sind die anerkannten Regeln der Versicherungsmathematik anzuwenden.

■   Die Pensionsverpflichtung gegenüber ehemaligen Arbeitnehmern – Leistungsempfängern und Anwärtern, die mit einer unverfallbaren Anwartschaft ausgeschieden sind – ist mit ihrem Barwert anzusetzen.

■   Der Aufbau der Pensionsrückstellung erfolgt grundsätzlich über den Zeitraum, in dem der Begünstigte aktiv ist, d.h. eine Gegenleistung erbringt.

42 Vor diesem Hintergrund sind die beiden bekannten versicherungsmathematischen Verfahren – das Teilwertverfahren und die Projected Unit Credit-Methode (vergleiche hierzu auch Kapitel 3 C.) – grundsätzlich als zulässig zu erachten. Es besteht jedoch kein uneingeschränktes Wahlrecht des Bilanzierenden bei der Festlegung des Bewertungsverfahrens seiner Pensionsverpflichtungen. Denn im Falle bestimmter Leistungszusagen bzw. vertraglicher Besonderheiten führt das Teilwertverfahren zu nicht sachgerechten Ergebnissen, und es ist die PUC-Methode anzuwenden. So ist das Teilwertverfahren bei beitragsorientierten Leistungszusagen ebenso wenig wie bei einer einmaligen Entgeltumwandlung aus betriebswirtschaftlicher Sicht sinnvoll anwendbar. Denn in diesen Fällen widerspräche die gleichmäßige Verteilung des Pensionsaufwands, wie sie das Teilwertverfahren vorsieht, dem betriebswirtschaftlichen Prinzip einer verursachungsgerechten Zuordnung des Pensionsaufwands zu einer bestimmten Periode.

43 Folgende Abbildung vergleicht unter gleichen Prämissen den typischen Verlauf eines Teilwerts mit einer Verpflichtung, die nach der Projected Unit Credit-Methode bewertet worden ist. Wie bereits in Kapitel 3 gesehen, verläuft der Teilwert oberhalb einer nach der PUC-Methode ermittelten DBO.

Abbildung 4.3:   Vergleich Teilwertverfahren und PUC-Methode

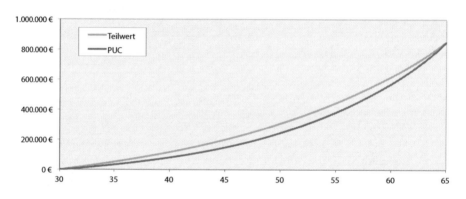

44 Auch für die Wahl des versicherungsmathematischen Bewertungsverfahrens gilt gemäß § 252 Abs. 1 Nr. 6 HGB grundsätzlich das Stetigkeitsgebot. Das heißt, dass das gewählte Bewertungsverfahren grundsätzlich beizubehalten ist und nur in begründeten Ausnahmefällen ein Wechsel des Verfahrens vorgenommen werden darf.

III. Besonderheiten bei wertpapiergebundenen Zusagen

45 Wertpapiergebundene Pensionszusagen gemäß § 253 Abs. 2 Satz 3 HGB zeichnen sich dadurch aus, dass sich die Höhe der vom Bilanzierenden zu erbringenden Pensionsleistungen grundsätzlich nach dem Zeitwert eines Wertpapiers im Sinne des § 266 Abs. 2 A. III. 5 HGB richtet. Mit Bezug auf § 266 Abs. 2 A. III. 5 HGB ist nicht zwingend gemeint, dass die Wertpapiere im Anlagevermögen des Bilanzierenden ausgewiesen sein müssen. Es soll hiermit lediglich ausgedrückt werden, welche Wertpapiere in Frage kommen. Mögliche Wertpapiere, nach denen sich die Höhe der Pensionszusage richtet, sind insbesondere Aktien, Fondsanteile und Schuldverschreibungen. Es ist nicht erforderlich, dass sich diese Wertpapiere im wirtschaftlichen Eigentum des Unternehmens befinden. Auch wenn es sich bei den Wertpapieren um rein virtuelle Referenzobjekte wie z.B. Aktienindizes handelt, liegt eine wertpapiergebundene Pensionszusage vor.

↪ als ausnahme nicht ausführlich

Rückdeckungsversicherungen fallen nicht unter den Wertpapierbegriff des § 266 Abs. 2 A. III. 5 HGB. Dennoch sind auch Pensionszusagen, bei denen dem Versorgungsberechtigten zugesagt wird, dass der Arbeitgeber monatlich einen gewissen Betrag in eine Rückdeckungsversicherung einzahlt und sich die Höhe der Pensionsleistung ausschließlich nach dem Wert der Rückdeckungsversicherung richtet, als wertpapiergebundene Zusagen einzuordnen. Denn der wirtschaftliche Gehalt einer solchen voll-kongruent rückgedeckten Pensionszusage ist dem einer wertpapiergebundenen Zusage, die deren formellen Anforderungen genügt, vergleichbar.   46

Liegt eine wertpapiergebundene Pensionszusage vor, so sind gemäß § 253 Abs. 1 Satz 3 HGB Pensionsrückstellungen in Höhe des beizulegenden Zeitwerts der Wertpapiere zu bilden, nach denen sich die Höhe der Pensionsleistungen richtet. In Deutschland ist es im Falle wertpapiergebundener Zusagen aufgrund der arbeitsrechtlichen Rahmenbedingungen im Allgemeinen üblich bzw. erforderlich, eine Mindestleistung zu garantieren (vergleiche hierzu auch Kapitel 2 Tz. 37). In diesem Fall ist die Mindestleistung nach den Vorgaben des § 253 Abs. 1 Satz 2 HGB in Verbindung mit § 253 Abs. 2 HGB mit ihrem diskontierten Erfüllungsbetrag zu bewerten. Die zu bildende Pensionsrückstellung ergibt sich dann aus dem höheren Wert aus dem beizulegenden Zeitwert der Wertpapiere und dem diskontierten Erfüllungsbetrag der Mindestleistung.   47

| Abbildung 4.4: | Bewertung einer wertpapiergebundenen Zusage mit garantierter Mindestleistung |

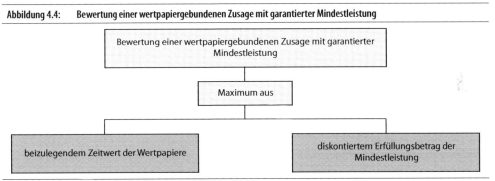

D.   Pensionszusagen mit Deckungsvermögen

Handelsrechtlich besteht grundsätzlich gemäß § 246 Abs. 2 Satz 1 HGB ein Saldierungsverbot. Das heißt, in der Bilanz dürfen Posten der Aktivseite mit Posten der Passivseite ebenso wenig verrechnet werden, wie in der Gewinn- und Verlustrechnung Aufwendungen mit Erträgen saldiert werden dürfen.   48

Eine Ausnahmeregelung von diesem Grundsatz besteht jedoch dann, wenn für Pensionsverpflichtungen Deckungsvermögen im Sinne des § 246 Abs. 2 Satz 2 HGB vorliegt. Danach sind Vermögensgegenstände des Bilanzierenden als Deckungsvermögen zu bezeichnen, wenn   49

■ die Vermögensgegenstände dem Zugriff aller Gläubiger entzogen sind und

■ die Vermögensgegenstände ausschließlich der Erfüllung von Schulden aus Altersversorgungsverpflichtungen oder vergleichbaren langfristig fälligen Verpflichtungen dienen.

In diesem Falle sind die Vermögensgegenstände gemäß § 246 Abs. 2 Satz 2 Halbsatz 1 HGB mit den korrespondierenden Altersversorgungsverpflichtungen zu saldieren. Entsprechend ist in der Gewinn- und Verlustrechnung mit den zugehörigen Aufwendungen und Erträgen aus der Abzinsung der Pensionsverpflichtung und den Erträgen aus dem zu verrechnenden Vermögen zu verfahren.   50

I.   Bewertung des Deckungsvermögens

51   Sind Vermögensgegenstände des Bilanzierenden als Deckungsvermögen in dem oben definierten Sinne zu verstehen, so sind diese Vermögensgegenstände gemäß § 253 Abs. 1 Satz 4 HGB mit dem beizulegenden Zeitwert zu bewerten. Bei der Bewertung der Vermögensgegenstände zum Zeitwert gilt der Grundsatz der Einzelbewertung im Sinne des § 252 Abs. 1 Nr. 3 HGB.

52   Die Ermittlung des Zeitwerts erfolgt gemäß § 255 Abs. 4 HGB nach einem mehrstufigen Verfahren. In der ersten Stufe bestimmt sich der Zeitwert grundsätzlich zum Marktpreis, also zum Preis auf einem aktiven Markt. Ein aktiver Markt liegt vor, wenn der Marktpreis eines Vermögensgegenstandes an einer Börse, von einem Händler, von einem Broker, von einer Branchengruppe, von einem Preisberechnungsservice oder von einer Aufsichtsbehörde leicht und regelmäßig erhältlich ist und auf aktuellen und regelmäßig auftretenden Markttransaktionen zwischen unabhängigen Dritten beruht. Ist kein aktiver Markt für den zu bewertenden Vermögensgegenstand vorhanden, ist in der zweiten Stufe der beizulegende Zeitwert mit Hilfe allgemein anerkannter Bewertungsmethoden zu bestimmen. Hierunter sind sowohl Rückgriffe auf vergleichbare Geschäftsvorfälle in der Vergangenheit als auch allgemein anerkannte Bewertungsverfahren wie die Discounted Cash Flow-Methode (DCF-Methode) oder Optionspreismodelle zu verstehen. Ist auch eine Bewertung des beizulegenden Zeitwerts des Vermögensgegenstandes auf der zweiten Stufe nicht möglich, so ist auf der dritten Stufe der Vermögenswert mit seinen Anschaffungs- oder Herstellungskosten anzusetzen. Hierbei ist das strenge Niederstwertprinzip im Sinne des § 253 Abs. 4 HGB zu beachten.

Abbildung 4.5:   Bewertung zum Zeitwert gemäß § 255 Abs. 4 HGB

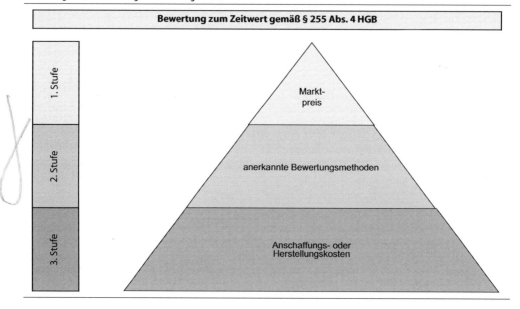

● Beispiel 6

Die Bewertung von Rückdeckungsversicherungen auf der ersten und zweiten Stufe im Sinne des § 255 Abs. 4 HGB führt in der Regel nicht zu verlässlichen Ergebnissen. Daher werden Rückdeckungsversicherungen in der Handelsbilanz im Allgemeinen mit ihrem Aktivwert bzw. dem geschäftsplanmäßigen Deckungskapital zzgl. möglicherweise bereits zugeteilter Überschüsse aktiviert. Ein solcher Wertansatz entspricht der dritten Stufe in dem obigen Modell zur Ermittlung eines Zeitwerts.

◉ **Beispiel 7**

Die Industrieholding AG erwirbt Anteile an der Zulieferer AG: 10.000 Aktien für 1,5 Mio. €. Diese Anteile bringt sie in ihren bestehenden CTA ein.

a) Zum 31.12.2011 werden die Aktien der Zulieferer AG an einem Börsensegment gehandelt und zu einem Kurs von 165 € pro Aktie notiert. Der Zeitwert der in den CTA eingebrachten Anteile beträgt demnach 1,65 Mio. €.

b) Da die Aktien nicht an der Börse gehandelt werden und auch kein weiterer Anhaltspunkt aufgrund einer vergleichbaren Transaktion (Kauf/Verkauf von Aktien) vorliegt, wird zur Bewertung der Discounted Cash Flow-Ansatz – hier in vereinfachter Form – angewendet. Der operative Cash Flow der Zulieferer AG beträgt 300.000 €, der Investment-Cash Flow -80.000 € und der Finanzierungs-Cash Flow beträgt -25.000 €. Die Verbindlichkeiten bei der X-Bank betragen 450.000 €. Man geht davon aus, dass diese Cash Flow-Größen auch für die Zukunft gelten werden. Zudem unterstellt man einen risikoadjustierten Zinssatz (nicht vergleichbar mit dem Rechnungszins bei der Bewertung von Pensionsverpflichtungen) in Höhe von 10 %.

Eine mögliche Variante der Ermittlung des Discounted Cash Flows ermittelt den Free-Cash Flow aus der Höhe des operativen Cash Flows und des Investment-Cash Flows. Der Free-Cash Flow beträgt (300.000 € – 80.000 € =) 220.000 €. Unterstellt man nun eine jährliche „freie Verwendung" dieses Betrags, so beträgt der Barwert (220.000 € / 10 % =) 2.200.000 €. Davon sind die Verbindlichkeiten in Höhe von 450.000 € zu tilgen. Der Zeitwert der Aktien beträgt demnach (2.200.000 € – 450.000 € =) 1.750.000 €.

c) Da die Zulieferer AG weder an der Börse gehandelt wird noch die zukünftigen Zahlungsströme in belastbarer Form prognostiziert werden können, ist der Wert der Anteile an der Zulieferer AG auf der Basis der Anschaffungskosten in Höhe von 1,5 Mio. € anzusetzen.

Die Bewertung des Deckungsvermögens zu Zeitwerten kann zum Beispiel aufgrund von Marktzins- oder Kursschwankungen zu erheblichen Volatilitäten führen, die sich direkt auf die Gewinn- und Verlustrechnung auswirken. Hierin unterscheidet sich die Bewertung des Deckungsvermögens von der Bewertung von Pensionsverpflichtungen. Denn durch den Ansatz eines Durchschnittszinses bei der Bewertung der Pensionsverpflichtungen werden mögliche Veränderungen am Kapitalmarkt – insbesondere hinsichtlich des Marktzinssatzes – geglättet.   53

Übersteigt der beizulegende Zeitwert die (historischen) Anschaffungskosten, so erhöht sich unter sonst gleichen Bedingungen der Gewinn des Unternehmens. Der übersteigende Betrag, abzüglich einer hierfür unter Umständen gebildeten passiven latenten Steuer, unterliegt nach § 268 Abs. 8 Satz 3 HGB einer Ausschüttungssperre im Sinne von § 268 Abs. 8 Satz 1 HGB. Hier wird dem Realisationsprinzip als Grundsatz ordnungsmäßiger Buchführung Rechnung getragen, indem nicht realisierte Gewinne noch nicht ausgeschüttet werden.   54

Grundsätzlich ist es möglich, dass bisher zum Deckungsvermögen gehörende Vermögensgegenstände entwidmet werden, d.h. vom Bilanzierenden dem Deckungsvermögen wieder entnommen werden. Ein solcher Fall liegt beispielsweise dann vor, wenn eine Rückübertragung von Treuhandvermögen im Falle einer Überdotierung stattfindet. Im Falle einer Entwidmung ist der Vermögensgegenstand – vorbehaltlich des Erfordernisses einer außerplanmäßigen Abschreibung gemäß § 253 Abs. 3 Satz 3 HGB oder einer Zuschreibung nach § 253 Abs. 5 Satz 1 HGB – wieder mit dem Buchwert zu aktivieren, den er im Zeitpunkt seiner Einbringung in das Deckungsvermögen gehabt hat. Hierbei sind ggf. planmäßige Abschreibungen ebenfalls zu beachten.   55

II.   Anforderungen an das Deckungsvermögen

56   Grundlegende Voraussetzung dafür, dass ein Vermögensgegenstand als Deckungsvermögen qualifiziert werden kann, ist, dass der Vermögensgegenstand überhaupt in der Bilanz anzusetzen ist. Dies ist gemäß § 246 Abs. 1 Satz 2 HGB dann der Fall, wenn der Bilanzierende der wirtschaftliche Eigentümer des Vermögensgegenstandes ist. Aus diesem Grunde kann es Deckungsvermögen nur im Falle unmittelbarer Pensionsverpflichtungen geben. Das Vermögen eines externen Versorgungsträgers bei einer mittelbaren Durchführung der betrieblichen Altersversorgung (Unterstützungskasse, Pensionskasse, Pensionsfonds, Direktversicherung) befindet sich nicht im wirtschaftlichen Eigentum des Bilanzierenden und kommt daher als Deckungsvermögen nicht in Frage. Es ist im Unterschied zu den internationalen Rechnungslegungsvorschriften keine Voraussetzung an das Deckungsvermögen, dass dieses sich in einer vom Bilanzierenden rechtlich unabhängigen Einheit befindet (vgl. Kapitel 6 C. II.). Daher kommen nach dem Handelsgesetzbuch im Unterschied zu den IFRS grundsätzlich auch verpfändete Wertpapierdepots als Deckungsvermögen in Betracht. Insgesamt sind zwei Grundvoraussetzungen zu erfüllen, die Zugriffsfreiheit des Deckungsvermögens sowie dessen Zweckexklusivität.

■   Zugriffsfreiheit des Deckungsvermögens

57   Der erste Teil der Definition des Deckungsvermögens fordert eine Insolvenzsicherheit des Deckungsvermögens. D.h., im Falle einer Insolvenz des Bilanzierenden ist das Deckungsvermögen vor einem Zugriff durch die übrigen Gläubiger des Bilanzierenden geschützt. Wird das Deckungsvermögen im Rahmen einer Insolvenz weder wirtschaftlich noch rechtlich in die Insolvenzmasse einbezogen, steht dem Versorgungsberechtigten also ein so genanntes Aussonderungsrecht im Sinne des § 47 InsO zu, so ist die Insolvenzsicherheit stets gegeben. Hat der Versorgungsberechtigte einen Anspruch auf exklusive Befriedigung seines Anspruchs aus dem Vermögensgegenstand, ohne dass dieser jedoch zwingend an ihn herausgegeben wird, steht dem Versorgungsberechtigten also ein so genanntes Absonderungsrecht im Sinne des § 49 InsO zu, so kann auch ein solches bereits für das Vorliegen der Insolvenzsicherheit ausreichend sein. Voraussetzung hierfür ist es jedoch, dass dem Versorgungsberechtigten ein wirtschaftlich vergleichbarer Schutz wie beim Aussonderungsrecht zukommt. Genügt das Deckungsvermögen den Voraussetzungen des § 7e Abs. 2 SGB IV (Sozialgesetzbuch 4. Buch), so kann davon ausgegangen werden, dass die Zugriffsfreiheit des Deckungsvermögens stets gewährleistet ist. Vermögen, das dieser Vorschrift des Sozialgesetzbuches genügt, wird zum Insolvenzschutz des Wertguthabens von Arbeitszeitkonten eingesetzt (vgl. hierzu Kapitel 9 C.). Eigene Anteile des Bilanzierenden scheiden als Deckungsvermögen ebenfalls aus, da sie im Insolvenzfall bei wirtschaftlicher Betrachtung keine Deckungsfunktion übernehmen können.

58   Ein Insolvenzschutz im Sinne des § 246 Abs. 2 Satz 2 HGB kann folglich grundsätzlich durch folgende Konstruktionen erreicht werden:

■   insolvenzfeste Treuhandvereinbarungen (CTA, vgl. hierzu auch Kapitel 2 C. II. 1.)

■   verpfändete Rückdeckungsversicherungsansprüche

■   verpfändete Wertpapierdepots oder andere verpfändete Rechte

59   Zu den Konstruktionen mit einer Verpfändung (Rückdeckungsversicherungen, Wertpapierdepots, andere Rechte) ist anzumerken, dass die Verpfändung nicht befristet sein darf und nicht unter einer sonstigen aufschiebenden Bedingung stehen darf, dass der Bilanzierende kein einseitiges Verwertungsrecht haben darf und dass sich im Falle der Verwertung des Vermögensgegenstands durch den Bilanzierenden das Pfandrecht auf den Verwertungsgegenwert erstrecken muss.

▨ Zweckexklusivität des Deckungsvermögens

Der zweite Teil der Legaldefinition des Deckungsvermögens verlangt eine Zweckexklusivität dessel- 60
bigen Vermögens. D.h., die Vermögensgegenstände des Deckungsvermögens dürfen ausschließlich
der Erfüllung von Schulden aus Altersversorgungsverpflichtungen oder vergleichbaren langfristig
fälligen Verpflichtungen dienen. Es wird also gefordert, dass die Vermögensgegenstände jederzeit
zur Erfüllung der Schulden aus Pensionsverpflichtungen verwendet werden können. Somit kommt
betriebsnotwendiges Vermögen nicht als Deckungsvermögen in Betracht. Betriebsnotwendiges Dek-
kungsvermögen kann nämlich nicht jederzeit frei veräußert werden, ohne die eigentliche Unternehmenstätigkeit zu beeinträchtigen.

E. Ausgestaltung in der Praxis

Unternehmen, die aus ihrer Sicht risikoarme Pensionszusagen anstreben, bevorzugen daher Defi- 61
ned Contribution-Zusagen (zur Definition und Abgrenzung zwischen Defined Benefit- und Defined
Contribution Zusagen vgl. auch Kapitel 6). Auch wenn derartige Zusagen arbeitsrechtlich aus for-
meller Sicht nicht zulässig sind, ist es grundsätzlich möglich, Defined Benefit-Zusagen zu erteilen,
deren bilanzielle Behandlung bzw. deren wirtschaftlicher Gehalt de facto einer Defined Contribution-Zusage entspricht, wie die folgenden Beispiele zeigen.

I. Wertpapiergebundene Zusage mit Deckungsvermögen

Liegt eine wertpapiergebundene Zusage vor und handelt es sich bei dem Vermögenswert, nach dem 62
sich die Höhe der Leistungen grundsätzlich richtet, um Deckungsvermögen, so wird eine solche
Zusage bilanziell prinzipiell wie eine Defined Contribution-Zusage behandelt. D.h., es ist keine Pensionsrückstellung zu bilden, und der Personalaufwand entspricht dem Beitrag zum Deckungsvermögen, wie folgende Überlegung zeigt.

In Kapitel 4 C. III. wurde dargestellt, dass eine wertpapiergebundene Zusage grundsätzlich zum Zeit- 63
wert des Vermögenswertes bilanziert wird, nach dessen Höhe sich die Leistungen aus der Pensionszusage grundsätzlich richten. Wenn davon ausgegangen wird, dass es sich bei dem Vermögenswert,
nach dessen Höhe sich die Leistungen richten, um Deckungsvermögen handelt, erfolgt die Bewertung des Deckungsvermögens ebenfalls zum beizulegenden Zeitwert. Ferner ist in diesem Falle die
Pensionsverpflichtung mit dem Deckungsvermögen zu saldieren, so dass sich insgesamt eine „sal-
dierte" Null ergibt. Da diese Aussage grundsätzlich auch zu den Folgebilanzstichtagen gilt, zeigt eine
Überleitungsrechnung des Bilanzansatzes, dass in dieser Situation der unter dem Personalaufwand
auszuweisende Teil des Pensionsaufwands mit den Beitragszahlungen zum Deckungsvermögen
übereinstimmt.

Anzumerken ist, dass die getroffenen Aussagen nur von grundsätzlicher Natur sind. In dem Fall, in 64
dem bei der wertpapiergebundenen Zusage die garantierte Mindestleistung zu bewerten ist, können
die Höhe der Pensionsverpflichtung und der Zeitwert des Deckungsvermögens voneinander abweichen, und es kann zu einem Ausweis einer Pensionsrückstellung kommen.

◗ Beispiel 8

Ein Unternehmen besitzt in seinem Anlagevermögen Anteile an einem Wertpapierdepot und erteilt seinen Führungskräften
eine Leistungszusage, deren Höhe sich nach dem Zeitwert der Wertpapiere richtet. Um den Begünstigten einen über die
gesetzliche Insolvensicherung hinausgehenden Insolvenzschutz zu gewährleisten, verpfändet der Arbeitgeber die Anteile an
den Wertpapierdepots an die Begünstigten.

Der Zeitwert der Wertpapierdepots betrage zum 31.12.2010 100 T€ sowie zum 31.12.2011 120 T€ und liege jeweils über der zugesagten Garantieleistung. In 2011 seien für 15 T€ weitere Anteile an Wertpapierdepots gekauft worden.

Bei dieser wertpapiergebundenen Zusage mit Deckungsvermögen stellen sich die Entwicklung des Deckungsvermögens und die Entwicklung der Pensionsverpflichtung sowie die Überleitung des Bilanzansatzes wie folgt dar.

Tabelle 4.2:   Wertpapiergebundene Zusage mit Deckungsvermögen (Überleitungsrechnung)

Überleitungsrechnung (in T€)	Entwicklung Deckungsvermögen	Entwicklung Pensions-verpflichtung	Überleitung Bilanzansatz
Stand 31.12.2010	100	100	0
Zahlung bzw. Personalaufwand in 2011	15	15	0
Ertrag aus Deckungsvermögen bzw. Zinsaufwand	5	5	0
Stand 31.12.2011	120	120	0

Die zum Jahresanfang und -ende ausgewiesene Pensionsrückstellung beläuft sich auf 0 T€, der Personalaufwand entspricht den geleisteten Beiträgen, und der Zinsaufwand stimmt mit dem Ertrag aus dem Deckungsvermögen überein.

II.   Wertpapiergebundene Zusage ohne Deckungsvermögen

65   Bei einer wertpapiergebundenen Zusage ohne Deckungsvermögen ist zu unterscheiden, ob sich die Wertpapiere, nach denen sich die Höhe der Leistungen grundsätzlich richtet, im Bestand des Bilanzierenden befinden oder nicht. Befinden sich die korrespondierenden Wertpapiere nicht im Bestand des Bilanzierenden, erfolgt die Bewertung der Verpflichtung mit dem beizulegenden Zeitwert, und es ergeben sich keine bilanziellen Besonderheiten. Anders verhält es sich, wenn sich die korrespondierenden Wertpapiere im Bestand des Bilanzierenden befinden und es sich bei diesen Wertpapieren jedoch nicht um Deckungsvermögen handelt. In diesem Fall kann unter den Voraussetzungen des § 254 HGB eine Bewertungseinheit vorliegen. Der Legaldefinition folgend, liegt eine Bewertungseinheit dann vor, wenn Vermögensgegenstände, Schulden, schwebende Geschäfte oder mit hoher Wahrscheinlichkeit erwartete Transaktionen zum Ausgleich gegenläufiger Wertänderungen oder Zahlungsströme aus dem Eintritt vergleichbarer Risiken mit Finanzinstrumenten zusammengefasst werden. Im vorliegenden Fall einer wertpapiergebundenen Zusage, bei der sich die korrespondierenden Vermögenswerte im Bestand des Bilanzierenden befinden, sind die passivierten Altersversorgungsverpflichtungen aufgrund der Regelung des § 253 Abs. 1 Satz 3 HGB als gesichertes Grundgeschäft und die korrespondierenden Wertpapiere als Sicherungsinstrumente anzusehen. Bei der Zusammenfassung von Grundgeschäft und Sicherungsinstrument zu einer Bewertungseinheit kommt die sogenannte Durchbuchungsmethode zum Ansatz. Bei dieser Methode werden nicht nur die Pensionsverpflichtungen mit dem Zeitwert der korrespondierenden Wertpapiere, sondern auch die Wertpapiere selbst mit ihrem Zeitwert bewertet. In diesem Fall bleiben das Anschaffungskostenprinzip gemäß § 253 Abs. 1 Satz 1 HGB und das Realisations- bzw. Imparitätsprinzip gemäß § 252 Abs. 1 Nr. 4 HGB außer Acht. Im Unterschied zu dem in Kapitel 4 E. I. beschriebenen Fall mit Deckungsvermögen ist die Saldierung der Wertpapiere mit den Pensionsverpflichtungen weiterhin unzulässig.

Abbildung 4.6:   Wertpapiergebundene Zusage ohne Deckungsvermögen

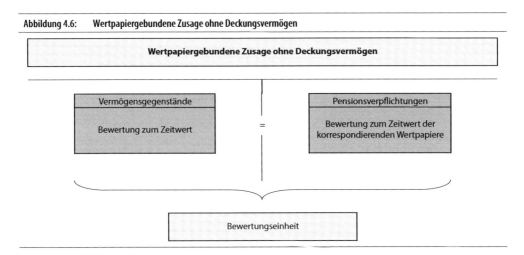

> Beispiel 9

Ein Unternehmen zahlt für seine Mitarbeiter jährlich eine Prämie in Höhe von 5 % der Jahresbezüge in eine Rückdeckungs-versicherung ein und sagt seinen Mitarbeitern zu, dass sich die Höhe der Altersrentenleistung aus dem Versicherungsvertrag ergibt.

Der Zeitwert der Rückdeckungsversicherungen betrage zum 31.12.2010 100 T€ sowie zum 31.12.2011 120 T€. In 2011 wer-den Versicherungsprämien in Höhe von 15 T€ an den Versicherer gezahlt.

Es liegt eine wertpapiergebundene Zusage ohne Deckungsvermögen vor, da die Rückdeckungsversicherungen nicht an die Mitarbeiter verpfändet worden sind. Es liegt eine Bewertungseinheit vor. Daher entwickeln sich der zu aktivierende Wert der Rückdeckungsversicherung und die Pensionsverpflichtungen wie folgt:

Tabelle 4.3:   Wertpapiergebundene Zusage ohne Deckungsvermögen (Überleitungsrechnung)

Überleitungsrechnung (in T€)	Entwicklung Aktivwert	Entwicklung Pensionsrückstellung
Stand 31.12.2010	100	100
Prämie bzw. Personalaufwand in 2011	15	15
Ertrag aus korrespondierenden Wertpapieren bzw. Zinsaufwand	5	5
Stand 31.12.2011	120	120

D.h., der Aktivwert der Rückdeckungsversicherung und die Pensionsrückstellung stimmen jeweils am Jahresanfang und am Jahresende überein. Die beiden Größen werden jedoch nicht miteinander saldiert, sondern getrennt auf der Aktiv- und der Passivseite in gleicher Höhe ausgewiesen. Der Teil des Pensionsaufwands, der dem Personalaufwand zuzuordnen ist, ent-spricht den geleisteten Beiträgen an die Versicherung. Der Zinsaufwand aus der Abzinsung der Pensionsrückstellung und der Ertrag aus den korrespondierenden Wertpapieren (hier: aus der Rückdeckungsversicherung) stimmen überein.

F. Bewertung von mittelbaren Pensionsverpflichtungen

66   Wie bereits in Kapitel 4 Tz. 19 dargestellt, unterscheiden sich mittelbare von unmittelbaren Pensionsverpflichtungen dadurch, dass mittelbare Pensionsverpflichtungen grundsätzlich nicht von dem die Pensionszusage erteilenden Unternehmen, sondern von einem anderen Rechtsträger erfüllt werden. Die Mittelbarkeit der Verpflichtung bezieht sich auf das zusagende Unternehmen insofern, als dass das Unternehmen trotzdem gemäß § 1 Abs. 1 Satz 3 BetrAVG für die zugesagten Leistungen einzustehen hat (Subsidiärhaftung).

67   Der Bilanzierende hat gemäß Art. 28 Abs. 1 EGHGB für mittelbare Pensionsverpflichtungen ein Passivierungswahlrecht. D.h., er kann eine bestehende Unterdeckung passivieren oder im Anhang ausweisen. Unter einer Unterdeckung ist der Verpflichtungsüberhang zu verstehen, der nicht durch das Vermögen des externen Versorgungsträgers gedeckt ist. Die Ermittlung dieser Unterdeckung bzw. dieses Fehlbetrags ergibt sich üblicherweise durch Bestimmung der Differenz aus dem Erfüllungsbetrag der Pensionsverpflichtung beim Bilanzierenden und dem entsprechendem Vermögen des externen Versorgungsträgers. Der Erfüllungsbetrag wird hierbei unter Berücksichtigung gleicher Vorschriften über Bewertungsverfahren und -annahmen wie für unmittelbare Versorgungsverpflichtungen bestimmt. Der Ansatz des Vermögens erfolgt zum beizulegenden Zeitwert. Grundsätzlich kommen auch andere Verfahren zur Bestimmung des Fehlbetrags in Betracht, die auf die tatsächlichen Zahlungsströme abstellen, die das bilanzierende Unternehmen trotz Einschaltung des externen Versorgungsträgers noch zu erwarten hat.

68   Ob eine Unterdeckung vorliegt, hängt naturgemäß von der Ausgestaltung der Versorgungszusage sowie von deren Finanzierungsstand ab und ist im Einzelfall zu überprüfen. Generell lässt sich jedoch zwischen versicherungsförmig garantierten und nicht versicherungsförmig garantierten Leistungen unterscheiden. Es ist bei der erstgenannten Leistungsgruppe, zu der Direktversicherungen und Pensionskassen zu zählen sind, tendenziell nicht von einer Unterdeckung auszugehen, sofern das Unternehmen regelmäßig seine Beiträge entrichtet, da diese Durchführungswege versicherungsrechtlichen Auflagen unterliegen. Bei einer reservepolsterfinanzierten Unterstützungskasse und einem Pensionsfonds, bei denen die zugesagten Leistungen gar nicht oder höchstens teilweise versicherungsförmig garantiert werden, kann sich tendenziell eher eine Unterdeckung herausstellen.

G. Übergangsvorschriften zur Erstanwendung des Bilanzrechtsmodernisierungsgesetzes (BilMoG)

I. Erstanwendung des BilMoG

69   Das Bilanzrechtsmodernisierungsgesetz ist am 29. Mai 2009 in Kraft getreten. Die damit verbundene geänderte Bewertung der Verbindlichkeiten bzw. Rückstellungen ist gemäß Art. 66 Abs. 3 EGHGB erstmals für Geschäftsjahre, die nach dem 31.12.2009 beginnen, anzuwenden. Somit wird für Wirtschaftsjahre, die dem Kalenderjahr entsprechen, erstmalig in 2010 eine Gewinn- und Verlustrechnung nach den Grundsätzen des BilMoG aufgestellt.

70   Die neuen handelsrechtlichen Vorschriften sind nicht nur auf Sachverhalte, die zeitlich nach Inkrafttreten des BilMoG liegen, anzuwenden, sondern grundsätzlich auch auf frühere Geschäftsvorfälle. Die Bilanzierung und Bewertung von solchen Altfällen ist somit grundsätzlich an die neue Rechtslage anzupassen.

Der Umstellungszeitpunkt der Rechnungslegungsvorschriften ist der Beginn des ersten BilMoG- 71
Geschäftsjahres. Zu diesem Zeitpunkt sollte auch der Unterschiedsbetrag zwischen den Pensionsverpflichtungen, bewertet nach altem und nach neuem Handelsrecht, ermittelt werden. Alternativ
ist es auch möglich, diesen Unterschiedsbetrag am Ende des ersten BilMoG-Geschäftsjahres festzustellen. In diesem Fall müssen die regulären Zuführungen nach BilMoG-Grundsätzen geschätzt und
von dem ermittelten Unterschiedsbetrag abgezogen werden, damit der Pensionsaufwand im ersten
BilMoG-Geschäftsjahr nach den BilMoG-Grundsätzen ermittelt wird.

Grundsätzlich sind gemäß Art. 67 Abs. 7 EGHGB sämtliche Effekte, die sich aus der erstmaligen 72
Anwendung der Vorschriften des BilMoG ergeben, sofort im Geschäftsjahr des Übergangs ergebnis-
wirksam zu berücksichtigen. Der Ausweis erfolgt grundsätzlich unter den Posten „Außerordentliche
Aufwendungen" bzw. „Außerordentliche Erträge". Von diesem Grundsatz abweichend, gibt es für die
Bilanzierung des Unterschiedsbetrags bei Pensionsverpflichtungen gemäß Art. 67 Abs. 1 EGHGB
Sonderregelungen. Diese Sonderregelungen werden im Folgenden – abhängig davon, ob der Unter-
schiedsbetrag positiv oder negativ ist – beschrieben.

II. Vorgehensweise bei einer Erhöhung des Wertes der Pensionsverpflichtungen

Die erstmalige Anwendung der Vorschriften des BilMoG kann zu einer deutlichen Erhöhung des 73
Wertes der bilanzierten Pensionsverpflichtungen führen. Eine Unterdeckung der Pensionsverpflichtungen, d.h. der Wertansatz nach altem Recht liegt unter dem Wertansatz nach neuem Recht, besteht
in der Regel dann, wenn sich Unternehmen vor Einführung des BilMoG bei der handelsrechtlichen
Bewertung ihrer Pensionsverpflichtungen an den steuerlichen Bewertungsvorschriften orientiert haben. Denn in diesem Fall wurden in der Regel keine den Wert der Verpflichtung erhöhende Trendannahmen berücksichtigt und ein Rechnungszins in Höhe von 6 % angesetzt, der in der Regel über
dem zum Umstellungszeitpunkt nach BilMoG anzusetzendem Wert liegt und somit zu niedrigeren
Verpflichtungswerten geführt hat. Um die Auswirkungen der erstmaligen Anwendung des BilMoG
in der Gewinn- und Verlustrechnung abzumildern, gesteht der Gesetzgeber dem Bilanzierenden
folgendes Wahlrecht zu.

Ist aufgrund der nach dem BilMoG geänderten Bewertung der Pensionsverpflichtungen eine Zu- 74
führung zu den Pensionsrückstellungen erforderlich, d.h., führen die Vorschriften des BilMoG zu
einer Erhöhung des Ausweises der Pensionsverpflichtungen (Unterdeckung), so muss gemäß Art.
67 Abs. 1 EGHGB der Bilanzierende den Betrag der Unterdeckung bis spätestens zum 31. Dezember 2024 in jedem Geschäftsjahr zu mindestens einem Fünfzehntel ansammeln. Dem Bilanzierenden steht also ein Verteilungswahlrecht zu, nach dem er den Unterschiedsbetrag sofort zuführen
(schnellste Methode) oder über einen Zeitraum von maximal 15 Jahren verteilen kann (langsamste
Methode). Dadurch, dass in jedem Jahr mindestens ein Fünfzehntel des Unterschiedbetrags zugeführt werden muss, ist eine rein willkürliche Ansammlung ausgeschlossen.

Liegt eine Pensionszusage mit Deckungsvermögen (siehe Kapitel 4 D.) vor, so reduziert die erstmali- 75
ge Bilanzierung des Deckungsvermögens zum Zeitwert einen möglichen Zuführungsbedarf auf der
Passivseite aufgrund der möglichen Aufdeckung stiller Reserven. D.h., der Unterschiedsbetrag aus
der Erhöhung der Pensionsverpflichtung wird grundsätzlich mit dem Unterschiedsbetrag aus der
Erhöhung des Deckungsvermögens (Zeitwert anstelle von Anschaffungskosten) verrechnet:

◆ Beispiel 10

Es liegen folgende Ergebnisse einer versicherungsmathematischen Bewertung zu den Stichtagen 31.12.2009, 01.01.2010 und 31.12.2010 vor.

Tabelle 4.4:   Bewertung vor und nach BilMoG (ohne Deckungsvermögen)

Bewertung	vor BilMoG	nach BilMoG	nach BilMoG
Stichtag	31.12.09	01.01.10	31.12.10
Rechnungszins	6,00%	5,25%	5,17%
Gehaltstrend	kein	2,50%	2,50%
Rententrend	kein	2,00%	2,00%
Verfahren	Teilwertverfahren	PUC-Methode	PUC-Methode
Pensionsverpflichtung (in T€)	100	145	150
Rentenzahlung in 2010 (in T€)	-	10	

Nun ergibt sich der Unterschiedsbetrag aus der Differenz zwischen dem Wertansatz nach BilMoG zu dem Wertansatz vor BilMoG zum 31.12.2009/01.01.2010 und beträgt in diesem Fall:

Unterschiedsbetrag = 145 T€ − 100 T€ = 45 T€

Der Unterschiedsbetrag ist positiv, es liegt also eine Unterdeckung vor. Daher ist eine jährliche Zuführung in Höhe von mindestens 45 T€ / 15 Jahre = 3 T€ vorzunehmen. Für die Überleitung des Bilanzansatzes vom 01.01.2010 zum 31.12.2010 wird zunächst davon ausgegangen, dass sich der Bilanzierende dafür entscheidet, in 2010 ein Fünfzehntel des Unterschiedsbetrages zuzuführen.

Tabelle 4.5:   Überleitung des Bilanzansatzes bei Verteilung des Unterschiedsbetrages (ohne Deckungsvermögen)

	Zeitpunkt/-raum	Ausweis	Betrag (in T€)
Pensionsrückstellung	01.01.10	Rückstellungen für Pensionen	100
Zuführung Unterschiedsbetrag	2010	außerordentliches Ergebnis	3
Dienstzeitaufwand	2010	Personalaufwand	7
Zinsaufwand	2010	Finanzergebnis	8
Leistungszahlungen	2010	Kasse/Bank	-10
Pensionsrückstellung	31.12.10	Rückstellungen für Pensionen	108
Pensionsverpflichtung	31.12.10	Anhang	150
Noch nicht zugeführter Unterschiedsbetrag	31.12.10	Anhang	42

Geht man unter sonst gleichen Prämissen dagegen nunmehr davon aus, dass sich der Bilanzierende dafür entscheidet, den Unterschiedsbetrag in 2010 in voller Höhe zuzuführen, stellt sich die Überleitung des Bilanzansatzes wie folgt dar:

Tabelle 4.6: Überleitung des Bilanzansatzes bei sofortiger Zuführung des Unterschiedsbetrages
(ohne Deckungsvermögen)

	Zeitpunkt/-raum	Ausweis	Betrag (in T€)
Pensionsrückstellung	01.01.10	Rückstellungen für Pensionen	100
Zuführung Unterschiedsbetrag	2010	außerordentliches Ergebnis	45
Dienstzeitaufwand	2010	Personalaufwand	7
Zinsaufwand	2010	Finanzergebnis	8
Leistungszahlungen	2010	Kasse/Bank	-10
Pensionsrückstellung	31.12.10	Rückstellungen für Pensionen	150
keine Anhangangabe zum Unterschiedsbetrag erforderlich			

> Beispiel 11

Ergänzend zu den Annahmen aus Beispiel 10 wird nun zusätzlich vorausgesetzt, dass die Pensionsverpflichtungen mit Deckungsvermögen unterlegt sind.

Tabelle 4.7: Bewertung vor und nach BilMoG (mit Deckungsvermögen)

Bewertung	vor BilMoG	nach BilMoG	nach BilMoG
Stichtag	31.12.09	01.01.10	31.12.10
Rechnungszins	6,00%	5,25%	5,17%
Gehaltstrend	nein	2,50%	2,50%
Rententrend	nein	2,00%	2,00%
Verfahren	Teilwertverfahren	PUC-Methode	PUC-Methode
Pensionsverpflichtung (in T€)	100	145	150
Deckungsvermögen (in T€)*)	30	45	50
Rentenzahlung des ArbG in 2010 (in T€)	-	10	

*) Zum 31.12.2009 handelt es sich um einen aktivierten Vermögenswert, der zu seinen (fortgeführten) Anschaffungskosten bilanziert wird. Zum 01.01. und 31.12.2010 handelt es sich um Deckungsvermögen, das nach dem BilMoG mit seinem Zeitwert bewertet und mit dem Wert der Pensionsverpflichtungen auf der Passivseite saldiert wird.

Der Unterschiedsbetrag bezogen auf den jeweiligen Finanzierungsstand zum 31.12.2009 (100 T€ – 30 T€) bzw. 1.1.2010 (145 T€ – 45 T€) ergibt sich nunmehr unter Einbeziehung der Veränderung des bewerteten Vermögensgegenstandes wie folgt:

Unterschiedsbetrag = (145 T€ – 45 T€) – (100 T€ – 30 T€) = 30 T€

Der Unterschiedsbetrag ist positiv, es liegt also eine Unterdeckung vor. Daher ist eine jährliche Zuführung in Höhe von mindestens 30 T€ / 15 Jahre = 2 T€ vorzunehmen. Für die Überleitung des Bilanzansatzes vom 01.01.2010 zum 31.12.2010 wird davon ausgegangen, dass sich der Bilanzierende dafür entscheidet, in 2010 ein Fünfzehntel des Unterschiedsbetrages zuzuführen.

Tabelle 4.8:   Überleitung des Bilanzansatzes bei Verteilung des Unterschiedsbetrages (mit Deckungsvermögen)

Überleitung Bilanzansatz	Zeitpunkt/-raum	Ausweis	Betrag in (T€)
Pensionsrückstellung	01.01.10	Rückstellungen für Pensionen	70
Zuführung Unterschiedsbetrag	2010	außerordentliches Ergebnis	2
Dienstzeitaufwand	2010	Personalaufwand	7
Zinsaufwand	2010	Finanzergebnis	8
Leistungszahlungen	2010	Kasse/Bank	-10
Ertrag aus Deckungsvermögen	2010	Finanzergebnis	-5
Pensionsrückstellung	31.12.10	Rückstellungen für Pensionen	72
Pensionsverpflichtung	31.12.10	Anhang	100
Noch nicht zugeführter Unterschiedsbetrag	31.12.10	Anhang	28

⬦ Beispiel 12

Es wird das Beispiel 11 mit folgenden geänderten Größen fortgeführt.

Tabelle 9: Bewertung vor und nach BilMoG (mit negativem Unterschiedsbetrag)

Tabelle 4.9:   Bewertung vor und nach BilMoG (mit negativem Unterschiedsbetrag)

Bewertung	vor BilMoG	nach BilMoG	nach BilMoG
Stichtag	31.12.09	01.01.10	31.12.10
Pensionsverpflichtung (in T€)	100	145	150
Deckungsvermögen (in T€) *)	30	90	50

*) Zum 31.12.2009 handelt es sich um einen aktivierten Vermögenswert, der zu seinen (fortgeführten) Anschaffungskosten bilanziert wird. Zum 01.01. und 31.12.2010 handelt es sich um Deckungsvermögen, das nach dem BilMoG mit seinem Zeitwert bewertet und mit dem Wert der Pensionsverpflichtungen auf der Passivseite saldiert wird.

Der Unterschiedsbetrag ergibt sich nunmehr unter Einbeziehung der Veränderung des bewerteten Vermögensgegenstandes wie folgt:

Unterschiedsbetrag $= (145\ T€ - 90\ T€) - (100\ T€ - 30\ T€) = -15\ T€$

Die sich in diesem Fall ergebende Überdeckung in Höhe von 15 T€ ist jedoch nicht verteilungsfähig, sondern sofort ergebniswirksam zu berücksichtigen, da der Gesetzgeber eine entsprechende Erleichterungsvorschrift für diesen Fall nicht vorgesehen hat.

76   Bei der Ermittlung des Zuführungsbetrags wird eine Gesamtbetrachtung vorgenommen. D.h., der Zuführungsbetrag bezieht sich auf den gesamten Bilanzposten „Rückstellungen für Pensionen". Mögliche Auflösungen und Zuführungen auf der Ebene personenbezogener Pensionsverpflichtungen werden gesamthaft in saldierter Form betrachtet.

Die Ermittlung des Zuführungsbetrages erfolgt grundsätzlich einmalig zum Zeitpunkt der erstma- 77
ligen Anwendung der Vorschriften des BilMoG. In den Folgejahren erfolgt eine aufwandswirksame
Ansammlung des ursprünglichen Zuführungsbetrages unter Beachtung der oben beschriebenen
Ansammlungsvorschriften. Der Ausweis erfolgt unter dem Posten „Außerordentliche Aufwendungen". Der ermittelte Zuführungsbetrag wird grundsätzlich nicht an künftige Entwicklungen wie Bestandsänderungen oder Modifikationen von Versorgungszusagen angepasst. Ebenfalls erfolgt keine
retrospektive Anpassung bei Änderung der Bewertungsprämissen. Die ergebniswirksame Verteilung
des Zuführungsbetrags endet bei Erreichen der Sollverpflichtung, spätestens am 31.12.2024.

Bei gravierenden Änderungen der Versorgungsverpflichtungen, die beispielsweise durch eine Teil- 78
betriebsveräußerung bis hin zum gesamthaften Wegfall der Versorgungsverpflichtungen hervorge-
rufen werden können, empfiehlt es sich, einen anteiligen Unterschiedsbetrag aus der erstmaligen
Anwendung des BilMoG zu erfassen und die Pensionsrückstellung entsprechend aufzulösen.

❯ Beispiel 13

Es wird das Beispiel 10 mit folgenden geänderten Größen fortgeführt. Der Einfachheit halber wird jedoch davon ausgegangen, dass keine Rentenzahlungen erfolgen.

Tabelle 4.10:   Bewertung vor und nach BilMoG bei Veräußerung eines Teilbetriebs (ohne Deckungsvermögen)

Bewertung	vor BilMoG	nach BilMoG	nach BilMoG vor Veräußerung Teilbetrieb	nach BilMoG nach Veräußerung Teilbetrieb
Stichtag	31.12.09	01.01.10	31.12.10	31.12.10
Pensionsverpflichtung (in T€)	100	145	160	80

Vor der Veräußerung eines Teilbetriebs zum 31.12.2010 belaufen sich die Pensionsverpflichtungen auf 160 T€. Nach dem
Verkauf des Teilbetriebs gehen 50 % der Pensionsverpflichtungen auf den Erwerber über. Die verbleibenden Pensionsverpflichtungen belaufen sich auf nunmehr 80 T€.

Der Unterschiedsbetrag stellt sich vor bzw. nach der Unternehmensteiltransaktion wie folgt dar:

Unterschiedsbetrag (vor Veräußerung) $= 145\,T€ - 100\,T€$ $= 45\ T€$

Unterschiedsbetrag (nach Veräußerung) $= (145\,T€ - 100\,T€) * 50\,\%$ $= 22{,}5\,T€$

Tabelle 4.11:   Überleitung des Bilanzansatzes bei Verteilung des Unterschiedsbetrages (Teilbetriebsveräußerung)

Überleitung Bilanzansatz	Zeitpunkt/-raum	Ausweis	Betrag (in T€)
Pensionsrückstellung	01.01.10	Rückstellungen für Pensionen	100
Zuführung Unterschiedsbetrag	2010	außerordentliches Ergebnis	24
Dienstzeitaufwand	2010	Personalaufwand	7
Zinsaufwand	2010	Finanzergebnis	8
Transfer	2010	Rückstellungen für Pensionen/Kasse	-80
Pensionsrückstellung	31.12.10	Rückstellungen für Pensionen	59
Pensionsverpflichtung	31.12.10	Anhang	80
Noch nicht zugeführter Unterschiedsbetrag	31.12.10	Anhang	21

Die Zuführung des Unterschiedbetrags ergibt sich hierbei wie folgt:

$$
\text{Zuführung Unterschiedsbetrag} = [80\,\text{T€} / 160\,\text{T€} * (145\,\text{T€} - 100\,\text{T€})] * (1 + 1/15)
$$
$$
= 22,5\,\text{T€} + 1,5\,\text{T€} = 24\,\text{T€}
$$

Hierbei beläuft sich der zu verteilende Unterschiedsbetrag nach der Unternehmensteiltransaktion auf 22,5 T€. Dies entspricht 50 % des ursprünglichen Verteilungsbetrages.

III.   Vorgehensweise bei Rückgang des Wertes der Pensionsverpflichtungen

79   Es ist grundsätzlich auch möglich, dass die erstmalige Anwendung der Vorschriften des BilMoG zu einem Rückgang des Wertes der Pensionsverpflichtungen führt. Dieser eher seltene Fall tritt zum Beispiel auf, wenn sich der Wertansatz in der Handelsbilanz in der Vergangenheit nicht nach dem Ansatz in der Steuerbilanz gerichtet hat, sondern deutlich darüber gelegen hat. In einem solchen Fall der Überdeckung der Pensionsverpflichtungen, wenn also der Wertansatz nach altem Recht über dem Wertansatz nach neuem Recht liegt, gesteht der Gesetzgeber dem Bilanzierenden das folgende Beibehaltungswahlrecht zu.

80   Führt die Änderung der Bewertungsvorschriften von Pensionsverpflichtungen nach dem BilMoG zu einer Auflösung der Rückstellungen, dürfen die vor erstmaliger Anwendung der Vorschriften des BilMoG gebildeten Rückstellungen beibehalten werden, soweit der aufzulösende Betrag bis spätestens zum 31.12.2024 wieder zugeführt werden müsste. Wird von dem Beibehaltungswahlrecht kein Gebrauch gemacht, sind die aus der Auflösung resultierenden Beträge grundsätzlich direkt in die Gewinnrücklagen einzustellen. Zu unterscheiden ist hierbei zwischen dem Betrag, der bis zum 31.12.2024 wieder zugeführt werden müsste, und dem Betrag, der erst nach dem 31.12.2024 oder nie wieder zugeführt werden müsste. Während der erstgenannte Betrag zwingend erfolgsneutral aufzulösen ist, kann der zweitgenannte Betrag ebenfalls erfolgsneutral oder alternativ ergebniswirksam aufgelöst werden:

◈ Beispiel 14

Vor Einführung des BilMoG bilanziert ein Unternehmen seine Pensionsrückstellungen auf Basis eines Rechnungszinses von 3,00 %. Zum 31.12.2009 belaufen sich seine Pensionsrückstellungen auf 200 T€. Auf Basis der BilMoG-Vorschriften ergibt sich zum 01.01.2010 eine Pensionsverpflichtung in Höhe von 100 T€. Es ist davon auszugehen, dass sich die Pensionsverpflichtungen zum 31.12.2024 auf 140 T€ belaufen werden.

Dem Unternehmen bieten sich nun zwei Möglichkeiten, seine Pensionsverpflichtungen zu bilanzieren.

Die Möglichkeit 1 besteht darin, von dem Beibehaltungswahlrecht keinen Gebrauch zu machen und direkt auf den neuen Wertansatz in Höhe von 100 T€ überzugehen. In diesem Fall wäre die Differenz zwischen der voraussichtlichen Pensionsverpflichtung zum 31.12.2024 in Höhe von 140 T€ und dem neuen Wertansatz in Höhe von 100 T€ direkt in die Gewinnrücklagen einzustellen. Der Unterschied zwischen der aktuellen, nach altem Handelsrecht gebildeten Pensionsrückstellung in Höhe von 200 T€ und der Pensionsverpflichtung, die sich voraussichtlich zum 31.12.2024 in Höhe von 140 T€ ergibt, kann ebenfalls erfolgsneutral oder alternativ erfolgswirksam aufgelöst werden. Entscheidet man sich für die Alternative der erfolgswirksamen Auflösung, erfolgt der Ausweis als außerordentlicher Ertrag.

Alternativ besteht die Möglichkeit 2 darin, das Beibehaltungswahlrecht auszuüben. In diesem Fall bleibt die Pensionsrückstellung in Höhe der voraussichtlichen Pensionsverpflichtung zum 31.12.2024 von 140 T€ bestehen. Soweit die nach altem Handelsrecht in Höhe von 200 T€ gebildete Pensionsrückstellung diesen Betrag übersteigt, ist eine erfolgsneutrale oder ergebniswirksame Auflösung in Höhe von 60 T€ vorzunehmen.

Abbildung 4.7:   Ausübung des Beibehaltungswahlrechts bei Übergang auf BilMoG

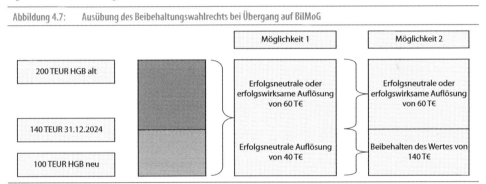

Für die Beurteilung, ob der aufzulösende Betrag bis zum 31.12.2024 wieder zugeführt werden müsste, ist eine Gesamtbetrachtung anzustellen. D.h., Auflösungen und nachfolgende Zuführungen müssen sich nicht auf dieselbe einzelne Verpflichtung oder dieselbe Gruppe von Verpflichtungen beziehen. Es ist sogar sachgerecht, bei der Überprüfung, ob und wieweit der Differenzbetrag wieder zugeführt werden müsste, auch künftige Versorgungszusagen einzubeziehen. | 81

Bei Ausübung des Beibehaltungswahlrechts nähern sich der tatsächlich bilanzierte Wert der Pensionsverpflichtung durch Zuführungen und die beibehaltene Pensionsrückstellung durch Rückstellungsverbrauch im Zeitablauf einander an: | 82

◉ Beispiel 15

Es werden die folgenden Bewertungsergebnisse unterstellt:

Tabelle 4.12:   Bewertungsansätze beim Übergang auf BilMoG

Bewertung	vor BilMoG	nach BilMoG	nach BilMoG
Stichtag	31.12.09	01.01.10	31.12.10
Rechnungszins	4,50%	5,25%	5,17%
Gehaltstrend	2,50%	2,50%	2,50%
Rententrend	2,00%	2,00%	2,00%
Verfahren	Teilwertverfahren	PUC-Methode	PUC-Methode
Pensionsverpflichtung (in T€)	140	90	120
Rentenzahlung in 2010 (in T€)	-	10	

Im Rahmen einer Prognose stellt sich heraus, dass sich der Wert der Pensionsverpflichtungen zum 31.12.2024 auf voraussichtlich 160 T€ belaufen wird. Das bilanzierende Unternehmen entscheidet sich dafür, die zum 31.12.2009 bilanzierte Pensionsrückstellung zum 31.12.2010 grundsätzlich beizubehalten. Unter Berücksichtigung der in 2010 ausgezahlten Rentenleistungen stellt sich die Überleitung des Bilanzansatzes in diesem Fall wie folgt dar.

Tabelle 4.13:   Überleitung des Bilanzsatzes bei Ausübung des Beibehaltungswahlrechts

Überleitung Bilanzansatz	Zeitpunkt/-raum	Ausweis	Betrag (in T€)
Pensionsrückstellung	01.01.10	Rückstellungen für Pensionen	140
Rentenzahlungen	2010		10
Pensionsrückstellung	31.12.10	Rückstellungen für Pensionen	130
Pensionsverpflichtung	31.12.10	Anhang	120

H.   Ausweis

I.   Bilanz

83   Pensionsrückstellungen werden in der Bilanz gemäß § 266 Abs. 3 HGB im Bereich Rückstellungen unter dem Posten „Rückstellungen für Pensionen und ähnliche Verpflichtungen" ausgewiesen. Ergibt sich bei Vorliegen von Deckungsvermögen ein verbleibender passivischer Überhang, d.h. übersteigt der Wert der Pensionsverpflichtung das korrespondierende Deckungsvermögen, erfolgt der Ausweis dieser saldierten Größe in der Bilanz ebenfalls im Bereich Rückstellungen unter dem Posten „Rückstellungen für Pensionen und ähnliche Verpflichtungen". Im umgekehrten Fall, wenn das Deckungsvermögen den Wert der korrespondierenden Pensionsverpflichtungen übersteigt, d.h., falls sich ein aktivischer Saldo ergibt, ist dieser übersteigende Betrag unter einem gesonderten Posten zu aktivieren. Der Ausweis erfolgt gemäß § 266 Abs. 2 E HGB unter dem Posten „Aktiver Unterschiedsbetrag aus der Vermögensverrechnung".

II. Gewinn- und Verlustrechnung

Der Pensionsaufwand wird in der Gewinn- und Verlustrechnung nicht gesamthaft unter einem Posten ausgewiesen. Ein Teil des Pensionsaufwands wird im operativen Ergebnis, ein anderer Teil des Pensionsaufwands wird im Finanzergebnis ausgewiesen. Effekte, die sich aus der Umstellung auf das Bilanzrechtsmodernisierungsgesetz ergeben, werden dabei besonders behandelt.

84

Im Personalaufwand des operativen Ergebnisses werden gemäß der IDW-Stellungnahme RS HFA 30 aus dem Jahre 2010 unter dem Posten „Aufwendungen für Altersversorgung" die folgenden Größen ausgewiesen:

85

- laufender Dienstzeitaufwand, d.h. der Anstieg des Wertes der Pensionsverpflichtung um den Wert der zusätzlich erdienten Versorgungsanwartschaft (vgl. Kapitel 3)
- Abweichungen zwischen tatsächlichen und angenommenen demographischen Annahmen (zur Erläuterung dieser Annahmen vergleiche Kapitel 4 C. I. 1.)
- Änderungen demographischer Annahmen gegenüber dem letzten Bewertungsstichtag
- Bestandsänderungen (z.B. durch Neuzugänge)
- Auswirkungen einer Modifikation der Pensionszusage.

Im Falle einer mittelbaren Pensionsverpflichtung mit Finanzierung über einen externen Träger sind die zu zahlenden Beiträge an den Versorgungsträger ebenfalls im Personalaufwand unter dem Posten „Aufwendungen für Altersversorgung" auszuweisen.

86

Das Gesetz schreibt vor, den Ausweis aus der Abzinsung des Erfüllungsbetrags der Pensionsverpflichtung im Finanzergebnis unter dem Posten „Zinsen und ähnliche Aufwendungen" (§ 277 Abs. 5 HGB) vorzunehmen. Liegt mit der Pensionsrückstellung zu verrechnendes Deckungsvermögen vor, so sind die Erträge (oder auch Aufwendungen) aus dem Deckungsvermögen mit den Aufwendungen aus der Abzinsung der Pensionsrückstellung zu saldieren. Ergibt sich nach der Verrechnung ein Netto-Aufwand, ist dieser ebenfalls unter dem Posten „Zinsen und ähnliche Aufwendungen" darzustellen. Im umgekehrten Falle eines Netto-Ertrags erfolgt der Ausweis dieser Größe unter dem Posten „Sonstige Zinsen und ähnliche Erträge".

87

Für die sich aus der Änderung des Rechnungszinses ergebenden Effekte besteht ebenso ein Zuordnungswahlrecht wie für die laufenden Erträge und Zeitwertänderungen des Deckungsvermögens, soweit diese nicht bereits mit dem Zinsaufwand verrechnet worden sind. D.h., die Erhöhung oder Verminderung des Pensionsaufwands durch diese drei Komponenten kann sowohl im operativen Ergebnis als auch im Finanzergebnis dargestellt werden. Es ist jedoch zu beachten, dass das Wahlrecht nur einheitlich ausgeübt werden kann und gemäß § 284 Abs. 2 Nr. 1 HGB hierüber im Anhang zu berichten ist.

88

Der Ausweis der Veränderung dieser drei Komponenten im Finanzergebnis hat den Vorteil, dass unerwünschte Schwankungen im operativen Ergebnis vermieden werden können. Die alternative Entscheidung, die Ergebniswirkung aus der Veränderung der drei Komponenten im Personalaufwand zu zeigen, birgt den Vorteil in sich, dass der Bilanzierende bei der Zerlegung des Pensionsaufwands in seine Bestandteile nicht auf externe aktuarielle Unterstützung angewiesen ist und somit ggf. Kosten vermieden werden können.

89

Folgendes Beispiel zeigt, wie der Pensionsaufwand in seine beiden Bestandteile zu zerlegen ist:

90

> Beispiel 16

Tabelle 4.14: Ausgangswerte für Aufwandszerlegung

Pensionsrückstellung Anfang des Jahres (in T€):	100
Pensionsrückstellung Ende des Jahres (in T€):	120
Rentenzahlungen (in T€):	8
Rechnungszins zu Beginn des Jahres :	5%

Es gilt also:

	Pensionsrückstellung am Ende des Jahres (in T€)	120
−	Pensionsrückstellung am Anfang des Jahres (in T€)	100
+	Rentenzahlungen des Jahres (in T€)	8
=	Pensionsaufwand (in T€)	28

Der Zinsaufwand wird nun ermittelt, indem der zu Beginn der Periode festgelegte Zinssatz mit dem über die Periode vorliegenden abgezinsten Erfüllungsbetrag der Pensionsverpflichtung multipliziert wird. Vereinfachend ist es in der Regel zulässig, den Zinsaufwand als Produkt aus Erfüllungsbetrag der Pensionsverpflichtung zu Beginn des Jahres und Rechnungszins zu Beginn des Jahres zu ermitteln. Unter dieser Voraussetzung ergibt sich:

Zinsaufwand = Rechnungszins zu Beginn des Jahres * Pensionsrückstellung Anfang des Jahres

= 5 % * 100

= 5

Unter der obigen Voraussetzung, dass eine Änderung des Rechnungszinses in den Personalaufwand eingeht, ergibt sich nun eine Zerlegung des Pensionsaufwands in Personal- und Zinsaufwand:

	Personalaufwand	23
+	Zinsaufwand	5
=	Pensionsaufwand	28

91 Die Verbuchung des Pensionsaufwandes erfolgt als Zuführung zu den Pensionsrückstellungen. Die Rentenzahlungen erhöhen grundsätzlich ebenfalls den Personalaufwand zu Lasten eines Liquiditätskontos (vgl. dazu auch die entsprechenden Wirkungen in der Kapitalflussrechnung in Kapitel 8 E.). Die Minderung der Pensionsrückstellung stellt im Ergebnis einen Ertrag dar. Dabei ist grundsätzlich die Auflösung als „Sonstiger betrieblicher Ertrag" zu verbuchen. Sofern die Auflösung durch die tatsächliche Rentenzahlung bedingt ist (planmäßige Auflösung), wäre diese Buchung insofern sachfremd, da somit die Personalaufwendungen „doppelt" gebucht würden und der Personalaufwand strukturell zunächst zu hoch ausgewiesen würde, solange die Inanspruchnahme zu einem Sonstigen betrieblichen Ertrag führt und die Korrektur des Personalaufwands somit nicht erfolgt. Daher werden lediglich außerplanmäßige Auflösungen durch Tod, Ausscheiden, Abfindungen etc. als Sonstiger betrieblicher Ertrag verbucht, die planmäßige „Ertragsbuchung" erfolgt dagegen durch eine Korrektur und somit Minderung des Personalaufwands in Höhe der Inanspruchnahme:

● Beispiel 17

Die Buchung zu den Daten aus Beispiel 16 lautet wie folgt:

Personalaufwand	23			
Zinsaufwand	5	an	Pensionsrückstellung	28
Personalaufwand (Rentenzahlung)	8	an	Kasse/Bank	8
Pensionsrückstellung	8	an	Personalaufwand	8

Zusammengefasst bedeutet dies:

Personalaufwand	23	an	Pensionsrückstellung	20
Zinsaufwand	5	an	Kasse/Bank	8

Per Saldo reduziert die Rentenzahlung idealtypisch die Pensionsrückstellung, was durch eine Minderung der Liquidität (Kasse oder Bankguthaben) gespiegelt wird.

In der Leistungsphase (nur noch Leistungsempfänger, keine Anwärter) wird die planmäßige Auflösung grundsätzlich vergleichbar gebucht. Hierbei wird unterstellt, dass eine Pensionsrückstellung zu Beginn des Jahres 120 T€, zum Ende des Jahres 110 T€ beträgt. Die Rentenzahlung beträgt 16 T€ und der Zinsaufwand 6 T€ auf Basis eines Rechnungszinses in Höhe von 5 %.

Personalaufwand (Rente)	16	an	Kasse/Bank	16
Pensionsrückstellung	10			
Zinsaufwand	6	an	Personalaufwand	16

Bei einer stärkeren Minderung der Pensionsrückstellung, welche sich nicht ausschließlich durch die Zahlung von Renten erklären lässt, ist der Personalaufwand lediglich in Höhe der Inanspruchnahme zu mindern. Der übersteigende Betrag ist als Sonstiger betrieblicher Ertrag zu verbuchen. Für das obige Beispiel hieße dies für den Fall, dass unter sonst gleichen Bedingungen die Pensionsrückstellung zum Jahresende nur noch 102 T€ betragen würde, folgendes:

Pensionsrückstellung	18		Personalaufwand	16
Zinsaufwand	6	an	Sonstiger betrieblicher Ertrag	8
Personalaufwand (Rente)	16	an	Kasse/Bank	16

I. Anhangangaben

Der Bilanzierende ist dazu verpflichtet, sofern er einen Anhang zu erstellen hat, zahlreiche Angaben zur Bewertung und Bilanzierung seiner Pensionsverpflichtungen zu machen. Einige dieser Anhangangaben sind grundsätzlicher Natur und betreffen jegliche Art von Pensionsplänen. Andere Angaben beziehen sich nur auf mit Deckungsvermögen gedeckte Pensionsverpflichtungen. Eine weitere Offenlegungspflicht besteht für Altzusagen, d.h. für vor dem 1.1.1987 erteilte Zusagen (vgl. Kapitel 4 B.), und für mittelbare Pensionsverpflichtungen, sofern von dem Passivierungswahlrecht Gebrauch gemacht worden ist und keine Bilanzierung dieser Pensionsverpflichtungen erfolgt ist. Schließlich bestehen Offenlegungsvorschriften im Rahmen der erstmaligen Anwendung des Bilanzrechtsmodernisierungsgesetzes, sofern bestimmte Bilanzierungswahlrechte ausgeübt worden sind.

92

Referenz	Titel	Inhalt
§ 284 Abs. 2 Nr. 1 HGB	Ausweiswahlrecht für Zinsänderungen sowie Erträge aus Deckungsvermögen	Erfolgswirkungen aus der Änderung des Rechnungszinses, der laufenden Erträge sowie von Zeitwertänderungen des Deckungsvermögens, soweit diese nicht bereits mit dem Zinsaufwand verrechnet worden sind, dürfen im operativen Ergebnis oder im Finanzergebnis ausgewiesen werden. Über die Ausübung des Wahlrechts ist im Anhang zu berichten.
§ 285 Nr. 24 HGB	Grundsätzliche Angaben	Anzugeben sind zu den Rückstellungen für Pensionen und ähnliche Verpflichtungen das angewandte versicherungsmathematische Berechnungsverfahren sowie die grundlegenden Annahmen der Berechnung: – Zinssatz (einschließlich der Methodik seiner Ermittlung sowie der Angabe, ob die Vereinfachungsregel verwendet worden ist), – erwartete Lohn- und Gehaltssteigerungen, – Rententrend und – zugrunde gelegte biometrische Rechnungsgrundlagen.
§ 285 Nr. 25 HGB	Pensionspläne mit Deckungsvermögen	Anzugeben sind im Fall der Verrechnung von Vermögensgegenständen und Schulden nach § 246 Abs. 2 Satz 2 HGB: – die Anschaffungskosten und der beizulegende Zeitwert der verrechneten Vermögensgegenstände, – der Erfüllungsbetrag der verrechneten Schulden sowie – die verrechneten Aufwendungen und Erträge.
§ 285 Nr. 20 HGB	Angaben zum Deckungsvermögen	Anzugeben sind für den Zeitwert des mit den Pensionsverpflichtungen zu verrechnenden Deckungsvermögens die grundlegenden Annahmen, die der Bestimmung des beizulegenden Zeitwertes mit Hilfe allgemein anerkannter Bewertungsmethoden zugrunde gelegt wurden. Ferner sind im Anhang – sofern relevant – für das Deckungsvermögen Umfang und Art jeder Kategorie derivativer Finanzinstrumente einschließlich der wesentlichen Bedingungen, welche die Höhe, den Zeitpunkt und die Sicherheit künftiger Zahlungsströme beeinflussen können, darzustellen.
Art. 28 Abs. 2 EGHGB	Passivierungswahlrecht bei Altzusagen und mittelbaren Verpflichtungen	Macht ein Unternehmen von seinem Passivierungswahlrecht im Falle der so genannten Altzusagen oder im Falle von mittelbaren Pensionsverpflichtungen im Sinne des Art. 28 Abs. 1 EGHGB Gebrauch und bilanziert diese Pensionsverpflichtungen nicht, müssen Kapitalgesellschaften die in der Bilanz nicht ausgewiesenen Rückstellungen für laufende Pensionen, Anwartschaften auf Pensionen und ähnliche Verpflichtungen jeweils im Anhang und im Konzernanhang in einem Betrag angeben.

Referenz	Titel	Inhalt
Art. 67 Abs. 1 EGHGB	Übergangsregelung zum BilMoG – Beibehaltungswahlrecht	Macht ein Unternehmen von seinem Beibehaltungswahlrecht im Sinne des Art. 67 Abs. 1 Satz 2 EGHGB Gebrauch, da es davon ausgeht, dass der grundsätzlich aufzulösende Betrag bis spätestens zum 31.12.2024 wieder zugeführt werden müsste, ist der Betrag der Überdeckung jeweils im Anhang und Konzernanhang anzugeben.
Art. 67 Abs. 2 EGHGB	Übergangsregelung zum BilMoG – Verteilung über 15 Jahre	Verteilt ein Unternehmen die Zuführung zu den Pensionsrückstellungen auf Grund der durch das BilMoG geänderten Bewertung in die Zukunft bis zum 31.12.2024, so ist die in der Bilanz nicht ausgewiesene Rückstellung für laufende Pensionen, Anwartschaften auf Pensionen und ähnliche Verpflichtungen jeweils im Anhang und im Konzernanhang angeben.

5 Pensionsverpflichtungen in der deutschen Steuerbilanz

A. Grundlagen der Unternehmensbesteuerung (insbesondere bei Vorliegen einer Form der betrieblichen Altersversorgung)

1   Steuern sind Abgaben an den Staat ohne eine bestimmte Gegenleistung des Staates. § 3 Abs. 1 AO beschreibt Steuern als Geldleistungen ohne einen Anspruch auf individuelle Gegenleistung. Steuern werden von einem öffentlich-rechtlichen Gemeinwesen zur Erzielung von Einnahmen allen auferlegt, bei denen ein steuerlicher Tatbestand zutrifft, wobei die Erzielung von Einnahmen Nebenzweck sein kann.

2   Es werden die folgenden vier Gruppen von Steuerarten unterschieden:

- Substanzsteuern
- Verkehrsteuern
- Verbrauchsteuern
- Ertragsteuern.

3   Kennzeichen der Substanzsteuern ist die Besteuerung von Mittelbeständen. Zur Substanzsteuer zählen die Grundsteuer sowie die Erbschaft- und Schenkungsteuer. Verkehrsvorgänge werden mit Verkehrsteuern wie der Umsatz- oder der Grunderwerbsteuer besteuert. Beispielsweise gehören die Tabak- oder die Mineralölsteuer zur Gruppe der Verbrauchsteuern, bei der der Konsum besteuert wird. Diese drei verschiedenen Steuerarten haben hinsichtlich der Ermittlung der Bemessungsgrundlagen bzw. hinsichtlich ihrer Steuerschuld in der Regel keine Berührung mit handelsrechtlichen und damit wegen der Maßgeblichkeit auch nicht mit steuerbilanziellen Abbildungsvorschriften eines bilanzierenden Unternehmens.

4   Bei der Ertragsteuer wird das Ergebnis der Tätigkeit eines Wirtschaftssubjekts, im hier unterstellten Fall das Einkommen eines Unternehmens, besteuert. Unternehmen sind, je nach Rechtsform, einkommen-, körperschaft- und/oder gewerbesteuerpflichtig. Bei gewerblichen Unternehmen gemäß § 15 EStG in der Rechtsform des Einzelunternehmens oder der Personengesellschaft sind jeweils die Einkünfte aus Gewerbebetrieb zur Bemessung der zu zahlenden Einkommensteuer zur ermitteln. Die Einkünfte aus Gewerbebetrieb basieren dabei auf dem Gewinn nach den steuerlichen Vorschriften der §§ 4 bis 7 EStG. Zentrale Vorschrift ist dabei das Prinzip der Maßgeblichkeit der handelsrechtlichen Grundsätze ordnungsmäßiger Buchführung (GoB) gemäß § 5 Abs. 1 EStG, welches nachfolgend detaillierter dargestellt wird. Das Maßgeblichkeitsprinzip verpflichtet die steuerpflichtigen Unternehmen, die handelsrechtlichen Vorschriften der §§ 238 ff. HGB, insbesondere diejenigen zur Erstellung eines Jahresabschlusses nach §§ 242 ff. HGB bei der steuerlichen Gewinnermittlung zu Grunde zu legen.

Auch für Unternehmen in der Rechtsform einer Kapitalgesellschaft sind gemäß §§ 7 und 8 KStG neben wenigen gesonderten körperschaftsteuerlichen insbesondere die genannten einkommensteuerlichen und somit auch handelsrechtlichen Gewinnermittlungsvorschriften maßgeblich. Insofern greifen die steuerbilanziellen Vorschriften auch für Aktiengesellschaften und Gesellschaften mit beschränkter Haftung. 5

Unabhängig von der Rechtsform sind die einkommen- und körperschaftsteuerlichen Vorschriften und somit wiederum die handelsrechtlichen GoB bei der Ermittlung des Gewerbeertrags nach § 7 GewStG zu berücksichtigen. 6

Insofern ist die nach den handelsrechtlichen GoB zu erstellende Handelsbilanz aufgrund des Maßgeblichkeitsprinzips nicht nur relevant bei der Ermittlung der zu zahlenden Einkommensteuer von Unternehmen natürlicher Personen (Einzelunternehmen oder Personengesellschaften), sondern auch für die Bemessung der zu zahlenden Körperschaftsteuer von Kapitalgesellschaften sowie die Bemessung der Gewerbesteuer aller gewerblichen Unternehmen unabhängig von ihrer Rechtsform. 7

Wie zuvor beschrieben, ist das Maßgeblichkeitsprinzip gemäß § 5 Abs. 1 Satz 1 EStG die zentrale Vorschrift des Einkommensteuergesetzes für die Gewinnermittlung von gewerblichen Unternehmen (Kaufleuten). Demnach ist bei Gewerbetreibenden, die aufgrund gesetzlicher Vorschriften verpflichtet sind, Bücher zu führen und regelmäßig Abschlüsse zu machen, oder dies freiwillig tun, für den Schluss des Wirtschaftsjahres das Betriebsvermögen anzusetzen, das nach den handelsrechtlichen Grundsätzen ordnungsmäßiger Buchführung auszuweisen ist, es sei denn, im Rahmen der Ausübung eines steuerlichen Wahlrechts wird oder wurde ein anderer Ansatz gewählt. 8

Hinsichtlich der Aktivierung oder Passivierung von Wirtschaftsgütern ist die Auslegung des Maßgeblichkeitsprinzips nach ständiger Rechtsprechung grundsätzlich geklärt. Aufgrund der Geltung des Vollständigkeitsgebots auch für steuerliche Zwecke sind handelsrechtlich aktivierungspflichtige Wirtschaftsgüter zwingend auch in der Steuerbilanz anzusetzen. Gleiches gilt auf der Passivseite der Bilanz: Passivierungspflichtige Verbindlichkeiten sind auch in der Steuerbilanz auszuweisen. Obwohl der Wortlaut des § 6a Abs. 1 EStG zunächst ein Wahlrecht nahelegt („darf eine Rückstellung nur gebildet werden"), ist im Zusammenhang mit der Passivierungspflicht des § 249 Abs. 1 HGB und der Maßgeblichkeit dem Grunde nach für alle nach HGB zur Buchführung Verpflichteten die Passivierung der Pensionsrückstellung nach § 6a EStG auch nach dem Einkommensteuergesetz und somit auch nach dem Körperschaft- und dem Gewerbesteuergesetz verpflichtend. Lediglich bei Unternehmen, die nicht nach dem HGB zum Führen von Büchern verpflichtet sind, sondern ausschließlich („originär") nach § 140 AO zur Aufstellung von steuerlichen Jahresabschlüssen verpflichtet sind, entfaltet § 6a EStG seine Wirkung als Passivierungswahlrecht. Aufgrund der geringen wirtschaftlichen Relevanz wird diese Konstellation in den folgenden Ausführungen nicht weiter berücksichtigt. 9

Bei mittelbaren Pensionsverpflichtungen hingegen, bei denen ein handelsrechtliches Passivierungswahlrecht besteht (vgl. Kapitel 4 Tz. 21), bewirkt die Auslegung des Maßgeblichkeitsgrundsatzes, dass für diese Verpflichtungen ein steuerliches Passivierungsverbot greift. So können zum Beispiel im Falle von Unterdeckungen bei der Nutzung der Durchführungsformen Unterstützungs- oder Pensionskasse keine steuerlichen Rückstellungen gebildet werden. Aufwandswirksam werden die mittelbaren Durchführungswege nur durch die entsprechende Einordnung von Auszahlungen (Dotierungen) als Betriebsausgaben im Sinne des § 4 EStG. Die Besonderheiten des Betriebsausgabenabzugs nach den §§ 4b bis 4e EStG bei Direktversicherungen, Pensionskassen, Unterstützungskassen und Pensionsfonds werden im Kapitel 5 C. gesondert dargestellt. 10

Hinsichtlich der Übernahme der handelsrechtlichen Wertansätze in die Steuerbilanz geht die herrschende Meinung davon aus, dass grundsätzlich die handelsrechtlich ermittelten Wertansätze auch in der Steuerbilanz zu verwenden sind, sofern nicht aufgrund eines steuerlichen Wahlrechts oder gar einer steuerlichen Verpflichtung ein abweichender Wertansatz gewählt wird. Im Falle eines steuer- 11 lichen Wahlrechts ist gemäß 5 Abs. 1 Satz 2 EStG ein Verzeichnis der betreffenden Wirtschaftsgüter mit abweichender Bewertung zu führen. Die für Pensionsverpflichtungen bedeutsamere Vorschrift ist der § 5 Abs. 6 EStG, wonach die Maßgeblichkeit insbesondere dann zu durchbrechen ist, wenn eine steuerliche Vorschrift explizit eine abweichende Bewertung verlangt (Durchbrechung der Maßgeblichkeit).

12   Der § 6a EStG stellt in seinen expliziten und detaillierten Regelungen zur Bewertung der Pensionsrückstellung insbesondere hinsichtlich des Rechnungszinses in Höhe von 6 % und der restriktiven Handhabung des Stichtagsprinzips eine eigenständige steuerliche Vorschrift zur Bewertung dar, so dass der Wertansatz der Pensionsrückstellung in der Steuerbilanz zwingend dem § 6a EStG und nicht dem § 253 Abs. 2 HGB folgt.

13   Zusammenfassend bedeutet dies, dass die Pflicht zur Passivierung der Pensionsverpflichtung in der Steuerbilanz auf der handelsrechtlichen Passivierungspflicht unter Beachtung zusätzlicher steuerlicher Voraussetzungen und der Anwendung des Maßgeblichkeitsprinzips basiert, während die Bewertung der Pensionsverpflichtung in der Steuerbilanz als Durchbrechung der Maßgeblichkeit ausschließlich den steuerlichen Vorschriften des § 6a EStG folgt.

14   Mit In-Kraft-Treten des BilMoG ändert sich das Prinzip der Maßgeblichkeit der Handelsbilanz für die Steuerbilanz. Bis dahin galt als steuerliche Rückstellungsobergrenze für Pensionsverpflichtungen der entsprechende Wert in der Handelsbilanz. Aufgrund der Spezialvorschrift des § 6a EStG zur Höhe der Rückstellungsbildung weicht die steuerliche Rückstellung in der Regel von der in der Handelsbilanz ausgewiesenen Pensionsrückstellung ab. Nach dem BMF-Schreiben vom 12.3.2010 – IV C 6 – S2133/09/10001 ist die Vorschrift, wonach bis zur Einführung des BilMoG der handelsrechtliche Ansatz die Obergrenze für den steuerlichen Ansatz bildete, nicht mehr anzuwenden. Für sog. Altzusagen (d.h. rechtsverbindliche Zusagen bis zum 31.12.1986) gilt weiterhin das handels- und steuerrechtliche Passivierungswahlrecht. Auch hier gilt der handelsrechtliche Ansatz nicht mehr als Obergrenze für den steuerlichen Ansatz. Somit können ab dem Veranlagungszeitraum 2009 in der Steuerbilanz höhere Pensionsrückstellungen ausgewiesen werden als in der Handelsbilanz. Das steuerliche Nachholverbot, das im folgenden Kapitel 5 B. III. näher beschrieben wird, ist jedoch weiterhin zu beachten.

B.   Unmittelbare Pensionsverpflichtungen – Vorschriften des § 6a EStG

15   Die steuerlichen Ansatz- und Bewertungsvorschriften für unmittelbare Pensionsverpflichtungen sind in § 6a EStG kodifiziert. Mittelbare Pensionsverpflichtungen werden, wie im vorherigen Kapitel 5 A. bereits erwähnt, nicht von § 6a EStG erfasst. Der § 6a EStG unterscheidet nicht explizit zwischen Alt- und Neuzusagen. Wie im vorherigen Kapitel 5 A. dargestellt, gilt für Neuzusagen aufgrund des Maßgeblichkeitsprinzips grundsätzlich eine steuerliche Passivierungspflicht. Für Altzusagen besteht hingegen nach dem oben genannten BMF-Schreiben vom 12.3.2010 ein steuerliches Passivierungswahlrecht, das unabhängig vom handelsrechtlichen Passivierungswahlrecht ausgeübt werden kann.

I.   Ansatzvorschriften des § 6a EStG

16   Der § 6a Abs. 1 EStG beschreibt die Ansatzvorschriften für unmittelbare Pensionsverpflichtungen dem Grunde nach. Darin werden drei Voraussetzungen für einen Ansatz einer Pensionsrückstellung in der Steuerbilanz genannt, die kumulativ erfüllt sein müssen.

Erste Voraussetzung für die steuerliche Bildung einer Pensionsrückstellung ist gemäß § 6a Abs. 1 Nr. 1 EStG das Vorliegen eines Rechtsanspruchs des Pensionsberechtigten auf einmalige oder laufende Pensionsleistungen. Unter einem Rechtsanspruch ist hier ein Anspruch i.S.d. § 194 BGB zu verstehen. Das bedeutet in diesem Falle, dass der Pensionsberechtigte von dem die Pensionszusage erteilenden Arbeitgeber bei Eintritt des Leistungsfalls die Pensionsleistung einklagen kann. Voraussetzung für die Bildung einer Pensionsrückstellung ist es ferner, dass der Rechtsanspruch bereits am Bilanzstichtag vorliegen muss.   17

Zweite Voraussetzung für die steuerliche Bildung einer Pensionsrückstellung ist, dass die Pensionszusage keinen Widerrufsvorbehalt i.S.d. § 6a Abs. 1 Nr. 2 EStG enthält: d.h., die Pensionsanwartschaft oder die Pensionsleistung kann nach Erteilung der Zusage grundsätzlich weder gemindert noch gänzlich entzogen werden. Eine Ausnahme von dieser Regelung ist nur dann möglich, wenn dies nach allgemeinen Rechtsgrundsätzen und unter Beachtung billigen Ermessens geschieht.   18

Ein schädlicher Vorbehalt i.S.d. § 6a Abs. 1 Nr. 2 EStG, zum Mindern oder Entziehen der Pensionsanwartschaft bzw. -leistung liegt vor, wenn der Arbeitgeber die Pensionszusage nach freiem Belieben, also ausschließlich nach seinen eigenen Interessen ohne die Beachtung der Interessen des Pensionsberechtigten, widerrufen kann. Solche steuerschädlichen Vorbehalte sind gemäß R 6a Abs. 3 EStR in der Regel gegeben, wenn die Pensionszusage Formulierungen wie   19

- „freiwillig und ohne Rechtsanspruch“,
- „jederzeitiger Widerruf vorbehalten“,
- „ein Rechtsanspruch auf die Leistungen besteht nicht“ oder
- „die Leistungen sind unverbindlich“

enthält. Liegt ein schädlicher Vorbehalt in dem beschriebenen Sinne vor, darf eine Pensionsrückstellung während der Anwartschaftszeit nicht gebildet werden. Erst bei Eintritt des Leistungsfalls ist die Bildung einer Pensionsrückstellung zulässig.

Auch die Koppelung der Erbringung der Pensionsleistungen   20

- an bestimmte ökonomische Kennzahlen wie Umsatz oder Gewinn des Unternehmens,
- an das Vorliegen mehrerer Wirtschaftsjahre ohne Verlust oder
- an die Tatsache, dass die Pensionsleistungen einen gewissen Prozentsatz der Lohn- und Gehaltssumme überschreiten,

ist grundsätzlich als steuerschädlicher Vorbehalt einzustufen. Solche Vorbehalte werden erst dann unschädlich, wenn sie dahingehend ergänzt werden, dass das Eintreten dieser Sachverhalte mit einer so außergewöhnlichen und fortwährenden Beeinträchtigung der wirtschaftlichen Lage des Unternehmens verbunden ist, dass für das Unternehmen die uneingeschränkte Erbringung der zugesagten Pensionsleistungen unzumutbar ist.

§ 6a Abs. 1 Nr. 2 EStG regelt auch, dass Pensionszusagen nicht abhängig von künftigen gewinnabhängigen Bezügen sein dürfen. Für die Bildung einer Rückstellung ist jedoch nur der Teil der Zusage schädlich, der vom künftigen Unternehmensgewinn abhängt.   21

Ein unschädlicher Vorbehalt i.S.d. § 6a Abs. 1 Nr. 2 EStG liegt hingegen dann vor, wenn der Arbeitgeber den Widerruf der Pensionszusage bei geänderten Verhältnissen nur nach billigem Ermessen i.S.v. § 315 BGB aussprechen kann. Unter billigem Ermessen ist in diesem Zusammenhang das verständige Abwägen zwischen den berechtigten Interessen des Pensionsberechtigten zum einen und des Unternehmens zum anderen zu verstehen. Derartige unschädliche Vorbehalte liegen in der Regel dann vor, wenn eine Anpassung der zugesagten Pensionsleistungen an nicht vorhersehbare künftige Entwicklungen und Ereignisse geknüpft sind. Als Beispiele für solche Entwicklungen bzw. Ereignisse sind zu nennen: 22

- wesentliche Verschlechterung der wirtschaftlichen Lage des Unternehmens
- wesentliche Änderung der Vorschriften über die steuerliche Behandlung der Pensionsverpflichtungen
- Treupflichtverletzung des Arbeitnehmers.

23   R 6a Abs. 4 EStR benennt beispielhafte Mustervorbehalte, die als unschädlich anzusehen sind, und unterscheidet hierbei zwischen

- allgemeinen Vorbehalten wie:

  „Die Firma behält sich vor, die Leistungen zu kürzen oder einzustellen, wenn die bei Erteilung der Pensionszusage maßgebenden Verhältnisse sich nachhaltig so wesentlich geändert haben, dass der Firma die Aufrechterhaltung der zugesagten Leistungen auch unter objektiver Beachtung der Belange des Pensionsberechtigten nicht mehr zugemutet werden kann."

- oder speziellen Vorbehalten wie:

  „Die Firma behält sich vor, die zugesagten Leistungen zu kürzen oder einzustellen, wenn

  - die wirtschaftliche Lage des Unternehmens sich nachhaltig so wesentlich verschlechtert hat, dass ihm eine Aufrechterhaltung der zugesagten Leistungen nicht mehr zugemutet werden kann, oder

  - der Personenkreis, die Beiträge, die Leistungen oder das Pensionierungsalter bei der gesetzlichen Sozialversicherung oder anderen Versorgungseinrichtungen mit Rechtsanspruch sich wesentlich ändern, oder

  - die rechtliche, insbesondere die steuerrechtliche Behandlung der Aufwendungen, die zur planmäßigen Finanzierung der Versorgungsleistungen von der Firma gemacht werden oder gemacht worden sind, sich so wesentlich ändert, dass der Firma die Aufrechterhaltung der zugesagten Leistungen nicht mehr zugemutet werden kann, oder

  - der Pensionsberechtigte Handlungen begeht, die in grober Weise gegen Treu und Glaube verstoßen oder zu einer fristlosen Entlassung berechtigen würden".

24   Dritte Voraussetzung für die steuerliche Bildung einer Pensionsrückstellung ist die Schriftform. Gemäß § 6a Abs. 1 Nr. 3 EStG muss die Pensionszusage in schriftlicher Form eindeutige Angaben zu Art, Form, Voraussetzungen und Höhe der in Aussicht gestellten künftigen Leistungen enthalten. Als Pensionszusage in schriftlicher Form kommen somit insbesondere ein Einzelvertrag, eine Gesamtzusage (Pensionsordnung), eine Betriebsvereinbarung, ein Tarifvertrag, aber auch ein Gerichtsurteil in Betracht. Die Schriftform muss am Bilanzstichtag vorliegen.

25   Für Pensionsverpflichtungen, die auf betrieblicher Übung oder dem Gleichbehandlungsgrundsatz beruhen und bei denen der Pensionsberechtigte somit gemäß § 1b Abs. 1 Satz 4 BetrAVG aus arbeitsrechtlicher Sicht einen Pensionsanspruch besitzt, ist die Bildung einer Pensionsrückstellung aufgrund fehlender Schriftform bei diesen beiden Arten des Rechtsbegründungsaktes steuerlich nicht zulässig. Wird hingegen dem Pensionsberechtigten bei seinem Ausscheiden eine schriftliche Auskunft i.S.d. § 4a BetrAVG über seine bestehende Unverfallbarkeit erteilt, so ist auch im Falle der betrieblichen Übung oder des Gleichbehandlungsgrundsatzes eine Pensionsrückstellung in der Steuerbilanz anzusetzen.

26   Während sachliche Voraussetzungen für die Bildung einer steuerlichen Pensionsrückstellung Gegenstand des § 6a Abs. 1 EStG sind, beschreibt der § 6a Abs. 2 EStG zeitliche Ansatzvorschriften zur Bildung einer Pensionsrückstellung. Unter der Voraussetzung, dass die oben skizzierten drei sachlichen Ansatzvorschriften erfüllt sind, wird hierbei unterschieden, ob der Versorgungsfall bereits eingetreten ist oder nicht:

- Vor Eintritt des Versorgungsfalls darf eine Pensionsrückstellung erstmals bzw. frühestens für das Wirtschaftsjahr gebildet werden, in dem die Pensionszusage erteilt wird. Frühestens jedoch für das Wirtschaftsjahr, bis zu dessen Mitte der Pensionsberechtigte das 27. Lebensjahr (mit Übergangsvorschriften, siehe Tabelle 5.1) vollendet, oder – im Falle von Entgeltumwandlungszusagen, die nach dem 31.12.2000 erteilt wurden – für das Wirtschaftsjahr, in dessen Verlauf die Pensionsanwartschaft gemäß den Vorschriften des Betriebsrentengesetzes unverfallbar wird.

- Nach Eintritt des Versorgungsfalls darf eine Pensionsrückstellung erstmals für das Wirtschaftsjahr gebildet werden, in dem der Versorgungsfall eintritt.

II.   Bewertungsvorschriften des § 6a EStG

In der Steuerbilanz darf gemäß § 6a Abs. 3 Satz 1 EStG eine Pensionsrückstellung höchstens mit dem Teilwert der Pensionsverpflichtung angesetzt werden. Das Teilwertverfahren ist somit grundsätzlich die einzige zulässige Bewertungsmethode für die steuerliche Bewertung. Eine Ausnahme besteht für Entgeltumwandlungszusagen i.S.d. § 1 Abs. 2 BetrAVG, die nach dem 31.12.2000 erteilt worden sind. Bei diesen arbeitnehmerfinanzierten Pensionszusagen ist das Maximum aus dem steuerlichen Teilwert und dem Anwartschaftsbarwert – bezogen auf die unverfallbare Anwartschaft, die auf bereits durchgeführten Entgeltumwandlungen beruht – anzusetzen. Hat sich der Arbeitnehmer für eine Entgeltumwandlung nur für ein Jahr entschieden, liegt der Barwert daher im Allgemeinen über dem Teilwert. Bei einem Gehaltsverzicht für mehrere Jahre liegt in der Regel der Teilwert über dem Barwert.   27

Die Bewertung der Leistungen an mit einer unverfallbaren Anwartschaft ausgeschiedene Anwärter und Rentner erfolgt gemäß § 6a Abs. 3 Satz 2 Nr. 2 EStG mit dem Barwert der künftigen Pensionsleistungen.   28

Bei dem steuerlichen Teilwertverfahren i.S.d. § 6a EStG erfolgt die Bewertung grundsätzlich wie bei dem in Kapitel 3 C. beschriebenen betriebswirtschaftlichen Teilwertverfahren. D.h., der Aufwand für den Aufbau der Pensionsrückstellungen für aktive Mitarbeiter wird über eine fiktive Prämie, die Teilwertprämie, gleichmäßig über die Dienstzeit verteilt. Beim steuerlichen Teilwertverfahren wird unterstellt, dass die Zusage in der aktuellen Höhe ab dem Eintritt in das Unternehmen, frühestens jedoch ab einem gewissen Mindestalter, bestanden hat. Es wird also nicht auf den Zeitpunkt der Zusageerteilung, der möglicherweise zeitlich nach dem Unternehmenseintritt liegt, abgestellt. Das vorgeschriebene Mindestalter richtet sich nach dem Zeitpunkt der Zusageerteilung: 29

Tabelle 5.1:   Steuerliches Mindestalter für den Finanzierungsbeginn

Zeitpunkt der Erteilung der Pensionszusage	maßgebendes Mindestalter
vor dem 1.1.2001	30
nach dem 31.12.2000 und vor dem 1.1.2009	28
nach dem 31.12.2008	27

Im Unterschied zum Handelsrecht, bei dem die Fluktuation abhängig von gewissen Sachverhalten wie Alter, Dienstzeit oder Geschlecht zu bestimmen ist (vergleiche Kapitel 4 C. I. 1.), wird in der Steuerbilanz lediglich ein pauschaler Abschlag für die Fluktuation dadurch vorgenommen, dass vor dem Alter 27 die Bildung einer Pensionsrückstellung nicht zulässig ist und dass sie aufgrund des Mindestalters bis zum Eintritt des Leistungsfalls vermindert ist.   30

31 Dadurch, dass die Prämienbestimmung stets auf einen festen Finanzierungsbeginn erfolgt, beeinflussen Erhöhungen der Zusage somit auch die Prämien der Vergangenheit. Das führt dazu, dass jede Änderung der Zusage eine sprunghafte Veränderung der Pensionsrückstellung zur Folge haben kann. Solche Nachfinanzierungseffekte ergeben sich zum Beispiel dann, wenn sich bei einer endgehaltsabhängigen Zusage das der Pensionszusage zu Grunde liegende pensionsfähige Gehalt erhöht.

32 Als Finanzierungsendalter bei der steuerlichen Bewertung ist grundsätzlich auf das in der Pensionszusage vertraglich festgelegte Endalter abzustellen. Wenn davon auszugehen ist, dass der Begünstigte über das vertraglich festgelegte Endalter hinaus für das Unternehmen tätig ist, kann auch das Alter als Finanzierungsendalter festgelegt werden, bis zu dem sich die Beschäftigung voraussichtlich erstrecken wird. Dieses so genannte erste Wahlrecht ist bereits in dem Jahr auszuüben, in dem erstmalig eine Pensionsrückstellung gebildet wird. Alternativ kann der Bilanzierende auch vom vertraglich zugesagten Alter nach unten abweichen. In diesem Fall – dem so genannten zweiten Wahlrecht – ist auf den Zeitpunkt der frühestmöglichen Inanspruchnahme der vorzeitigen Altersrente aus der gesetzlichen Rentenversicherung abzustellen. Das zweite Wahlrecht kann jedoch nur dann ausgeübt werden, wenn in der Pensionszusage eine Regelung über die Höhe der vorzeitigen Leistungen für diesen Fall vorgesehen ist. Dieses Wahlrecht ist in dem Zeitpunkt auszuüben, in dem die Regelungen zur frühestmöglichen Inanspruchnahme der gesetzlichen Rentenversicherung getroffen worden sind. Die Ausübung des ersten oder zweiten Wahlrechts kann für einzelne oder sämtliche Pensionsverpflichtungen erfolgen:

> ◉ **Beispiel 1**
>
> Die DAX AG regelt in den Verträgen mit ihren Vorständen einzelvertraglich, dass der Bezug von Altersrente ab dem 62. Lebensjahr beginnt. Die jüngere Vergangenheit zeigt jedoch, dass die Vorstände über das vertragliche Pensionierungsalter hinaus für die DAX AG tätig sind. Aus diesem Grund übt die DAX AG für neu eintretende Vorstände das erste Wahlrecht aus und legt das Finanzierungsendalter auf das Alter 65 fest.
>
> In der Pensionszusage der DAX AG gegenüber ihren Mitarbeitern ist das Erreichen des Alters 65 Voraussetzung für den Bezug der betriebliche Altersrente. Ebenfalls ist der Bezug einer vorgezogenen Altersrente möglich. In diesem Fall wird ein monatlicher Abschlag in Höhe von 0,5 % genommen. Die DAX AG geht davon aus, dass die Mitarbeiter die Möglichkeit des frühestmöglichen Bezugs der gesetzlichen Rente nutzen, zu diesem Zeitpunkt aus dem Unternehmen ausscheiden und dann auch ihre betriebliche Altersvorsorge abrufen. Aus diesem Grund entscheidet sich die DAX AG, die Finanzierungsendalter auf den Zeitpunkt der frühestmöglichen Inanspruchnahme der vorzeitigen Altersrente aus der gesetzlichen Rentenversicherung festzulegen.

33 Der Rechnungszins ist gemäß § 6a Abs. 3 Satz 3 EStG in Höhe von 6 % fest vorgegeben. Bei der steuerlichen Bewertung ist der Ansatz von Lohn- und Gehaltstrends grundsätzlich nicht zulässig. Denn § 6a Abs. 3 Satz 4 EStG schließt die Berücksichtigung künftiger Erhöhungen oder Verminderungen der Pensionsleistungen, die hinsichtlich des Zeitpunktes des Wirksamwerdens oder des Umfangs ungewiss sind, aus. Gleiches gilt für weitere Bezugsgrößen wie Festbeträge oder auch Bemessungsgrößen der Sozialversicherung. Anders verhält es sich mit Trends, bei denen der Zeitpunkt des Inkrafttretens sowie deren Höhe am Bilanzstichtag bereits feststehen und für die eine Zusage in schriftlicher Form vorliegt. Beispielsweise ist eine schriftlich fest zugesagte Erhöhung der Jahresrente um 1 % p.a. bei der steuerlichen Bewertung vorzeitig zu berücksichtigen.

34 Im Einkommensteuergesetz findet sich kein direkter Verweis auf die anzusetzenden biometrischen Rechnungsgrundlagen und das zu verwendende mathematische Formelwerk bei der steuerlichen Bewertung der Pensionsverpflichtung. Im Gesetzestext des § 6a Abs. 1 Satz 3 EStG wird lediglich auf „die anerkannten Regeln der Versicherungsmathematik" verwiesen. Hierbei handelt es sich um einen unbestimmten Rechtsbegriff. Nach Ansicht des BMF gelten die Richttafeln 2005 G von Klaus

Heubeck als anerkannte biometrische Rechnungsgrundlagen. Das mit den Richttafeln veröffentlichte Formelwerk gilt ebenfalls als anerkannt und wird demzufolge in der Regel bei den versicherungsmathematischen Bewertungen eingesetzt.

Die folgende Abbildung zeigt einen typischen Verlauf eines steuerlichen Teilwerts. In dem Beispiel   35
wurde der Finanzierungsbeginn auf das Alter 28 gesetzt und für das Erreichen des Pensionierungsalters das Alter 65 angesetzt. Die Kurve wird im Vergleich zum Verlauf des Anwartschaftsbarwerts im selben Zeitraum gesetzt:

Abbildung 5.1:   Teilwert und Anwartschaftsbarwert

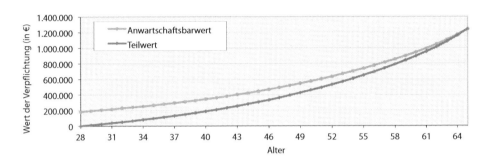

III.   Steuerliche Zuführungen

Da die Zuführung zur Pensionsrückstellung den zu versteuernden Gewinn reduziert, ist diese Größe   36
der Gewinn- und Verlustrechnung von wichtiger Bedeutung für den Bilanzierenden.

❯ Beispiel 2

Tabelle 5.2:   Verlauf einer steuerlichen Pensionsrückstellung

Stichtag	31.12.08	31.12.09
Teilwert (in T€)	60	70
Zuführung in 2009 (in T€)	10	
Pensionsrückstellung (in T€)	60	70

Stichtag	31.12.09	31.12.10
Teilwert (in T€)	70	100
Zuführung in 2010 (in T€)	10 (bedingt durch Fehler)	
Pensionsrückstellung (in T€)	70	80

Im Jahr 2009 wird eine Zuführung in Höhe der Differenz des Teilwerts zu Beginn und zum Ende des Jahres vorgenommen. Es ergibt sich eine Zuführung in Höhe von (70 – 60 =) 10 T€.

Ein Jahr später wird die Pensionsrückstellung nicht um 30 T€, sondern durch ein Versehen nur um 10T€ von 70 T€ auf 80 T€ erhöht.

37   Maßgeblich für die steuerliche Anerkennung der Zuführung zur Pensionsrückstellung ist der Verlauf des steuerlichen Teilwerts. Gemäß § 6a Abs. 4 Satz 1 EStG darf die Pensionsrückstellung innerhalb eines Wirtschaftsjahres höchstens um den Unterschiedsbetrag zwischen dem Teilwert der Pensionsverpflichtung am Schluss des Wirtschaftsjahres und dem am Schluss des vorgegangenen Wirtschaftsjahres erhöht werden. Die jährliche Zuführung ist also auf die Teilwertdifferenz innerhalb des Wirtschaftsjahres begrenzt:

❯ Beispiel 3

Tabelle 5.3:   Maximale steuerliche Zuführung (Fortführung der Tabelle 5.2)

Stichtag	31.12.10	31.12.11
Teilwert (in T€)	100	110
Zuführung in 2011 (in T€)	10	
Pensionsrückstellung (in T€)	80	90

Die Zuführung im Wirtschaftsjahr 2011 ist also auf die Veränderung des Teilwerts in Höhe von 10 T€ beschränkt. Demzufolge liegt die steuerliche Pensionsrückstellung am 31.12.2011 bei 90 T€.

38   Es ist demnach nicht zulässig, einen steuerlichen Fehlbetrag, also eine Unterdeckung der Pensionsrückstellung in der Steuerbilanz, während der Anwartschaftszeit auszugleichen (Nachholverbot). Erst nach Austritt des Begünstigten aus dem Unternehmen unter Aufrechterhaltung einer unverfallbaren Anwartschaft oder bei Eintritt des Leistungsfalls kann die steuerliche Pensionsrückstellung gemäß § 6a Abs. 4 Satz 5 EStG auf maximal den Barwert der künftigen Rentenzahlungen aufgefüllt werden.

39   Das heißt, das Nachholverbot ist insbesondere im Falle einer fehlenden Pensionsrückstellung, z.B. wegen Ausübung des Passivierungswahlrechts in der Vergangenheit, oder eines fehlerhaften Ansatzes einer Pensionsrückstellung, z.B. durch einen Bewertungsfehler, anzuwenden. Ist hingegen eine Pensionsrückstellung aufgrund einer entgegenstehenden BFH-Rechtsprechung nicht gebildet worden, kann bei Aufgabe der Rechtsprechung die Bildung der Pensionsrückstellung in vollem Umfang nachgeholt werden. Das Nachholverbot gilt in diesem Falle nicht. Aufgrund des Maßgeblichkeitsprinzips und der damit einhergehenden steuerlichen Passivierungspflicht ist eine absichtliche Unterbewertung in der Steuerbilanz nicht zulässig.

40   Das Einkommensteuergesetz sieht im § 6a Abs. 4 EStG in den folgenden beiden Fällen einer besonderen Erhöhung der Pensionsverpflichtung in der Steuerbilanz die Möglichkeit der Verteilung der Zuführung über maximal drei Jahre vor:

▨   bei der erstmalig möglichen Bildung einer Pensionsrückstellung,

▨   bei einer gravierenden Erhöhung des Barwerts der künftigen Pensionsleistungen um mehr als 25 %.

41   Eine derartige deutliche Erhöhung des Barwerts der künftigen Pensionsleistungen kann u.a. bei einer Erhöhung der Pensionszusage, bei Eintritt eines vorzeitigen Leistungsfalls durch Invalidität oder durch Tod sowie bei vorzeitigem Ausscheiden aus dem Dienstverhältnis unter Aufrechterhaltung der vollen Pensionsanwartschaft vorkommen. Nur im Falle des Eintritts des Leistungsfalls oder eines vorzeitigen unverfallbaren Ausscheidens kann das Verteilungswahlrecht über drei Jahre auch dann ausgeübt werden, wenn sich der Barwert nicht um mehr als 25 % erhöht.

Führt die erstmalige Anwendung aktualisierter oder geänderter biometrischer Rechnungsgrundlagen (Sterblichkeit, Invalidität, Verheiratungswahrscheinlichkeit) zu einem erhöhten Zuführungsbetrag, so muss diese Sonderzuführung in der Steuerbilanz auf mindestens drei Jahre verteilt werden. Für viele Unternehmen war dies beim Übergang von den Richttafeln 1998 auf die Richttafeln 2005 G der Fall.   42

IV.   Auflösung der steuerlichen Rückstellung

Während die Zuführung zu den Pensionsrückstellungen über den § 6a Abs. 4 Satz 1 EStG explizit geregelt ist, ergibt sich die Auflösung der Pensionsrückstellungen implizit aus dem § 6a Abs. 3 Satz 1 EStG. Hiernach darf eine Pensionsrückstellung höchstens mit dem Teilwert der Pensionsverpflichtung bilanziert werden.   43

Es besteht also ein Auflösungsgebot, soweit eine Pensionsrückstellung den Teilwert der Pensionsverpflichtung übersteigt. In diesem Falle muss die Pensionsrückstellung auf den Teilwert der Pensionsverpflichtung reduziert werden. Eine Verteilung der Rückstellungsveränderung ist auch in Sonderfällen – wie es umgekehrt bei einer Zuführung zur Pensionsrückstellung möglich ist – nicht zulässig. Gründe für die Auflösung einer Pensionsrückstellung während der Anwartschaftszeit können der Wegfall von Leistungen, die Reduktion des Pensionsanspruchs oder ein vorzeitiges unverfallbares Ausscheiden aus dem Unternehmen sein. Typischerweise wird eine Pensionsrückstellung ab Eintritt des Leistungsfalls aufgelöst. In diesem Fall ist die Pensionsrückstellung von Jahr zu Jahr um die Minderung des Barwerts der Pensionsverpflichtung zu reduzieren. Diesen gewinnerhöhenden Auflösungen stehen die Pensionszahlungen als laufender Aufwand gegenüber, so dass sich per Saldo in der Regel bei dieser versicherungsmathematischen Auflösung der Pensionsrückstellung eine laufende Gewinnminderung ergibt.   44

◉ Beispiel 4

Folgende Abbildung zeigt einen typischen Verlauf eines steuerlichen Barwerts ab Eintritt des Leistungsfalls. Es wurden die folgenden Annahmen getroffen:

▧   Rentenbeginn ab Alter 65

▧   Jahresrente aus Vereinfachungsgründen in Höhe von 1 €

▧   keine Anpassung der laufenden Renten

▧   Tod des Leistungsempfängers im Alter 90

Abbildung 5.2:   Beispielhafter Verlauf des Barwertes im Leistungsfall

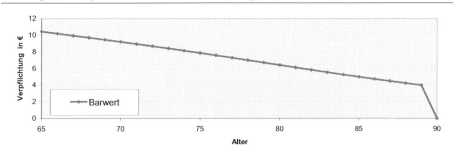

45   Im Falle des Wechsels des Durchführungsweges, d.h. bei einer Übertragung der Pensionsverpflichtungen auf eine Unterstützungskasse, eine Pensionskasse, einen Pensionsfonds oder eine Versicherung, sind die nach § 6a EStG gebildeten Rückstellungen gewinnerhöhend aufzulösen. Wie mit den Beiträgen an die externen Träger aus steuerlicher Sicht zu verfahren ist, wird im Kapitel 5 C. beschrieben.

V.   Inventurvereinfachung

46   Grundsätzlich erfolgt die Bewertung der Pensionsverpflichtungen auf der Basis einer vollständigen Erfassung der pensionsberechtigten Personen und der gegenüber diesen Personen bestehenden Verpflichtungen zum Bilanzstichtag. Gemäß R 6a Abs. 18 EStR kann jedoch § 241 Abs. 3 HGB auch in der Steuerbilanz angewendet werden. Danach ist es grundsätzlich zulässig, die für die Bewertung der Pensionsverpflichtungen erforderliche Erhebung der Stammdaten auch zu einem Tag, dem Inventurstichtag, vorzunehmen, der innerhalb von 3 Monaten vor und 2 Monate nach dem Bilanzstichtag liegt. Während der vorgezogene Inventurstichtag gängige Praxis ist, um im Rahmen des Jahresabschlusses rechtzeitig die Ergebnisse der versicherungsmathematischen Bewertungen zu erhalten, ist es eher unüblich, den Inventurstichtag nach den Bilanzstichtag zu legen.

47   Es ist zulässig, normale Veränderungen im Personenbestand zwischen Inventur- und Bilanzstichtag bei der Bewertung unberücksichtigt zu lassen. Zu solchen normalen Veränderungen zählen beispielsweise Veränderungen, die auf biologischen Ursachen wie Tod oder Invalidität beruhen, Veränderungen durch normale Zu- und Abgänge im Bestand oder auch Veränderungen an den pensionsfähigen Bezügen im Einzelfall. Ereignen sich zwischen Inventur- und Bilanzstichtag hingegen außergewöhnliche Veränderungen im Personenbestand wie Stilllegung oder Eröffnung eines Teilbetriebs oder generelle Gehaltserhöhungen z.B. in Form von Tarifabschlüssen, sind diese generellen Veränderungen bei der Rückstellungsberechnung einzubeziehen. In diesem Falle reicht es jedoch aus, den generellen Veränderungen durch eine qualifizierte Schätzung Rechnung zu tragen. Sowohl bei einzelnen Veränderungen, die am Bilanzstichtag außer Acht gelassen werden, als auch bei generellen Veränderungen, die zum Bilanzstichtag näherungsweise durch eine Schätzung berücksichtigt werden, greift das steuerliche Nachholverbot nicht. Werden rückstellungserhöhende Tatbestände berücksichtigt, die auch nach den oben beschriebenen Regelungen zur Inventurerleichterung unberücksichtigt bleiben können, sind auch die Pensionsrückstellung reduzierende Sachverhalte einzubeziehen:

> ◉   Beispiel 5
>
> Der 31.12.2011 ist der Bilanzstichtag der Sorglos GmbH. Zur Bewertung ihrer Pensionsverpflichtungen meldet die Gesellschaft die Stammdaten für insgesamt 250 Berechtigte zum 15.10.2011 an ihren versicherungsmathematischen Gutachter. Sechs Wochen später erhält sie das Ergebnis der Bewertung zurück, der Wert der Pensionsverpflichtungen beläuft sich demnach auf 2,5 Mio. €. Im Dezember 2011 erfährt die Personalabteilung vom Tode zweier Altersrentner, darüber hinaus entschließt sich die Gesellschaft, die laufenden Renten im Durchschnitt um 1,5 % zu erhöhen und teilt dies den Rentnern vor dem Bilanzstichtag schriftlich mit. Für die Veränderung im Bestand durch den Tod zweier Berechtigter ist der Wert der Pensionsverpflichtung nicht anzupassen. Über die Anpassung der laufenden Renten informiert die Gesellschaft ihren Gutachter. Gemäß der Schätzung des Gutachterbüros erhöht sich die Pensionsverpflichtung um 20 T€. Dementsprechend erhöht sich die steuerliche Pensionsrückstellung, die von der Sorglos GmbH zum 31.12.2011 bilanziert wird.

48   Voraussetzung für die Anwendung der aufgeführten Inventurvereinfachungsregeln ist, dass am Inventurstichtag nicht mehr als 20 Begünstigte vorhanden sind. Die Regelungen gelten ferner nicht für Vorstandsmitglieder und Geschäftsführer von Kapitalgesellschaften.

C.   Steuerliche Zuwendungen bei mittelbaren Durchführungswegen

Aufgrund des handelsrechtlichen Passivierungswahlrechts im Falle mittelbarer Pensionsverpflich-   49
tungen scheidet eine Rückstellungsbildung für mittelbare Pensionsverpflichtungen aus. Auch die
Subsidiärhaftung gemäß § 1 Abs. 1 Satz 3 BetrAVG reicht nicht aus, um die Bildung einer Pensionsrückstellung in der Steuerbilanz zu rechtfertigen.

Abhängig von der Art des Durchführungsweges sind in den Paragraphen bzw. in den Abschnitten   50

- § 4b EStG, R 4b EStR (Direktversicherung)
- § 4c EStG, R 4c EStR (Pensionskasse)
- § 4e EStG (Pensionsfonds)
- § 4d EStG, R 4d EStR (Unterstützungskasse)

des Einkommensteuergesetzes bzw. der zugehörigen Einkommensteuerrichtlinien Spezialvorschrif-
ten zur steuerlichen Behandlung der Beiträge an die externen Träger im Zusammenhang mit der
betrieblichen Altersversorgung beim Arbeitgeber kodifiziert. Die Vorschriften werden im Einzelnen
in den folgenden Kapiteln dargestellt.

I.   Zuwendungen an Direktversicherungen

Eine Direktversicherung i.S.d. § 1b Abs. 2 Satz 1 BetrAVG ist eine Lebensversicherung, die durch   51
den Arbeitgeber auf das Leben des Arbeitnehmers abgeschlossen worden ist und bei der der Arbeitnehmer oder seine Hinterbliebenen in Bezug auf die Leistungen des Versicherers ganz oder teilweise
bezugsberechtigt sind (vgl. Kapitel 2 C. VI.).

Sofern die Direktversicherung, wie es der Regelfall ist, betrieblich veranlasst ist, sind die Beiträge zur   52
Versicherung als Betriebsausgaben beim Trägerunternehmen abzugsfähig. Der Abzug erfolgt – auch
im Falle von Einmalbeiträgen – in dem Jahr, in dem die Beiträge gezahlt werden.

Gemäß § 4b Satz 1 EStG ist der Versicherungsanspruch aus einer Direktversicherung, die aus be-   53
trieblichem Anlass abgeschlossen worden ist, dem Betriebsvermögen des Unternehmens nicht hin-
zuzurechnen, soweit die Person, auf deren Leben die Lebensversicherung abgeschlossen worden ist,
oder deren Hinterbliebene bezugsberechtigt sind. Demzufolge ist der Versicherungsanspruch unter
den beschriebenen Voraussetzungen in der Steuerbilanz des zusagenden Unternehmens nicht zu
aktivieren.

II.   Zuwendungen an Pensionskassen

Im steuerlichen Sinne werden unter Pensionskassen sowohl rechtsfähige Versorgungseinrichtungen   54
i.S.d. § 1b Abs. 3 Satz 1 BetrAVG als auch rechtlich unselbstständige Zusatzversorgungseinrichtun-
gen des öffentlichen Dienstes i.S.d. § 18 BetrAVG verstanden, die den Begünstigten auf ihre Leistungen einen Rechtsanspruch gewähren (vgl. Kapitel 2 C. IV.).

Pensionskassen finanzieren sich – außer durch den Ertrag aus ihrer Kapitalanlage – im Wesentlichen   55
aus Beiträgen, den so genannten Zuwendungen, des Trägerunternehmens. Gemäß § 4c Abs. 1 EStG
sind die Zuwendungen des Trägerunternehmens an eine Kasse als Betriebsausgaben abzugsfähig,
soweit sie

- auf einer in der Satzung oder im Geschäftsplan der Pensionskasse festgelegten Verpflichtung oder
- auf einer Anordnung der Versicherungsaufsichtsbehörde beruhen oder
- der Abdeckung von Fehlbeträgen bei der Kasse dienen.

56   § 4c Abs. 2 EStG stellt einschränkend klar, dass die Zuwendungen nur steuerlich abzugsfähig sind, soweit die Leistungen der Pensionskasse, wenn sie vom Trägerunternehmen unmittelbar erbracht würden, bei diesem betrieblich veranlasst wären. Auch hier ist der Versicherungsanspruch gegen die Pensionskasse unter den genannten Voraussetzungen nicht zu aktivieren.

III.   Zuwendungen an Pensionsfonds

57   Die steuerlichen Vorschriften zur Zuwendung an Pensionsfonds ähneln denen bei Pensionskassen. Gemäß § 4e Abs. 1 EStG sind die Zuwendungen des Trägerunternehmens an einen Fonds als Betriebsausgaben abzugsfähig, soweit sie

- auf einer festgelegten Verpflichtung beruhen oder
- der Abdeckung von Fehlbeträgen bei dem Fonds dienen.

58   § 4e Abs. 2 EStG stellt einschränkend klar, dass die Zuwendungen nur steuerlich abzugsfähig sind, soweit die Leistungen des Pensionsfonds, wenn sie vom Trägerunternehmen unmittelbar erbracht würden, bei diesem betrieblich veranlasst wären.

59   Eine steuerliche Regelung der Übertragung von bereits bestehenden Versorgungsverpflichtungen, z.B. in Form einer Direktzusage, auf einen Pensionsfonds ist in § 4e Abs. 3 EStG gegeben. Denn grundsätzlich bedingt die Übertragung der Deckungsmittel zusammen mit der Tatsache, dass der Pensionsfonds einen Rechtsanspruch auf die Rentenleistungen gewährt, dass die übertragenen Leistungen beim begünstigten Arbeitnehmer als zugeflossen gelten. Ohne die Regelungen des § 4e Abs. 3 EStG i.V.m. § 3 Nr. 66 EStG wären daher derartige Einmalbeiträge bei der Übertragung oberhalb des Freibetrags gemäß § 3 Nr. 63 EStG vom Begünstigten individuell zu versteuern. Stattdessen regelt § 3 Nr. 66 EStG für einen Pensionsfonds, dass bei der Übertragung der Verpflichtungen aus einer Direkt- bzw. ggf. auch aus einer Unterstützungskassenzusage beim Arbeitnehmer bzw. Leistungsempfänger keine Einkommen- bzw. Lohnsteuerpflicht entsteht. Dies gilt allerdings nur, wenn der Arbeitgeber beantragt hat, den Betriebsausgabenabzug gemäß § 4e Abs. 3 Satz 1 EStG vornehmen zu können. In diesem Fall ist der Einmalbeitrag an den Pensionsfonds, der den bisher nach § 6a EStG finanzierten Teil übersteigt, gleichmäßig auf die dem Übertragungsjahr folgenden 10 Wirtschaftsjahre verteilt, jeweils als Betriebsausgabe steuerlich abzugsfähig.

IV.   Zuwendungen an Unterstützungskassen

60   Eine Unterstützungskasse i.S.d. § 1b Abs. 4 Satz 1 BetrAVG ist eine rechtsfähige Versorgungseinrichtung, die die betriebliche Altersversorgung durchführt und auf die Leistungen keinen Rechtsanspruch gewährt. Die Zuwendungen an eine Unterstützungskasse stellen innerhalb der in § 4d EStG geregelten Grenzen, sofern sie betrieblich veranlasst sind, steuerlich abzugsfähige Betriebsausgaben dar.

61   Die umfangreichen und detaillierten Regelungen des § 4d EStG sollen an dieser Stelle nicht weiter ausgeführt werden. Es soll lediglich festgehalten werden, dass bei der Höhe der abzugsfähigen Betriebsausgaben zwischen rückgedeckten und reservepolsterfinanzierten Unterstützungskassen unterschieden wird. Eine rückgedeckte Unterstützungskasse zeichnet sich dadurch aus, dass die Unterstützungskasse als Versicherungsnehmer und Bezugsberechtigter auf das Leben des Arbeitnehmers

eine Lebensversicherung abschließt. Bei einer rückgedeckten Unterstützungskasse sind grundsätzlich die Beiträge, die die Unterstützungskasse an die Lebensversicherung zahlt, als Betriebsausgaben abzugsfähig. Einschränkungen bestehen lediglich dahingehend, dass die Beiträge grundsätzlich gleichbleibend oder steigend sein müssen. Aufgrund dieser Regelung sind rückgedeckte Unterstützungskassen im Allgemeinen während der Anwartschafts- und Leistungsphase ausfinanziert.

Im Falle so genannter reserverpolsterfinanzierter Unterstützungskassen, d.h. Unterstützungskassen, die nicht rückgedeckt sind, führen die Regelungen des § 4d EStG grundsätzlich zu einer erheblichen steuerlichen Einschränkung der Finanzierung der Pensionsverpflichtungen. Die Einschränkung der steuerlich abzugsfähigen Zuwendungen erfolgt in zweifacher Hinsicht: 62

- je Zuwendungsart (lebenslängliche versus nicht lebenslängliche Leistungen) sind Zuwendungen nur in bestimmten Grenzen möglich, und

- das so genannte zulässige Kassenvermögen darf nicht überschritten werden.

Diese Vorschriften führen dazu, dass die Finanzierung der Pensionsverpflichtungen über eine reserverpolsterfinanzierte Unterstützungskasse sich im Bereich der Leistungsanwärter durch eine planmäßige Unterdeckung auszeichnet. Erst bei Eintritt des Leistungsfalls ist es grundsätzlich möglich, das für die Versorgung erforderliche Kapital der Unterstützungskasse mit steuerlicher Anerkennung als Betriebsausgaben zuzuführen. 63

6 Pensionsverpflichtungen in der Bilanz nach internationalen Rechnungslegungsvorschriften (IFRS)

A. Grundlagen

I. Organisation der International Financial Reporting Standards (IFRS)

1　Spätestens nachdem am 4.12.2004 mit Verabschiedung des BilReG die vom Europäischen Parlament und Rat am 19. Juli 2002 erlassene EU-Verordnung 1606/2002 („IAS-Verordnung") in deutsches Recht übernommen wurde, rückten die internationalen Bilanzierungsvorschriften, die so genannten International Financial Reporting Standards (IFRS) in den Mittelpunkt des Interesses kapitalmarktorientierter Unternehmen. Unter kapitalmarktorientierten Unternehmen versteht man sowohl an der Börse notierte Unternehmen als auch Unternehmen die die Zulassung eines Wertpapiers im Sinne des § 2 Abs. 1 Satz 1 WpHG zum Handel an einem organisierten Markt im Sinne des § 2 Abs. 5 WpHG im Inland beantragt haben. Von besonderer Bedeutung ist, dass sich Konzerne, kapitalmarktorientiert oder nicht, gemäß § 315a HGB von der Pflicht, einen Jahresabschluss gemäß deutschem HGB aufzustellen befreien lassen können, wenn sie stattdessen einen Jahresabschluss gemäß den von der Europäischen Union übernommenen IFRS aufstellen.

2　Herausgeber der IFRS ist das in London ansässige International Accounting Standards Board (IASB), eine privatrechtliche Organisation, die 2001 aus der Vorgängerorganisation, dem 1973 gegründeten International Accounting Standards Committee (IASC) hervorging. Die vom IASB herausgegebenen Standards sind sehr stark durch den angelsächsischen Hintergrund der Mehrheit der Mitglieder des Boards in der Vergangenheit geprägt. Seit 2009 ist deshalb ein Regionenproporz in der Satzung des IASB verankert, der zusammen mit dem Ziel, möglichst alle mit der Bilanzierung befassten Berufsgruppen (Wirtschaftsprüfer, Unternehmensvertreter und Wissenschaft) im Board zu vereinen, zu größerer - internationaler - Akzeptanz führen soll. Im Falle von Zweifelsfragen hinsichtlich der Auslegung der IFRS werden zusätzliche Interpretationen durch das *International Financial Reporting Interpretations Committee (IFRIC)* erarbeitet, die letztlich auch vom IASB verabschiedet werden.

3　Die Nummerierung der IFRS spiegelt - im Gegensatz zum HGB - keine inhaltliche Ordnung des Regelungswerkes wider, sondern erfolgt ausschließlich auf Grund der zeitlichen Reihenfolge der Veröffentlichung der einzelnen Standards. Ursprünglich wurden die Standards *International Accounting Standards (IAS)* genannt, was im Zuge der Umstrukturierung des IASB im Jahre 2001 geändert wurde. Seitdem heißen die ab 2001 veröffentlichten Standards IFRS. Die alten IAS bleiben allerdings so lange unter ihrer ursprünglichen Bezeichnung erhalten, bis sie durch einen neuen IFRS abgelöst werden. IFRS und IAS werden unter dem Sammelbegriff IFRS geführt.

4　Da das IASB selbst über keine Macht verfügt, die von ihm erlassenen Regelungen in den einzelnen Ländern verbindlich einzuführen, ist es auf enge Zusammenarbeit mit nationalen bzw. supranationalen Organisationen angewiesen, die dann letztlich die Verwendung der IFRS in den jeweiligen

Ländern durchsetzen. Für Deutschland sind die Regelungen des IFRS erst dann verbindlich, wenn sie durch die Europäische Union angenommen wurden (so genanntes „Endorsement").

Am Endorsementprozess sind neben dem Europäischen Parlament und dem Europäischen Rat, die letztlich über die Änderungen bzw. Ergänzungen der Bilanzierungsvorschriften entscheiden, mehrere Institutionen beteiligt:

- Europäische Kommission, die u.a. das Initiativrecht für Rechtsvorschriften innerhalb der Europäischen Union innehat sowie über die Durchsetzung des europäischen Rechts („Hüterin der Verträge") wacht.

- *European Financial Advisory Group (EFRAG)*, ein von der EU und dem IASB unabhängiges Expertenkomitee, das gemäß dem Working *Arrangement between European Commission and EFRAG* aus dem Jahr 2006[1] die Aufgabe hat, die EU-Kommission bei allen Fragen bzgl. der Anwendung der IFRS in der Europäischen Union zu beraten. Zudem unterhält die EFRAG eine von der EU Kommission unterstützte Technical Expert Group (EFRAG-TEG), die die Integration der internationalen Bilanzierungsvorschriften innerhalb der EU in Zusammenarbeit mit den nationalen Standardsettern vorantreibt. Seit dem Jahr 2010 wird die EFRAG dabei finanziell von der EU unterstützt.

- *Standards Advice Review Group (SARG)*, eine von der EU- Kommission 2006 eingesetzte Prüfgruppe für Standardübernahmeempfehlungen, die die Objektivität und Ausgewogenheit der Stellungnahmen der EFRAG überprüft. Die Gruppe setzt sich zusammen aus unabhängigen Sachverständigen und hochrangigen Vertretern der nationalen Standardsetter.

- *Accounting Regulatory Committee (ARC)*, der Regelungsausschuss für Rechnungslegung, bestehend aus Vertretern der Mitgliedstaaten unter Vorsitz der Kommission. Der ARC urteilt über die Vorschläge der EU-Kommission zur Annahme eines internationalen Rechnungslegungsstandards.

Wird vom IASB ein neuer bzw. geänderter Standard oder eine Interpretation verabschiedet, bittet die EU-Kommission die EFRAG um Stellungnahme. Die EFRAG bewertet die vom IASB neu verabschiedeten Regelungsinhalte unter besonderer Berücksichtigung der Fragestellung, ob die neuen Regelungen

1. eine Verbesserung der Rechnungslegung mit sich bringen,

2. nicht dem Grundprinzip des *true and fair view* gemäß Art. 16(3) der Richtlinie des EU-Rates 83/349/EEC und Art. 2(3) der Richtlinie des EU-Rates 78/660/EEC widersprechen sowie

3. konsistent sind mit dem Rahmenkonzept der IFRS (vgl. Kap. 1.1.2).

Im Rahmen dieses Bewertungsprozesses wird eine vorläufige Übernahmeempfehlung veröffentlicht, die von interessierten Gruppen kommentiert werden kann. Nach Ende der Kommentierungsfrist leitet die EFRAG die endgültige Übernahmeempfehlung an die EU-Kommission weiter. Diese Übernahmeempfehlung wird im Anschluss daran an die SARG weitergeleitet, die prüft, ob die von der EFRAG erstellte Stellungnahme objektiv und ausgewogen ist. Im Anschluss daran unterbreitet die EU-Kommission dem ARC auf dieser Basis einen Übernahmevorschlag zu der neuen Regelung. Der ARC kann diesen Übernahmevorschlag entweder ablehnen oder seine Zustimmung erteilen. Letztlich ist es jedoch die Aufgabe des Europäischen Parlaments und des Europäische Rats (ggf. unter neuerlicher Einschaltung der EU-Kommission), dem Endorsement zuzustimmen oder es abzulehnen.

---

1   Abruf unter: http://www.efrag.org/websites/uploadfolder/1/cms/images/EFRAG-EC%20Working%20Arrangement.pdf

Abbildung 6.1:   Endorsementprozess

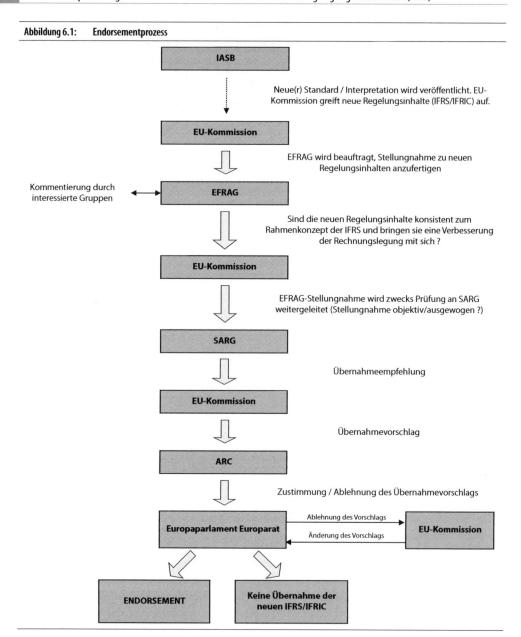

II.   Rahmenkonzept

8   Das IASB hat im September 2010 ein Rahmenkonzept für die Finanzberichterstattung (The Conceptual Framework for Financial Reporting – i.F. kurz *Rahmenkonzept*) veröffentlicht. Dieses löste das 2001 veröffentlichte *Framework for the Preparation and Presentation of Financial Statements* ab. Das Rahmenkonzept soll die Grundlage für das IASB bei der Entwicklung neuer Rechnungslegungs-

standards bilden und Orientierung für die nationalen Standardsetter bei der Entwicklung eigener Standards bieten. Das Rahmenkonzept soll Bilanzierende, Wirtschaftsprüfer und Finanzanalysten in die Lage versetzen, die IFRS richtig zu interpretieren und somit die IFRS-Konformität von Bilanzen zu gewährleisten. Außerdem soll das Rahmenkonzept eine Hilfe sein für den Fall, dass im Jahresabschluss zu berücksichtigende Ereignisse bzw. Sachverhalte noch nicht durch einen IFRS geregelt werden. Dabei kann das Rahmenkonzept ggf. zu Regelungsinhalten einzelner IFRS im Widerspruch stehen. In diesen Fällen hat das Rahmenkonzept zurückzustehen, und es gelten die Regelungsinhalte der jeweiligen IFRS.

Im einzelnen behandelt das Rahmenkonzept die Zielsetzung der Finanzberichterstattung, die qualitativen Anforderungen der für die Entscheidungsfindung nützlichen Informationen in den Abschlüssen, die Definition, den Ansatz und die Bewertung der einzelnen Abschlussposten, aus denen sich der Abschluss ergibt sowie Kapital- und Kapitalerhaltungskonzepte.

9

Ein Vergleich des Rahmenkonzepts mit den im deutschen Handelsgesetzbuch kodifizierten Grundsätzen ordnungsgemäßer Buchführung liegt nahe, jedoch geht das Rahmenkonzept deutlich darüber hinaus. Das deutsche Handelsgesetzbuch verzichtet weitestgehend auf eine Konkretisierung der Begriffe Verschuldung, Aufwendungen und Erträge, was kein Problem darstellt, denn ein nationaler Gesetzgeber kann auf Rechtsfortbildung durch fortlaufende Rechtsprechung vertrauen[2]. Da sich in den unterschiedlichen Ländern aber auch unterschiedliche Rechnungslegungstraditionen entwickelt haben, ist es aus Sicht des IASB notwendig, einheitliche Vorgaben etwa zum Kapitalbegriff zu machen.

10

Das Rahmenkonzept beinhaltet insgesamt vier Kapitel, wobei das zweite Kapitel („The Reporting Entity") bei Drucklegung des vorliegenden Buches noch nicht veröffentlicht war. Auf das vierte Kapitel, das im wesentlichen die „Überbleibsel" des alten Rahmenkonzepts beinhaltet und sich mit Grundsatzfragen hinsichtlich der einzelnen Bilanzbestandteile und der Bewertung beschäftigt gehen wir nicht detailliert ein, da die wesentlichen Bestimmungen für die Pensionsverpflichtungen hierzu in den jeweiligen IFRS konkretisiert werden. Einzig die Annahme der Unternehmensfortführung (*Going Concern*) sei hier erwähnt. Diese Annahme besagt, dass bei der Aufstellung von Abschlüssen davon auszugehen ist, dass das Unternehmen auf absehbare Zeit fortgeführt wird, also in der absehbaren Zukunft keine Notwendigkeit besteht, die Geschäftstätigkeit einzuschränken oder gar ganz einzustellen. Die beiden übrigen Kapitel behandeln

11

1. die Zielsetzung der Finanzberichterstattung (Rahmenkonzept - Kapitel 1) und

2. qualitative Anforderungen an den Jahresabschluss (Rahmenkonzept - Kapitel 3).

Die Logik der vier einzelnen Kapitel des Rahmenkonzepts ist so gestaltet, dass die Rechnungslegungsgrundsätze in den einzelnen Kapiteln auf dem jeweils vorhergehenden Kapitel aufbauen. Insofern bildet Kapitel 1, in dem die Zielsetzung der Finanzberichterstattung behandelt wird, die Grundlage für die Ausgestaltung der in den darauf folgenden Kapiteln behandelten Rechnungslegungsgrundsätze.

12

Das Ziel der Finanzberichterstattung liegt in der Bereitstellung von entscheidungsrelevanten Informationen über den Status quo sowie die Veränderungen der Vermögens-, Finanz- und Ertragslage der berichtenden Unternehmen (Objective – OB – 2 Rahmenkonzept). D.h. die Finanzberichterstattung soll eine Entscheidungsgrundlage für Bilanzadressaten, u.a. das Unternehmen selbst, potentielle Investoren oder Kreditgeber, darstellen, indem sie für die Beurteilung der Vermögenslage bzw. Finanzstruktur des Unternehmens notwendige Informationen zur Verfügung stellt. Neben der Momentaufnahme am Bilanzstichtag selbst sind auch Informationen über die Ertragskraft eines Un-

13

---

2   In diesem Sinne auch Heuser / Theile (2009) IFRS-Handbuch: Einzel- und Konzernabschluss 4. Auflage RZ 255 ff

ternehmens, also Erträge und Aufwendungen, für die Beurteilung möglicher zukünftiger Veränderungen der Vermögenslage bzw. Finanzstruktur von Bedeutung für die Entscheidungsfindung.

14 Damit das Ziel einer sachgerechten Beurteilung der Ertragskraft eines Unternehmens erreicht wird, sind von den bilanzierenden Unternehmen drei Gesichtspunkte für die Beurteilung der Ertragskraft zu berücksichtigen, nämlich das Prinzip der Periodenabgrenzung, die Relevanz der Cash Flows und die Veränderungen der Vermögenslage bzw. Finanzstruktur, die nicht auf die eigentliche Ertragskraft des Unternehmens zurückzuführen sind.

15 Die Auswirkungen von Geschäftsvorfällen und anderen Ereignissen werden gemäß dem Prinzip der Periodenabgrenzung dann erfasst, wenn sie auftreten, und nicht im Moment des Zahlungsmittelab- bzw. -zuflusses. Durch Anwendung des Prinzips der Periodenabgrenzung werden insbesondere auch Informationen über in der Vergangenheit liegende Geschäftsvorfälle erfasst, die erst in der Zukunft zu Zahlungsmittelab- bzw. -zuflüssen führen.

16 Neben der Anwendung des Prinzips der Periodenabgrenzung wird eine Analyse der Cash Flows als probates Mittel gesehen, um die Ertragskraft des Unternehmens zu beurteilen. D.h. man beurteilt auf Basis der Cash Flows in vergangenen Perioden die Fähigkeit eines Unternehmens zur Generierung zukünftiger Cash Flows. Die aus den Cash Flows abgeleiteten Informationen geben Aufschluss über das operative Geschäft des Unternehmens und seine Finanztransaktionen. Bei letzteren ist insbesondere die Aufnahme bzw. die Rückzahlung von Fremdkapital von Interesse. Zudem können aus den Cash Flows nützliche Informationen hinsichtlich der Liquidität und der Solvabilität eines Unternehmens abgeleitet werden.

17 Veränderungen der Vermögenslage bzw. Finanzstruktur ergeben sich nicht nur aus den Geschäftsvorfällen, die mit Aufwand oder Ertrag gleichgesetzt werden können, sondern auch aus Ereignissen wie z.B. einer Kapitalaufstockung. Deshalb ist es zwecks eines vollständigen Verständnisses erforderlich auch solche Ereignisse bei der Beurteilung der Ertragslage eines Unternehmens zu berücksichtigen.

Abbildung 6.2: Kriterien für die Beurteilung der Ertragskraft eines Unternehmens

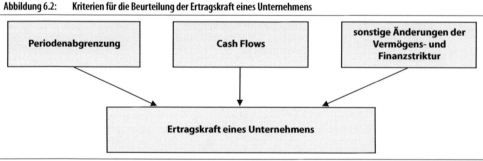

18 Die vom IASB entwickelten Standards und Interpretationen müssen dazu führen, dass dem Ziel, entscheidungsrelevante Informationen für den (Jahres-) Abschluss bereitzustellen, mit Hilfe der Standards und Interpretationen entsprochen wird. Um dieses Ziel zu erreichen, sind bei der Entwicklung bzw. Ableitung der Rechnungslegungsstandards bzw. Interpretationen qualitative Anforderungen an eben diese entscheidungsrelevanten Informationen zu beachten. Diese Anforderungen werden in Kapitel 3 des Rahmenkonzeptes behandelt.

19 Die grundsätzlichen Anforderungen an entscheidungsrelevante Informationen sind die

1. Relevanz und die
2. Glaubwürdigkeit der Darstellung.

Relevant sind Informationen nach dem Rahmenkonzept nur dann, wenn sie geeignet sind, die Entscheidungen der Bilanzadressaten zu beeinflussen. Neben der Beurteilung in der Vergangenheit bzw. der Gegenwart liegender Geschäftsvorfälle ist auch eine Prognose hinsichtlich zukünftiger Geschäftsvorfälle für die Entscheidungsfindung von Interesse. Ob eine Information das Kriterium der Relevanz erfüllt oder nicht, ergibt sich aus Art und Wesentlichkeit (*Materiality*) der Information. Die Art einer Information alleine kann bereits ausreichend sein, damit die Information selbst als relevant eingestuft wird. Beispielsweise kann eine Umstrukturierung die Beurteilung der Zukunftsperspektiven eines Unternehmens auch dann beeinflussen, wenn diese nicht zu einer Beeinflussung des Ergebnisses in der Berichtsperiode führt. Eine Information ist dann wesentlich, wenn ihr Weglassen oder ihre fehlerhafte Darstellung die auf der Basis des Abschlusses getroffenen wirtschaftlichen Entscheidungen der Bilanzadressaten beeinflussen könnten (Qualitative Characteristics – QC – 11 Rahmenkonzept). Die Wesentlichkeit selbst ist dabei weniger als eine qualitative Anforderung zu sehen, sondern ist quantitativer Natur. Die Frage der Wesentlichkeit bzgl. eines Bilanzpostens kann demzufolge auch nicht losgelöst von den sonstigen wirtschaftlichen Gegebenheiten des Bilanzaufstellers gesehen werden. Einheitliche Grenz- oder Schwellenwerte für die Wesentlichkeit einer Information können demnach nicht definiert werden.

20

Neben der Relevanz ist die Glaubwürdigkeit der Darstellung die zweite grundsätzliche Anforderung an entscheidungsrelevante Informationen. Informationen sind danach nicht schon dadurch entscheidungsrelevant, wenn sie relevante Geschäftsvorfälle beschreiben, sondern die Informationen müssen auch glaubwürdig sein. Dies setzt voraus, dass die Informationen möglichst vollständig, neutral und fehlerfrei präsentiert werden.

21

Die grundsätzlichen Anforderungen an entscheidungsrelevante Informationen, Relevanz und Glaubwürdigkeit der Darstellung, werden darüber hinaus durch die ergänzenden Anforderungen Vergleichbarkeit (*comparability*), Überprüfbarkeit (*verifiability*), zeitliche Nähe (*timeliness*) und Verständlichkeit (*understandability*) konkretisiert.

22

- Vergleichbarkeit: Informationen müssen so aufbereitet werden, dass sowohl ein intertemporaler Vergleich der Finanzberichte als auch ein Vergleich mit den Finanzberichten anderer Unternehmen möglich ist.

- Überprüfbarkeit: Es muss unterschiedlichen Bilanzadressaten möglich sein, auf Basis der zur Verfügung gestellten Informationen einen Konsens hinsichtlich der Einschätzung herzustellen, ob es sich bei dem Abschluss um eine glaubwürdige Darstellung der Vermögens- und Finanzlage des Unternehmens handelt.

- Zeitliche Nähe: Zwischen dem Eintreten eines Geschäftsvorfalls und der Berichterstattung hierüber darf es nicht zu einer unangemessenen Verzögerung kommen da die diesbezügliche Information sonst ihre Relevanz verlieren kann.

- Verständlichkeit: Informationen, die Bilanzadressaten zur Verfügung gestellt werden, sollten leicht verständlich präsentiert werden.

Abbildung 6.3: Qualitative Anforderungen an entscheidungsrelevante Informationen

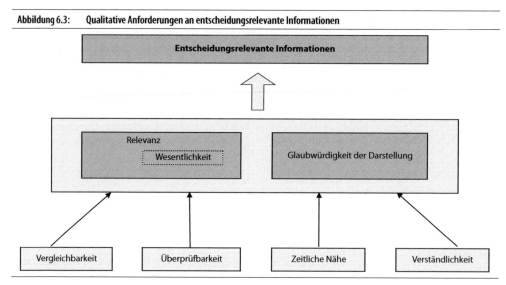

23 Für den Fall, dass Informationen relevant und glaubwürdig dargestellt sind, sind die o.g. Kriterien zu maximieren, d.h. so gut es geht zu erfüllen. Darüber hinaus ist einzuschätzen, ob der Nutzen einer Information höher einzustufen ist als die Kosten, die für die Bereitstellung dieser Informationen anfallen. Bei dieser Kosten-Nutzen-Analyse muss man allerdings beachten, dass für die unterschiedlichen Bilanzadressaten diese Analyse zu grundsätzlich unterschiedlichen Ergebnissen führt. So entstehen die Kosten, z.B. für die Erstellung einer Bilanz, ausschließlich beim bilanzierenden Unternehmen, so dass die Kosten-Nutzen-Analyse für die Bereitstellung der Informationen für das bilanzierende Unternehmen zu einem anderen Ergebnis führt als z.B. für einen potentiellen Investor, für den im Zusammenhang mit der Erstellung in der Regel keine Kosten entstehen. Die Interessen der verschiedenen Bilanzadressaten sind gegeneinander abzuwägen.

III. IAS 19 Rechnungslegungsstandard für Leistungen an Arbeitnehmer

24 Die Bilanzierung von Leistungen an Arbeitnehmer im Austausch für im Unternehmen erbrachte Arbeitsleistungen der Arbeitnehmer wird mit Ausnahme aktienorientierter Vergütungen (Share based payments - IFRS 2) sämtlich im IAS 19 geregelt. Die bei Drucklegung des vorliegenden Buches aktuelle Fassung des Standards wurde am 16. Juni 2011 veröffentlicht (*IAS 19 revised 2011*). Die Regelungsinhalte des neuen IAS 19 sind spätestens für Wirtschaftsjahre, die am 1.1.2013 beginnen, anzuwenden. Eine frühere Anwendung ist zwar erlaubt, jedoch muss, um die Rechtsverbindlichkeit des Jahresabschlusses zu gewährleisten, der Endorsementprozess der Europäischen Union abgeschlossen sein.

25 Danach sollen Unternehmen insbesondere dann eine Verpflichtung in der Bilanz ausweisen, wenn die durch die Arbeitsleistung der Arbeitnehmer begründeten Leistungen erst zu einem späteren Zeitpunkt ausgezahlt werden. Der Aufwand für diese aufgeschobenen Leistungen ist in dem Berichtszeitraum zu erfassen, in dem das Unternehmen den wirtschaftlichen Nutzen aus der Arbeitsleistung des Arbeitnehmers hat. Die zu erfassenden Leistungen umfassen auch Leistungen an wirtschaftlich von den Arbeitnehmern abhängigen Personen (z.B. Hinterbliebene).

Für die Anwendung des IAS 19 ist es gleichgültig, ob die betroffenen Arbeitnehmer zum Führungs- 26
personal des Unternehmens gehören oder Angestellte bzw. Arbeiter sind. Auch der Grad der Beschäftigung ist unerheblich für die Beurteilung ob die zu bewertende Leistung an Arbeitnehmer
unter den IAS 19 fällt. Es werden Leistungen sowohl an Vollzeit- und Teilzeitmitarbeiter als auch an
dauerhaft, gelegentlich und befristet beschäftigte Arbeitnehmer berücksichtigt.

Für die Anwendung des IAS 19 ist es auch unerheblich, ob die Leistungen an Arbeitnehmer durch 27
vertragliche Regelungen zwischen dem Unternehmen und Arbeitnehmern bzw. Arbeitnehmergruppen oder deren Vertretern begründet werden oder ob sie auf gesetzlichen Bestimmungen oder Tarif-
vereinbarungen beruhen. Auch Leistungen die lediglich gemäß betrieblicher Übung (vgl. Kapitel 2
Tz. 116) begründet werden, fallen unter diesem Standard.

Leistungen an Arbeitnehmer im Sinne des IAS 19 umfassen (IAS 19.5): 28

1. Kurzfristig fällige Leistungen (*short-term employee benefits*) an aktive Arbeitnehmer, die spätestens nach 12 Monaten nach Ende der Berichtsperiode gezahlt werden, z.B.

   - Löhne, Gehälter und Sozialversicherungsbeiträge
   - bezahlter Urlaub und bezahlte Krankheitstage
   - Gewinn- und Erfolgsbeteiligungen
   - geldwerte Leistungen (z.B. medizinische Versorgung)

2. Leistungen nach Beendigung des Arbeitsverhältnisses (*post-employment benefits*), z.B.

   - Renten- und sonstige Altersversorgungsleistungen
   - Andere Leistungen an Arbeitnehmer nach Beendigung des Arbeitsverhältnisses, z.B. medi-
     zinische Versorgung von Rentnern oder Sterbegeldzahlungen im Falle des Ablebens nach
     Beendigung des Arbeitsverhältnisses

3. Andere langfristig fällige Leistungen an Arbeitnehmer (other long-term employee benefits), z.B.

   - vergütete Dienstfreistellungen, z.B. Sabbaticals oder Sonderurlaub nach langjähriger Dienst-
     zeit
   - Jubiläumsgelder
   - Versorgungsleistungen im Falle der Erwerbsunfähigkeit

4. Leistungen aus Anlass der Beendigung des Arbeitsverhältnisses (termination benefits)

Abbildung 6.4:   Leistungen an Arbeitnehmer

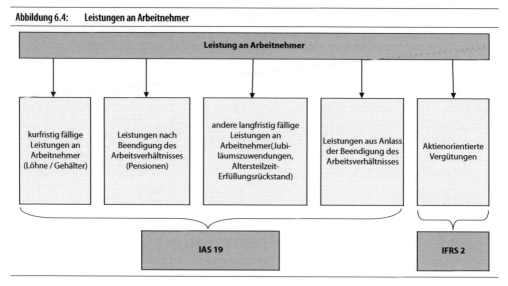

29   Die o.g. unterschiedlichen Kategorien von Leistungen an Arbeitnehmern weisen unterschiedliche Charakteristika auf, so dass für jede dieser Kategorien im IAS 19 unterschiedliche Regelungen getroffen werden.

30   Die Bilanzierung kurzfristig fälliger Leistungen an Arbeitnehmer ist denkbar einfach, da auf Grund der vorgeschriebenen Fristigkeit - Zahlung spätestens zwölf Monate nach Ablauf der Berichtsperiode - weder versicherungsmathematische Verfahren anzuwenden sind noch eine Diskontierung der Verpflichtung vorzunehmen ist. Die während der Berichtsperiode fälligen Leistungen, die durch die Arbeitsleistung der Arbeitnehmer in der Berichtsperiode erarbeitet wurden, z.B. Gehaltszahlungen und Sozialversicherungsbeiträge, werden in der entsprechenden Berichtsperiode als Aufwand erfasst. Sollten Leistungen, wie z.B. aufgeschobene Urlaubstage, die in einer Periode erdient wurden, erst in der auf den Bilanzstichtag folgenden Berichtsperiode fällig werden, so ist der nominale Wert dieser Leistungen am Bilanzstichtag in der Bilanz auszuweisen.

31   Die Bewertung und Bilanzierung von anderen langfristig fälligen Leistungen an Arbeitnehmer und Leistungen aus Anlass der Beendigung des Arbeitsverhältnisses wird in Kapitel 9 A. und 9 B. dieses Buches behandelt.

32   Im Folgenden wenden wir uns den Leistungen nach Beendigung des Arbeitsverhältnisses, im Wesentlichen also Pensionsverpflichtungen, zu. Unter einem Plan versteht man eine formelle oder informelle Vereinbarung auf Grund derer ein Unternehmen Leistungen nach Beendigung des Arbeitsverhältnisses gewährt. Pläne werden unterteilt in die zwei wesentlichen Kategorien:

33   **Beitragspläne**[3] **(Defined Contribution Plans)**, bei denen die Arbeitgeber unter keinen Umständen über die Zahlung der festgelegten Beiträge an eine rechtlich selbständige Einheit (z.B. ein Pensionsfonds) hinaus gehenden Zahlungsverpflichtungen haben, auch dann nicht, wenn diese rechtlich selbständige Einheit ihren Zahlungsverpflichtungen nicht nachkommen kann.

34   **Leistungsorientierte Pläne (Defined Benefit Plans)** sind all die Leistungen nach Beendigung des Arbeitsverhältnisses, die keine Beitragspläne sind.

---

3   In der amtlichen Übersetzung der europäischen Union wird der Begriff „beitragsorientierte Pläne" verwendet. Um einer Verwechslung mit beitragsorientierten Leistungszusagen (vgl. Kap. 2 Tz. 32) vorzubeugen wird davon abweichend der Begriff Beitragsplan verwendet (siehe hierzu auch: DAV/IVS-Richtlinie IAS 19)

Das Kriterium für die unterschiedliche Behandlung der Pläne für Leistungen nach Beendigung des 35
Arbeitsverhältnisses ist in der unterschiedlichen Risikotragung durch den Arbeitgeber zu sehen. Ist
der Arbeitgeber etwa verpflichtet, Leistungen (z.B. zusätzliche Beiträge oder direkt an den Arbeitnehmer zu zahlende Leistungen), die über die festgelegten Beiträge an eine rechtlich selbständige
Einheit hinausgehen, zu zahlen, so ist in der Regel von einem leistungsorientierten Plan auszugehen.
Die bilanzielle Behandlung von Beitragsplänen und leistungsorientierten Plänen unterscheidet sich
erheblich und wird demzufolge in unterschiedlichen Kapiteln (6 B. und 6 C.) behandelt.

Über die beiden o.g. Plankategorien hinaus gibt es noch versicherte Pläne und über Gemeinschafts- 36
einrichtungen finanzierte Pläne. Die Bilanzierung dieser Pläne wird in Kapitel 6 D. behandelt.

B.   Beitragspläne

Beitragspläne werden dadurch charakterisiert, dass die Arbeitgeber festgelegte Beiträge an eine ei- 37
genständige Versorgungseinrichtung zahlen und darüber hinaus der Arbeitgeber nicht verpflichtet ist, weitere Zahlungen an die Versorgungseinrichtung zu leisten, insbesondere auch dann nicht,
wenn die Versorgungseinrichtung nicht mehr in der Lage ist, die Leistungen an den Arbeitnehmer
zu zahlen (vgl. Kapitel 6 Tz. 33).

Mit dieser Konstruktion ist offensichtlich der Vorteil für die Arbeitgeber verbunden, dass nachdem 38
die Beiträge festgelegt und z.B. an einen Pensionsfonds entrichtet wurden, keinerlei zusätzliche Risiken zu tragen sind. Man muss bei einer Analyse der Vorteilhaftigkeit der Beitragspläne allerdings
bedenken, dass die Arbeitgeber zwar von Risiken befreit werden, im Umkehrschluss aber sämtliche
mit einer Pensionszusage verbundene Risiken, z.B. das Langlebigkeitsrisiko oder die Unsicherheiten
beim Kapitalanlageerfolg, durch die Arbeitnehmer im Pensionsfonds zu tragen sind. Dies kann wiederum zu personalpolitischen Zielen des Unternehmens im Widerspruch stehen. Darüber hinaus
zeigt sich in der Praxis häufig, dass die Kosten bei Beitragsplänen oftmals vergleichsweise hoch sind,
d.h. die Unternehmen könnten bei gleichem Aufwand höhere Leistungen bzw. bei niedrigerem Aufwand gleiche Leistungen über einen leistungsorientierten Pensionsplan gewähren – allerdings nur
unter Inkaufnahme verschiedener Risiken. Eine tiefer gehende Analyse der Vor- und Nachteile von
Beitragsplänen und ein Vergleich mit leistungsorientierten Zusagen (Defined Benefit Plans – siehe
Kapitel 6 C.) ist jedoch nicht Gegenstand dieses Buches.

Nachdem im Laufe der 90er Jahre des 20. Jahrhunderts der Aspekt des Risikomanagements in den 39
Mittelpunkt des Interesses bei der Unternehmensführung geriet und damit einhergehend Fragen
der Verringerung von Risiken eines Unternehmens („De-Risking") intensiv diskutiert wurden, waren
Unternehmen zunehmend daran interessiert, an Stelle der bis dahin in den Unternehmen hauptsächlich vorhandenen leistungsorientierten Zusagen Beitragspläne zu implementieren bzw. die bestehenden leistungsorientierten Pläne durch Beitragspläne abzulösen. Die Unternehmen wurden
darüber hinaus durch die seit den 80er Jahren des 20. Jahrhunderts steigende Zahl der Rentner sowie
die Finanzmarktkrisen in der 1. Dekade des 21. Jahrhunderts für das Thema Altersversorgung und
die damit für die Unternehmen verbundenen Risiken sensibilisiert

Die Höhe der im Rahmen eines Beitragsplanes zu zahlenden Beiträge kann entweder als absolute 40
Zahl festgelegt werden oder über eine Bemessungsgröße definiert werden, beispielsweise als Prozentsatz des Einkommens des jeweiligen Arbeitnehmers („pensionsfähiges Einkommen") oder als
Beitrag in Abhängigkeit vom Erreichen eines Zielerreichungsgrades (vgl. Beispiel1). Die jeweiligen
Leistungen, die über einen Beitragsplan finanziert werden, müssen nicht zwingend der Summe der
für einen Arbeitnehmer gezahlten Beiträge und der darauf entfallenden Kapitalerträge entsprechen,
d.h. dass durchaus planmäßige Umverteilungen zwischen den Planmitgliedern vorgenommen werden können.

41 Sollten die Beitragszahlungen an einen Beitragsplan geringer ausfallen, als ursprünglich durch den Arbeitgeber zu erwarten war, dann steht dies der Einordnung als Beitragsplan zwar nicht entgegen (vgl. IAS 19 BC 29), jedoch sind Beitragserstattungen oder Beitragsreduzierungen bei vernünftigerweise zu erwartender Entwicklung des Beitragsplans auszuschließen.

❱ **Beispiel 1**

Ein US-amerikanisches Tochterunternehmen eines deutschen Konzerns bietet seinen Mitarbeitern in den Vereinigten Staaten einen *Defined Contribution Plan* an. Dieser Beitragsplan sieht vor, dass in Abhängigkeit von der Erreichung der jährlichen Zielvorgaben hinsichtlich des EBITs Beiträge für die Arbeitnehmer entrichtet werden. Diese Beiträge betragen für den Fall, dass mindestens

- 25 % der Zielvorgabe erreicht wurden, 1,0 % des jeweiligen Einkommens der Arbeitnehmer,

- 50 % der Zielvorgabe erreicht wurden, 2,0 % des jeweiligen Einkommens der Arbeitnehmer,

- 75 % der Zielvorgabe erreicht wurden, 3,0 % des jeweiligen Einkommens der Arbeitnehmer,

- 100 % der Zielvorgabe erreicht wurden, 4,0 % des jeweiligen Einkommens der Arbeitnehmer,

Außerdem wird es den Arbeitnehmern gestattet, eigene Beiträge, also Arbeitnehmerbeiträge (unter Berücksichtigung steuerlicher Restriktionen), an den Plan zu entrichten.

Die Beiträge werden in einem Investmentfonds angelegt. Wechselt ein Arbeitnehmer in den Ruhestand, so wird ihm der Wert der mit seinen Beiträgen gekauften Fondsanteile zum Auszahlungspunkt als Alterskapital ausgezahlt.

42 Grundlage für Beitragspläne sind in der Praxis einzelvertragliche bzw. kollektivrechtliche Regelungen oder gesetzliche Vorgaben. Die Vorschriften für den Beitragsplan können Beiträge durch den Arbeitgeber, die Arbeitnehmer oder beide Gruppen vorsehen.

❱ **Beispiel 2**

Unternehmen sind in Italien dazu verpflichtet, ihren Mitarbeitern Leistungen bei Ausscheiden aus dem Unternehmen, also auch bei Wechsel in den Ruhestand, zu gewähren. Ursprünglich wurden die Leistungen in Abhängigkeit von der jeweils im Unternehmen geleisteten Dienstzeit und dem jeweiligen Einkommen der Arbeitnehmer definiert, so dass es sich um einen leistungsorientierten Plan, den sogenannten *Trattamento di Fine Rapporto* (kurz: TFR) handelte. Nach einer Novellierung des bürgerlichen Gesetzbuches werden diese Pläne seit dem 1.1.2007 als Beitragspläne geführt, so dass die Unternehmen für die Arbeitnehmer während der aktiven Dienstzeit Beiträge an privatrechtliche Einrichtungen abführen müssen, die – inklusive der erzielten Erträge – den Arbeitnehmern nach Beendigung des Arbeitsverhältnisses zustehen. Der Unterschied zu einem Sozialversicherungssystem wie etwa der deutschen Arbeitslosen- oder Rentenversicherung besteht darin, dass die Unternehmen bzw. die Arbeitnehmer eine gewisse Gestaltungsfreiheit hinsichtlich Auswahl der Fonds, in die die Beiträge investiert werden, besitzen.

❱ **Beispiel 3**

Ein Unternehmen sagt seinen Mitarbeitern Leistungen im Rahmen einer Direktversicherung zu. Die von der Versicherung erwirtschafteten, über den Rechnungszins hinausgehenden Überschüsse in einem Wirtschaftsjahr werden planmäßig an das Unternehmen zurückgezahlt bzw. zur Beitragsminderung im darauf folgenden Wirtschaftsjahr verwendet. Bei dieser Konstruktion handelt es sich nicht um einen Beitragsplan.

43 Werden die Beiträge in dem Jahr gezahlt, in dem die Arbeitnehmer die Leistungen erbringen, die planmäßig die Beitragszahlungen des Arbeitgebers auslösen, werden die Beitragszahlungen gemäß IAS 19.51 als Aufwand in der Gewinn- und Verlustrechnung im gleichen Jahr erfasst. Von dieser Vorgehensweise kann nur dann abgewichen werden, wenn ein anderer IFRS (z.B. IAS 2 Vorräte oder

IAS 16 Sachanlagen) die Berücksichtigung der Beitragszahlungen bei Anschaffungs- oder Herstellungskosten eines Vermögenswertes erlaubt bzw. vorsieht.

Für den Fall, dass die Beiträge erst im Anschluss an die Berichtperiode, in der die Arbeitnehmer die mit den Beitragszahlungen korrespondierenden Arbeitsleistungen erbracht haben, gezahlt werden, hat der Arbeitgeber eine Schuld in der Bilanz auszuweisen. Die Bewertung dieser in der Bilanz auszuweisenden Schuld erfolgt finanzmathematisch, d.h. dass biometrische Ausscheidewahrscheinlichkeiten, wie z.B. Mortalität, bei der Berechnung nicht berücksichtigt werden. Ist davon auszugehen, dass die Beiträge in den zwölf auf das Ende der Berichtperiode folgenden Monate gezahlt werden, ist diese Schuld nicht abzuzinsen. Wird hingegen erwartet, dass die Beitragszahlungen erst nach mehr als zwölf Monaten nach dem Ende der Berichtperiode geleistet werden, so sind diese zukünftigen Beitragszahlungen abzuzinsen. Die Abzinsung hat mit einem Rechnungszins zu erfolgen, der analog der Vorgehensweise für leistungsorientierte Pensionspläne (vergleiche die IAS 19.83 / Kapitel 6 Tz. 72) bestimmt wird. Sollten die innerhalb einer Berichtperiode durch das Unternehmen geleisteten Beitragszahlungen höher sein, als die planmäßig zu zahlenden Beiträge, aktiviert das Unternehmen diese Vorauszahlungen als Vermögenswert. 44

Abbildung 6.5: Bilanzielle Behandlung von Beitragsplänen

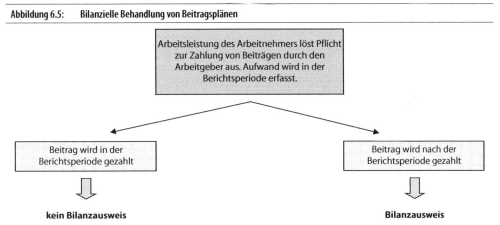

Das bilanzierende Unternehmen hat die aufwandswirksam erfassten Beiträge im Anhang zur Bilanz gemäß IAS 19.53 offenzulegen. Weitergehende Offenlegungspflichten sind nicht zu beachten, es sei denn, dass das Unternehmen gemäß IAS 24 Angaben über Beiträge an Beitragspläne für Mitglieder der Geschäftsleitung machen muss. 45

Formal kann auf Grund der bestehenden Subsidiärhaftung des Arbeitgebers in Deutschland keine Pensionszusage in Form eines Beitragsplanes erteilt werden. Kann eine Versorgungseinrichtung, über die der Beitragsplan finanziert wird, die Leistungen nicht mehr in voller Höhe erbringen oder wird sie gar zahlungsunfähig, dann muss der Arbeitgeber für die zugesagten Leistungen gegenüber dem Arbeitnehmer einstehen. 46

Jedoch kann bei wirtschaftlicher Betrachtung das Risiko bei einzelnen Plangestaltungen, die Versicherungen zwecks Finanzierung einschalten, dazu führen, dass diese Pläne wie Beitragspläne zu behandeln sind. Das Risiko, dass die als Versorgungseinrichtungen eingeschalteten Versicherungsunternehmen die Leistungen nicht (in vollem Umfang) erbringen können, wird demnach lediglich als ein Risiko gesehen, dass zu einer möglichen Verpflichtung führt, deren Eintreten weder sicher noch von Ereignissen abhängig ist, die das Unternehmen selbst beeinflussen kann. Diese so genannten Eventualverbindlichkeiten (*Contingent Liabilities*) sind gemäß IAS 37.27 nicht in der Bilanz auszuweisen. 47

48   Pensionsverpflichtungen, die mittels Zahlung von Versicherungsprämien an ein Versicherungsunternehmen finanziert werden, können gemäß IAS 19.46 dann wie ein Beitragsplan behandelt werden, wenn

1. der Versicherungsvertrag auf den Namen eines einzelnen Planbegünstigten oder auf eine Gruppe von Planbegünstigten ausgestellt ist,

2. das Unternehmen weder rechtlich noch faktisch dazu verpflichtet ist, mögliche Verluste aus dem Versicherungsvertrag auszugleichen,

3. das Unternehmen nicht dazu verpflichtet ist, Leistungen unmittelbar an die Arbeitnehmer zu zahlen und

4. die alleinige Verantwortung zur Zahlung der Leistungen beim Versicherer liegt.

49   Aus den vier o.g. Bedingungen wird der Abgeltungscharakter der Zahlung der Versicherungsprämien ersichtlich. Folgerichtig hat das Unternehmen bei einem solchen Pensionsplan weder eine Schuld noch einen Vermögenswert, der aus der Zahlung der Versicherungsprämien resultiert, zu bilanzieren.

50   In Deutschland gibt es verschiedene Wege, Versicherungen als Finanzierungsinstrument für Pensionsverpflichtungen einzusetzen. Neben den Durchführungswegen Direktversicherung, Pensionskasse und Pensionsfonds können Versicherungen auch als Rückdeckungsversicherungen verwendet werden, um Direkt- und Unterstützungskassenzusagen zu finanzieren.

51   Die in Deutschland üblichen Direktversicherungen werden durch folgende Eigenschaften charakterisiert[4]:

1. das Unternehmen ist Versicherungsnehmer und damit verpflichtet, die Beiträge zu entrichten,

2. der Arbeitnehmer ist versicherte Person und Bezugsberechtigter,

3. der Arbeitnehmer hat einen Rechtsanspruch gegen den Versicherer,

4. der Versicherer garantiert seine Leistung unter Einhaltung aufsichtsrechtlicher Bestimmungen,

5. die garantierten Leistungen beruhen auf den gezahlten Beiträgen,

6. auf Grund vorsichtiger Kalkulation planmäßig eintretende Überschüsse werden dem Arbeitnehmer gutgeschrieben,

7. bei unverfallbarem Ausscheiden des Arbeitnehmers sind die verbleibenden Anwartschaften ausfinanziert (auch nach den Portabilitätsvorschriften),

8. bei vorzeitigem Altersrentenbeginn richtet sich die Leistung nach dem vorhandenen Deckungskapital,

9. bei Rentenleistungen erfolgen Rentenanpassungen im Umfang der Überschussbeteiligung.

52   Offensichtlich sind die im IAS 19.46 formulierten Bedingungen (vgl. Tz. 48) erfüllt. Insbesondere sind alle im Austausch für die Arbeitsleistungen erworbenen Anwartschaften auch für den Fall der vorzeitigen Inanspruchnahme, sei es bei vorzeitigem Ausscheiden oder Tod, durch die geleisteten Versicherungsprämien vollständig finanziert. Die nach Rentenbeginn vorzunehmenden Rentenanpassungen gemäß § 16 BetrAVG werden gemäß § 16 Abs. 3 Nr. 2 BetrAVG durch entsprechende Verwendung der Überschussbeteiligung finanziert.

53   Pensionskassen bzw. über Pensionskassen finanzierte Pensionsverpflichtungen können nach den gleichen Prinzipien wie eine Direktversicherung ausgestaltet werden. Ist dies der Fall, dann gilt letztlich das gleiche wie für Direktversicherungen. In Einzelfällen ist es jedoch nicht unüblich, dass auf Grund der besonderen Nähe betrieblicher Pensionskassen zum jeweiligen Unternehmen Nachschussverpflichtungen für den Fall bestehen, dass die Pensionskasse die zugesagten Leistungen nicht

---

4   Vgl. DAV/IVS-Richtlinie IAS 19 (revised 2008)

oder nur teilweise erfüllen kann. Eine Einzelfallprüfung, ob die in IAS 19.49 formulierten Bedingungen erfüllt sind, ist unumgänglich.

Die Verpflichtung zur Anpassung von laufenden Renten liegt gemäß § 16 BetrAVG bei einer über 54
einen Pensionsfonds finanzierten Pensionszusage grundsätzlich beim Arbeitgeber. Daraus folgt, dass derartige Zusagen allgemein wie leistungsorientierte Zusagen behandelt werden. Wird jedoch eine Pensionszusage, die über einen Pensionsfonds finanziert wird, als eine beitragsorientierte Zusage mit Mindestleistung erteilt, bei der eine Rentenanpassung nicht notwendig ist, so kann diese Pensionszusage wie ein Beitragsplan behandelt werden. Gleiches gilt für den Fall, dass eine garantierte Rentenanpassung, die versicherungsförmig vorfinanziert werden kann, Bestandteil der Zusage ist.

Eine Pensionszusage, die über eine Unterstützungskasse finanziert wird, kann dann als Beitragsplan 55
behandelt werden, wenn die folgenden Bedingungen erfüllt sind:

1. Das Unterstützungskassenvermögen besteht aus kongruenten Rückdeckungsversicherungen, d.h. Versicherungen, deren Versicherungstarif die Rentenformel der Pensionszusage exakt abbilden.

2. Das Unterstützungskassenvermögen genügt den Ansprüchen von Planvermögen (vgl. Kapitel 6 Tz. 83)

3. Bei Zusageerteilung wird eine garantierte Rentenanpassung oder eine Kapitalleistung zugesagt, so dass der Arbeitgeber keine darüber hinausgehenden Rentenanpassungsverpflichtungen hat.

Die Leistungen müssen bei einem versicherten Plan gemäß IAS 19.46 (a) direkt vom Versicherer an 56
den Begünstigten ausgezahlt werden, damit der Plan wie ein Beitragsplan behandelt werden kann. Wird die betriebliche Altersversorgung in Form einer Direktzusage erteilt, so werden die Leistungen, auch bei Abschluss einer Rückdeckungsversicherung, nicht vom Versicherer, sondern direkt vom Arbeitgeber an den Begünstigten ausgezahlt. Auch wenn eine Direktzusage so gestaltet werden kann, dass die zugesagte Leistung der Leistung des Versicherers, bei dem die Versicherung abgeschlossen wurde, folgt, so kann also aus formalen Gründen eine Direktzusage, die über eine Rückdeckungsversicherung finanziert wird, nicht wie ein Beitragsplan behandelt werden. Auch wenn für die Bilanzierung einer solchen Zusagegestaltung die formalen Ansprüche der Bilanzierung leistungsorientierter Pensionspläne gelten, so können diese Zusagen materiell so gestaltet werden, dass der zu erfassende Aufwand dem Aufwand, der für den Fall des Vorliegens eines Beitrags Planers entstünde, entspricht (vgl. Kapitel 6 Tz. 137 und Beispiel 22).

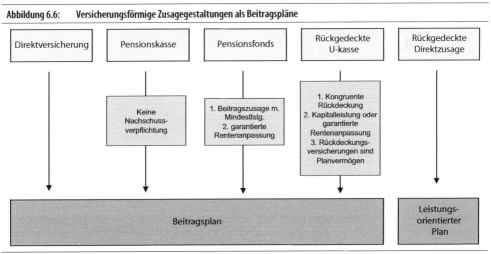

Abbildung 6.6: Versicherungsförmige Zusagegestaltungen als Beitragspläne

C.   Leistungsorientierte Pläne

57   Für die Bilanzierung eines leistungsorientierten Planes ist es unerheblich, ob die Pensionsverpflichtung auf einem formalen Regelwerk oder auf betrieblicher Übung (*Constructive Obligation*) beruht.

58   Die Bilanzierung von leistungsorientierten Plänen (Defined Benefit Plans) ist allerdings deutlich komplexer als die Bilanzierung von Beitragsplänen. Werden bei den Beitragsplänen lediglich die für in einer Berichtsperiode fällig werdenden festgelegten Beitragszahlungen als Aufwand erfasst, so müssen bei einem leistungsorientierten Plan zu jedem Bilanzstichtag die Höhe der Verpflichtung sowie der Aufwand bestimmt werden. Leistungsorientierte Pläne können dabei über Bildung von Rückstellungen unternehmensintern oder (teilweise) über zweckgebundene, ausgelagerte Vermögenswerte (Planvermögen – *Plan Assets* – vgl. Kapitel 6 Tz. 83) finanziert werden. Wird der Pensionsplan über Planvermögen finanziert, so verbleibt in der Regel das Kapitalanlagerisiko beim Arbeitgeber. D.h., für den Fall, dass die zugesagten Leistungen nicht aus dem Planvermögen finanziert werden können, besteht in der Regel eine Nachschussverpflichtung für den Arbeitgeber. U.a. daraus folgt, dass der Aufwand bei leistungsorientierten Plänen regelmäßig nicht den Beitragszahlungen an das Planvermögen entspricht.

59   Der Verpflichtungsumfang wird als Barwert der leistungsorientierten Verpflichtung (*present value of a defined benefit obligation* – vgl. IAS 19.8) bezeichnet und entspricht dem ohne Abzug von Planvermögen beizulegenden Barwert erwarteter künftiger Zahlungen, die erforderlich sind, um die aufgrund von Arbeitnehmerleistungen in der Berichtsperiode oder früheren Perioden entstandenen Verpflichtungen abgelten zu können. In der Praxis entsprechen die erwarteten künftigen Zahlungen den erwarteten zukünftigen Rentenzahlungen und Kapitalleistungen, die gemäß Planformel an die Planmitglieder ausgezahlt werden. Weitere Kosten, mit Ausnahme von durch den Plan zu tragende Steuern, d.h. allgemeine Verwaltungskosten oder Beitragszahlungen an Träger von Insolvenzsicherungseinrichtungen wie z.B. den Pensions-Sicherungs-Verein in Deutschland, werden bei der Bestimmung des Barwerts der leistungsorientierten Verpflichtung nicht berücksichtigt.

> ⊘ **Beispiel 4**
>
> Ein Unternehmen hat in der Vergangenheit seinen Mitarbeitern eine Pensionszusage in Form einer unmittelbaren Pensionszusage erteilt. In der Zwischenzeit sind einige begünstigte Arbeitnehmer bereits in den Ruhestand gewechselt, einige Arbeitnehmer haben ohne Vorliegen eines Versorgungsfalles - aber mit einer aufrechtzuerhaltenden, unverfallbaren Leistungsanwartschaft - die Firma verlassen (unverfallbar Ausgeschiedene) und wiederum andere Arbeitnehmer arbeiten weiterhin aktiv für das Unternehmen. Der Barwert der leistungsorientierten Verpflichtung entspricht am Bilanzstichtag bei
>
> ◾ Rentnern dem Barwert der auf den Bilanzstichtag folgenden erwarteten Rentenzahlungen,
>
> ◾ unverfallbar Ausgeschiedenen dem Barwert des Anspruchs auf künftig zu erwartende Rentenzahlungen, die bis zum Zeitpunkt des jeweiligen Ausscheidens erworben wurden,
>
> ◾ aktiven Arbeitnehmern (näherungsweise bzw. in einigen Fällen exakt) dem Barwert des Anspruchs auf künftig zu erwartende Rentenzahlungen, die bis zum Bilanzstichtag erdient wurden.

60   Die Bilanzierung von leistungsorientierten Pensionsplänen erfolgt dabei gemäß IAS 19.57 in mehreren Schritten. Zuerst wird der Barwert der leistungsorientierten Verpflichtung mittels versicherungsmathematischer Verfahren bestimmt (vergleiche Kapitel 6 Tz. 63). Danach wird der Barwert der leistungsorientierten Verpflichtung mit dem Zeitwert (*Fair Value*) des Planvermögens saldiert. Ist der Zeitwert des Planvermögens am Bilanzstichtag kleiner als der Barwert der leistungsorientierten Verpflichtung, so ist dieser Fehlbetrag als Schuld in der Bilanz auszuweisen (*Net Defined Benefit Liability*). Ist dagegen der Zeitwert des Planvermögens größer als der Barwert der leistungsorientierten Verpflichtung, so ist dieser Überschuss, gegebenenfalls begrenzt auf den Barwert des ökonomischen

Nutzens (vergleiche Kapitel 6 Tz. 110), in der Bilanz als Vermögenswert auszuweisen (Net Defined Benefit Asset).

◉ Beispiel 5

Ein Unternehmen lässt einen versicherungsmathematischen Sachverständigen den Barwert der leistungsorientierten Verpflichtung zum Bilanzstichtag bestimmen. Aus der Rentenformel, den Bestandsdaten und den versicherungsmathematischen Annahmen (vgl. Kapitel 6 Tz. 71) ergibt sich zum Bilanzstichtag ein Wert von 800.000 €. Das Unternehmen hat zwecks Finanzierung der Altersversorgung Vermögenswerte, die den Ansprüchen von Planvermögen genügen, zum Bilanzstichtag in Höhe von 600.000 € ausgelagert. Daraus ergibt sich, dass das Unternehmen zum Bilanzstichtag eine Pensionsverpflichtung, d.h. einen Fehlbetrag von 200.000 € in der Bilanz ausweisen muss.

Der Standard schreibt vor, dass die Arbeitgeber in „ausreichender Regelmäßigkeit" den in der Bilanz auszuweisenden Wert bestimmen, und empfiehlt hierfür, die Dienste eines Versicherungsmathematikers (Aktuars) in Anspruch zu nehmen. Damit soll gewährleistet werden, dass die im Jahresabschluss ausgewiesenen Beträge nicht wesentlich von den Beträgen abweichen, die sich ergeben würden, wenn der Barwert der leistungsorientierten Verpflichtung am Bilanzstichtag bestimmt würde. 61

Neben den in der Bilanz auszuweisenden Größen müssen jährlich auch die einzelnen Komponenten des Gesamtergebnisses (Comprehensive Income) 62

- ▦ Dienstzeitaufwand,
- ▦ Nettozinsaufwand und
- ▦ Neubewertungen

bestimmt werden, mittels derer eine Überleitung der in der Bilanz auszuweisenden Pensionsverpflichtungen vom Anfang zum Ende einer Berichtsperiode vorgenommen wird (vgl. Kapitel 6 Tz. 90). Um mittels der o.g. Komponenten eine in der Bilanz auszuweisende Pensionsverpflichtung vom Wirtschaftsjahresanfang zum Wirtschaftsjahresende überzuleiten, wird die Pensionsverpflichtung am Wirtschaftsjahresanfang um die oben genannten Komponenten Dienstzeitaufwand, Nettozinsaufwand und die Neubewertungen erhöht und schließlich durch Zahlungen des Arbeitgebers (direkte Rentenzahlungen und Beitragszahlungen an das Planvermögen) vermindert.

Tabelle 6.1:   **Entwicklung der in der Bilanz auszuweisenden Schuld während einer Berichtsperiode**

(+) In der Bilanz auszuweisende Schuld am Anfang der Berichtsperiode
+ Dienstzeitaufwand
1. Laufender Dienstzeitaufwand
2. Nachzuverrechnender Dienstzeitaufwand
3. Auswirkungen von Plankürzungen
4. Auswirkungen von Abfindungen
+ Nettozinsaufwand
1. Zinsaufwand Verpflichtung (+)
2. Zinsertrag Planvermögen (-)
+ Neubewertungen
1. Versicherungsmathematische Gewinne / Verluste
2. Differenz tats. Rendite Planvermögen / Rechnungszins
3. Begrenzung des Vermögenswertes
./. Rentenzahlungen durch den Arbeitgeber
./. Arbeitgeberbeiträge an das Planvermögen
(+) In der Bilanz auszuweisende Schuld am Ende der Berichtsperiode

I. Die Bewertung leistungsorientierter Verpflichtungen

63 Um den Barwert einer leistungsorientierten Verpflichtung zu bestimmen, genügt es nicht, die im Pensionsplan verankerte Rentenformel zu interpretieren, sondern es müssen darüber hinaus auch verschiedene ‚technische' Aspekte der Bewertung bedacht werden (IAS 19.66):

1. Es muss eine versicherungsmathematische Bewertungsmethode festgelegt werden.

2. Die Leistungen sind den Dienstjahren der Arbeitnehmer zuzuordnen

3. Es sind versicherungsmathematische Annahmen für die Bewertung zu treffen.

64 Hinsichtlich der Bewertungsmethode ist der IAS 19 eindeutig. Der Standard (IAS 19.67) schreibt vor, dass das Verfahren der laufenden Einmalprämien (PUC–Methode; vgl. Kapitel 3 Tz. 35) zwecks Berechnung des Barwerts der leistungsorientierten Verpflichtung am Bilanzstichtag, des laufenden Dienstzeitaufwands und des nachzuverrechnenden Dienstzeitaufwands anzuwenden ist. Andere Verfahren, wie zum Beispiel die Teilwertmethode, sind nicht zulässig.

65 Der laufende Dienstzeitaufwand entspricht dem Barwert der in einer Berichtsperiode erdienten zusätzlichen Anwartschaft auf an den Arbeitnehmer zu zahlende Leistungen. Die Summe der bis zu einem Bewertungsstichtag akkumulierten, verzinsten Dienstzeitaufwände entspricht dem Barwert der leistungsorientierten Verpflichtung am Bewertungsstichtag. Dies hat zur Folge, dass die Höhe des laufenden Dienstzeitaufwands für eine Anwartschaft auf eine in der Zukunft liegende Leistung nicht nur von der Höhe der in der Zukunft liegenden Leistung abhängt, sondern auch vom Zeitpunkt des erdienens.

Abbildung 6.7: Laufender Dienstzeitaufwand und Barwert der leistungsorientierten Verpflichtung (DBO)

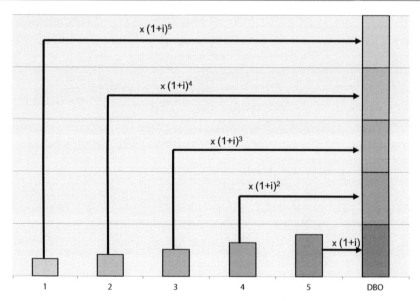

---

66 Die Leistungen eines Pensionsplans sind grundsätzlich abzuzinsen, auch wenn ein Teil der zukünftigen Leistungen erwartungsgemäß innerhalb der zwölf auf den Bewertungsstichtag folgenden Monate fällig wird. Aufgrund des Zinseffekts ist der laufende Dienstzeitaufwand umso höher, je mehr man sich dem Pensionierungsalter (PA) der begünstigten Arbeitnehmer nähert. Dies unterscheidet

das Verfahren der laufenden Einmalprämien vom Teilwertverfahren, bei dem der Dienstzeitaufwand bzw. die Teilwertprämie über den gesamten Anwartschaftsverlauf (bei unveränderten Rahmenbedingungen) gleich bleibt. Folglich ist, bei gleichen versicherungsmathematischen Annahmen, die Teilwertprämie und somit der Teilwert zu Beginn der Finanzierung höher als der mit dem Verfahren der laufenden Einmalprämien kalkulierte laufende Dienstzeitaufwand bzw. Barwert der leistungsorientierten Verpflichtung (vgl. Abbildung 6.8).

Abbildung 6.8:   Vergleich Teilwertprämie und laufender Dienstzeitaufwand

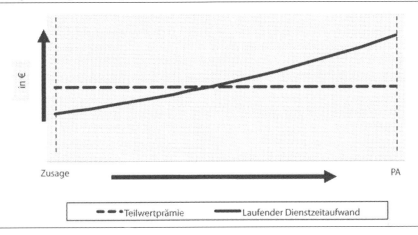

Bei der Frage der Zuordnung der Leistungen zu den Dienstjahren der Arbeitnehmer sieht IAS 19 grundsätzlich vor, dass die Leistungen den Dienstjahren der Planformel entsprechend zugeordnet werden (IAS 19.70). Werden spätere Dienstjahre planmäßig höher bewertet (*backloading*), so ist der Dienstzeitaufwand linear über die gesamte Dienstzeit zu verteilen.

> Beispiel 6
>
> Eine Pensionszusage wird in Form einer beitragsorientierten Leistungszusage erteilt. Die Einkommen der Arbeitnehmer werden jährlich umgerechnet in einen Beitrag, der mittels einer Umrechnungstabelle in einen Rentenbaustein, d.h. einer bei Eintritt in den Ruhestand zu zahlenden jährlichen Rente, umgerechnet wird. Tritt ein Arbeitnehmer mit 45 Jahren in das Unternehmen ein, so ergibt sich aus der Pensionszusage folgender beispielhafter Anwartschaftsverlauf, der den durch den Arbeitnehmer erdienten Anspruch im Alter x wiedergibt.

Abbildung 6.9:   Zu bewertender Anwartschaftsverlauf bei einer beitragsorientierten Leistungszusage

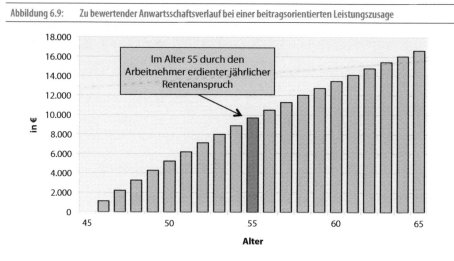

Der Arbeitgeber muss in dem Jahr, in dem der Arbeitnehmer 55 Jahre alt ist zwecks Bewertung der leistungsorientierten Verpflichtung den Barwert der bis zu diesem Zeitpunkt durch den Arbeitnehmer erdienten Altersrentenansprüche berechnen.

> Beispiel 7

Ein Unternehmen erteilt eine Pensionszusage in Form einer beitragsorientierten Leistungszusage, bei der die Einkommen der Arbeitnehmer jährlich in einen Beitrag umgerechnet werden. Die Umrechnungstabelle sieht dabei lediglich eine Verzinsung der Beiträge von 1 % vor. Für die Einkommen werden zukünftig Einkommenssteigerungen von 3 % p.a. angenommen. Betrachtet man den erwarteten Anwartschaftsverlauf, so zeigt sich, dass unter Berücksichtigung der zukünftigen Gehaltsentwicklung die Beiträge der späteren Dienstjahre zu höheren Leistungen führen als die vorherigen Beiträge. In diesem Fall liegt also ein *backloading* vor und der Anwartschaftsverlauf wäre für Zwecke der Bewertung zu linearisieren.

Abbildung 6.10:   Linearisierung einer beitragsorientierten Leistungszusage mit backloading

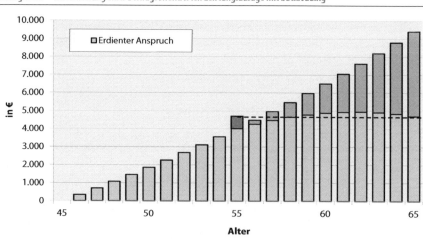

Die Anwendung des Verfahrens der laufenden Einmalprämien führt in Deutschland dazu, dass der Anwartschaftsverlauf für Zwecke der Bewertung im Alter X (hier: 55) bis zum planmäßigen Renteneintrittsalter gestaucht wird. Der zum Bewertungsstichtag zu bewertende Altersrentenanspruch entspricht dann dem auf das Renteneintrittsalter hochgerechneten Altersrentenanspruch, gekürzt um den zeitratierlichen Faktor gemäß § 2 BetrAVG.

Erteilt ein Unternehmen eine beitragsorientierte Leistungszusage und verwendet zu diesem Zweck eine Umrechnungstabelle, deren Verzinsung unter der für die Bewertung angenommenen Entwicklung der Gehälter liegt, so führt dies dazu, dass die Beiträge späterer Dienstjahre erwartungsgemäß zu höheren Leistungen führen. Es liegt also in solchen Fällen ein backloading vor und anstelle der Bewertung der zum Stichtag erdienten Anwartschaft ist der Anwartschaftsverlauf über die Dienstzeit zu linearisieren und somit zum Bewertungsstichtag eine höhere Anwartschaft zu bewerten, als sie eigentlich bis zu diesem Zeitpunkt erdient wurde.

Handelt es sich bei dem Pensionsplan um einen gehaltsabhängigen Plan, bei dem jedem Dienstjahr eine Leistung in Höhe eines definierten Prozentsatzes des Gehalts zugeordnet wird, liegt definitionsgemäß, obwohl zukünftige Gehaltserhöhungen zu einer höheren Leistung führen, kein *backloading* vor (IAS 19.74). Der Anwartschaftsverlauf ist bei diesen Plänen für Zwecke der Bewertung nicht zu linearisieren. 68

⬥ Beispiel 8

Ein Arbeitnehmer erhält von seinem Arbeitgeber eine Pensionszusage, nach der er für jedes vollendete Dienstjahr eine Altersrente bei Erreichen des 65. Lebensjahres in Höhe von 0,5 % des Gehalts bei Eintritt des Versorgungsfalles erhält.

Abbildung 6.11: Anwartschaftsverlauf bzw. zu bewertender Anspruch bei einer gehaltsabhängigen Zusage

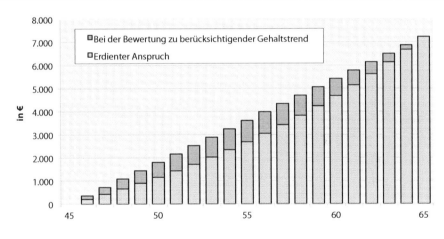

Der Arbeitnehmer tritt im Alter von 45 Jahren mit einem Gehalt von 40.000 € p.a. in die Firma ein. Nach Vollendung des ersten Dienstjahres hat der Arbeitnehmer einen Rentenanwartschaft von 0,5 %, gemessen am Gehalt, erreicht, nach Vollendung des zweiten Dienstjahres 1,0 %, usw. Geht man davon aus, dass der Arbeitnehmer im Laufe seiner Dienstzeit jährlich Gehaltserhöhungen von 3 % erhält, dann beträgt sein Gehalt p.a. nach Ablauf von 5 Dienstjahren 46.371 € p.a.. Nach der Planformel hat der Arbeitnehmer nach 5 Dienstjahren einen Rentenanspruch, gemessen am Gehalt bei Erreichen der Altersgrenze, von 5 x 0,5 % = 2,5 % erdient. Folglich beträgt der Rentenanspruch am Bewertungsstichtag auf Basis des Gehalts am Bewertungsstichtag 2,5 % x 46.371 € = 1.159,28 €. Bei der Bewertung sind allerdings nicht nur der erdiente Anspruch am Bilanzstichtag zu berücksichtigen sondern auch zukünftige Gehaltssteigerungen, so dass die 2,5 %, die nach 5 Jahren erdient wurden, durch die zukünftigen Gehaltssteigerungen an Wert gewinnen. Das Gehalt für den Arbeitnehmer in unserem

Beispiel beträgt nach 20 Dienstjahren 72.244 € (bei jährlich angenommenen Gehaltserhöhungen von 3 %). Der jährliche Rentenanspruch, der sich aus den 2,5 % ergibt beträgt demnach 1.806 €. Dies wird bei der Bewertung durch geeignete Annahmen berücksichtigt (vgl. Kapitel 6 Tz. 71)

69 Nach den Vorschriften des IAS 19 muss bei der Bewertung eigentlich der Planformel gefolgt werden. Jedoch entspricht die Anwartschaft gemäß Planformel in Deutschland i.d.R. nur dann der zum Bewertungsstichtag erreichten Anwartschaft, wenn diese zu diesem Zeitpunkt auch in dieser Höhe unverfallbar ist. Scheidet nämlich der Arbeitnehmer vorzeitig aus, so erhält er nach den gesetzlichen Vorschriften zur Berechnung der Höhe der unverfallbaren Anwartschaft i.d.R. nicht die nach der Planformel zum Zeitpunkt des Ausscheidens erreichte Anwartschaft, sondern lediglich die zeitratierlich erreichte Anwartschaft gemäß § 2 BetrAVG. Dieser Umstand wird in Deutschland, sofern die Unverfallbarkeit nicht der Planformel folgt, durch die Anwendung des sogenannten degressiven m/n-tel Verfahrens berücksichtigt, das die auf den Bewertungsstichtag folgenden zu erwartenden Leistungen entsprechend dem Verhältnis von abgeleisteter Dienstzeit zu möglicher Dienstzeit kürzt. Die Anwartschaften werden dann unter Berücksichtigung der für die Zukunft erwarteten Trendannahmen (z.B. Gehaltstrend) bewertet. Auch wenn die Höhe der unverfallbaren Anwartschaft bei der Berechnung des Barwertes der leistungsorientierten Verpflichtung maßgeblich ist, so ist die Unverfallbarkeit dem Grunde nach bei der Bewertung unerheblich, da für den Fall, dass die Leistung zum Bewertungsstichtag noch verfallbar ist, für Bewertungszwecke davon ausgegangen wird, dass es sich um eine faktische Verpflichtung des Arbeitgebers zur Zahlung von zukünftigen Leistungen an den Arbeitnehmer handelt.

70 Von besonderer Bedeutung sind die Überlegungen hinsichtlich der Bedeutung der Unverfallbarkeit für die Bewertung bei den in der Praxis häufig vorkommenden Rentenformeln, bei denen nicht spätere Dienstjahre höher bewertet werden als frühere, sondern umgekehrt früheren Dienstjahren eine höhere Leistung zugeordnet wird als späteren (*frontloading*).

❱ Beispiel 9

Der neue Geschäftsführer der Schlau AG tritt im Alter von 45 Jahren in den Dienst der Firma ein und erhält bei Dienstantritt eine unmittelbare Pensionszusage nach der er für jedes der ersten 10 Dienstjahre eine Anwartschaft auf Altersrente in Höhe von 2 % des letzten Einkommens vor Erreichen der Altersgrenze erhält. Für jedes weitere Dienstjahr erhält er nur noch eine Rentenanwartschaft in Höhe von 1 % des letzten Einkommens vor Erreichen der Altersgrenze.

Abbildung 6.12:   Frontloading einer Pensionszusage

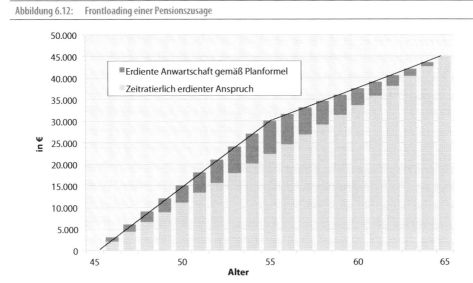

Die Abbildung zeigt den Anwartschaftsverlauf bei einem – zum Zwecke der Verdeutlichung – über den Zeitablauf konstanten Gehalt von 150.000 € p.a.. Nach 20 Dienstjahren erhält der Geschäftsführer eine jährliche Altersrente, die 30 % seines Gehalts entspricht. Die Bewertung der Altersrente an den Bewertungsstichtagen hängt nun davon ab, wie die Unverfallbarkeit im Rahmen der Pensionszusage geregelt wurde:

1. Wird bei den Bestimmungen zur Unverfallbarkeit in der Pensionszusage auf die gesetzlichen Regelungen abgestellt, so ist an den Bewertungsstichtagen auf den zeitratierlich erdienten Teil der Altersrente abzustellen.

2. Hat der Geschäftsführer hingegen ausgehandelt, dass die jeweils erdiente Anwartschaft - vertraglich - unverfallbar ist, dann muss bei der Bewertung auf die erdiente Anwartschaft gemäß Planformel abgestellt werden.

Neben der Auswahl der Bewertungsmethode und der Zuordnung der Leistungen zu den Dienst- 71 jahren der Arbeitnehmer müssen für die Bewertung geeignete Annahmen getroffen werden, um eine möglichst realistische Bewertung vornehmen zu können. Diese versicherungsmathematischen Annahmen sind gemäß IAS 19.75 unvoreingenommen, also weder übertrieben vorsichtig noch unvorsichtig zu wählen und aufeinander abzustimmen. Die versicherungsmathematischen Annahmen sollen den Arbeitgeber also in die Lage versetzen, eine bestmögliche Einschätzung der zukünftigen Leistungen vornehmen zu können. Zu den versicherungsmathematischen Annahmen gehören gemäß IAS 19.76 demographische Annahmen u.a. hinsichtlich der Sterblichkeit, Fluktuation, Invalidisierung, Frühverrentung und die Wahrscheinlichkeit des Vorhandenseins von Hinterbliebenen, der Ausübung einer Zahlungsoption (z.B. lebenslange Renten oder einmalige Kapitalzahlung) und der Inanspruchnahme von Leistungen aus Plänen zur medizinischen Versorgung. Bei der Bestimmung der demographischen Annahmen muss der Arbeitgeber bedenken, dass er nicht nur Annahmen für die aktive Belegschaft trifft, sondern, insbesondere mit Blick auf die Sterblichkeit, auch Annahmen hinsichtlich der Entwicklung der nicht mehr aktiven Planmitglieder. Für diese Zwecke können Annahmen, basierend auf Standardsterbetafeln, getroffen werden, die je nach Lage unverändert übernommen oder ggf. für den Pensionsplan angepasst werden können. Komplettiert werden die versicherungsmathematischen Annahmen durch die finanziellen Annahmen wie z.B. den Rechnungszinssatz, das künftige Gehalts- und Leistungsniveau (z.B. Rentensteigerungen), Kostentrends bei medizinischen Leistungen und vom Pensionsplan abzuführende Steuern.

Abbildung 6.13: Versicherungsmathematische Annahmen für die Berechnung des Barwerts der leistungsorientierten Verpflichtung

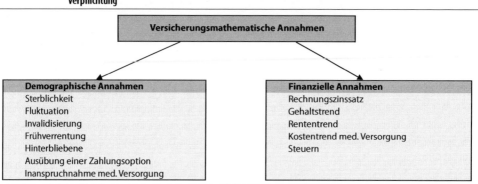

Versicherungsmathematische Annahmen

Demographische Annahmen
Sterblichkeit
Fluktuation
Invalidisierung
Frühverrentung
Hinterbliebene
Ausübung einer Zahlungsoption
Inanspruchnahme med. Versorgung

Finanzielle Annahmen
Rechnungszinssatz
Gehaltstrend
Rententrend
Kostentrend med. Versorgung
Steuern

72 Die materiell bedeutendste versicherungsmathematische Annahme ist sicherlich der Rechnungszins für die Bewertung der Pensionsverpflichtungen. Der Rechnungszinssatz ist gemäß IAS 19.83 anhand von Kapitalmarktzinssätzen, die sich am Bewertungsstichtag aus festverzinslichen Industrieanleihen hoher Bonität (*high quality corporate bonds*) ergeben, zu bestimmen. Die Währung und die Fälligkeit der Anleihen müssen mit der Währung und der Fälligkeit der Leistungen des Pensionsplans übereinstimmen. D.h., z.B. für die Bewertung von Pensionsplänen in Deutschland sind Industrieanleihen der Eurozone für die Bestimmung des Rechnungszinses heranzuziehen. Von hoher Bonität wird in diesem Zusammenhang dann gesprochen, wenn die Industrieanleihen mindestens ein AA–Rating besitzen.

73 Ist in dem Land, in dem sich der Pensionsplan befindet, kein ausreichend „tiefer" Markt für solche Industrieanleihen vorhanden, dann wird der Rechnungszins anhand der Renditen von Staatsanleihen abgeleitet.

74 Die Vorschriften zur Bestimmung des Rechnungszinses bedeuten, dass jede in der Zukunft liegende Leistung mit einem der Fristigkeit der Leistung entsprechenden Rechnungszins abzuzinsen ist. Hierfür wird aus der Vielzahl der in Betracht kommenden Industrieanleihen eine Zinsstrukturkurve abgeleitet, mithilfe derer man für jeden Zeitpunkt in der Zukunft einen Rechnungszins bestimmen kann. Aufgrund der unterschiedlichen Renditen einzelner Anleihen mit ähnlicher Laufzeit sowie dem Mangel an Anleihen mit längerer Laufzeit ist es zu diesem Zweck notwendig, dass mathematische Ausgleichs- bzw. Approximationsverfahren verwendet werden, um eine Zinsstrukturkurve zu bestimmen (vgl. Abbildung 6.14).

75 In der Praxis wird bei der Bewertung der Pensionsverpflichtungen allerdings nicht die Zinsstrukturkurve, sondern regelmäßig ein „Ersatzzins" verwendet, also ein einheitlicher Zinssatz, der bei der Bewertung der leistungsorientierten Verpflichtung zum gleichen Ergebnis führt wie die Zinsstrukturkurve. Dieser Ersatzzins ist im Anhang zur Bilanz auszuweisen.

Abbildung 6.14:   Ableitung einer Zinsstrukturkurve aus einzelnen Industrieanleihen

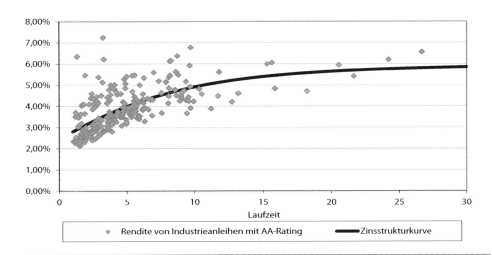

Der Ersatzzins für die Bewertung von Pensionsverpflichtungen kann auf verschiedene Art und Weise   76
ermittelt werden. Die theoretisch richtige Methode wäre, den am Bewertungsstichtag zu bewertenden Zahlungsstrom mittels einer Prognoserechnung zu bestimmen und mit der Zinsstrukturkurve
abzuzinsen. Im Anschluss wird dann mittels Iterationsverfahren ein Ersatzzins gesucht, der für den
Zahlungsstrom den gleichen Barwert ergibt (*Discounted Cash Flow – DCF – Methode*). Dies ist allerdings ein recht umständliches und zeitaufwändiges Verfahren, da für Zwecke der Bewertung am
Bewertungsstichtag i.d.R. eben nicht die Zahlungsströme vorliegen, sondern die Bewertungen auf
Basis von Barwerten vorgenommen werden.

Anstelle der DCF wird häufig das Durationsverfahren angewendet. In einem ersten Schritt wird die   77
Duration, d.h. die mittlere Fristigkeit zukünftiger Zahlungen, ermittelt. Die Duration kann durch
einen Versicherungsmathematiker z.B. mittels Barwertberechnungen für ein und denselben Bestand
bei geringfügig unterschiedlichen Zinssätzen bestimmt werden. Anschließend wird der Ersatzzins
von der Zinsstrukturkurve abgelesen.

◉ Beispiel 10

Ein Versicherungsmathematiker steht vor der Aufgabe, einen Zahlungsstrom über die auf den Bewertungsstichtag fünf folgenden Wirtschaftsjahre mittels eines Ersatzzinses zu bewerten. Für diese Zwecke verwendet er eine Zinsstrukturkurve, aus
der die Diskontierungsfaktoren für die zukünftigen Leistungen abgelesen werden können. Der Barwert des Zahlungsstroms
beträgt bei exakter Berechnung, d.h. Diskontierung der zukünftigen Leistungen mittels der Renditen aus der Zinsstrukturkurve 493,45 €. Bei der Diskontierung ist zu beachten, dass es sich bei der Zinsstrukturkurve um Null-Kupon-Anleihen handelt, so
dass z.B. die nach zwei Jahren fällige Leistung mit $1/(1{,}0312 \times 1{,}0312) = 0{,}9404$ diskontiert wird.

Tabelle 6.2:   Diskontierung eines Zahlungsstroms mittels Zinsstrukturkurve

Wirtschaftsjahr	1	2	3	4	5
Rendite (Zinsstrukturkurve)	2,79%	3,12%	3,44%	3,72%	3,99%
Diskontierungsfaktor	0,9728	0,9404	0,9036	0,8639	0,8224
Leistung (€)	100,00	105,00	110,00	115,00	120,00
Leistung (diskontiert)	97,28	98,74	99,40	99,35	98,68

Barwert des Zahlungsstroms: **493,45 €**

Die Duration der zukünftig zu zahlenden Leistungen beträgt 3,0 Jahre. Würde man nun anstelle der kompletten Zinsstrukturkurve den Rechnungszins bei 3 Jahren Laufzeit auf der Zinsstrukturkurve (3,44 %) ablesen und diesen Ersatzzins für die Bewertung verwenden, so ergibt sich daraus ein Barwert von 495,97 €. Das Durationsverfahren liefert hier also eine gute Approximation für den Ersatzzins.

78   Problematisch ist das Durationsverfahren in den Fällen, bei denen die Renditen der Zinsstrukturkurve nicht monoton wachsen bzw. fallen. In diesen Fällen kann die Verwendung des Durationsverfahrens zu groben Abweichungen vom exakten Ergebnis führen, was in folgendem Beispiel verdeutlicht werden soll:

◉   Beispiel 11

Ein Arbeitgeber steht vor dem Problem, einen Zahlungsstrom bestehend aus zwei Zahlungen (100 € nach zehn Jahren und 165 € nach 20 Jahren) zu bewerten. Wird für die Bewertung die gegebene Zinsstrukturkurve verwendet, so ergibt sich ein Barwert von 123,58 €. Die beiden in der Zukunft zu zahlenden Leistungen werden mit je 5,00 % entsprechend der Zinsstrukturkurve diskontiert.

Tabelle 6.3:   Diskontierung eines Zahlungsstroms mittels Zinsstrukturkurve (II)

Wirtschaftsjahr	5	10	15	20	25
Rendite (Zinsstrukturkurve)	4,00%	5,00%	6,00%	5,00%	4,00%
Diskontierungsfaktor	0,8219	0,6139	0,4173	0,3769	0,3751
Leistung (€)	-	100,00	-	165,00	-
Leistung (diskontiert)	-	61,39	-	62,19	-

Barwert des Zahlungsstroms: **123,58 €**

Die Duration der beiden Leistungen beträgt 15,0 Jahre. Würde man nun anstelle der kompletten Zinsstrukturkurve den Rechnungszins bei 15 Jahren Laufzeit auf der Zinsstrukturkurve (6,00 %) ablesen und diesen Ersatzzins für die Bewertung verwenden, so ergibt sich daraus ein Barwert von 107,29 €, also ein um gut 13 % geringerer Wert.

79   Alternativ werden Rechnungszinssätze auch auf Basis von bekannten Rechnungszinssätzen für Musterbestände (Aktiven-, Rentner- und Mischbestände) bestimmt, indem der Arbeitgeber diese Rechnungszinssätze für Musterbestände entsprechend der Duration der zu bewertenden Pensionsverpflichtungen gewichtet.

Abbildung 6.15: Rechnungszinssätze für Musterbestände in der Vergangenheit

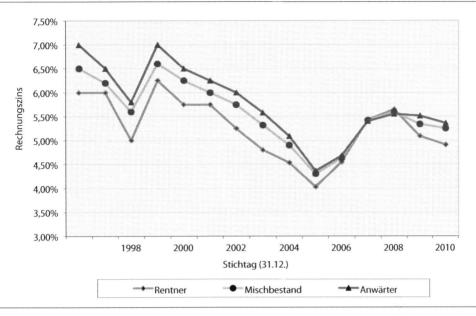

Bei der Bestimmung der finanziellen Annahmen zur Bewertung des Barwerts der leistungsorientierten Verpflichtung muss der Arbeitgeber nicht nur beachten, dass die Annahmen aufeinander abgestimmt sind d.h. dass die wirtschaftlichen Zusammenhänge z.B. von Inflation und Gehaltssteigerungen, berücksichtigt werden müssen, sondern insbesondere, dass die sich aus dem Plan ergebenden Leistungen bei wirtschaftlicher Betrachtung vollständig erfasst werden. Neben zukünftigen Gehalts – und Rentensteigerungen kann dies zum Beispiel bedeuten, dass auch zukünftige Arbeitnehmerbeiträge oder die Höhe von Sozialversicherungsrenten eine Rolle bei der Festlegung der Annahmen spielen.

Neben den formalen Regelungen eines Pensionsplans sind auch wirtschaftliche Überlegungen bei der Festlegung der Annahmen zu berücksichtigen. Wurden etwa in der Vergangenheit die laufenden Leistungen stärker erhöht, als es etwa die formalen Regelungen des Pensionsplans vorsehen, dann ist dies bei der Festlegung der finanziellen Annahmen zu berücksichtigen.

Bei der Festlegung der Annahme bzgl. zukünftiger Gehaltssteigerungen ist zu beachten, dass diese nicht allein die allgemeinen Gehaltsanpassungen (z.B. Tariferhöhungen) berücksichtigen muss, sondern auch einen möglichen Karrieretrend sowie das Phänomen der Seniorität. Betrachtet man etwa das Durchschnittsgehalt der Arbeitnehmer in einem Pensionsplan, so kann man häufig ein mit dem Lebensalter steigendes Durchschnittsgehalt beobachten.

❯ **Beispiel 12**

Ein Arbeitgeber möchte dem Versicherungsmathematiker für die Bewertung der Pensionsverpflichtungen am Jahresende eine Annahme bzgl. der zukünftigen Gehaltsentwicklung mitteilen. Eine altersdifferenzierende Analyse der Jahresgehälter im Bestand zeigt, dass die Gehälter altersabhängig um 0,5 % für jedes Alter steigen. Da für die Zukunft allgemeine Gehaltserhöhungen von 2,5 % p.a. erwartet werden, legt der Arbeitgeber den Gehaltstrend folgerichtig mit 2,5 % + 0,5 % = 3,0 % fest.

Abbildung 6.16: Analyse tatsächlich in einem Wirtschaftsjahr gezahlter Gehälter; differenziert nach dem Alter der Beschäftigten (Jeder Punkt steht für einen Beschäftigten)

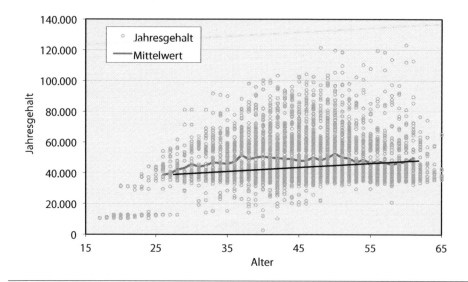

II. Vermögenswerte zur Finanzierung leistungsorientierter Verpflichtungen (Planvermögen)

83   Arbeitgeber, die leistungsorientierte Zusagen erteilen, können diese alleine mittels Bildung von Rückstellungen finanzieren oder aber Vermögensgegenstände separieren, die verwendet werden, um die Leistungen des Pensionsplanes ganz oder teilweise abzudecken. Sofern es sich bei diesen Vermögensgegenständen um Planvermögen im Sinne des IAS 19 handelt, können diese Vermögenswerte zwecks Ausweis in der Bilanz mit dem Barwert der leistungsorientierten Verpflichtung saldiert werden. Planvermögen im Sinne des Standards umfasst (IAS 19.8).

a) Vermögen, das durch einen langfristig ausgelegten Fonds zur Erfüllung von Leistungen an Arbeitnehmer (*long-term employee benefit fund*) gehalten wird und

b) qualifizierende Versicherungsverträge (qualifiying insurance policies).

84   Die Vorschriften des IAS 19 sehen vor, dass Vermögen in einem langfristig ausgelegten Fonds (z.B. eine Treuhandlösung bzw. ein Contractual Trust Arrangement – CTA) Planvermögen darstellt, wenn die folgenden Bedingungen erfüllt sind:

i)   Die Vermögenswerte werden von einer rechtlich vom bilanzierenden Unternehmen selbstständigen Einheit gehalten, die einzig zur Finanzierung der Leistungen an die Arbeitnehmer existiert.

ii) Die Vermögenswerte, die für die Leistungen an Arbeitnehmer verwendet werden, müssen dem Zugriff der Gläubiger des Unternehmens, insbesondere im Fall der Insolvenz, entzogen sein. Eine Rückzahlung der Vermögenswerte an das berichtende Unternehmen ist nur dann erlaubt, wenn entweder die im Planvermögen verbleibenden Vermögenswerte ausreichen, um die Leistungen des Pensionsplans an die Arbeitnehmer abzudecken, oder verwendet werden, um die durch das Unternehmen direkt geleisteten Zahlungen an die Arbeitnehmer zu erstatten.

Gemäß IAS 19.114 stellen Beitragsforderungen des Fonds gegenüber dem Unternehmen genauso wenig Planvermögen dar wie vom Unternehmen selbst ausgegebene, nicht übertragbare Finanzinstrumente (z.B. vinkulierte Namensaktien). 85

Es gibt im Wesentlichen zwei Unterschiede zwischen dem Planvermögensbegriff gemäß IAS 19 und den Regelungen für Vermögenswerte gemäß deutschem Handelsgesetzbuch: 86

1. IAS 19 schreibt vor, dass die Vermögensgegenstände in eine rechtlich selbstständige Einheit ausgelagert werden müssen. Eine entsprechende Regelung gibt es im deutschen Handelsgesetzbuch nicht.

2. Vom Unternehmen genutzte Mittel, z.B. in Form eines Darlehens des Fonds an das Unternehmen, können als Planvermögen eingesetzt werden, sofern sie marktüblichen Bedingungen genügen. Dies ist nach den deutschen handelsrechtlichen Vorschriften nicht möglich.

Neben langfristig ausgelegten Fonds können auch qualifizierende Versicherungsverträge Planvermögen darstellen, sofern 87

- der Versicherer kein nahestehendes Unternehmen des berichtenden Unternehmens ist gemäß IAS 24 (IAS 24: Angaben über Beziehungen zu nahestehenden Unternehmen und Personen),

- die Versicherungen nur dazu verwendet werden können, um die Leistungen an Arbeitnehmer aus dem leistungsorientierten Pensionsplan zu zahlen,

- sie den Gläubigern des berichtenden Unternehmens auch für den Fall der Insolvenz entzogen werden,

- die Erlöse Überschüsse darstellen, die nur dann an das Unternehmen gezahlt werden, wenn diese Überschüsse nicht für die Erfüllung der Leistungsverpflichtungen gegenüber den Arbeitnehmern im Zusammenhang mit dem Versicherungsvertrag benötigt werden und

- die Erlöse an das berichtende Unternehmen gezahlt werden, um bereits vom Unternehmen geleistete Zahlungen zu erstatten.

Planvermögen ist grundsätzlich mit dem Zeitwert zum Bewertungsstichtag anzusetzen. Für den Fall dass es sich bei dem Planvermögen um qualifizierende Versicherungsverträge handelt, die die leistungsorientierte Verpflichtung kongruent abbilden, entspricht der Zeitwert zum Bewertungsstichtag definitionsgemäß dem Barwert der leistungsorientierten Verpflichtung (IAS 19.115). 88

Oftmals verfügen Unternehmen über Vermögenswerte bzw. Ansprüche, die zur Finanzierung von leistungsorientierten Verpflichtungen herangezogen werden können, aber nicht den Anforderungen von Planvermögen gemäß IAS 19.8 genügen. Diese so genannten Erstattungsleistungen (Reimbursement Rights) sind im Gegensatz zum Planvermögen in der Bilanz zu aktivieren und nicht wie das Planvermögen mit dem Barwert der leistungsorientierten Verpflichtung zu verrechnen. Im Übrigen gelten die gleichen Regelungen wie für das Planvermögen. 89

> **Beispiel 13**

Ein Arbeitgeber, der eine leistungsorientierte Zusagen erteilt hat, deren Barwert zum Bilanzstichtag 100 € beträgt, hat Rückdeckungsversicherungen abgeschlossen, die Teile der leistungsorientierten Verpflichtung abdecken. Der Aktivwert der Rückdeckungsversicherungen zum Bilanzstichtag beträgt 75 €. Der Arbeitgeber überlegt nun, welche Auswirkungen es hätte, wenn die Rückdeckungsversicherungen dem Zugriff der Gläubiger durch Verpfändung an die Arbeitnehmer entzogen würden.

Für den Fall, dass die Rückdeckungsversicherungen weiterhin nicht dem Zugriff der Gläubiger entzogen würden, handelt es sich bei den Rückdeckungsversicherungen um Erstattungsleistungen die zu aktivieren sind. Im Gegenzug müsste der Barwert der leistungsorientierten Verpflichtung passiviert werden. Für den Fall der Verpfändung der Rückdeckungsversicherungen an die Arbeitnehmer würden diese den Anforderungen an Planvermögen genügen. In der Bilanz könnte der Barwert der leistungsorientierten Verpflichtung dann mit dem Aktivwert der Rückdeckungsversicherungen verrechnet werden, was eine Bilanzverkürzung zur Folge hätte.

Abbildung 6.17:   Bilanzverkürzung durch Verpfändung von Rückdeckungsversicherungen

nicht verpfändet		verpfändet	
Aktiva	**Passiva**	**Aktiva**	**Passiva**
Rückdeckungsvers. 75	Pensionsverpflichtung 100		Pensionsverpflichtung 25

III.   Bilanzierung von leistungsorientierten Pensionsplänen

90   Wie bereits eingangs Kapitel 6 Tz. 62 erläutert, ist die Entwicklung der Pensionsverpflichtungen (*Defined Benefit Cost*) im Rahmen des Gesamtergebnisses (*Comprehensive Income*) in drei Komponenten zu zerlegen:

91   **Dienstzeitaufwand** (*Service Cost*), bestehend aus dem

▪ laufenden Dienstzeitaufwand (vgl. Kapitel 6 Tz. 65) für das abgelaufene Wirtschaftsjahr,

▪ dem im abgelaufenen Wirtschaftsjahr nachzuverrechnenden Dienstzeitaufwand (*Past Service/ Credit*) und

▪ Effekten aus Plankürzungen (*Curtailments*) sowie

▪ Gewinnen bzw. Verlusten aus Abfindungen (*Settlements*).

92   **Nettozinsaufwand** (*Net Interest Cost*), basierend auf der in der Bilanz am Wirtschaftsjahresanfang ausgewiesenen Pensionsverpflichtung, erwarteten Veränderungen im Wirtschaftsjahr und dem Rechnungszins am Ende des vorangegangenen Wirtschaftsjahres.

93   **Neubewertungen** (*Remeasurements*), die sich ergeben auf Grund von

▪ versicherungsmathematischen Gewinnen und Verlusten im abgelaufenen Wirtschaftsjahr,

▪ Abweichungen der tatsächlichen Rendite des Planvermögens vom Rechnungszins des Vorjahres und

▪ Effekten aus der Begrenzung von Vermögenswerten (Asset Ceiling).

94   Der Dienstzeit- und der Nettozinsaufwand sind im Wirtschaftsjahr erfolgswirksam in der Gewinn- und Verlustrechnung zu erfassen. Die Neubewertungen, d.h. also hauptsächlich die Erfassung der versicherungsmathematischen Gewinne und Verluste eines Wirtschaftsjahres, werden erfolgsneutral im Eigenkapital (*Other Comprehensive Income*) erfasst.

95   Der Dienstzeitaufwand ist als Personalaufwand im operativen Ergebnis (Operative Income) auszuweisen, der Nettozinsaufwand kann entweder als Teil des Finanzergebnisses (Finance Cost) oder ebenfalls im operativen Ergebnis ausgewiesen werden.

96   Der laufende Dienstzeitaufwand entspricht dem Barwert der in einer Berichtsperiode erdienten zusätzlichen Anwartschaft auf an den Arbeitnehmer zu zahlende Leistungen (vgl. Kapitel 6 Tz. 65).

97   Nachzuverrechnender Dienstzeitaufwand entsteht, wenn ein Unternehmen eine Änderung eines bestehenden Pensionsplanes vornimmt oder einen neuen Pensionsplan einführt. Ein Unternehmen muss nachzuverrechnenden Dienstzeitaufwand in der Berichtperiode erfolgswirksam erfassen, in der die Planänderung vorgenommen wird. Falls die Planänderung im Zusammenhang mit einer Unternehmensrestrukturierung steht, die sich ereignet, bevor die Planänderung vorgenommen wird, dann muss die Planänderung zu dem Zeitpunkt erfasst werden, in dem die Restrukturierungskosten oder Leistungen aus Anlass der Beendigung des Arbeitsverhältnisses erfasst werden.

Dabei kann nachzuverrechnender Dienstzeitaufwand sowohl positiv (im Falle der Verbesserung der Leistungen des Pensionsplans) als auch negativ (bei Verschlechterung der Leistungen) sein. 98

Nicht unter den Begriff des nachzuverrechnenden Dienstzeitaufwands fallen Verbesserungen bzw. Verschlechterungen der leistungsorientierten Verpflichtung, die darauf zurückzuführen sind, dass sich einzelne bei der Bewertung der leistungsorientierten Verpflichtung zu berücksichtigende Parameter, wie z.B. das Gehalt, tatsächlich anders entwickelt haben, als angenommen. 99

Der Betrag, der als nachzuverrechnender Dienstzeitaufwand erfasst werden muss, ergibt sich aus einer Vergleichsberechnung des Barwerts der leistungsorientierten Verpflichtung vor bzw. nach Implementierung der Planänderung. 100

> ⟫ Beispiel 14
>
> Die Leistungen eines Pensionsplans werden aufgrund einer Vereinbarung zwischen dem Arbeitgeber und dem Betriebsrat kurz vor Geschäftsjahresende verbessert. Wäre der Pensionsplan nicht verändert worden, so hätte der Barwert der leistungsorientierten Verpflichtung zum Bilanzstichtag 1.000.000 € betragen. Aufgrund der Änderung des Pensionsplans beträgt der Barwert der leistungsorientierten Verpflichtung zum Bilanzstichtag nun 1.200.000 €. Die Differenz von 200.000 € ist in dem Geschäftsjahr als nachzuverrechnender Dienstzeitaufwand zu erfassen.

Werden in einem Geschäftsjahr sowohl Verbesserungen als auch Verschlechterungen der Leistungen bei einem Pensionsplan vorgenommen, so ist der nachzuverrechnende Dienstzeitaufwand saldiert im Geschäftsjahr zu erfassen. 101

> ⟫ Beispiel 15
>
> Der Arbeitgeber aus Beispiel 14 erschrickt sehr, als er den zusätzlichen, nachzuverrechnenden Dienstzeitaufwand, der als Aufwand im operativen Ergebnis zu erfassen ist, bemerkt. Daraufhin handelt er mit dem Betriebsrat aus, dass zukünftig nur ein Teil der Gehaltssteigerungen bei der Berechnung der durch den Pensionsplan zu gewährenden Leistungen berücksichtigt wird. Diese Verschlechterung der Zusage führt zu einer Reduzierung des Barwerts der leistungsorientierten Verpflichtung um 150.000 €. Schließlich sind nicht mehr 200.000 € nachzuverrechnender Dienstzeitaufwand zu erfassen, sondern lediglich 200.000 € - 150.000 € = 50.000 €.

Reduziert sich der Umfang der Leistungen, die von einem Pensionsplan gewährt werden müssen, aufgrund von Massenentlassungen (z.B. durch ein Personalabbauprogramm), dann spricht man nicht von nachzuverrechnendem Dienstzeitaufwand, sondern von einer Plankürzung. Der Effekt einer Plankürzung ist analog der Vorgehensweise bei nachzuverrechnendem Dienstzeitaufwand zu bestimmen. 102

Eine Abfindung von Versorgungsansprüchen liegt dann vor, wenn ein Unternehmen eine Vereinbarung eingeht, wonach alle weiteren rechtlichen oder faktischen Verpflichtungen zur Zahlung von Leistungen im Rahmen eines Pensionsplans ganz oder teilweise entfallen und als Gegenleistung hierfür an die Begünstigten des Pensionsplans zum Ausgleich für den Verzicht auf Leistungen eine Barausgleichszahlung geleistet wird. Eine Abfindung ist in der Berichtsperiode erfolgswirksam zu erfassen, in der die Abfindung vorgenommen wird. Die Differenz des Barwerts der leistungsorientierten Verpflichtung und der Abfindungszahlung – unter Berücksichtigung der Veränderung des evtl. vorhandenen Planvermögens – wird als Gewinn bzw. Verlust der Abfindung (*Settlement Gain / Loss*) bezeichnet. 103

❯ **Beispiel 16**

Ein Arbeitnehmer handelt mit seinem Arbeitgeber die Abfindung seiner Ansprüche auf betriebliche Altersversorgung aus. Als Abfindungsbetrag lässt sich der Arbeitnehmer den Wert des Planvermögens zum Abfindungszeitpunkt in Höhe von 80.000 € auszahlen. Der Barwert der leistungsorientierten Verpflichtung zum Abfindungszeitpunkt beträgt jedoch 100.000 €. Daraus folgt, dass der Arbeitgeber einen Gewinn in Höhe von 20.000 € erfolgswirksam erfassen kann.

104 Der Nettozinsaufwand ist auf Basis der zum Anfang der Berichtsperiode in der Bilanz auszuweisenden Verpflichtung unter Berücksichtigung der erwarteten Änderungen in der Berichtsperiode zu ermitteln. Der für die Bestimmung des Nettozinsaufwands maßgebliche Zins ist der Rechnungszins, der für die Bewertung der leistungsorientierten Verpflichtung am Ende der vorangegangenen Berichtsperiode verwendet wurde (IAS 19.123). Durch diese Vorgehensweise entfällt ein separater Ausweis des Zinsaufwands bzw. Zinsertrages im Rahmen der Darstellung des Gesamtergebnisses. Der erfolgswirksam zu erfassende Zinsertrag wird also nicht auf Basis der auf Grund der Portfoliostruktur erwarteten Rendite, sondern durch den gemäß IAS 19.83 anzuwendenden Rechnungszins für die Bewertung der leistungsorientierten Verpflichtung bestimmt.

❯ **Beispiel 17**

Der Barwert der leistungsorientierten Verpflichtung eines Pensionsplans, der zum Bewertungsstichtag mit einem Rechnungszins von 5,0 % berechnet wurde, beträgt 1.200.000 €. Es liegt ein Planvermögen am Bewertungsstichtag in Höhe von 800.000 € vor. Für die auf den Bewertungsstichtag folgende Berichtsperiode soll der Nettozinsaufwand berechnet werden.

Neben den Informationen über den Barwert der leistungsorientierten Verpflichtung und das Planvermögen liegen noch folgende Erwartungen für die auf den Bewertungsstichtag folgende Berichtsperiode vor:

1. Der laufende Dienstzeitaufwand beträgt 100.000 €.

2. Es werden Renten (aus dem Planvermögen) in Höhe von 200.000 € ausgezahlt.

3. Der Arbeitgeber wird zur Jahresmitte Beiträge an das Planvermögen in Höhe von 400.000 € leisten.

Der Zinsaufwand der sich aus der Verpflichtung ergibt, beträgt

$$(1.200.000 \text{ €} + 1,0 \times 100.000 \text{ €} - 0,5 \times 200.000 \text{ €}) \times 5,0 \% = 60.000 \text{ €}$$

Der Zinsertrag auf das Planvermögen beträgt

$$(800.000 \text{ €} + 0,5 \times 400.000 \text{ €} - 0,5 \times 200.000 \text{ €}) \times 5,0 \% = 45.000 \text{ €}$$

Der erfolgswirksam zu erfassende Nettozinsaufwand beträgt demzufolge

$$60.000 \text{ €} - 45.000 \text{ €} = 15.000 \text{ €}$$

❶ **Hinweis:**

Der Zeitpunkt der Fälligkeit von Zahlungen (Beiträge bzw. Renten) wird durch Gewichtung bei der Berechnung des Nettozinsaufwands berücksichtigt. Dabei bedeutet z.B. ein Gewicht von 0,5, dass der mittlere Zahlungszeitpunkt in der Mitte der Berichtsperiode erwartet und demzufolge nur ein „halber Zins" berücksichtigt wird. Ein Gewicht von 1,0 bedeutet, dass die Zahlung am Anfang der Berichtsperiode erwartet bzw. der laufende Dienstzeitaufwand auf den Anfang der Berichtsperiode kalkuliert wird. Der so gewichtete Betrag ist vollständig zu verzinsen. Eine exakte Vorgabe, wie diese Gewichtung der Zahlungsströme bzw. des Dienstzeitaufwands vorzunehmen ist, existiert im IAS 19 nicht.

Neubewertungen bestehen aus versicherungsmathematischen Gewinnen und Verlusten im abge- 105
laufenen Wirtschaftsjahr, Abweichungen der tatsächlichen Rendite des Planvermögens vom Rechnungszins des Vorjahres und Effekten, die sich aus der Begrenzung von Vermögenswerten ergeben.

Versicherungsmathematische Gewinne und Verluste entstehen, wenn die versicherungsmathemati- 106
schen Annahmen für die Bewertung des Barwerts der leistungsorientierten Verpflichtung geändert
werden oder so genannte erfahrungsbedingte Anpassungen, d.h. Abweichungen der tatsächlichen
von den angenommenen Entwicklungen des Barwerts der leistungsorientierten Verpflichtung, vorkommen.

Ursachen für das Auftreten von versicherungsmathematischen Gewinnen und Verlusten sind z.B.: 107

- Die tatsächliche Fluktuation ist höher als erwartet.
- Das Frühverrentungsverhalten weicht von den Erwartungen ab.
- Die Sterblichkeit der Begünstigten im Pensionsplan ist niedriger als angenommen.
- Die tatsächliche Entwicklung der Gehälter und der Renten weicht in der Berichtsperiode von
  dem angenommenen Gehaltstrend ab.
- Der Effekt eines gegenüber der vorherigen Berichtsperiode geänderten Rechnungszinssatzes ist
  zu berücksichtigen.

Versicherungsmathematische Gewinne und Verluste dürfen nicht verwechselt werden mit den Ef- 108
fekten, die sich aus nachzuverrechnendem Dienstzeitaufwand, Plankürzungen und Abfindungen ergeben. Diese Unterscheidung ist bedeutend, da bei den o.g. Ereignissen im Unterschied zu versicherungsmathematischen Gewinnen und Verlusten, die erfolgsneutral im Eigenkapital erfasst werden,
eine erfolgswirksame Erfassung der Effekte vorgeschrieben ist.

Auf Basis der einzelnen Komponenten des Gesamtergebnisses kann unter Berücksichtigung der 109
Zahlungsströme die Bilanzierung für leistungsorientierte Pensionspläne vorgenommen werden. Im
folgenden, einfachen Beispiel soll das Zusammenwirken der verschiedenen Komponenten der Rechnungslegung für leistungsorientierte Pensionspläne illustriert werden:

> **Beispiel 18**
>
> Ein Unternehmen finanziert einen leistungsorientierten Pensionsplan mit folgenden Eckdaten:
>
> 1. der Barwert der leistungsorientierten Verpflichtung beträgt zum Jahresanfang 1.000.000 €,
> 2. der am Ende des vorangegangenen Geschäftsjahres durch den versicherungsmathematischen Sachverständigen kalku-
>   lierte laufende Dienstzeitaufwand beträgt 100.000 €,
> 3. während des Geschäftsjahres werden 75.000 € Leistungen gezahlt, die vom Planvermögen erstattet werden,
> 4. der Zinsaufwand bzgl. der Verpflichtung beträgt bei einem Rechnungszins von 5 % 53.000 €,
> 5. aufgrund der Absenkung des Rechnungszinses am Ende des Geschäftsjahres sowie außerordentlicher Gehaltserhö-
>   hungen entstehen versicherungsmathematische Verluste in Höhe von 125.000 €,
> 6. der Barwert der leistungsorientierten Verpflichtung am Jahresende beträgt 1.203.000 €,
> 7. der Zeitwert des Planvermögens zum Jahresanfang beträgt 750.000 €,
> 8. es werden Arbeitgeberbeiträge in Höhe von 150.000 € an das Planvermögen gezahlt,
> 9. der kalkulatorische Zinsertrag auf Basis des Rechnungszins von 5,0 % beträgt 39.000 €,
> 10. der tatsächliche Ertrag des Planvermögens liegt bei 89.000 €, d.h. der über den kalkulatorischen Zinsertrag des Planver-
>   mögens hinausgehende tatsächliche Zinsertrag beträgt 50.000 €,
> 11. der Zeitwert des Planvermögens am Wirtschaftsjahresende beträgt 914.000 €.

Aus den o.g. Angaben ergibt sich eine Unterdeckung des Pensionsplaners zum Bilanzstichtag in Höhe von 1.203.000 € -914.000 € = 289.000 €. Dieser Betrag ist in der Bilanz als Pensionsverpflichtung auszuweisen.

Die im Gesamtergebnis darzustellende Dienstzeitaufwandskomponente entspricht dem laufenden Dienstzeitaufwand in Höhe von 100.000 €. Der Nettozinsaufwand ergibt sich aus Zinsaufwand und Zinsertrag und beträgt 53.000 € -39.000 € = 14.000 €. Die Neubewertungen entsprechen der Differenz von versicherungsmathematischen Verlusten aus der Überleitungsrechnung der Pensionsverpflichtung und dem über den kalkulatorischen Zinsertrag des Planvermögens hinausgehenden tatsächlichen Ertrag des Planvermögens: 125.000 € -50.000 € = 75.000 €.

Im Gesamtergebnis sind für den Pensionsplan folgerichtig insgesamt

100.000 € + 14.000 € + 75.000 € = 189.000 € auszuweisen.

Die in der Bilanz zum Beginn der Berichtsperiode auszuweisende Pensionsverpflichtung beträgt 1.000.000 € -750.000 € = 250.000 €. Diese Pensionsverpflichtung ist um die im Gesamtergebnis darzustellenden Komponenten, d.h. insgesamt um 189.000 € zu erhöhen. Davon sind die Leistungen, die direkt vom Arbeitgeber gezahlt werden – in diesem Fall Arbeitgeberbeiträge in Höhe von 150.000 € – abzuziehen. Daraus ergibt sich eine in der Bilanz am Wirtschaftsjahresende auszuweisende Pensionsverpflichtung in Höhe von 289.000 €.

In der Praxis werden diese Angaben in tabellarischer Form dargestellt:

Tabelle 6.4:   Tabellarische Darstellung der Entwicklung der Pensionsverpflichtungen

		(.000 €)
+	Barwert der leistungsorientierten Verpflichtung (Jahresanfang)	1.000
	Laufender Dienstzeitaufwand	100
	Zinsaufwand	53
	Versicherungsmathematische Gewinne (-) / Verluste (+)	125
-	Summe der gezahlten Leistungen	-75
+	**Barwert der leistungsorientierten Verpflichtung (Jahresende)**	**1.203**
+	Zeitwert des Planvermögens (Jahresanfang)	750
	Zinsertrag	39
	Ertrag des Planvermögens ./. Zinsertrag	50
	Arbeitgeberbeiträge	150
-	Summe der gezahlten Leistungen (aus Planvermögen)	-75
+	**Zeitwert des Planvermögens (Jahresende)**	**914**
+	Barwert der leistungsorientierten Verpflichtung	1.203
-	Zeitwert des Planvermögens	-914
	In der Bilanz auszuweisende Verpflichtung	**289**
Im Gesamtergebnis auszuweisen		
+	Laufender Dienstzeitaufwand	100
+	**Dienstzeitaufwand**	**100**
+	Zinsaufwand	53
-	Zinsertrag	-39
+	**Nettozinsaufwand**	**14**
+	Versicherungsmathematische Gewinne (-) / Verluste (+)	125
	(-) Ertrag des Planvermögens ./. Zinsertrag	-50
	Begrenzung des Vermögenswertes	0
+	**Neubewertung**	**75**
+	**Gesamtergebnis**	**189**
+	In der Bilanz auszuweisende Verpflichtung (Jahresanfang)	250
	Dienstzeitaufwand	100
	Nettozinsaufwand	14
	Neubewertung	75
-	Direkt vom Arbeitgeber gezahlte Leistungen	0
-	Arbeitgeberbeiträge	-150
+	**In der Bilanz auszuweisende Verpflichtung (Jahresende)**	**289**

> Beispiel 19 (Fortführung Beispiel 18)

Nehmen wir an, das Unternehmen aus unserem vorherigen Beispiel würde in eine wirtschaftliche Notlage geraten und müsste aus diesem Grund Maßnahmen ergreifen, die u.a. zu einer Reduzierung der Pensionsverpflichtungen führen. Im Einzelnen bedeutet dies, dass

1. eine Vielzahl von Mitarbeitern entlassen werden muss, was zu einer Reduzierung des Barwerts der leistungsorientierten Verpflichtung um 100.000 € führt (Plankürzung),

2. ein Teil der Leistungen in Höhe von 300.000 € abgefunden wird und

3. eine Verschlechterung der bestehenden Versorgungszusage in Höhe von 80.000 € vorgenommen wird (nachzuverrechnender Dienstzeitaufwand)

Daraus folgt, dass die Dienstzeitaufwandskomponente um den Effekt der Plankürzung und den negativen nachzuverrechnenden Dienstzeitaufwand reduziert wird.

Die Abfindung wirkt sich zwar bei der Höhe der leistungsorientierten Verpflichtung und dem Planvermögen aus, aber da der Effekt der Abfindung sowohl auf das Planvermögen als auch auf die Höhe der Verpflichtung (in diesem Beispiel) gleich war, ergibt sich hieraus kein zusätzlicher Gewinn oder Verlust.

In tabellarischer Form wirken sich die o.g. Geschäftsvorfälle wie folgt aus:

Tabelle 6.5:   Entwicklung der Pensionsverpflichtung bei Abfindungen, Plankürzungen und nachzuverrechnendem Dienstzeitaufwand

		(.000 €)
+	Barwert der leistungsorientierten Verpflichtung (Jahresanfang)	1.000
	Laufender Dienstzeitaufwand	100
	Zinsaufwand	53
	Versicherungsmathematische Gewinne / Verluste	125
-	Summe der gezahlten Leistungen	-75
	Nachzuverrechnender Dienstzeitaufwand	-80
	Plankürzungen	-100
	Abfindungen	-300
+	**Barwert der leistungsorientierten Verpflichtung (Jahresende)**	**723**
+	Zeitwert des Planvermögens (Jahresanfang)	750
	Zinsertrag	39
	Ertrag des Planvermögens ./. Zinsertrag	50
	Arbeitgeberbeiträge	150
-	Summe der gezahlten Leistungen (aus Planvermögen)	-75
	Abfindungen	-300
+	**Zeitwert des Planvermögens (Jahresende)**	**614**
+	Barwert der leistungsorientierten Verpflichtung	723
-	Zeitwert des Planvermögens	-614
	In der Bilanz auszuweisende Verpflichtung	**109**
	Im Gesamtergebnis auszuweisen	
+	Laufender Dienstzeitaufwand	100
	Nachzuverrechnender Dienstzeitaufwand	-80
	(-) Gewinn / Verlust Plankürzungen	-100
	(-) Gewinn / Verlust Abfindungen	0
+	**Dienstzeitaufwand**	**-80**
+	Zinsaufwand	53
-	Zinsertrag	-39
+	**Nettozinsaufwand**	**14**
+	Versicherungsmathematische Gewinne / Verluste	125
	Ertrag des Planvermögens ./. Zinsertrag	-50
	Begrenzung des Vermögenswertes	0
+	**Neubewertung**	**75**
+	**Gesamtergebnis**	**9**
+	In der Bilanz auszuweisende Verpflichtung (Jahresanfang)	250
	Dienstzeitaufwand	-80
	Nettozinsaufwand	14
	Neubewertung	75
-	Direkt vom Arbeitgeber gezahlte Leistungen	0
-	Arbeitgeberbeiträge	-150
+	**In der Bilanz auszuweisende Verpflichtung (Jahresende)**	**109**

110   Für den Fall, dass das Planvermögen den Barwert der leistungsorientierten Verpflichtung übersteigt, ist zu prüfen, ob diese Überdeckung werthaltig ist und in der Bilanz aktiviert werden kann. Maßgeblich für die Beurteilung der Werthaltigkeit ist die IFRIC Interpretation 14: *IAS 19 – die Begrenzung eines leistungsorientierten Vermögenswerts, Mindestdotierungsverpflichtungen und ihrer Wechselwirkung.*

111   Die Werthaltigkeit der Überdeckung wird daran festgemacht, ob aus der Überdeckung ein wirtschaftlicher Nutzen resultiert, so dass zukünftig Rückerstattungen oder Minderungen künftiger Beitragszahlungen für das Unternehmen verfügbar sind. Darüber hinaus ist die Frage zu klären, inwiefern sich Mindestdotierungsverpflichtungen auf die Verfügbarkeit künftiger Beitragsminderungen auswirken.

Gemäß IFRIC 14.8 ist ein wirtschaftlicher Nutzen in Form von Rückerstattungen oder Minderungen   112
künftiger Beitragszahlungen dann verfügbar, wenn das Unternehmen diesen Nutzen zu irgendeinem
Zeitpunkt während der Laufzeit des Plans oder bei Erfüllung der Planverbindlichkeiten realisieren
kann. Ein solcher wirtschaftlicher Nutzen kann insbesondere auch dann verfügbar sein, wenn er
zum Abschlussstichtag nicht sofort realisierbar ist. Es ist allein ausschlaggebend, ob ein Anspruch
des Unternehmens auf Rückerstattung eines etwaigen Restvermögens uneingeschränkt besteht oder
von dritter Seite bestritten werden kann.

Liegt der wirtschaftliche Nutzen der Überdeckung in möglichen zukünftigen Beitragsminderungen,   113
so ist der wirtschaftliche Nutzen grundsätzlich auf den Barwert des zukünftigen Dienstzeitaufwands
zu begrenzen, wobei der Dienstzeitaufwand mit den gleichen Annahmen zu bestimmen ist wie der
Barwert der leistungsorientierten Verpflichtung am Bewertungsstichtag.

Bei der Analyse des wirtschaftlichen Nutzens einer Überdeckung müssen auch Mindestdotierungs-   114
verpflichtungen analysiert werden (IFRIC 14.18), die auf Grund der Pflicht

a)   zur Tilgung einer vorhandenen Unterdeckung im Hinblick auf bereits erdiente Anwartschaften
     bestehen,

b)   zur Deckung der künftigen Ansammlung von Leistungen erforderlich sind.

Gemäß IFRIC 14.22 reduziert sich der als Beitragsminderung verfügbare Vermögenswert zum Abschlussstichtag um den Barwert der Differenz von auf den Bilanzstichtag folgenden Mindestbeitrags-
zahlungen und Dienstzeitaufwand. Der als Beitragsminderung verfügbare Vermögenswert kann jedoch niemals kleiner als Null sein.

Ist der wirtschaftliche Nutzen einer Überdeckung für das Unternehmen kleiner als die Überdeckung
selbst, so muss der auszuweisende Vermögenswert entsprechend korrigiert werden. Die Anpassung
des Vermögenswertes ist erfolgsneutral – im Rahmen der Neubewertungen – im Eigenkapital zu
erfassen.

> **Beispiel 20**

> Das Unternehmen aus Beispiel 18 muss aufgrund einer Vereinbarung mit dem Betriebsrat einen zusätzlichen Einmalbeitrag
> in Höhe von 500.000 € am Ende des Geschäftsjahres leisten. Im Rahmen der Vereinbarung wird zusätzlich bestimmt, dass
> sämtliche Mittel im Planvermögen uneingeschränkt den Arbeitnehmern zustehen. Darüber hinaus zeigt eine Analyse der
> entstehenden Überdeckung, dass von der Überdeckung selbst kein wirtschaftlicher Nutzen für das Unternehmen ausgeht.
> Aus diesem Grund ist der wirtschaftliche Nutzen der Überdeckung für das Unternehmen gleich null und der Ausweis das
> Vermögenswertes entsprechend der Vorschriften des IFRIC 14 zu begrenzen.

> Die eigentliche Überdeckung von 224.000 € wird durch eine neutrale Buchung auf null Euro begrenzt. Die Begrenzung des
> Vermögenswertes schlägt sich im Gesamtergebnis bei den Neubewertungen in entsprechender Höhe nieder.

Tabelle 6.6:   Entwicklung der Pensionsverpflichtung bei Begrenzung des Vermögenswertes gemäß IFRIC 14

			(.000 €)
+		Barwert der leistungsorientierten Verpflichtung (Jahresanfang)	1.000
		Laufender Dienstzeitaufwand	100
		Zinsaufwand	53
		Versicherungsmathematische Gewinne (-) / Verluste (+)	125
-		Summe der gezahlten Leistungen	-75
+		**Barwert der leistungsorientierten Verpflichtung (Jahresende)**	**1.203**
+		Zeitwert des Planvermögens (Jahresanfang)	750
		Zinsertrag	52
		Ertrag des Planvermögens ./. Zinsertrag	50
		Arbeitgeberbeiträge	650
-		Summe der gezahlten Leistungen (aus Planvermögen)	-75
+		**Zeitwert des Planvermögens (Jahresende)**	**1.427**
+		Begrenzung des auszuweisenden Vermögenswertes (Jahresanfang)	0
		Begrenzung des Vermögenswertes	224
+		**Begrenzung des auszuweisenden Vermögenswertes (Jahresende)**	**224**
+		Barwert der leistungsorientierten Verpflichtung	1.203
-		Zeitwert des Planvermögens	-1.427
		Begrenzung des auszuweisenden Vermögenswertes	224
		In der Bilanz auszuweisende Verpflichtung	**0**
		Im Gesamtergebnis auszuweisen	
+		Laufender Dienstzeitaufwand	100
+		**Dienstzeitaufwand**	**100**
+		Zinsaufwand	53
-		Zinsertrag	-52
+		**Nettozinsaufwand**	**1**
+		Versicherungsmathematische Gewinne (-) / Verluste (+)	125
		(-) Ertrag des Planvermögens ./. Zinsertrag	-50
		Begrenzung des Vermögenswertes	224
+		**Neubewertung**	**299**
+		**Gesamtergebnis**	**400**
+		In der Bilanz auszuweisende Verpflichtung (Jahresanfang)	250
		Dienstzeitaufwand	100
		Nettozinsaufwand	1
		Neubewertung	299
-		Direkt vom Arbeitgeber gezahlte Leistungen	0
-		Arbeitgeberbeiträge	-650
+		**In der Bilanz auszuweisende Verpflichtung (Jahresende)**	**0**

Für den Fall eines Unternehmenszusammenschlusses (*business combination*) gelten die Regelungen des IFRS 3 – *Unternehmenszusammenschlüsse* –, wonach ein Unternehmen Vermögenswerte und Schulden aus Pensionsplänen mit dem Barwert der zugesagten Leistungen, abzüglich des vorhandenen Planvermögens, anzusetzen hat.

◉ Beispiel 21

Das Unternehmen aus Beispiel 18 kauft am Ende des Wirtschaftsjahres ein Unternehmen und bilanziert den im aufgekauften Unternehmen vorhandenen leistungsorientierten Pensionsplan im Rahmen der Rechnungslegung des bereits vorhandenen Pensionsplans. Zum Bewertungsstichtag beträgt der Barwert der leistungsorientierten Verpflichtung des aufgekauften Unternehmens 800.000 € und das Planvermögen 600.000 €. Die in der Bilanz auszuweisende Verpflichtung ist entsprechend um 200.000 € anzupassen.

Tabelle 6.7: Bilanzierung von Pensionsverpflichtungen bei Vorliegen eines Unternehmenszusammenschlusses

		(.000 €)
+	Barwert der leistungsorientierten Verpflichtung (Jahresanfang)	1.000
	Laufender Dienstzeitaufwand	100
	Zinsaufwand	53
	Versicherungsmathematische Gewinne (-) / Verluste (+)	125
-	Summe der gezahlten Leistungen	-75
	Nachzuverrechnender Dienstzeitaufwand	0
	Unternehmenszusammenschlüsse	800
+	**Barwert der leistungsorientierten Verpflichtung (Jahresende)**	**2.003**
+	Zeitwert des Planvermögens (Jahresanfang)	750
	Zinsertrag	39
	Ertrag des Planvermögens ./. Zinsertrag	50
	Arbeitgeberbeiträge	150
-	Summe der gezahlten Leistungen (aus Planvermögen)	-75
	Unternehmenszusammenschlüsse	600
+	**Zeitwert des Planvermögens (Jahresende)**	**1.514**
+	Barwert der leistungsorientierten Verpflichtung	2.003
-	Zeitwert des Planvermögens	-1.514
	In der Bilanz auszuweisende Verpflichtung	**489**
Im Gesamtergebnis auszuweisen		
+	Laufender Dienstzeitaufwand	100
+	**Dienstzeitaufwand**	**100**
+	Zinsaufwand	53
-	Zinsertrag	-39
+	**Nettozinsaufwand**	**14**
+	Versicherungsmathematische Gewinne (-) / Verluste (+)	125
	(-) Ertrag des Planvermögens ./. Zinsertrag	-50
	Begrenzung des Vermögenswertes	0
+	**Neubewertung**	**75**
+	**Gesamtergebnis**	**189**
+	In der Bilanz auszuweisende Verpflichtung (Jahresanfang)	250
	Dienstzeitaufwand	100
	Nettozinsaufwand	14
	Neubewertung	75
-	Direkt vom Arbeitgeber gezahlte Leistungen	0
-	Arbeitgeberbeiträge	-150
	Unternehmenszusammenschlüsse	200
+	**In der Bilanz auszuweisende Verpflichtung (Jahresende)**	**489**

Sofern der Unternehmenszusammenschluss unterjährig geschieht, sind evtl. auch der laufende Dienstzeitaufwand sowie der (Netto-)Zinsaufwand anzupassen. 115

IV. Offenlegungspflichten für leistungsorientierte Pensionspläne

Mit den Offenlegungspflichten verfolgt der IAS 19 das Ziel, Informationen über leistungsorientierte Pläne zur Verfügung zu stellen, aus denen 116

▪ die unterschiedlichen Charakteristika sowie Risiken der Pensionspläne ersichtlich werden,

▪ quantitative Aussagen über die Pläne hervorgehen und

    ▓ die Auswirkungen der leistungsorientierten Pläne auf die zukünftigen Zahlungsströme erkennbar werden.

117   Um diese Ziele zu erreichen, muss das bilanzierende Unternehmen Überlegungen anstellen hinsichtlich des Detaillierungsgrades, der Priorisierung, der Differenzierung und der Vollständigkeit der dargestellten Informationen. Kommt das Unternehmen zu dem Schluss, dass die in IAS 19 vorgegebenen Offenlegungspflichten nicht ausreichen, um die o.g. Ziele zu erreichen, können zusätzliche Angaben gemacht werden. So kann es unter Umständen geboten sein kann, zusätzliche Informationen über die Zusammensetzung des Barwerts der leistungsorientierten Verpflichtung offenzulegen.

118   Hierzu werden verschiedene Vorschläge gemacht:

    ▓ Aufteilung in aktive Arbeitnehmer, unverfallbar Ausgeschiedene und Rentner,

    ▓ Unterscheidung von verfallbaren und unverfallbaren Ansprüchen,

    ▓ Unterscheidung von bedingten Ansprüchen, Leistungen, die zukünftigen Gehaltssteigerungen zugeordnet werden können, und sonstigen Leistungen.

119   Darüber hinaus schreibt der Standard vor (IAS 19.138), dass die Pensionspläne nach Möglichkeit weiter unterteilt werden sollen. Nicht verpflichtend, sondern nur als Beispiel, wird dabei eine Aufteilung in verschiedene geographische Regionen, Plancharakteristika (z.B. gehaltsabhängig, Festbetragssystem etc.), gesetzliche Rahmenbedingungen, Segmente oder Finanzierungspraktiken genannt.

Für den Fall, dass in einem Unternehmen mehrere Pensionspläne existieren, die teils eine Unterdeckung und teils eine Überdeckung ausweisen, dürfen diese Pläne dann und nur dann miteinander verrechnet werden, wenn das Unternehmen (IAS 19.131)

    ▓ das einklagbare Recht besitzt, die Überdeckung eines Planes zur Finanzierung der Unterdeckung eines anderen Planes zu verwenden und

    ▓ darüber hinaus beabsichtigt, entweder den Ausgleich der Verpflichtungen auf Nettobasis herbeizuführen oder gleichzeitig mit der Verwertung der Vermögensüberdeckung des einen Plans seine Verpflichtung aus dem anderen Plan abzulösen.

120   Der Standard verlangt eine umfassende Darstellung der planspezifischen Charakteristika und Risiken. Gemäß IAS 19.139 müssen Angaben über die Art der Leistungen und über die Berechnung der Leistungen (gehaltsabhängig etc.), d.h. also über die „benefit formula" gemacht werden.

121   Der Anhang zur Bilanz muss eine Beschreibung der regulatorischen Rahmenbedingungen beinhalten. Für den Fall einer einfachen, intern finanzierten leistungsorientierten Zusage in Deutschland sollte für diese Zwecke ein Verweis auf das Betriebsrentengesetz genügen.

122   Schließlich muss im Anhang geschildert werden, inwieweit andere Unternehmen Möglichkeiten der Einflussnahme auf bzw. Verantwortung für den Pensionsplan haben.

123   Falls es außergewöhnliche, d.h. auf sehr spezielle Umstände abstellende, Risiken gibt, die für den Pensionsplan und damit für das Unternehmen von besonderer Bedeutung sind, so sind diese ebenfalls im Anhang darzustellen. Ein besonderes Risiko wäre z.B. dann gegeben, wenn das Planvermögen ausschließlich in eine Vermögensklasse investiert würde.

124   Sind in einem Geschäftsjahr Planänderungen bzw. Plankürzungen vorgenommen oder Abfindungen gezahlt worden, so sind diese ebenfalls im Anhang zu beschreiben.

125   Hinsichtlich der quantitativen Angaben muss ein Unternehmen im Anhang zur Bilanz Überleitungsrechnungen (Anfangsbestände / Endbestand) bzgl. der in der Bilanz auszuweisenden Pensionsverpflichtungen, des Planvermögens, des Barwerts der leistungsorientierten Verpflichtung und der Begrenzung des Vermögenswertes darstellen.

Jede dieser Überleitungsrechnungen muss (sofern relevant) die folgenden Komponenten beinhalten (IAS 19.141): 126

a) laufender Dienstzeitaufwand,
b) Zinsaufwand oder -ertrag,
c) Neubewertung der in der Bilanz auszuweisenden Verpflichtung, aufgeteilt in:
   i) den tatsächlichen Ertrag des Planvermögens abzüglich des rechnungsmäßigen Ertrages das Planvermögens (siehe b.),
   ii) die versicherungsmathematischen Gewinne und Verluste, die aus der Veränderung der demographischen Annahme resultieren,
   iii) die versicherungsmathematischen Gewinne und Verluste die aus der Veränderung der finanziellen Annahmen resultieren,
   iv) die Veränderungen der Begrenzung des Vermögenswertes bei Vorliegen einer Überdeckung. Dabei soll das Unternehmen erläutern, wie der Nutzen der Überdeckung für das Unternehmen bestimmt wurde,
d) nachzuverrechnender Dienstzeitaufwand und Gewinne / Verluste aus Abfindungen,
e) Wechselkurseffekte,
f) Beiträge an den Plan, aufgeteilt in Arbeitnehmer- und Arbeitgeberbeiträge,
g) Leistungen des Plans, wobei Abfindungszahlungen gesondert gezeigt werden müssen,
h) die Effekte von Unternehmenszusammenschlüssen.

Die Unternehmen sind außerdem gehalten, den Zeitwert des Planvermögens in verschiedene Kategorien aufzuteilen. Insbesondere ist eine Aufteilung in Finanzinstrumente, für die ein Marktpreis in einem aktiven Markt existiert, und solche, für die dies nicht der Fall ist, vorgesehen. Beispielhaft wird in IAS 19. 142 eine Aufteilung des Planvermögens in die folgenden Finanzinstrumente vorgeschlagen: 127

a) Bargeld und bargeldähnliche Finanzinstrumente (z.B. Geldmarktfonds),
b) Aktien (ggf. aufgeteilt in Branchen, Unternehmensgrößen und Unternehmensstandort),
c) Schuldverschreibungen (ggf. aufgeteilt in Kategorie des Emittenten – Unternehmensanleihen, Staatsanleihen etc. -, Bonität und Herkunft),
d) Immobilien (ggf. aufgeteilt entsprechend der Standorte),
e) Derivate (ggf. unterteilt nach den verschiedenen Basiswerten),
f) Investmentfonds (ggf. unterteilt nach den verschiedenen Typen: Aktienfonds etc.),
g) Asset-Backed Securities,
h) Strukturierte Produkte.

Darüber hinaus muss das Unternehmen Angaben machen über die vom Unternehmen begebenen, handelbaren Finanzinstrumente, die vom Pensionsplan als Planvermögen gehalten werden. Außerdem ist der Zeitwert des Planvermögens der auf selbstgenutzte Immobilien oder andere vom Unternehmen genutzte Vermögenswerte entfällt anzugeben. 128

Überdies sollen Unternehmen die für die Abstimmung von Verpflichtungen und Planvermögen angewendeten Strategien (*Asset-Liability-Matching Strategies*) offen legen 129

Das Unternehmen muss alle wesentlichen versicherungsmathematischen Annahmen, die für die Bestimmung des Barwerts der leistungsorientierten Verpflichtung verwendet wurden, angeben. Die diesbezüglichen Angaben sind in der Form von absoluten Zahlen anzugeben, d.h. die Angabe eines Intervalls ist unzulässig. Werden für einen Pensionsplan bzw. eine Gruppe von Plänen verschiedene versicherungsmathematische Annahmen verwendet (zum Beispiel unterschiedliche Rechnungszinssätze in unterschiedlichen Regionen), dann müssen für die Anhangangaben die gewichteten Mittel oder relativ engen (Intervall-)Grenzen angegeben werden. 130

131   Zusätzlich zu den versicherungsmathematischen Angaben müssen die Unternehmen für jede dieser versicherungsmathematischen Angaben Sensitivitäten hinsichtlich der Auswirkungen einer möglichen Veränderung dieser versicherungsmathematischen Annahmen auf den Barwert der leistungsorientierten Verpflichtung angeben. Die Vorgehensweise wie auch Veränderungen bei der Erstellung der Sensitivitätsanalyse sind ebenfalls offenzulegen.

132   Um eine Indikation hinsichtlich der Auswirkungen des leistungsorientierten Pensionsplans auf die zukünftigen Zahlungsströme zu ermöglichen, muss das Unternehmen Angaben machen über die Vereinbarungen bzgl. zukünftiger Beiträge an den Pensionsplan und über die für das auf den Bilanzstichtag folgende Wirtschaftsjahr erwarteten Beiträge.

133   Zusätzlich müssen Angaben gemacht werden über die Fristigkeit der Leistungen im Pensionsplan. Dies beinhaltet die Angabe der (durchschnittlichen) Duration der leistungsorientierten Verpflichtung.

D.   Versicherte Pläne und über Gemeinschaftseinrichtungen finanzierte Pläne

134   Neben den in Kapitel 6 B. und 6 C. diskutierten Beitragsplänen und leistungsorientierten Plänen die in der Regel von einem einzelnen Arbeitgeber finanziert werden, gibt es weitere Formen von Pensionsplänen, die entweder als Gemeinschaftseinrichtungen mehrerer Arbeitgeber gegründet werden oder sich einer Versicherung als Durchführungsweg für die betriebliche Altersversorgung bedienen. Grundsätzlich geht es bei der Frage, wie diese Pläne rechnungslegungstechnisch zu behandeln sind darum, die genannten Pläne der Vorgehensweise bei Beitrags- oder leistungsorientierten Plänen zuzuordnen. Darüber hinaus gibt es lediglich noch einige spezifische, zusätzliche Offenlegungspflichten für den Anhang zur Bilanz.

135   Versicherte Pläne haben wir – teilweise – bereits in Kapitel 6 B. (Tz. 47) vorgestellt. Unter einem versicherten Plan versteht man gemäß IAS 19.46 einen Pensionsplan, bei dem das Unternehmen lediglich dazu verpflichtet ist, Beiträge an ein Versicherungsunternehmen zu entrichten. Diese Pläne können wie Beitragspläne behandelt werden, sofern keine formale oder faktische Verpflichtung des Unternehmens existiert, Leistungen direkt durch das Unternehmen und nicht durch den Versicherer auszahlen zu lassen. Darüber hinaus müssen die Versicherungen die im Rahmen des versicherten Planes gewährten Leistungen vollständig abdecken, d.h. der Arbeitgeber darf nicht dazu verpflichtet sein, über die Leistungen des Versicherers hinaus zusätzliche Leistungen im Rahmen des versicherten Planes zu gewähren. Sind diese Bedingungen nicht erfüllt, so muss der Arbeitgeber den versicherten Plan wie einen leistungsorientierten Plan behandeln.

136   Aus den Bestimmungen des IAS 19.46 folgt, dass bei einer Direktzusage, die über eine kongruente Rückdeckungsversicherung ausfinanziert wird, nicht von einem Beitragsplan auszugehen sondern diese Konstruktion als ein leistungsorientierter Plan einzuordnen ist.

137   Die Bestimmungen des IAS 19.115 (vgl. Kapitel 6 Tz. 88) besagen, dass für den Fall, dass es sich bei der Versicherung um einen qualifizierenden Versicherungsvertrag handelt, bei der die Leistung der Versicherung die leistungsorientierte Verpflichtung kongruent abbildet, der Wert des Planvermögens definitionsgemäß dem Barwert der leistungsorientierten Verpflichtung entspricht. Eine entsprechende Regelung existiert auch für Erstattungsleistungen, hier also Rückdeckungsversicherungen, die nicht den Anforderungen an Planvermögen genügen (IAS 19.119). Diese Bestimmungen macht man sich, z.B. bei der Bilanzierung von Entgeltumwandlungszusagen, die über eine Direktzusage mit kongruenter Rückdeckungsversicherung abgebildet werden, zu Nutze, um unter wirtschaftlichen Gesichtspunkten zum gleichen Resultat zu gelangen wie bei einem Beitragsplan (*DC-like DB Accounting*).

> **Beispiel 22**

Ein Unternehmen erteilt seinen Mitarbeitern eine Pensionszusage in der Form einer Direktzusage, die zwecks Finanzierung durch die Einschaltung einer Rückdeckungsversicherung ausfinanziert wird. Die im Rahmen dieses Pensionsplanes gewährten Leistungen entsprechen den Leistungen, die von der Versicherung abgedeckt werden.

Die folgenden Eckdaten sind für die Berichtsperiode bekannt:

1.   der Barwert der Leistungsorientierten Verpflichtung beträgt zum Jahresanfang 1.000.000 €,

2.   der am Ende des letzten Geschäftsjahres durch den versicherungsmathematischen Sachverständigen kalkulierte laufende Dienstzeitaufwand beträgt 104.000 €,

3.   während des Geschäftsjahres werden 75.000 € Leistungen gezahlt, die vom Planvermögen erstattet werden,

4.   der Zinsaufwand bzgl. der Verpflichtung beträgt bei einem Rechnungszins von 5 % 53.000 €,

5.   aufgrund der Absenkung des Rechnungszinses am Ende des Geschäftsjahres entstehen versicherungsmathematische Verluste in Höhe von 15.000 €,

6.   der Barwert der leistungsorientierten Verpflichtung am Jahresende beträgt 1.093.000 €,

7.   der Zeitwert des Planvermögens (hier: der Aktivwert der Versicherungen) zum Jahresanfang beträgt 1.450.000 €,

8.   es werden Arbeitgeberbeiträge in Höhe von 100.000 € an das Planvermögen gezahlt,

9.   der Zeitwert des Planvermögens zum Ende des Wirtschaftsjahres beträgt 1.550.000 €.

Da die Rückdeckungsversicherungen die Leistungen des Pensionsplanes kongruent abbilden, sind die Regelungen des IAS 19.115 anzuwenden. D.h., anstelle des Zeitwerts des Planvermögens (1.450.000 €) wird für Zwecke der Bilanzierung das Planvermögen in Höhe des Barwerts der leistungsorientierten Verpflichtung (1.093.000 €) ausgewiesen.

Darüber hinaus ist auch nichts dagegen einzuwenden, in einem solchen Fall den versicherungsmathematisch ermittelten Dienstzeitaufwand (hier: 104.000 €) durch die tatsächlichen Beitragszahlungen zu ersetzen.

Dies führt im Ergebnis dazu, dass der Pensionsaufwand in einem solchen Plan der Höhe der gezahlten Beiträge entspricht und darüber hinaus keine Pensionsverpflichtung in der Bilanz auszuweisen ist.

Tabelle 6.8:   DC-like DB-accounting

		(.000 €)
+	Barwert der leistungsorientierten Verpflichtung (Jahresanfang)	1.000
	Laufender Dienstzeitaufwand	100
	Zinsaufwand	53
	Versicherungsmathematische Gewinne (-) / Verluste (+)	15
-	Summe der gezahlten Leistungen	-75
+	**Barwert der leistungsorientierten Verpflichtung (Jahresende)**	**1.093**
+	Zeitwert des Planvermögens (Jahresanfang)	1.000
	Zinsertrag	53
	Ertrag des Planvermögens ./. Zinsertrag	15
	Arbeitgeberbeiträge	100
-	Summe der gezahlten Leistungen (aus Planvermögen)	-75
+	**Zeitwert des Planvermögens (Jahresende)**	**1.093**
+	Barwert der leistungsorientierten Verpflichtung	1.093
-	Zeitwert des Planvermögens	-1.093
	In der Bilanz auszuweisende Verpflichtung	**0**
Im Gesamtergebnis auszuweisen		
+	Laufender Dienstzeitaufwand	100
+	**Dienstzeitaufwand**	**100**
+	Zinsaufwand	53
-	Zinsertrag	-53
+	**Nettozinsaufwand**	**0**
+	Versicherungsmathematische Gewinne (-) / Verluste (+)	15
	(-) Ertrag des Planvermögens ./. Zinsertrag	-15
	Begrenzung des Vermögenswertes	0
+	**Neubewertung**	**0**
+	**Gesamtergebnis**	**100**
+	In der Bilanz auszuweisende Verpflichtung (Jahresanfang)	0
	Dienstzeitaufwand	100
	Nettozinsaufwand	0
	Neubewertung	0
-	Direkt vom Arbeitgeber gezahlte Leistungen	0
-	Arbeitgeberbeiträge	-100
+	**In der Bilanz auszuweisende Verpflichtung (Jahresende)**	**0**

138   Oftmals wird in der Praxis, insbesondere bei Entgeltumwandlungszusagen, akzeptiert, wenn im Falle einer kongruenten Rückdeckungsversicherung, entsprechend dem Vorgehen bei der Bilanzierung von wertpapiergebundenen Zusagen in der deutschen Handelsbilanz, der Barwert der leistungsorientierten Verpflichtung dem vom Versicherer gemeldeten Aktivwert gleichgesetzt wird. Eine versicherungsmathematische Kalkulation des Barwerts der leistungsorientierten Verpflichtung kann hier also entfallen.

139   Zu den über Gemeinschaftseinrichtungen finanzierten Plänen gehören

1. Gemeinschaftliche Pläne mehrerer Arbeitgeber (Multi-Employer Plans),

2. Leistungsorientierte Pläne, die Risiken zwischen verschiedenen Unternehmen unter gemeinsamer Beherrschung teilen (*Defined benefit plans that share risks between entities under common control*).

140   Beteiligt sich ein Arbeitgeber an einem gemeinschaftlichen Plan mehrerer Arbeitgeber (i.F. kurz: *gemeinschaftlicher Plan*), der die Charakteristika eines Beitragsplanes erfüllt, so gelten für diesen die gleichen Rechnungslegungsvorschriften wie für einen Beitragsplan.

Falls es sich bei dem gemeinschaftlichen Plan dem Wesen nach um einen leistungsorientierten Plan   141
handelt, für den ausreichend Informationen vorhanden sind, ist er entsprechend den Regelungen für
einen leistungsorientierten Plan zu bilanzieren. Gemäß IAS 19.33 muss der Anteil an der leistungsorientierten Verpflichtung, dem Planvermögen und den mit dem Plan verbundenen Kosten genauso
bilanziert werden wie bei jedem anderen leistungsorientierten Plan. Darüber hinaus müssen über die
Offenlegungspflichten für leistungsorientierte Pläne (IAS 19.135-147) hinaus zusätzliche Angaben
gemacht werden.

Gemäß IAS 19.148 (a)-(c) müssen Arbeitgeber, die an einem leistungsorientierten gemeinschaftli-   142
chen Plan teilnehmen, sofern dieser wie ein leistungsorientierter Plan zu bilanzieren ist, die folgenden Angaben im Anhang zur Bilanz machen:

- Eine Beschreibung der Finanzierungsvereinbarung des Plans, insbesondere im Hinblick auf das
  Verfahren zur Bestimmung der von dem Unternehmen zu zahlenden Beiträge und etwaiger Min-
  destdotierungspflichten.

- Angaben darüber, ob und, wenn ja, in welchem Umfang ein Unternehmen für die Verpflichtungen anderer Arbeitgeber im Rahmen des gemeinschaftlichen Plans haftbar gemacht werden
  kann.

- Eine Beschreibung, wie mit einer vorhandenen Über- bzw. Unterdeckung des gemeinschaftlichen
  Planes zu verfahren ist für den Fall, dass der Plan aufgelöst wird oder der Arbeitgeber sich aus
  dem Plan zurückzieht.

Wenn für einen gemeinschaftlichen Plan, der seinem Wesen nach ein leistungsorientierter Plan ist,   143
nicht genügend Informationen vorhanden sind, um diesen wie einen leistungsorientierten Plan zu
bilanzieren, dann muss der Arbeitgeber diesen Plan wie einen Beitragsplan behandeln. Darüber hinaus sind in diesem Fall neben den Anhangangaben gemäß IAS 19.148 (a)-(c) auch die Offenlegungsvorschriften gemäß IAS 19.148 (d) zu erfüllen:

- Es muss angegeben werden, dass es sich bei dem gemeinschaftlichen Plan eigentlich um einen
  leistungsorientierten Plan handelt.

- Es müssen die Gründe angegeben werden, warum keine ausreichenden Informationen vorliegen,
  die den Arbeitgeber in die Lage versetzen würden, den gemeinschaftlichen Plan wie einen leistungsorientierten Plan zu bilanzieren.

- Es müssen Angaben über die erwarteten Beiträge für das auf dem Bilanzstichtag folgende Wirtschaftsjahr gemacht werden

- Der Arbeitgeber muss Informationen über die Über- bzw. Unterdeckung des Planes machen und
  etwaige Auswirkungen auf zukünftige Beitragszahlungen beschreiben. Nach Möglichkeit sollen
  auch Angaben darüber gemacht werden, wie groß der Anteil des am gemeinschaftlichen Plan
  teilnehmenden Unternehmens ist.

Staatliche Pläne sind Pläne, die durch die Gesetzgebung festgelegt werden, um alle Unternehmen   144
bzw. Unternehmen einer bestimmten Kategorie (z.B. öffentlicher Dienst) zu erfassen. Diese Pläne
werden von staatlichen Einrichtungen bzw. Einrichtungen des öffentlichen Rechts betrieben. Die
berichtenden Unternehmen haben keine Möglichkeit der Kontrolle bzw. (direkten) Einflussnahme
(IAS 19.44). Ein staatlicher Plan ist genauso zu behandeln wie ein gemeinschaftlicher Plan.

❯ Beispiel 23

Für Angestellte im öffentlichen Dienst hat der Staat Gemeinschaftseinrichtungen, die kommunalen Zusatzversorgungskassen
und das Versorgungswerk des Bundes und der Länder, eingerichtet. Diese kollektiv finanzierten Versorgungseinrichtungen
sind von teilnehmenden Unternehmen für Zwecke der Bilanzierung wie gemeinschaftliche Pläne zu behandeln.

145   Anders verhält sich die Situation, wenn die verschiedenen, an einem gemeinsamen Plan, der die Charakteristika eines leistungsorientierten Planes aufweist, teilnehmenden Unternehmen unter gemeinsamer Kontrolle stehen und die planinhärenten Risiken gemeinschaftlich tragen. Dann spricht man nicht von einem gemeinschaftlichen Plan, sondern von leistungsorientierten Plänen, die Risiken zwischen verschiedenen Unternehmen unter gemeinsamer Beherrschung teilen. Es ist im Gegensatz zu gemeinschaftlichen Plänen davon auszugehen, dass die verschiedenen Unternehmen über die notwendigen Informationen verfügen, um den Plan als leistungsorientierten Plan zu bilanzieren, und dass zwischen den verbundenen Unternehmen eine Vereinbarung besteht, die beschreibt, wie die leistungsorientierten Kosten aufzuteilen sind.

146   Gemäß IAS 19.149 müssen Unternehmen, die an einem leistungsorientierten Plan teilnehmen, der die Risiken zwischen verschiedenen Unternehmen unter gemeinsamer Beherrschung teilt, zusätzlichen Angaben machen, da es sich in diesem Fall um eine *related party transaction* handelt.

147   Zu diesen Angaben gehört eine Beschreibung der vertraglichen Vereinbarung, die aufzeigt, wie die Nettokosten für das Unternehmen ermittelt werden oder die Tatsache, dass es eine solche Vereinbarung nicht gibt. Darüber hinaus sind die Regelungen der Richtlinie über die Ermittlung des vom Unternehmen zu zahlenden Beitrags darzustellen. Letztlich müssen alle für einen leistungsorientierten Plan notwendigen Anhangangaben gemacht werden.

148   Haben die verbundenen Unternehmen keine Vereinbarung über die Belastung der einzelnen Unternehmen mit den leistungsorientierten Nettokosten getroffen, so muss das Unternehmen, welches rechtmäßig das Trägerunternehmen des Plans ist, den Plan vollständig in seinem Jahresabschluss erfassen. Die anderen Unternehmen der Gruppe haben dann in ihren Abschlüssen den Aufwand zu erfassen, der ihrem, in der betreffenden Berichtsperiode zu zahlenden Beitrag entspricht.

E.   Vergleich mit IAS 19 revised 2008

149   Die den bisherigen Ausführungen zugrundeliegenden, vom International Accounting Standards Board (IASB) am 16.6.2011 veröffentlichte, in wesentlichen Teilen überarbeitete Fassung des Rechnungslegungsstandards IAS 19 „Employee Benefits" (revised 2011) führt z.T. zu erheblichen Änderungen bei der Bilanzierung von Pensionen und ähnlichen Verpflichtungen gegenüber der vorherigen Version IAS 19 revised 2008. Der IAS 19 revised 2008 kann längstens für Wirtschaftsjahre, die spätestens in 2012 beginnen angewendet werden.

150   Der Standard IAS 19 war zu Beginn des 21. Jahrhunderts zunehmend der Kritik ausgesetzt. Wesentlicher Kritikpunkt war vor allem die so genannte „Deferred Recognition", d.h. die aufgeschobene Erfassung von Veränderungen des Wertes der Pensionsverpflichtungen. Dies bedeutet, dass bei entsprechender Ausübung von Bilanzierungswahlrechten in der Bilanz nicht zwingend die Nettoschuld als Saldo von Verpflichtung und möglicherweise vorhandenem Planvermögen ausgewiesen wird, sondern unter Umständen ein davon signifikant abweichender Wert. Insbesondere die so genannte Korridormethode, nach der versicherungsmathematische Gewinne und Verluste, also die Abweichungen von Plan- und Istwerten, nicht sofort zu erfassen sind, wurde immer wieder problematisiert. Diese Methode entspricht nicht dem zentralen Bilanzierungsprinzip des so genannten „True and Fair View".

151   Die mit dem IAS 19 rev. 2011 veröffentlichten Änderungen stellen nicht das Ende der Evolution des Standards dar, sondern lediglich eine Zwischenstation auf dem Wege hin zu einer vollständigen Revision des Standards. Dabei sollen mit dieser „Zwischenlösung" verschiedene Ziele verfolgt werden. U.a. sollen die Entwicklung der Pensionsrückstellungen verständlicher, Bilanzierungswahlrechte zum Zwecke einer verbesserten Vergleichbarkeit abgeschafft, Informationen bezüglich der Risiken verdeutlicht und Klarstellungen bezüglich der Rechnungslegungspraxis vorgenommen werden. Ins-

gesamt sind diese Ziele vor dem Hintergrund des übergeordneten Ziels der IFRS-Rechnungslegung, Bilanzadressaten, wie etwa potenziellen Investoren, entscheidungstaugliche Informationen zu bieten, zu sehen.

Im Folgenden werden wir die wesentlichen Unterschiede zwischen den beiden Standards IAS 19 rev. 2008 und IAS 19 rev. 2011 kursorisch darstellen. Dabei werden wir auf die Nennung einzelner Paragraphen verzichten, da der neu erschienene Standard vollständig neu durchnummeriert wurde und die Nennung der neuen und alten Nummern zu einer unübersichtlichen Darstellung führen würde.

152

Die Behandlung der Beitragspläne hat sich nicht wesentlich geändert. Es wurde lediglich eine Klarstellung vorgenommen, dass die Arbeitgeber ausschließlich verpflichtet sind, Beiträge für die laufende Berichtsperiode zu erfassen und keine zusätzlichen Beiträge für vorangegangene Berichtsperioden.

153

Für leistungsorientierte Pläne ergibt sich durch den neu in 2011 veröffentlichten Standard eine Vielzahl von Veränderungen.

154

Verwaltungskosten werden weiterhin erst dann erfolgswirksam erfasst, wenn sie anfallen. Darüber hinaus wurde im neu veröffentlichten Standard eine Konkretisierung vorgenommen. Danach sind zukünftig nur noch Kapitalanlagekosten sowie vom Pensionsplan selbst abzuführende Steuern zu berücksichtigen.

155

Steuern aus leistungsorientierten Pensionsplänen sind entweder als Bestandteil des Ertrages auf das Planvermögen oder bei der Bewertung der Verpflichtung, als eigene versicherungsmathematische Annahme, zu berücksichtigen. Alle übrigen Verwaltungskosten, wie z.B. Administrationskosten oder Beiträge an den Pensions-Sicherungs-Verein, sind demnach kein Bestandteil der Rechnungslegung für Pensionsverpflichtungen, sondern im sonstigen (operativen) Aufwand zu erfassen.

156

Bzgl. des Ausweises der Pensionsverpflichtungen in der Bilanz wurden Bilanzierungswahlrechte bzw. Glättungsmechanismen abgeschafft. D.h., dass gemäß IAS19 rev. 2011 der Finanzierungssaldo unter Berücksichtigung der Vorschriften bezüglich der Begrenzung des Ausweises von Pensionsvermögen (IFRIC 14 Asset Ceiling) vollumfänglich in der Bilanz zu erfassen ist. Eine aufgeschobene Erfassung u.a. von versicherungsmathematischen Gewinnen und Verlusten durch Anwendung der Korridormethode sowie entsprechende Amortisationen über den Zeitraum der durchschnittlichen Verweildauer der aktiven Planmitglieder sind nicht mehr zulässig. Auch der nachzuverrechnende Dienstzeitaufwand ist gemäß IAS 19 rev. 2011 vollständig im Jahr des Entstehens zu erfassen. IAS 19 rev. 2008 eröffnete hier noch die Möglichkeit einer aufgeschobenen Erfassung im Fall von noch nicht unverfallbaren Planänderungen.

157

Gegenüber der bisher möglichen erfolgsneutralen Erfassung der versicherungsmathematischen Gewinne und Verluste (OCI- bzw. SORIE-Methode) sind die Änderungen bei der Bilanzierung aufgrund der in der Regel geringen Bedeutung des nachzuverrechnenden Dienstzeitaufwands praktisch ohne allzu große Auswirkungen. Dennoch ist im Einzelfall darauf zu achten, dass Änderungen von Zusagen, die auch vergangene Dienstjahre betreffen, unmittelbar erfolgs- und bilanzwirksam werden, was bisher nicht zwingend der Fall war.

158

Der Wertansatz für die den Bilanzansatz bestimmenden Größen Barwert der leistungsorientierten Verpflichtung und Planvermögen wurden nicht geändert.

159

> Beispiel 24

In der Bilanz zum 31.12.X1 eines Unternehmens sind Pensionsverpflichtungen in Höhe von 4.000.000 € und Planvermögen in gleicher Höhe enthalten, d.h. die Pensionsverpflichtungen sind vollständig ausfinanziert. Da annahmegemäß keine nicht erfassten versicherungsmathematischen Gewinne und Verluste zu diesem Zeitpunkt vorhanden sind, ist gemäß IAS 19 rev. 2008 eine Pensionsrückstellung in Höhe von 0 € auszuweisen.

Angenommen der Rechnungszins zum 31.12.X2 liegt 1%-Punkt unterhalb desjenigen zum 31.12.X1 und das Planvermögen verliert aufgrund von Börsenschwankungen zum Stichtag deutlich an Wert, dann bleiben die resultierenden Verluste bei Anwendung der im IAS 19 rev. 2008 zulässigen Korridormethode vorerst unberücksichtigt. Bei der Anwendung des neuen IAS 19 rev. 2011 ist eine solche aufgeschobene Erfassung der Verluste nicht mehr möglich. Der Saldo von Barwert der Verpflichtung und Planvermögen muss vollständig ausgewiesen werden.

Tabelle 6.9:   Vergleich Korridormethode/IAS19 rev. 2011

In der Bilanz auszuweisenden Pensionsverpflichtung IAS 19 rev. 2008 (Korridormethode)

	Verpflichtung	Planvermögen	Rückstellung
Wert zum 31.12.X1 / 1.1.X2	-4	4	0
Dienstzeitaufwand X2	-0,3		-0,3
Zinsaufwand X2	-0,2		-0,2
Erw. Planerträge X2		0,2	0,2
Rentenzahlungen X2	0,2	-0,2	
versmath. Verluste X2	-0,5	-0,5	
Wert zum 31.12.X2	**-4,8**	**3,5**	**-0,3**

In der Bilanz auszuweisenden Pensionsverpflichtung IAS 19 rev. 2011

	Verpflichtung	Planvermögen	Rückstellung
Wert zum 31.12.X1 / 1.1.X2	-4	4	0
Dienstzeitaufwand X2	-0,3		-0,3
Zinsaufwand X2	-0,2		-0,2
Erw. Planerträge X2		0,2	0,2
Rentenzahlungen X2	0,2	-0,2	
versmath. Verluste X2	-0,5	-0,5	-1
Wert zum 31.12.X2	**-4,8**	**3,5**	**-1,3**

Bei Anwendung der Korridormethode werden also die versicherungsmathematischen Verluste nicht bei der Rückstellungsentwicklung berücksichtigt. D.h., obgleich eine Finanzierungslücke am Jahresende X2 in Höhe von 1.300.000 € entsteht, wird nur eine Pensionsverpflichtung in Höhe von 300.000 € in der Bilanz ausgewiesen. Die restlichen 1.000.000 € gehen lediglich in den Anhang zur Bilanz ein.

160   Die Veränderung der in der Bilanz auszuweisenden Pensionsverpflichtungen wurde im IAS 19 rev. 2008 in die einzelnen Komponenten laufender Dienstzeitaufwand, Zinsaufwand, erwarteter Ertrag des Planvermögens, Amortisation der noch nicht erfassten versicherungsmathematischen Gewinne / Verluste, Amortisation des nachzuverrechnenden Dienstzeitaufwands, Gewinne / Verluste aus Plankürzungen und Abfindungen sowie Effekte, die durch die Begrenzung eines Vermögenswertes (Asset Ceiling) bedingt waren, zerlegt. Darüber hinaus wurden im Fall der Anwendung der OCI-Methode die versicherungsmathematischen Gewinne und Verluste außerhalb des Pensionsaufwands im Other Comprehensive Income erfasst.

Tabelle 6.10:   Ergebniskomponenten IAS19 rev. 2008/2011

IAS 19 rev. 2008 Korridormethode	IAS 19 rev. 2011
Pensionsaufwand	**Dienstzeitaufwand**
Laufender Dienstzeitaufwand ⟶	Laufender Dienstzeitaufwand
Nachzuverrechnender Dienstzeitaufwand ⟶	Nachzuverrechnender Dienstzeitaufwand
Effekt Plankürzung ⟶	Effekt Plankürzung
Effekt Abfindung ⟶	Effekt Abfindung
	Nettozinsaufwand
Zinsaufwand Verpflichtung (+) ⟶	Zinsaufwand Verpflichtung (+)
erwarteter Zinsertrag Planvermögen (-) ⟶	Zinsertrag Planvermögen (-)
	Neubewertungen
Amortisation Gewinne / Verluste ┄┄➤	Gewinne / Verluste
Asset Ceiling Effekt ┄┄➤	Asset Ceiling Effekt

Bei IAS 19 rev. 2011 wird der erfolgswirksam zu erfassende Zinsertrag auf das Planvermögen implizit   161
durch den Rechnungszins am Ende der vorangegangenen Berichtsperiode festgelegt. Im IAS 19 rev.
2008 wurde der erwartete Ertrag auf das Planvermögen – meist vom Rechnungszins abweichend
- durch das Unternehmen festgelegt. Versicherungsmathematische Gewinne und Verluste wurden
i.d.R. nicht vollständig amortisiert, sondern lediglich die über den Korridor hinausgehenden Gewinne und Verluste wurden (teilweise) amortisiert. Dabei wurden die Gewinne und Verluste sowie der
Asset Ceiling Effekt (bei Anwendung der Korridormethode) erfolgswirksam erfasst und nicht wie im
neuen Standard vorgesehen erfolgsneutral.

Neben der Darstellung der Entwicklung der in der Bilanz auszuweisenden Pensionsverpflichtungen   162
wurde die Definition von Plankürzungen im IAS 19 rev. 2008 deutlich weiter gefasst als im IAS 19
rev. 2011, der in Plankürzungen nur eine signifikante Reduktion der Anzahl der Arbeitnehmer im
Pensionsplan sieht. Ursprünglich wurden unter einer Plankürzung auch die Reduzierung der zukünftig erdienbaren Leistungen verstanden (IAS 19 rev. 2008).

Die Offenlegungspflichten wurden mit dem neuen Standard zum Teil erheblich verändert bzw. aus-   163
geweitet:

- Während der alte Standard die Ziele der Offenlegungspflichten nicht spezifizierte und nur eine
  „Beschreibung" der Pensionspläne verlangte definiert der neue Standard die Ziele der Rechnungslegung für Pensionen (siehe Kapitel 6 Tz. 116) und zählt die verschiedenen zu beschreiben-
  den Charakteristika der Pensionspläne auf.

- Der neue Standard sieht vor, dass die verschiedenen im Planvermögen enthaltenen Finanzinstrumente detaillierter dargestellt werden als bisher.

- Während der alte Standard lediglich die Offenlegung der für das auf dem Bilanzstichtag folgenden Wirtschaftsjahr erwarteten Arbeitgeberbeiträge vorsah, müssen im neuen Standard zusätzlich eine Beschreibung der Finanzierungsvereinbarung (funding policy) sowie eine Analyse der
  mittleren Fristigkeit zukünftiger Leistungen einschließlich Bestimmung der durchschnittlichen
  Duration angegeben werden.

- Im alten Standard mussten der Pensionsaufwand und seine Komponenten sowie die im Eigenkapital erfolgsneutral erfassten versicherungsmathematischen Gewinne und Verluste im Anhang
  offengelegt werden. Diese Informationen werden im neuen Standard nicht speziell verlangt,
  werden aber durch die notwendige Darstellung der Überleitungsrechnung des Barwerts der leistungsorientierten Verpflichtung, des Planvermögens und der Begrenzung des Vermögenswertes
  ebenfalls offengelegt.

- IAS 19 rev. 2008 sah vor, dass eine Fünf-Jahres-Historie bzgl. des Barwerts der leistungsorientierten Verpflichtung, des Planvermögens, der Über- bzw. Unterdeckung und der erfahrungsbeding-
  ten Anpassungen angegeben wird. Diese Vorschrift entfällt mit dem neuen Standard.

Neben den Änderungen für die Bilanzierung von Pensionsverpflichtungen wurde die Definition der   164
Leistungen aus Anlass der Beendigung des Arbeitsverhältnisses (Termination Benefits) mit Erschei-
nen des IAS 19 rev. 2011 geändert. Nur noch solche Leistungen an Arbeitnehmer sind Termination
Benefits, die nicht an eine Verpflichtung zur Erbringung von Arbeitsleistung in der Zukunft ge-
knüpft sind. Andernfalls handelt es sich um Employee Benefits, d. h. also entweder kurzfristig fällige
Leistungen an Arbeitnehmer, andere langfristig fällige Leistungen oder Pensionen, für die andere
Rechnungslegungs- und Bewertungsvorschriften gelten. Dabei sind Termination Benefits in dem
Zeitpunkt zu erfassen, ab dem der Arbeitgeber sein Angebot zur Zahlung einer solchen Leistung
nicht mehr widerrufen kann oder bei gleichzeitig zu erfassenden Restrukturierungskosten, mit denen die Beendigung des Arbeitsverhältnisses in Zusammenhang steht.

165   In der ursprünglichen Regelung (IAS 19 rev. 2008) waren Leistungen aus Anlass der Beendigung des Arbeitsverhältnisses nur dann zu erfassen, wenn das Unternehmen nachweislich verpflichtet war, entweder das Arbeitsverhältnis eines Arbeitnehmers vor dem Zeitpunkt der regulären Pensionierung zu beenden oder Leistungen bei Beendigung des Arbeitsverhältnisses aufgrund eines Angebots zur Förderung eines freiwilligen vorzeitigen Ausscheidens zu erbringen.

166   Durch die neue Definition der Leistungen aus Anlass der Beendigung des Arbeitsverhältnisses ist davon auszugehen, dass zukünftig weniger Leistungen an Arbeitnehmer in diese Kategorie fallen.

F.   Unterschiede zu US-GAAP

167   In diesem Abschnitt sollen einige wesentliche Unterschiede zwischen der Bilanzierung von Pensionsverpflichtungen nach IAS 19 (rev. 2011) und US-GAAP aufgezeigt werden. Auch wenn das IASB und der US-amerikanische Standardsetter FASB sich darauf verständigt haben, im Rahmen eines Konvergenzprojektes darauf hinzuwirken, dass sich die Rechnungslegungsstandards, d.h. die IFRS und die *Accounting Standards Codification* (*ASC*), einander annähern, so bestehen noch z.T. beträchtliche Unterschiede.

168   Am 3. Juni 2009 hat das FASB im Rahmen des Projekts „Accounting Standards Codification" beschlossen, alle bis dahin erschienenen Veröffentlichungen bzw. Standards zur US-amerikanischen Rechnungslegung (US-GAAP) neu zu kodifizieren. Damit wurden alle Regeln zur US-amerikanischen Rechnungslegung in eine einheitliche Struktur zusammengefasst, wobei die Regelungen inhaltlich ohne weitere Änderungen übernommen wurden. Die für die Rechnungslegung von Pensionsverpflichtungen bedeutenden Regelungen finden sich in ASC Topic 715 (i.F. kurz ASC 715).

169   Grundsätzlich unterscheidet sich der Bilanzansatz zwischen US-GAAP und IAS 19 nicht, d.h. das in der Bilanz der Saldo des Barwerts der leistungsorientierten Verpflichtung (ASC 715: *Projected Benefit Obligation*) und des Planvermögens ausgewiesen werden muss. Eine Überprüfung oder gar Begrenzung des Vermögenswertes für den Fall, dass das Planvermögen den Barwert der leistungsorientierten Verpflichtung übersteigt, ist im ASC 715 nicht vorgesehen, jedoch muss beim Ausweis in der Bilanz generell eine Unterscheidung zwischen kurzfristigen und langfristigen Verpflichtungen (currrent / non-current liability) vorgenommen werden. Die *current liability* ergibt sich aus den vom Arbeitgeber direkt zu zahlenden Leistungen im auf den Bilanzstichtag folgenden Wirtschaftsjahr.

170   Auch wenn die versicherungsmathematischen Gewinne und Verluste (Net loss / gain) sowie der nachzuverrechnende Dienstzeitaufwand (prior service cost / credit) im Jahr des Entstehens sofort in der Bilanz zu erfassen sind, besteht hier ein entscheidender Unterschied zu IAS 19. Und zwar werden sowohl der nachzuverrechnende Dienstzeitaufwand als auch die über den Korridor hinausgehenden, noch nicht erfolgswirksam erfassten versicherungsmathematischen Gewinne und Verluste in den auf den Bilanzstichtag folgenden Berichtsperioden erfolgswirksam erfasst.

171   Der Amortisationszeitraum für den nachzuverrechnenden Dienstzeitaufwand erstreckt sich dabei auf die verbleibende Aktivitätszeit der von der Planänderung begünstigten aktiven Planmitglieder.

Sofern der kumulierte Wert der noch nicht erfolgswirksam erfassten Gewinne bzw. Verluste (*cumulative unrecognized actuarial gains and losses*) 10 % des Barwerts der leistungsorientierten Verpflichtung übersteigt (oder 10 % des Zeitwertes des Planvermögens, wenn dieser Betrag größer ist), so ist in den Pensionskosten des Folgejahres mindestens der Betrag zu berücksichtigen, der sich bei Division des übersteigenden Betrages durch die voraussichtlich durchschnittlich verbleibende Aktivitätszeit der Begünstigten ergibt. Sofern (fast) nur Nicht-Aktive begünstigt sind, ist eine Verteilung über deren voraussichtlich verbleibende durchschnittliche Lebenserwartung zu unterstellen (so genannter Korridor-Ansatz). Eine schnellere Tilgung – bis hin zur sofortigen vollständigen Erfassung – ist zulässig. Der gewählte Ansatz muss aber konsistent und systematisch beibehalten werden.

Tabelle 6.11: Pensionsaufwand US-RAAP und Comprehensive Income gemäß IAS19

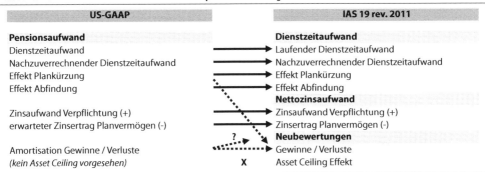

US-GAAP	IAS 19 rev. 2011
Pensionsaufwand	**Dienstzeitaufwand**
Dienstzeitaufwand	Laufender Dienstzeitaufwand
Nachzuverrechnender Dienstzeitaufwand	Nachzuverrechnender Dienstzeitaufwand
Effekt Plankürzung	Effekt Plankürzung
Effekt Abfindung	Effekt Abfindung
	Nettozinsaufwand
Zinsaufwand Verpflichtung (+)	Zinsaufwand Verpflichtung (+)
erwarteter Zinsertrag Planvermögen (-)	Zinsertrag Planvermögen (-)
	Neubewertungen
Amortisation Gewinne / Verluste	Gewinne / Verluste
(kein Asset Ceiling vorgesehen)	Asset Ceiling Effekt

Vergleicht man die Komponenten des Pensionsaufwands gemäß US-GAAP und die Komponenten der Rückstellungsentwicklung gemäß IAS 19 so zeigt sich, dass diese nicht eindeutig einander zugeordnet werden können. Der Pensionsaufwand gemäß US-GAAP erfasst als eigenständige im Anhang zur Bilanz auszuweisende Zahl lediglich die erfolgswirksam zu erfassenden Komponenten des Pensionsaufwands, während die (in einem ersten Schritt) gegen das Eigenkapital zu buchenden Beträge, d.h. versicherungsmathematische Gewinne / Verluste und nachzuverrechnender Dienstzeitaufwand im Other Comprehensive Income, also im Eigenkapital verbucht werden. Im Pensionsaufwand werden diesbezüglich nur die Amortisationsbeträge gezeigt bzw. „recycled".

Auch unterscheiden sich die im ASC 715 bei Plankürzungen und Abfindungen erfolgswirksam zu erfassenden Beträge von den im IAS 19 erfolgswirksam zu erfassenden Beträgen, da bei der Bestimmung dieser Effekte evtl. noch nicht erfolgswirksam erfasste versicherungsmathematische Gewinne / Verluste bzw. nachzuverrechnender Dienstzeitaufwand zu berücksichtigen ist.

Entsprechend der Bestimmungen im „alten" IAS 19 rev. 2008 wird der erwartete Ertrag des Planvermögens vom Unternehmen festgelegt und nicht implizit durch den Rechnungszins vorgegeben.

Die Offenlegungspflichten unter ASC 715 unterscheiden sich erheblich von den Anforderungen des IAS 19. Abgesehen von den sich direkt aus der unterschiedlichen Bilanzierung ergebenden Unterschieden, weichen die Offenlegungspflichten für Pensionsverpflichtungen gemäß US-GAAP u.a. in den folgenden Punkten von IAS 19 ab:

- Die Ziele der Offenlegungspflichten werden nicht im Standard definiert.
- Eine Planbeschreibung ist nicht notwendig.
- Die Accumulated Benefit Obligation, d.h. der Barwert der leistungsorientierten Verpflichtung ohne Berücksichtigung zukünftiger Gehaltssteigerungen, ist anzugeben.
- Bezüglich der Cash Flows sind die Arbeitgeberbeiträge an das Planvermögen für das auf den Bilanzstichtag folgende Wirtschaftsjahr anzugeben sowie die vom Pensionsplan zu leistenden Rentenzahlungen der 10 auf den Bilanzstichtag folgenden Wirtschaftsjahre, wobei die Angabe der Rentenzahlungen für die ersten fünf Jahre einzeln erfolgt und für die Jahre 6-10 kumuliert.

172

173

174

175

7 Zusammenfassende Gegenüberstellung der Bilanzierung von Pensionsverpflichtungen nach HGB, EStG und IAS 19

1 In der folgenden synoptischen Gegenüberstellung zwischen HGB, EStG und IFRS (IAS 19) in Bezug auf die Bilanzierung und Bewertung von Pensionsverpflichtungen sind zitierte Stellen in Anführungszeichen gesetzt. Sofern die Zitate darüber hinaus aus Gesetzen stammen, ist der Text kursiv gesetzt. Der synoptische Vergleich ist der Übersicht halber hinsichtlich der detaillierten Regelungen nicht vollständig. Insbesondere die Regelungen zu IAS sind zu umfangreich, als dass es sinnvoll wäre, diese hier in Gänze den handels- bzw. steuerrechtlichen Vorschriften gegenüberzustellen. Sofern Gesetze oder Vorschriften nur in Auszügen zitiert werden, ist in den beiden Referenzspalten der entsprechende Paragraph bzw. die zugehörige Regelung unterstrichen (z.B. sind allgemeine Hinweise zu Bewertungsannahmen nach IAS in IAS 19.75 - 80 zu finden, zitiert werden jedoch nur Auszüge der IAS 19.75 - 77). Da eine amtliche Übersetzung des neuen IAS 19 noch nicht vorliegt, sind Übersetzungen, die noch nicht in dem alten Standard enthalten waren, kursiv, aber ohne Anführungszeichen gesetzt.

Der synoptische Vergleich wird in der folgenden Struktur vorgenommen:

1. Bilanzierung von Verpflichtungen dem Grunde nach
   - Passivierungswahlrecht
   - Leistungs- und beitragsorientierte Zusagen
2. Bewertungsverfahren und -annahmen
   a) Bewertungsverfahren
      - nicht wertpapiergebundene Zusage
      - wertpapiergebundene Zusage
   b) Bewertungsannahmen
      - Allgemeine Hinweise
      - Zins
      - Leistungstrends
      - Erwarteter Ertrag aus zweckbestimmten Vermögen (Planvermögen)
3. Bilanzierung von Pensionsverpflichtungen
   - Definition eines zweckbestimmten, mit Verpflichtung zu saldierenden Vermögens
   - Saldierungsgebot
   - Bewertung des Planvermögens
   - Ausweis von Pensionsvermögen
   - Ausweis von Pensionsrückstellungen
4. Pensionsverpflichtungen in der Gewinn- und Verlustrechnung
   - Saldierung der Erträge eines zweckbestimmten Vermögens (Planvermögens)
   - Ausweis von Komponenten des Pensionsaufwands
   - Versicherungsmathematische Gewinne/Verluste bzw. Neubewertungen
   - Behandlung von Sonderereignissen
5. Anhangangaben für Pensionsverpflichtungen

Tabelle 7.1: Synoptischer Vergleich zwischen HGB, EStG und IAS 19

Synoptischer Vergleich	HGB	Referenz	IAS 19	Referenz	EStG	Referenz
			1. Bilanzierung von Verpflichtungen dem Grunde nach			
- Passivierungswahlrecht	„Rückstellungen sind für ungewisse Verbindlichkeiten und für drohende Verluste aus schwebenden Geschäften zu bilden." „Für eine laufende Pension oder eine Anwartschaft auf eine Pension auf Grund einer unmittelbaren Zusage braucht eine Rückstellung nach § 249 Abs. 1 Satz 1 des Handelsgesetzbuches nicht gebildet zu werden, wenn der Pensionsberechtigte seinen Rechtsanspruch vor dem 1. Januar 1987 erworben hat oder sich ein vor diesem Zeitpunkt erworbener Rechtsanspruch nach dem 31. Dezember 1986 erhöht hat. Für eine mittelbare Verpflichtung aus einer Zusage für eine laufende Pension oder eine Anwartschaft auf eine Pension sowie für eine ähnliche unmittelbare oder mittelbare Verpflichtung braucht eine Rückstellung in keinem Fall gebildet zu werden."	§ 249 Abs. 1 Satz 1 HGB Art. 28 Abs. 1 EGHGB	IAS 19 sieht grundsätzlich kein Passivierungswahlrecht vor. Im Falle so genannter Multi-Employer-Pläne besteht unter gewissen Voraussetzungen (IAS 19.32-34) die Möglichkeit, diese wie einen beitragsorientierten Plan zu behandeln, auch wenn es sich eigentlich um einen leistungsorientierten Plan handelt.		„(1) Für eine Pensionsverpflichtung darf eine Rückstellung (Pensionsrückstellung) nur gebildet werden, wenn und soweit 1. der Pensionsberechtigte einen Rechtsanspruch auf einmalige oder laufende Pensionsleistungen hat, 2. die Pensionszusage keine Pensionsleistungen in Abhängigkeit von künftigen gewinnabhängigen Bezügen vorsieht und keinen Vorbehalt enthält, dass die Pensionsanwartschaft oder die Pensionsleistung gemindert oder entzogen werden kann, oder ein solcher Vorbehalt sich nur auf Tatbestände erstreckt, bei deren Vorliegen nach allgemeinen Rechtsgrundsätzen unter Beachtung des billigen Ermessens eine Minderung oder ein Entzug der Pensionsanwartschaft oder der Pensionsleistung zulässig ist, und 3. die Pensionszusage schriftlich erteilt ist; die Pensionszusage muss eindeutige Angaben zu Art, Form, Voraussetzungen und Höhe der in Aussicht gestellten künftigen Leistungen enthalten. (2) Eine Pensionsrückstellung darf erstmals gebildet werden 1. vor Eintritt des Versorgungsfalls für das Wirtschaftsjahr, in dem die Pensionszusage erteilt wird, frühestens jedoch für das Wirtschaftsjahr, bis zu dessen Mitte der Pensionsberechtigte das 27. Lebensjahr vollendet oder für das Wirtschaftsjahr, in dessen Verlauf die Pensionsanwartschaft gemäß den Vorschriften des Betriebsrentengesetzes unverfallbar wird, 2. nach Eintritt des Versorgungsfalls für das Wirtschaftsjahr, in dem der Versorgungsfall eintritt" § 6a EStG unterscheidet nicht zwischen Alt- und Neuzusagen im handelsrechtlichen Sinn. Für Neuzusagen gilt aufgrund des Maßgeblichkeitsprinzips grundsätzlich eine steuerliche Passivierungspflicht. Für Altzusagen besteht hingegen ein steuerliches Passivierungswahlrecht, das unabhängig vom handelsrechtlichen Passivierungswahlrecht ausgeübt werden kann.	§ 6a Abs. 1 und 2 EStG

	HGB	IAS 19	EStG
- Leistungs- und beitragsorientierte Zusagen	Bei Pensionszusagen wird nach Art. 28 EGHGB zwischen mittelbaren und unmittelbaren Unterscheiden. Keine Unterscheidung zwischen leistungs- und beitragsorientierten Zusagen.	IAS 19.8 *„Beitragsorientierte Pläne sind Pläne für Leistungen nach Beendigung des Arbeitsverhältnisses, bei denen ein Unternehmen festgelegte Beträge an eine eigenständige Einheit (einen Fonds) entrichtet und weder rechtlich noch faktisch zur Zahlung darüber hinausgehender Beträge verpflichtet ist, wenn der Fonds nicht über ausreichende Vermögenswerte verfügt, um alle Leistungen in Bezug auf Arbeitsleistungen der Arbeitnehmer in der Berichtsperiode und früheren Perioden zu erbringen."* *„Leistungsorientierte Pläne sind Pläne für Leistungen nach Beendigung des Arbeitsverhältnisses, die nicht unter die Definition der beitragsorientierten Pläne fallen."*	Kein Unterschied zwischen leistungs- und beitragsorientierter Zusage

2. Bewertungsverfahren und -annahmen

a) Bewertungsverfahren

	HGB	IAS 19	EStG
- nicht wertpapiergebundene Zusage	§ 253 Abs. 1 Satz 2 HGB *„Verbindlichkeiten sind zu ihrem Erfüllungsbetrag und Rückstellungen in Höhe des nach vernünftiger kaufmännischer Beurteilung notwendigen Erfüllungsbetrags anzusetzen."*	IAS 19.67 *„Zur Bestimmung des Barwerts einer leistungsorientierten Verpflichtung, des damit verbundenen Dienstzeitaufwands und, falls zutreffend, des nachzuverrechnenden Dienstzeitaufwands hat ein Unternehmen die Methode der laufenden Einmalprämien anzuwenden."*	§ 6a Abs. 3 EStG *„Eine Pensionsrückstellung darf höchstens mit dem Teilwert der Pensionsverpflichtung angesetzt werden."*

	HGB		IAS 19		EStG	
- wertpapiergebundene Zusage	„Soweit sich die Höhe von Altersversorgungsverpflichtungen ausschließlich nach dem beizulegenden Zeitwert im Sinn des § 266 Abs. 2 A. III. 5 bestimmt, sind Rückstellungen hierfür zum beizulegenden Zeitwert dieser Wertpapiere anzusetzen, soweit er einen garantierten Mindestbetrag übersteigt."	§ 253 Abs. 1 Satz 3 HGB	Im aktuellen IAS 19 ist keine besondere Behandlung von wertpapiergebundenen Zusagen vorgesehen. Solche Zusagen sind Thema der Änderungsvorschläge des IASB vom 27.03.2008. Das IVS – Institut der Versicherungsmathematischen Sachverständigen für Altersvorsorge empfiehlt die analoge Anwendung der HGB-Vorschriften.		Es sind im Steuerrecht keine besonderen Regelungen für wertpapiergebundene Zusagen getroffen.	

b) Bewertungsannahmen

	HGB		IAS 19		EStG	
- Allgemeine Hinweise	Gesetzesbegründung: „Zum zweiten wird mit der Verwendung des Begriffs „Erfüllungsbetrag" ausdrücklich klar gestellt, dass bei der Rückstellungsbewertung in der Zukunft – unter Einschränkung des Stichtagsprinzips – künftige Preis- und Kostensteigerungen zu berücksichtigen sind. [...] Es ist folglich erforderlich, dass ausreichende objektive Hinweise auf den Eintritt künftiger Preis- und Kostensteigerungen schließen lassen."	BilMoG-RegE vom 21.05.2008, S. 114	„Versicherungsmathematische Annahmen müssen unvoreingenommen gewählt und aufeinander abgestimmt sein." „Versicherungsmathematische Annahmen gelten als unvoreingenommen gewählt, wenn sie weder unvorsichtig noch übertrieben vorsichtig sind." „Versicherungsmathematische Annahmen sind die bestmögliche Einschätzung eines Unternehmens [...]"	IAS 19.75-80 IAS 19.75 IAS 19.77 IAS 19.76	„Für eine Pensionsverpflichtung darf eine Rückstellung (Pensionsrückstellung) nur gebildet werden, wenn und soweit die Pensionszusage schriftlich erteilt ist; die Pensionszusage muss eindeutige Angaben zu Art, Form, Voraussetzungen und Höhe der in Aussicht gestellten künftigen Leistungen enthalten."	§ 6a Abs. 1 Nr. 3 EStG

	§ 253 Abs. 2 HGB	IAS 19.83-86 / IAS 19.83	§ 6a Abs. 3 Satz 3 EStG
- Zins	„Rückstellungen mit einer Restlaufzeit von mehr als einem Jahr sind mit dem ihrer Restlaufzeit entsprechenden durchschnittlichen Marktzins der vergangenen sieben Geschäftsjahre abzuzinsen. Abweichend von Satz 1 dürfen Rückstellungen für Altersversorgungsverpflichtungen oder vergleichbare langfristig fällige Verpflichtungen pauschal mit dem durchschnittlichen Marktzinssatz abgezinst werden, der sich bei einer angenommenen Restlaufzeit von 15 Jahren ergibt. Die Sätze 1 und 2 gelten entsprechend für auf Rentenverpflichtungen beruhende Verbindlichkeiten, für die eine Gegenleistung nicht mehr zu erwarten ist. Der nach den Sätzen 1 und 2 anzuwendende Abzinsungssatz wird von der Deutschen Bundesbank nach Maßgabe einer Rechtsverordnung ermittelt und monatlich bekannt gegeben."	„Der Zinssatz, der zur Diskontierung der Verpflichtungen für die nach Beendigung des Arbeitsverhältnisses zu erbringenden Leistungen (mit oder ohne Verwendung eines Fonds) herangezogen wird, ist auf der Grundlage der Renditen zu bestimmen, die am Bilanzstichtag für erstrangige, festverzinsliche Industrieanleihen am Markt erzielt werden. [...] Währung und Laufzeiten der zugrunde gelegten Industrie- oder Regierungsanleihen haben mit der Währung und den voraussichtlichen Fristigkeiten der nach Beendigung der Arbeitsverhältnisse zu erfüllenden Verpflichtungen übereinzustimmen."	„Bei der Berechnung des Teilwertes der Pensionsverpflichtung sind ein Rechnungszinsfuß von 6 Prozent und die anerkannten Regeln der Versicherungsmathematik anzuwenden."

- Leistungstrends	Keine Konkretisierung in Gesetzestext und Gesetzesbegründung über die allgemeinen Hinweise hinaus (siehe oben).	*Bei der Bewertung von Verpflichtungen sind zu berücksichtigen: [...] (b) erwartete künftige Gehaltssteigerungen [...]* *Versicherungsmathematische Annahmen reflektieren künftige Rentenanpassungen am Bilanzstichtag auf Grund der formalen Regelungen eines Plans (oder auf Grund einer faktischen, darüber hinausgehenden Verpflichtung) [...]*	IAS 19.87-98 IAS 19.87 IAS 19.88	Nur wenn Schriftform gewählt ist, vgl. allgemeiner Hinweis	
- Erwarteter Ertrag aus zweckbestimmtem Vermögen (Planvermögen)	Keine Festlegung erforderlich, da auf den tatsächlichen Ertrag aus Planvermögen abzustellen ist.	Der erwartete Ertrag bestimmt sich implizit nach dem Nettozinsmethode. Danach beläuft sich der erwartete Ertrag aus Planvermögen aus dem Produkt aus Rechnungszins und Zeitwert des Planvermögens jeweils zu Beginn des Jahres.	19.123-126	*„Posten der Aktivseite dürfen nicht mit Posten der Passivseite verrechnet werden."*	§ 5 Abs. 1a Satz 1 EStG

3. Bilanzierung von Pensionsverpflichtungen

	§ 246 Abs. 2 Satz 2 HGB	IAS 19.8	
- Definition eines zweckbestimmten, mit Verpflichtungen zu saldierenden Vermögens	„Vermögensgegenstände, die dem Zugriff aller Gläubiger entzogen sind und ausschließlich der Erfüllung von Schulden aus Altersversorgungsverpflichtungen oder vergleichbaren langfristig fälligen Verpflichtungen dienen [...]"	„Vermögen, das durch einen langfristig ausgelegten Fonds zur Erfüllung von Leistungen an Arbeitnehmer gehalten wird, ist Vermögen [...], das: (a) von einer Einheit (einem Fonds) gehalten wird, die rechtlich unabhängig von dem berichtenden Unternehmen ist und die ausschließlich besteht, um Leistungen an Arbeitnehmer zu zahlen oder zu finanzieren; und (b) verfügbar ist, um ausschließlich die Leistungen an die Arbeitnehmer zu zahlen oder zu finanzieren, aber nicht für die Gläubiger des berichtenden Unternehmens verfügbar ist (auch nicht in einem Insolvenzverfahren), und das nicht an das berichtende Unternehmen zurückgezahlt werden kann, es sei denn: (i) das verbleibende Vermögen des Fonds reicht aus, um alle Leistungsverpflichtungen gegenüber den Arbeitnehmern, die mit dem Plan oder dem berichtenden Vermögen verbunden sind, zu erfüllen; oder (ii) das Vermögen wird an das berichtende Unternehmen zurückgezahlt, um Leistungen an Arbeitnehmern, die bereits gezahlt wurden, zu erstatten." Daneben gelten auch unter analogen Voraussetzungen Versicherungspolicen als Planvermögen.	nicht relevant

	HGB §	HGB	IAS §	IAS 19	EStG §	EStG
- Saldierungsgebot	§ 246 Abs. 2 Satz 2 HGB	„Vermögensgegenstände, die dem Zugriff aller Gläubiger entzogen sind und ausschließlich der Erfüllung von Schulden aus Altersversorgungsverpflichtungen oder vergleichbaren langfristig fälligen Verpflichtungen dienen, sind mit diesen Schulden zu verrechnen; [...]"	IAS 19.113	„Der beizulegende Zeitwert des Planvermögens geht bei der Ermittlung des nach Paragraph 54 in der Bilanz zu erfassenden Betrages als Abzugsposten ein. [...]"		nicht relevant
- Bewertung des Planvermögens	§ 253 Abs. 1 Satz 4 HGB	„Nach § 246 Abs. 2 Satz 2 zu verrechnende Vermögensgegenstände sind mit ihrem beizulegenden Zeitwert zu bewerten."	IAS 19.113	„Der beizulegende Zeitwert des Planvermögens [...]"		nicht relevant
- Ausweis von Pensionsvermögen	§ 246 Abs. 2 Satz 3 HGB	„Übersteigt der beizulegende Zeitwert der Vermögensgegenstände den Betrag der Schulden, ist der übersteigende Betrag unter einem gesonderten Posten zu aktivieren."	IAS 19.64-65 IAS 19.64	Falls ein Unternehmen einen Überschuss in seinem leistungsorientierten Plan hat, hat es den sich ergebenden Vermögenswert mit dem niedrigeren der folgenden Werte anzusetzen: - Überschuss des leistungsorientierten Plans - Vermögensobergrenze, bestimmt unter Anwendung des Rechnungszinses gemäß IAS 19.83		nicht relevant
- Ausweis von Pensionsrückstellungen	§ 253 Abs. 1 Satz 2 HGB	„Verbindlichkeiten sind zu ihrem Erfüllungsbetrag und Rückstellungen in Höhe des nach vernünftiger kaufmännischer Beurteilung notwendigen Erfüllungsbetrags anzusetzen."	IAS 19.63	Die Schuld (der Vermögenswert) ist in der Bilanz anzusetzen.	§ 6a Abs. 4 Satz 1 EStG	„Eine Pensionsrückstellung darf in einem Wirtschaftsjahr höchstens um den Unterschied zwischen dem Teilwert der Pensionsverpflichtung am Schluss des Wirtschaftsjahres und am Schluss des vorangegangenen Wirtschaftsjahres erhöht werden." Somit gilt das so genannte Nachholverbot.

4. Pensionsverpflichtungen in der Gewinn- und Verlustrechnung

	HGB		EStG	IAS 19	
Saldierung der Erträge eines zweckbestimmten Vermögens (Planvermögens)	§ 246 Abs. 2 Satz 2 HGB	„[...] entsprechend [d.h. verrechnend] ist mit den zugehörigen Aufwendungen und Erträgen aus der Abzinsung und aus dem zu verrechnenden Vermögen zu verfahren."	nicht relevant	IAS 19.123–126 IAS 19.123	„Der Nettozinsaufwand wird ermittelt durch Multiplikation der Schuld (bzw. des Vermögens) mit in IAS 19.83 spezifiziertem Rechnungszins, jeweils zu Beginn des Jahres, unter Berücksichtigung jedweder Änderungen der Schuld (bzw. des Vermögens) durch im laufenden Jahr geleistete Beiträge oder gezahlte Renten."
- Ausweis von Komponenten des Pensionsaufwands	§ 277 Abs. 5 Satz 1 HGB	„Erträge aus der Abzinsung sind in der Gewinn- und Verlustrechnung gesondert unter dem Posten „Sonstige Zinsen und ähnliche Erträge" und Aufwendungen gesondert unter dem Posten „Zinsen und ähnliche Aufwendungen" auszuweisen."	nicht relevant	IAS 19.134	„[...] Dieser Standard enthält keine Regelungen, wie ein Unternehmen den Dienstzeitaufwand und den Nettozinsaufwand auf die Schuld (bzw. das Vermögen) auszuweisen hat. [...]"
- Versicherungsmathematische Gewinne bzw. Verluste bzw. Neubewertungen		Versicherungsmathematische Gewinne/Verluste existieren nicht.	Versicherungsmathematische Gewinne/Verluste existieren nicht.	IAS 19.8 IAS 19.120	„Versicherungsmathematische Gewinne und Verluste sind Änderungen in der DBO, die entstehen durch: (a) erfahrungsbedingte Anpassungen (die Auswirkungen der Abweichungen zwischen früheren versicherungsmathematischen Annahmen und der tatsächlichen Entwicklung); und (b) Auswirkungen von Änderungen von versicherungsmathematischen Annahmen." „Ein Unternehmen soll Neubewertungen der Schulden (des Vermögenswerts) im sonstigen Ergebnis (Other Comprehensive Income, OCI) erfassen."

- Behandlung von Sonderereignissen	Keine besondere bilanzielle Behandlung von Sonderereignissen vorgesehen.	Nachzuverrechnender Dienstzeitaufwand und Gewinne bzw. Verluste aus Planabfindungen werden sofort aufwandswirksam unter dem Dienstzeitaufwand erfasst.	IAS 19.99-112	„Soweit der Unterschiedsbetrag auf der erstmaligen Anwendung neuer oder geänderter biometrischer Rechnungsgrundlagen beruht, kann er nur auf mindestens drei Wirtschaftsjahre gleichmäßig verteilt der Pensionsrückstellung zugeführt werden; Entsprechendes gilt beim Wechsel auf andere biometrische Rechnungsgrundlagen. In dem Wirtschaftsjahr, in dem mit der Bildung einer Pensionsrückstellung frühestens begonnen werden darf (Erstjahr), darf die Rückstellung bis zur Höhe des Teilwerts der Pensionsverpflichtung am Schluss des Wirtschaftsjahres gebildet werden; diese Rückstellung kann auf das Erstjahr und die beiden folgenden Wirtschaftsjahre gleichmäßig verteilt werden. Erhöht sich in einem Wirtschaftsjahr gegenüber dem vorangegangenen Wirtschaftsjahr der Barwert der künftigen Pensionsleistungen um mehr als 25 Prozent, so kann die für dieses Wirtschaftsjahr zulässige Erhöhung der Pensionsrückstellung auf dieses Wirtschaftsjahr und die beiden folgenden Wirtschaftsjahre gleichmäßig verteilt werden. Am Schluss des Wirtschaftsjahres, in dem das Dienstverhältnis des Pensionsberechtigten unter Aufrechterhaltung seiner Pensionsanwartschaft endet oder der Versorgungsfall eintritt, darf die Pensionsrückstellung stets bis zur Höhe des Teilwerts der Pensionsverpflichtung gebildet werden; die für dieses Wirtschaftsjahr zulässige Erhöhung der Pensionsrückstellung kann auf dieses Wirtschaftsjahr und die beiden folgenden Wirtschaftsjahre gleichmäßig verteilt werden."	§ 6a Abs. 4 Satz 2, 3, 4, 5 EStG

5. Anhangangaben für Pensionsverpflichtungen

				nicht relevant
§ 285 HGB	Ferner sind im Anhang anzugeben:	IAS 19.135-147	Ein Unternehmen hat die folgenden Angaben zu machen:	
§ 285 Nr. 24 HGB	„zu den Rückstellungen für Pensionen und ähnliche Verpflichtungen das angewandte versicherungsmathematische Berechnungsverfahren sowie die grundlegenden Annahmen der Berechnung, wie Zinssatz, erwartete Lohn- und Gehaltssteigerungen und zugrunde gelegte Sterbetafeln"	IAS 19.135	(a) Erläuterungen der Charakteristiken der leistungsorientierten Pläne und zugehöriger Risiken (IAS 19.139) (b) Identifizierung und Erläuterung der Größen im Jahresabschluss, die durch leistungsorientierte Pläne entstehen (IAS 19.140-144) (c) Beschreibung, wie leistungsorientierte Pläne den künftigen Zahlungsfluss des Unternehmens in der Höhe, der Zeit und der Unsicherheit beeinflusst (IAS 19.145-147).	
§ 285 Nr. 25 HGB	„im Falle der Verrechnung von Vermögensgegenständen und Schulden nach § 246 Abs. 2 Satz 2 die Anschaffungskosten und der beizulegende Zeitwert der verrechneten Vermögensgegenstände, der Erfüllungsbetrag der verrechneten Schulden sowie die verrechneten Aufwendungen und Erträge [...]"			
Art. 28 Abs. 2 EGHGB	„Bei Anwendung des Absatzes 1 [des Art. 28 EGHGB] müssen Kapitalgesellschaften die in der Bilanz nicht ausgewiesenen Rückstellungen für laufende Pensionen, Anwartschaften auf Pensionen und ähnliche Verpflichtungen jeweils im Anhang und im Konzernanhang in einem Betrag angeben."			

8   Pensionen im Konzernabschluss

A.   Funktion des Konzernabschlusses

Unter einem Konzern kann man das Zusammenwirken rechtlich selbständiger Unternehmen verste-   1
hen, bei dem zumeist ein Unternehmen „führt" (Muttergesellschaft, MG) und die anderen Unternehmen geführt werden (Tochtergesellschaften, TG). Bei einem Konzern steht die rechtliche Selbstän-
digkeit der einzelnen Unternehmen nicht so sehr im Vordergrund als vielmehr die wirtschaftliche
Einheit der Gesamtheit dieser Unternehmen. Das HGB geht nach § 290 Abs. 2 HGB dann von einem
Konzern aus, wenn ein Mutterunternehmen die Mehrheit der Stimmrechte an einem Tochterunternehmen hat. Aber auch andere Möglichkeiten des beherrschenden Einflusses wie etwa das Recht, die
Mehrheit der Leitungsgremien zu bestellen, oder das Recht, die Finanz- oder Geschäftspolitik des
Tochterunternehmens zu bestimmen (Beherrschungsvertrag), können einen Konzern begründen.
Die HGB-Sicht lehnt sich eng an die Formulierung des IAS 27.13 an, wonach Unternehmen, die
von einer Muttergesellschaft beherrscht werden (können), in einen Konzernabschluss einbezogen
werden müssen. Unter einer Beherrschung definiert IAS 27.4 die Möglichkeit, „die Finanz- und Geschäftspolitik eines Unternehmens zu bestimmen, um aus dessen Tätigkeit Nutzen zu ziehen".

Die rechtliche Struktur dieses Zusammenschlusses rechtlich selbständiger Unternehmen basiert da-   2
bei vornehmlich auf (haftungs-) rechtlichen oder steuerlichen Überlegungen und verstellt – folgt
man lediglich den Informationen der jeweiligen Einzelabschlüsse – den Blick dafür, dass dieses Ge-
bilde als wirtschaftliche Einheit handelt. Der Einzelabschluss der Muttergesellschaft liefert dabei im
Allgemeinen ebenso wenig wie die Summe aller Einzelabschlüsse ein wirtschaftlich zutreffendes Bild
der Vermögens-, Finanz- und Ertragslage, also der wirtschaftlichen Situation dieser wirtschaftlichen
Einheit „Konzern". So interessiert sich der tatsächliche oder potenzielle Investor in der Regel weniger
für den Einzelerfolg eines rechtlich selbständigen Unternehmensteils als vielmehr für das Ergebnis
des gesamten Unternehmens, an welchem er sich beteiligen kann. Dies gilt umso mehr, als dass die
Leitung der Muttergesellschaft den wirtschaftlichen Erfolg der nachgeordneten Konzerngesellschaften steuern und lenken kann. Insofern steht die Beteiligung an der Muttergesellschaft im Vordergrund, über die sich ein Aktionär mittelbar auch an allen Tochter-, Enkel- oder Urenkelgesellschaf-
ten des Konzerns beteiligt[1].

Möchte der Anteilseigner der Muttergesellschaft jedoch einen Überblick über den wirtschaftlichen   3
Bereich haben, über den der Vorstand der Muttergesellschaft disponiert und den dieser demzufolge auch zu verantworten hat, reicht es als Information für den Investor nicht aus, dass die Vielzahl
der Konzerngesellschaften lediglich als „Beteiligungen" im Abschluss der Muttergesellschaft genannt
werden. Um Chancen und Risiken des gesamten Konzerns einschätzen zu können, ist es notwendig,
anstelle der (nominalen) Beteiligungen die tatsächlichen Vermögensgegenstände und Schulden der
Konzerngesellschaften in den Abschluss der Mutter zu integrieren (Konsolidierung). Auf diese Weise werden somit sowohl die Aktiva als auch die Verbindlichkeiten wie zum Beispiel die Pensionsverpflichtungen der Tochtergesellschaften in den Konzernabschluss der Muttergesellschaft gemäß IAS
27.4 bzw. § 297 Abs. 3 HGB so einbezogen, als wenn der gesamte Konzern ein Unternehmen wäre.

---

1   Rolle und Informationsbedürfnisse eines Minderheitsgesellschafters, der sich neben der Mutter- oder anderen Konzerngesellschaften an einer Tochtergesellschaft beteiligt, werden hier nicht weiter beleuchtet.

B.   Grundzüge der Konsolidierung

I.   Vom Einzelabschluss zur Konsolidierung

4   Bezieht man eine Tochtergesellschaft in den Konzernabschluss der Muttergesellschaft ein, ist der Konzern als ein einziges Unternehmen mit allen Vermögensgegenständen und Schulden darzustellen. Ausgangspunkt dieser Betrachtung bleibt zunächst die einzelne Konzerngesellschaft. Diese Gesellschaft erstellt zunächst einen Einzelabschluss auf der Basis der jeweiligen nationalen Vorschriften. In einem zweiten Schritt ist durch eine konzerneinheitliche Bilanzierung, Bewertung, Währung und Darstellung im Sinne des § 308 HGB bzw. des IAS 27.22 ff. sicher zu stellen, dass die Zusammenfassung der Vermögensgegenstände der Einzelgesellschaften zu Konzernvermögensgegenständen zu aussagefähigen Ergebnissen führt.

◈ Beispiel 1

Die Industrieholding AG als Muttergesellschaft (MG) und die Tochtergesellschaft Schrauben Schmitz GmbH (TG) erstellen einen Konzernabschluss. Die MG erstellt den Jahresabschluss nach IFRS, die TG den Abschluss nach HGB. Demzufolge werden die Finanzanlagen der MG nach dem Verkehrswert, die der TG nach den Anschaffungskosten bewertet. Aufgrund der längeren IFRS-Nutzungsdauer ist zudem das Anlagevermögen der MG höher bewertet als das der TG. Darüber hinaus bewertet die MG die Pensionsverpflichtungen nach dem Stichtagsprinzip des IAS 19 (zum Beispiel 4,0 %), die TG nach § 255 HGB mit dem Durchschnittszins (zum Beispiel 5,2 %). Die TG wird im Einzelabschluss der MG als Beteiligung unter den Finanzanlagen mit einem Wert von 1.500 geführt, welches „zufällig"[2] dem Eigenkapital der TG in der Handelsbilanz II entspricht.

Auf dieser Basis veröffentlichen beide Gesellschaften ihren Einzelabschluss folgendermaßen:

Tabelle 8.1:   Einzelabschlüsse vor der Konsolidierung

Einzelabschluss MG zum 31.12. (in T€)			
Sachanlagen	12.000	Eigenkapital	12.000
Finanzanlagen (davon TG 1.500)	5.000	Steuerrückstellung	1.500
Vorräte	3.000	Pensionsrückstellung	4.000
Kasse	2.000	Bankdarlehen	4.500
Bilanzsumme	**22.000**	**Bilanzsumme**	**22.000**

Einzelabschluss TG zum 31.12. (in T€)			
Sachanlagen	2.000	Eigenkapital	1.000
Finanzanlagen	1.000	Steuerrückstellung	200
Vorräte	500	Pensionsrückstellung	400
Kasse	300	Bankdarlehen	2.200
Bilanzsumme	**3.800**	**Bilanzsumme**	**3.800**

Eine Addition der beiden Bilanzen ist nicht aussagefähig, da die einzelnen Bilanzpositionen unterschiedlichen Bewertungsansätzen unterliegen. Daher erstellen beide Gesellschaften eine Handelsbilanz II, welche nicht veröffentlicht wird und ausschließlich als Vorbereitung der Ermittlung der Konzernbilanz dient. Der vorliegende Konzern gibt über seine Konzernrichtlinie als konzerneinheitliche Bewertung diejenige der MG vor. Insofern muss lediglich die Bilanz der TG angepasst werden.

---

2   Der in der Praxis bedeutsamere Fall, dass dies „zufällig" nicht zutrifft, wird in Kapitel 8 Tz. 11 dargestellt.

Tabelle 8.2:   Handelsbilanz II der Tochtergesellschaft nach der Neubewertung

Handelsbilanz II der TG zum 31.12. (in T€)			
Sachanlagen	2.400	Eigenkapital	1.500
Finanzanlagen	1.300	Steuerrückstellung	300
Vorräte	500	Pensionsrückstellung	500
Kasse	300	Bankdarlehen	2.200
Bilanzsumme	**4.500**	**Bilanzsumme**	**4.500**

Auf der Basis der Handelsbilanz II lassen sich nun beide Bilanzen zu einer „Konzern-Summenbilanz" addieren:

Tabelle 8.3:   Konzernbilanz vor Kapitalkonsolidierung

Konzern-Summenbilanz zum 31.12. (in T€)			
Sachanlagen	14.400	Eigenkapital	13.500
Finanzanlagen	6.300	Steuerrückstellung	1.800
Vorräte	3.500	Pensionsrückstellung	4.500
Kasse	2.300	Bankdarlehen	6.700
Bilanzsumme	**26.500**	**Bilanzsumme**	**26.500**

Diese Summenbilanz hat jetzt lediglich noch den Nachteil, dass das Reinvermögen der TG im Sinne von Vermögensgegenständen und Schulden „doppelte" Berücksichtigung erfährt: Zum einen im Rahmen der neubewerteten Vermögensgegenstände und Schulden der TG (dies entspricht dem Eigenkapital der TG in der Handelsbilanz II), zum anderen als Finanzanlage. Wenn man den Beteiligungsansatz gegen das „doppelte" Eigenkapital kürzt (Kapitalkonsolidierung), enthält man eine realistische Darstellung der Vermögenslage des Konzerns:

Tabelle 8.4:   Konzernbilanz nach Kapitalkonsolidierung

Konzernbilanz zum 31.12. (in T€)			
Sachanlagen	14.400	Eigenkapital	12.000
Finanzanlagen	4.800	Steuerrückstellung	1.800
Vorräte	3.500	Pensionsrückstellung	4.500
Kasse	2.300	Bankdarlehen	6.700
Bilanzsumme	**25.000**	**Bilanzsumme**	**25.000**

Die Konsolidierung einer Tochtergesellschaft enthält somit drei Schritte: 5

1. Vereinheitlichung und gegebenenfalls Neubewertung auf der Basis konzerninterner Vorgaben in der Handelsbilanz II

2. Bilden der Summenbilanz

3. Konsolidierung[3] (Kürzung) des Beteiligungsansatzes an der TG in der Bilanz der MG gegen das Eigenkapital der TG

---

3 Die Konsolidierung sieht noch die weiteren Schritte der Schulden-, der Aufwands- und Ertragskonsolidierung sowie die Eliminierung von „Zwischengewinnen" vor. Diese Schritte werden jedoch durch die Pensionsbilanzierung in der Regel nicht tangiert und daher hier nicht weiter erläutert.

II.   Konsolidierung von Pensionsverpflichtungen im Konzern

6   Der Einbezug von Tochterunternehmen in den Konzernabschluss der Muttergesellschaft vollzieht sich auf dem Wege der Konsolidierung zum Zeitpunkt des Erwerbs des Tochterunternehmens durch die Mutter. Aber auch im Falle der Neugründung der Tochter durch die Mutter spricht man von der Konsolidierung nach der Erwerbsmethode. In diesem speziellen Fall wird der Erwerb fingiert. Der Kaufpreis entspricht dann dem Wert der Einlage des Gesellschafters. Aber auch der Zeitpunkt des Erwerbs ist Teil der Fiktion, da der Unternehmenserwerb auch zeitlich nicht immer eindeutig ist. Zum Beispiel kann ein zunächst rechtlich und wirtschaftlich selbstständiges Unternehmen durch sukzessiven Zukauf von Anteilen durch die Muttergesellschaft nach und nach zu einer Konzerngesellschaft werden. Der Zeitpunkt der Konsolidierung ist dann gegeben, wenn durch den Zukauf eines bestimmten Anteils die Mehrheit der Stimmrechte erreicht wird.

7   Die Addition von Pensionsverpflichtungen der Tochtergesellschaft zu denjenigen der Muttergesellschaft ist jedoch nur dann aussagekräftig, wenn Ansatz und Bewertung dieser Verpflichtungen nach den gleichen methodischen Vorgaben erfolgen. Unabhängig davon, ob es sich um eine HGB- oder um eine IFRS-Konzernbilanz handelt, ist ein einheitliches Bewertungsverfahren festzulegen. Grundsätzlich gilt dies auch für die Bewertungsparameter. Dies bedeutet jedoch nur, dass eine grundsätzliche Einheitlichkeit besteht. Werden zum Beispiel die Verpflichtungen von zwei deutschen Gesellschaften addiert, dürfte sich der für die Bewertung zu Grunde gelegte Rechnungszins nicht unterscheiden. Bei genauer Betrachtung kann er sich allerdings sehr wohl unterscheiden, wenn die Fristigkeiten der Verpflichtungen differieren. Insofern bedeutet einheitliche Bewertung, dass die zu Grunde liegenden methodischen Ausgangsparameter wie zum Beispiel die verwendeten Zinsstrukturkurven gleich sein müssten. Dies bedeutet für den Fall von unterschiedlichen methodischen Herangehensweisen (Zinstrukturkurven) die Notwendigkeit einer Neubewertung auf der Basis des „Konzern-Rechnungszinses", sofern die Abweichung im Ergebnis als wesentlich eingestuft wird.

8   Insbesondere bei der IFRS-Rechnungslegung sind auch Konstellationen denkbar und üblich, bei denen die zu addierenden Pensionsverpflichtungen mit unterschiedlichen Rechnungszinsen berechnet wurden. Dies ist dann der Fall, wenn die Pensionsverpflichtungen unterschiedliche Währungsräume berühren. Auch in diesem Fall kann der nach IAS 19 vorgegebene Rechnungszins selbst bei gleicher methodischer Vorgehensweise abweichen. Der mit dieser Art der Berechnung vermutete Verkehrswert der Pensionsverpflichtung ist in diesem Fall vergleichbar und wird somit zu einer „Gesamt-Pensionsverpflichtung" addiert.

9   Die gleichen Überlegungen gelten auch für die übrigen Parameter der Bewertung von Pensionsverpflichtungen: Die Inflation, die rechtlichen Rahmenbedingungen der Anpassung von Renten, die Karrieretrends können von Land zu Land (oftmals von Währungsraum zu Währungsraum) unterschiedlich sein. Die Fluktuation kann sogar von Unternehmen zu Unternehmen abweichen. Insgesamt gilt aber auch hinsichtlich aller übrigen Parameter, dass sie nach einheitlichen methodischen Maßstäben zu ermitteln sind.

10   Diese Neubewertungen sind bei der Erstellung der Handelsbilanz II auf der Ebene der Tochtergesellschaft durchzuführen. In Ausnahmefällen weicht die Bewertung zum Erwerbszeitpunkt (Erstkonsolidierung) von derjenigen in der Handelsbilanz II ab. Gründe dafür liegen zumeist in dem zeitlichen Auseinanderfallen der Bewertungsvorgänge und der damit verbundenen Festsetzung der Bewertungsparameter (insbesondere Rechnungszins). Die möglichen Differenzen zu der Bewertung in der Handelsbilanz II der Tochtergesellschaft sind auf der Ebene des Konzerns „nachzubuchen".

⧁ Beispiel 2

Die Industrieholding AG (MG) erwirbt zum 1. Januar 2011 100 % der Anteile an der IT Consult GmbH (TG). Die IT Consult erstellte zum 31.12.2010 einen HGB-Abschluss. Die Pensionsverpflichtungen waren nach dem Teilwertverfahrens auf der Basis eines Rechnungszinses in Höhe von 5,15 % bewertet worden. Der Wert der Verpflichtung betrug 1.500 T€. Die Industrieholding veröffentlichte zum 31.12.2010 einen IFRS-Konzernabschluss, in dem die Pensionsverpflichtungen der Muttergesellschaft mit 4,75 % berücksichtigt wurden. Die DBO betrug 12.000 T€.

Die konzerneinheitliche Bewertung der Pensionsverpflichtungen im Konzernabschluss basiert auf der PUC-Methode sowie auf dem einheitlichen Rechnungszins. Die Neubewertung der Pensionsverpflichtungen der IT Consult GmbH beträgt 1.612 T€. Die Verpflichtungen von Mutter- und Tochtergesellschaft betragen demnach 13.612 T€.

C.   Firmenwertbilanzierung und Pensionsverpflichtungen

Auf der Basis von IFRS 3.4 ist bei Unternehmenszusammenschlüssen die Erwerbsmethode anzuwenden. Dabei wird unterstellt, dass eine Mutter- eine Tochtergesellschaft zu einem festgelegten Kaufpreis erwirbt. Zum Zeitpunkt des Kontrollerwerbs (vgl. dazu Kapitel 8.2.2.), das dürfte in der Regel der Zeitpunkt der Übertragung der Gegenleistung sein, sind im Rahmen der Erstkonsolidierung anstelle der Anschaffungskosten der erworbenen Beteiligung sämtliche erworbenen Vermögenswerte, sämtliche übernommenen Schulden sowie gegebenenfalls die Minderheitenanteile im Falle eines Erwerbs von weniger als 100 % der Anteile zu bilanzieren. Nach IFRS 3.18 sind die Vermögensgegenstände und Schulden vollständig zum Verkehrswert zum Zeitpunkt des Erwerbs zu bewerten. Dies gilt insofern auch für Pensionsverpflichtungen, welche zum Erwerbszeitpunkt zu bewerten sind.

11

⧁ Beispiel 3

Die Industrieholding AG erwirbt zum 01.10.2011 als Muttergesellschaft (MG) 100 % der Anteile der Schrauben Schmitz GmbH als Tochtergesellschaft (TG) zu einem Kaufpreis von 2.200 T€. Dabei werden insbesondere der nicht in der Bilanz der TG enthaltene Wert des Markennamens „Schmitz Schrauben" in Höhe von 150 T€ sowie der ebenfalls nicht bilanzierte Wert der Kundenliste in Höhe von 220 T€ explizit in die Kaufpreisermittlung einbezogen. In den Sachanlagen sind stille Reserven in Höhe von 250 T€ enthalten. Die Pensionsverpflichtungen würde man zum 30.09.2011 in einer anderen Höhe bewerten als zum in der Handelsbilanz II ausgewiesenen Wert. Die Ursache hierfür liegt darin, dass sich der Wert in der Handelsbilanz zum 30.09.2011 aus einer „unterjährigen" Fortschreibung der DBO, der service cost, der interest cost sowie der Beitrags- und Rentenzahlungen zum 31.12.2010 sowie der dazugehörigen Prognose für das Jahr 2011 ergibt. Eine Neubewertung zum 30.09.2011 ergibt dann andere Werte, wenn die Berechnungsparameter zu diesem Zeitpunkt vom Erwerber anders eingeschätzt werden, als von der Tochtergesellschaft zu Beginn des Jahres prognostiziert. In diesem Beispiel geht der Erwerber aufgrund eines niedrigeren Rechnungszinses von zusätzlichen Pensionsverpflichtungen in Höhe von 100 T€ aus.

Tabelle 8.5:   Vorläufige Handelsbilanz II vor Firmenwertbilanzierung

„vorläufige" Handelsbilanz II der TG zum 30.09.2011			
Sachanlagen	2.400	Eigenkapital	1.500
Finanzanlagen	1.300	Steuerrückstellung	300
Vorräte	500	Pensionsrückstellung	500
Kasse	300	Bankdarlehen	2.200
Bilanzsumme	**4.500**	**Bilanzsumme**	**4.500**

Zunächst ist die Differenz zwischen dem bilanziellen Eigenkapital und dem Kaufpreis in Höhe von (2.200 – 1.500 =) 700 T€ festzustellen. Demnach zahlt der Erwerber 700 T€ mehr, als an bilanzierter Substanz in der TG vorhanden ist. Der Kaufpreis deckt zudem stille Reserven in Höhe von 250 T€ sowie den Wert des Markennamens und der Kundenliste von insgesamt 370 ab. Insofern zahlt der Erwerber (700 – 250 – 370 =) 80 T€ „zu viel". Dazu übernimmt er noch zusätzliche Pensionsverpflichtungen in Höhe von 100 T€, so dass er bei wirtschaftlicher Betrachtung zunächst 180 T€ „zu viel" zahlt. Die Erhöhung des Kaufpreises rechtfertigt sich aus den positiven Ertragserwartungen des Erwerbers an die TG. Insofern zahlt er 180 T€ für den Geschäfts- oder Firmenwert, der die positiven Zukunftserwartungen spiegelt.

12   Die Höhe der Pensionsverpflichtung zum Zeitpunkt des Erwerbs beeinflusst unmittelbar den auszuweisenden Geschäfts- oder Firmenwert. Dies hat Wirkungen auf den zukünftigen Konzerngewinn. Niedrigere Pensionsrückstellungen bewirken c. p. zumindest niedrigere Zinsaufwendungen, erhöhen gleichzeitig den Firmenwert und somit die Wahrscheinlichkeit, dass in einem jährlichen Impairmenttest, in dem die Werthaltigkeit des Firmenwerts überprüft wird, erfolgswirksame Abschreibungen auf den Geschäfts- oder Firmenwert erfolgen:

◉ **Beispiel 4**

Zum 31.12.2012 wird ein Impairmenttest zur Werthaltigkeit des Firmenwerts durchgeführt. Die Bewertungssituation der Schrauben Schmitz GmbH[4] entspricht durch Abschreibungen und Reinvestitionen zu diesem Zeitpunkt genau den Werten zum 30.9.2011 inklusive aller stillen Reserven und Lasten. Der „fiktive" Kaufpreis auf Basis einer Discounted Cash Flow-Analyse beträgt 2.100 T€.

Tabelle 8.6:   Vorläufige Handelsbilanz II nach Firmenwertbilanzierung

Handelsbilanz II der TG zum 31.12.2012			
Firmenwert	180	Eigenkapital	2.200
Marke, Kundenliste	370		
Sachanlagen	2.650	Steuerrückstellung	300
Finanzanlagen	1.300	Pensionsrückstellung	600
Vorräte	500		
Kasse	300	Bankdarlehen	2.200
Bilanzsumme	**5.300**	**Bilanzsumme**	**5.300**

Das Firmenwert-Impairment zum 31.12.2012 führt zu folgendem Ansatz:

Tabelle 8.7:   Firmenwert-Impairmenttest

Unternehmenswert auf der Basis der Discounted Cash Flows	2.100
Eigenkapital der Schrauben Schmitz GmbH (CGU)	2.200
Differenz	-100
Erfolgswirksame Abschreibung des Firmenwerts	100

Wäre durch Wahl anderer Berechnungsparameter ein alternativer Wert der Pensionsrückstellung in Höhe von 700 T€ vertretbar, wäre das bilanzielle Eigenkapital der Schrauben Schmitz GmbH auf 2.100 T€ gesunken. Eine erfolgswirksame Abschreibung des Firmenwerts könnte unterbleiben.

13   Beispiel 3 und 4 zeigen, dass die Bewertung der Pensionsverpflichtungen wie auch die Bewertung der übrigen Vermögensgegenstände und Schulden sowohl Einfluss auf die Höhe des Firmenwerts in der Erstkonsolidierung haben als auch auf die Höhe möglicher Abschreibungen auf den Firmenwert in der Zukunft. Bilanzpolitische Spielräume sind insbesondere dann von besonderem Interesse, wenn durch eine erfolgsneutrale Erhöhung der Pensionsrückstellungen erfolgswirksame, das EBIT (Ear-

---

4   Das rechtlich selbständige Unternehmen Schrauben Schmitz GmbH wird gleichgesetzt mit einer Cash Generating Unit (CGU) im Sinne des IAS 36.6. Vgl. zum Begriff, Funktion und Behandlung von Cash Generating Units Coenenberg/ Haller/Schultze, Jahresabschluss und Jahresabschlussanalyse, 21. Auflage, Stuttgart 2009, S. 684 ff.

nings before Interest and Taxes), als das häufig zur Unternehmenssteuerung verwendete Ergebnis, mindernde Firmenwertabschreibungen unterbleiben können.

Nach Umsetzung des BilMoG ist das HGB weitgehend an die IFRS-Konzernbilanzierung angepasst worden, so dass unter dem Blickwinkel der Berücksichtigung von Pensionsverpflichtungen im Konzernabschluss und den entsprechenden Auswirkungen auf den Firmenwert der § 301 HGB zu einer vergleichbaren Firmenwertermittlung führt.   14

D.   Latente Steuern und Pensionsverpflichtungen

I.   Die Abbildung von Steuern im Jahresabschluss

Grundsätzlich kann die ertragsteuerliche Situation eines Unternehmens in drei unterschiedlichen Konkretisierungen differenziert werden. Auf der Basis des zu erwartenden steuerlichen Gewinns tätigen die Unternehmen steuerliche Vorauszahlungen. In Deutschland sind dies für Kapitalgesellschaften die Gewerbe- und die Körperschaftsteuer. Da diese Vorauszahlungen letztlich auf einer Prognose der tatsächlichen Steuerschuld für das jeweilige Jahr beruhen, kann erst mit Feststellung des steuerlichen Abschlusses der Gewinn ermittelt und eine entsprechende Steuererklärung des Unternehmens eingereicht werden. Für den Fall, dass der festgestellte steuerpflichtige Gewinn die den Vorauszahlungen zu Grunde liegenden Prognosen übertrifft, ist für das abgelaufene Jahr mit einer höheren Steuerbelastung zu rechnen. Der die tatsächliche Steuerzahlung übersteigende Betrag ist aufwandswirksam in einer Steuerrückstellung zu erfassen. Eine Verbindlichkeit gegenüber dem Finanzamt ergibt sich erst mit Zugang des Steuerbescheids und der sich daraus ergebenden Feststellung der exakten Höhe und Fälligkeit der Steuerverbindlichkeit.   15

Die Steuerzahlungen mindern ebenso wie die jeweilige Erhöhung der Rückstellung als Steueraufwand den Jahresüberschuss. Dies erfolgt unabhängig davon, ob es sich um einen HGB- oder um einen IFRS-Konzernabschluss handelt.   16

Neben den genannten, im Sinne der Zahlungswirksamkeit sehr konkreten Steueraufwendungen sind jedoch auch zukünftige Steuerzahlungen im Jahresabschluss zu berücksichtigen, wenn diese zwar noch nicht durch die konkrete steuerliche Situation wie etwa durch Steuererklärungen oder -bescheide, sondern aufgrund der „Buchungs- und Besteuerungslogik" als wahrscheinlich erscheinen. Diese aus den handelsrechtlichen und steuerlichen Abschlüssen abgeleiteten zukünftigen Steuerbelastungen sind als sog. latente Steuern ebenfalls aufwandswirksam als Teil der Steuerrückstellung zu passivieren.   17

II.   Funktion und Ursachen von latenten Steuern

Aufgrund unterschiedlicher handels- und steuerrechtlicher Bilanzierungs- und Bewertungsvorschriften ist denkbar, dass das in der Handelsbilanz ausgewiesene Ergebnis vom steuerlichen Jahresüberschuss abweicht. In der Vielzahl der Fälle ist die Abweichung lediglich temporärer Natur, da sich im Zeitablauf diese Unterschiede wieder ausgleichen[5]:   18

---

5   Neben den temporären Unterschieden gibt es auch weitere, die zum Beispiel auf der steuerlichen Nichtabzugsfähigkeit von Betriebsausgaben beruhen. Hierauf soll jedoch nicht weiter eingegangen werden.

> Beispiel 5

Die X-AG mit Sitz in Deutschland kauft zu Beginn des Jahres eine Maschine mit Anschaffungskosten in Höhe von 100.000 €. In der IFRS-Bilanz unterstellt die X-AG eine Nutzungsdauer von 8 Jahren auf der Basis einer gleich bleibenden Abnutzung (lineare Abschreibung). Steuerlich wählt sie die degressive Abschreibung in Höhe von 25 % jährlich mit Übergang zur linearen Abschreibung gemäß § 7 Abs. 3 EStG. Demnach darf die X-AG von der gewählten degressiven Abschreibung auf die lineare Abschreibung des verbleibenden Restwertes wechseln, damit der gesamte Abschreibungsbetrag (hier 100.000 €) genutzt werden kann. Üblicherweise wechselt man in dem Jahr, in dem die verbleibende lineare Abschreibung die degressive übersteigt. Zudem geht sie auf der Basis der steuerlichen AfA-Tabellen von einer Nutzungsdauer von 6 Jahren aus.

Tabelle 8.8:   Abschreibungsdifferenzen

(in T€)	IFRS		Steuerbilanz	
Jahr	Wert am Ende des Jahres	Abschreibung im laufenden Jahr	Wert am Ende des Jahres	Abschreibung im laufenden Jahr
1	87.500,00	12.500,00	75.000,00	25.000,00
2	75.000,00	12.500,00	56.250,00	18.750,00
3	62.500,00	12.500,00	42.187,50	14.062,50
4	50.000,00	12.500,00	28.125,00	14.062,50
5	37.500,00	12.500,00	14.062,50	14.062,50
6	25.000,00	12.500,00	0,00	14.062,50
7	12.500,00	12.500,00	0,00	0,00
8	0,00	12.500,00	0,00	0,00
Summe		100.000,00		100.000,00

19   Das Beispiel zeigt, dass sich die Höhe der steuerlichen Abschreibungen in jedem Jahr von der der handelsrechtlichen unterscheidet, jedoch über die unterstellte maximale Nutzungsdauer von 8 Jahren die Summe aller Abschreibungen identisch ist. Insofern gleichen sich die unterschiedlichen Abschreibungseffekte im Zeitablauf aus. Betrachtet man nun die Steuerwirkungen, so ist festzustellen, dass aufgrund der zunächst höheren steuerlichen Abschreibung der entsprechende Gewinn niedriger ist als in der Handelsbilanz. Da sich die Effekte im Zeitablauf jedoch ausgleichen, werden in der Zukunft die zunächst niedrigeren Steuerzahlungen durch entsprechend höhere kompensiert. In einem solchen Fall werden durch die unterschiedlichen Bewertungsregeln des Handels- und des Steuerrechts lediglich temporäre Differenzen der Gewinne verursacht: Jeder „Steuerersparnis" wird in der Zukunft eine „Steuermehrzahlung" gegenüber stehen. Da dieser Effekt bereits zum Stichtag feststeht, ist für diese „Steuermehrzahlung"in der Zukunft eine Steuerrückstellung für latente Steuern zu passivieren: die passiven latenten Steuern.

20   Dabei ist nicht zwingend, dass die Bewertungsunterschiede zwischen der Handels- und der Steuerbilanz immer zu späteren „Steuermehrzahlungen" führen. Auch der umgekehrte Fall ist denkbar: Einer „Steuermehrzahlung" bis zum Stichtag steht eine „Steuerminderzahlung" in der Zukunft gegenüber. Bei wirtschaftlicher Betrachtung wurde in diesem Fall ein Teil der zukünftigen Steuerbelastungen vorausgezahlt. Wie bei anderen vorschüssigen Zahlungen (zum Beispiel Versicherungsprämien, Mieten etc.) ist auch in diesem Fall eine Art aktiver Rechnungsabgrenzungsposten zu bilden: die aktiven latenten Steuern.

21   Der Ausweis der aktiven oder passiven latenten Steuern hilft dem Bilanzleser, die Vermögens-, Finanz- und Ertragslage auch im Hinblick auf die steuerliche Situation des Unternehmens einzuordnen. Ohne einen solchen Ausweis sind lediglich die konkreten Steuerwirkungen auf der Basis von (Vorauszahlungs-)Bescheiden und Steuererklärungen erkennbar, zukünftige steuerliche Nutzen und Lasten bleiben ohne eine solche steuerliche Rechnungsabgrenzung verborgen.

Unterschiedliche Abschreibungsregeln sind eine mögliche Ursache für temporäre Differenzen, die   22
sich per definitionem im Zeitablauf ausgleichen. Weitet man die mögliche zeitliche Differenz aus bis
hin zu der gesamten Lebensdauer des Unternehmens, dann gleichen sich grundsätzlich nicht nur die
Bewertungsunterschiede planmäßig abnutzbarer Vermögensgegenstände im Zeitablauf aus, sondern
auch die der nicht-planmäßig-abnutzbaren.

◉ Beispiel 6

Die Gartenmöbel AG mit Sitz in Deutschland hält in ihren Bilanzen unbebaute Grundstücke. Der Wertansatz in der IFRS-
Handelsbilanz beträgt zum Stichtag 500.000 €, in der Steuerbilanz dagegen 650.000 €. Die Ursache der Wertdifferenz kann
in der unterschiedlichen Anerkennung von außerplanmäßigen Abschreibungen in der Vergangenheit liegen, ist jedoch für
die weitere Argumentation irrelevant. Im Falle eines späteren Verkaufs zum Beispiel für 700.000 € ist der handelsrechtliche
Gewinn in Höhe von 200.000 € um 150.000 € höher als der steuerliche. Der Bewertungsunterschied bewirkt somit, dass die
zukünftige Steuerwirkung dieses Grundstücks niedriger ist, als dies der handelsrechtliche Wertansatz vermuten ließe.

Aber auch dann, wenn das Grundstück nicht verkauft wird, kann der Bewertungsunterschied realisiert werden. Dies ist zum
Beispiel dann der Fall, wenn eine außerplanmäßige Abschreibung auf einen niedrigeren Wertansatz erfolgt. Auch hier ist das
steuerliche Abschreibungspotenzial um 150.000 € höher als das handelsrechtliche. Dehnt man die zeitliche Perspektive bis
hin zu „ewig" aus, so wirkt sich der Bewertungsunterschied spätestens bei der Beendigung, der Liquidation, des Unternehmens aus.

Beispiel 6 zeigt, dass Steuerlatenzen auch bei Bewertungsunterschieden nicht-abnutzbarer Vermö-   23
gensgegenstände bestehen können. Die Realisation der Bewertungsunterschiede erfolgt nur nicht
sukzessive wie bei den planmäßigen Abschreibungen abnutzbarer Vermögensgegenstände, sondern
zumeist durch einmalige Ereignisse wie Veräußerung oder außerplanmäßige Wertverluste des Ge-
genstandes oder durch die Beendigung des gesamten Unternehmens. Insofern können grundsätzlich
alle Vermögensgegenstände[6] in der Bilanz, ob abnutzbar oder nicht, Gegenstand von aktiven und
passiven latenten Steuern sein[7].

III.   Bestimmung und Ausweis von latenten Steuern

Bei der Bestimmung der latenten Steuern ist einzuschätzen, welchen Vorteil (aktive Steuerlatenz)   24
oder welche Last (passive Steuerlatenz) das Unternehmen zu erwarten hat. Insofern ist die Höhe der
jeweiligen Bewertungsdifferenz mit dem darauf anzuwendenden Steuersatz zu multiplizieren. Nach
IAS 12.47 bzw. § 274 Abs. 2 HGB ist dazu der Steuersatz anzuwenden, welcher zum Zeitpunkt der
Realisation der Steuerlatenz gilt. Da zumeist weder der Zeitpunkt der Realisation noch der dann
gültige Steuersatz seriös zu prognostizieren ist, ist der zum Zeitpunkt der Ermittlung gültige Steuersatz anzuwenden. Nur dann, wenn mit hoher Wahrscheinlichkeit der zukünftige Steuersatz bekannt
ist und die Realisation für den entsprechenden Zeitraum auch zu erwarten ist, wäre der zukünftige
Steuersatz anzuwenden.

In Deutschland beträgt die derzeitige Steuerbelastung einer Kapitalgesellschaft 15 % Körperschaft-   25
steuer, 5,5 % Solidaritätszuschlag auf die Körperschaftsteuer und ca. 14 % bis 17 % Gewerbesteuer.
Letztere ergibt sich durch Multiplikation eines Hebesatzes, der von den Kommunen erhoben wird
und sich in der Praxis zwischen 400 % und 490 % bewegt, und der Steuermesszahl nach § 11 GewStG
in Höhe von 3,5 %. Insofern beträgt die Ertragsteuerbelastung einer Kapitalgesellschaft in Deutschland zur Zeit insgesamt zwischen 30 % und 33 % des steuerpflichtigen Gewinns.

---

6   Die Bewertungsunterschiede auf der Passivseite sind explizit Gegenstand von Tz.32-35.
7   Aktive latente Steuern werden auch auf die Existenz von Verlustvorträgen gebildet. Da dies keinen unmittelbaren Zu-
     sammenhang mit latenten Steuern auf Pensionsverpflichtungen hat, sei an dieser Stelle auf die weiterführende Literatur
     verwiesen. Vgl. für viele Bitz/Schneeloch/Wittstock, Der Jahresabschluss, 5. Aufl. 2011, S. 802

26 Diskontierungen sind nach IAS 12.53 auch dann nicht vorzunehmen, wenn die Realisation der Steuerlatenz noch lange auf sich warten lässt.

> **Beispiel 7**
>
> Der Unterschied in der Bewertung der Maschine aus Beispiel 5 im ersten Jahr in Höhe von 12.500 € bewirkt bei einem wahrscheinlichen Steuersatz in Höhe von 30 % eine passive Steuerlatenz in Höhe von 3.750 €. In dieser Höhe ist eine Steuerrückstellung zu bilden, da nach dem ersten Jahr diese zusätzlichen Steuern anfallen werden, sofern sich der Steuersatz nicht ändert. Diese zusätzliche Steuerbelastung, die innerhalb der folgenden sieben Jahre realisiert wird, entspricht der „Steuerersparnis" in Höhe von 3.750 €, welche sich im ersten Jahr durch die degressive steuerliche Abschreibung gegenüber der IFRS-Abschreibung ergab.
>
> Die Bewertungsdifferenz in Höhe von 150.000 € in Beispiel 6 bewirkt bei einem Steuersatz von 30 % eine Steuerlatenz in Höhe von 45.000 €. Dies ist allerdings ein Vorteil, da in dieser Höhe in Zukunft voraussichtlich „Steuern gespart" werden. Diese 45.000 € sind insofern nach IAS 12 als aktive latente Steuern zu aktivieren.

27 Die Bewertungsdifferenzen aller Vermögensgegenstände und Schulden sind festzustellen und mit dem dazugehörigen Steuersatz zu multiplizieren. Grundsätzlich sind nach IAS 12.74 die daraus resultierenden aktiven und passiven Steuerlatenzen getrennt auszuweisen. Dies erscheint insbesondere in der Konzernbilanz eines internationalen Konzerns notwendig, da die Bewertungsdifferenzen der einzelnen Vermögensgegenstände und Schulden durchaus in verschiedenen Ländern unterschiedlichen zukünftigen Belastungen unterliegen.

28 Grundsätzlich erfolgt die Bildung von Steuerlatenzen erfolgswirksam. Die Aktivierung von aktiven latenten Steuern sind demnach als Steuerertrag, diejenigen von passiven latenten Steuern als Steueraufwand zu verbuchen. Die Auflösung der jeweiligen Beträge erfolgt dann jeweils entgegengesetzt.

> **Beispiel 8**
>
> Der Unterschied in der Bewertung der Maschine aus Beispiel 5 im ersten Jahr in Höhe von 12.500 € bewirkt bei einem wahrscheinlichen Steuersatz in Höhe von 30 % eine passive Steuerlatenz in Höhe von 3.750 €. Die folgende Tabelle enthält die Wertentwicklung aller tangierten Jahre :

Tabelle 8.9:   Aktive latente Steuern

Jahr	Handelsbilanz (in T€)	Steuerbilanz (in T€)	Bewertungs-differenz (in T€)	Aktive latente Steuer (in T€)
1	87.500,00	75.000,00	12.500,00	3.750,00
2	75.000,00	56.250,00	18.750,00	5.625,00
3	62.500,00	42.187,50	20.312,50	6.093,75
4	50.000,00	28.125,00	21.875,00	6.562,50
5	37.500,00	14.062,50	23.437,50	7.031,25
6	25.000,00	0,00	25.000,00	7.500,00
7	12.500,00	0,00	12.500,00	3.750,00
8	0,00	0,00	0,00	0,00

Die dazugehörigen Buchungen lauten:

Jahr 1	Aktive latente Steuer	3.750,00	an	Steuerertrag	3.750,00
Jahr 2	Aktive latente Steuer	1.875,00	an	Steuerertrag	1.875,00
Jahr 3	Aktive latente Steuer	468,75	an	Steuerertrag	468,75
Jahr 4	Aktive latente Steuer	468,75	an	Steuerertrag	468,75
Jahr 5	Aktive latente Steuer	468,75	an	Steuerertrag	468,75
Jahr 6	Aktive latente Steuer	468,75	an	Steuerertrag	468,75
Jahr 7	Steueraufwand	3.750,00	an	Aktive latente Steuer	3.750,00
Jahr 8	Steueraufwand	3.750,00	an	Aktive latente Steuer	3.750,00

Bewertungsdifferenzen können aber auch auf erfolgsneutralen Bewertungseffekten beruhen. In diesem Fall ist der dem erfolgsneutralen Bewertungseffekt zuzuordnende Steuereffekt ebenfalls erfolgsneutral unmittelbar gegen das Eigenkapital zu verbuchen.

29

❯ Beispiel 9

Die Sanitär AG kauft zum 30.12.2009 Industrieobligationen für einen Preis in Höhe von 10.000 €. Sowohl in der IFRS-Handels- als auch in der Steuerbilanz zum 31.12.2009 werden diese Wertpapiere zu den Anschaffungskosten in Höhe von 10.000 € aktiviert, da bis dahin keine Wertveränderung eingetreten ist. Im ersten Folgejahr steigt der Wert der Wertpapiere auf 12.000 €, im zweiten Folgejahr sinkt der Wert auf 9.000 €.

Zum 31.12.2010 werden diese Industrieobligationen nach IFRS dem available-for-sale-Bewertungsbestand[8] zugeordnet und mit 12.000 € bewertet. Die Bewertungsdifferenz wird erfolgsneutral gegen das Eigenkapital gebucht. Da gleichzeitig die Steuerbilanz diese Aktien weiterhin mit 10.000 € ausweist, entsteht eine Bewertungsdifferenz in Höhe von 2.000 €. Der dazugehörige Steuereffekt in Höhe von 600 € bei einem Steuersatz von 30 % ist ebenfalls erfolgsneutral gegen das Eigenkapital zu verbuchen.

Die Buchungen zum 31.12.2010 lauten:

| Wertpapiere | 2.000 | an | Eigenkapital | 2.000 |
| Eigenkapital | 600 | an | Steuerrückstellung | 600 |

Die Folgebuchung zum 31.12.2011 lautet:

Eigenkapital	3.000	an	Wertpapiere	3.000
Steuerrückstellung	600	an	Eigenkapital	600
Aktive latente Steuern	300	an	Eigenkapital	300

Insgesamt geht die Betrachtung der latenten Steuern davon aus, dass der aktuelle Wert aller Vermögensgegenstände den kumulierten Aufwand der Zukunft darstellt. Ein aktuell geringerer Wertansatz in der Steuerbilanz bedeutet somit geringeren Aufwand in der Zukunft, demzufolge vergleichsweise höhere steuerliche Gewinne und somit höhere Steuerbelastungen in der Zukunft. Diese höhere Steuerbelastung stellt eine zukünftige Verpflichtung dar und ist demzufolge zu passivieren. Sollte der Ansatz in der Steuerbilanz den Wert des Vermögensgegenstandes in der Handelsbilanz übertreffen, entstehen die gegenteiligen Effekte mit dem Ergebnis eines zu aktivierenden steuerlichen Vorteils.

30

Durch das BilMoG ist die Bilanzierung und Bewertung von latenten Steuereffekten nach HGB derjenigen nach IFRS stark angenähert worden. Der wesentliche Unterschied liegt lediglich darin, dass bei

31

---

8   Die Einordnung hängt davon ab, ob das Unternehmen beabsichtigt, diese Wertpapiere bis zur Endfälligkeit zu halten, unmittelbar zu veräußern oder sich nicht festlegen möchte. Die Einordnung „available-for-sale" erfolgt, falls es sich nicht festlegen möchte.

der Aktivierung aktiver latenter Steuern nach HGB weiterhin ein Wahlrecht besteht, während nach IFRS sowohl für aktive als auch für passive Steuerlatenzen ein Ansatzgebot besteht[9].

IV.   Latente Steuern und Pensionsverpflichtungen

32   Bewertungsdifferenzen zwischen der Handels- und der Steuerbilanz haben nicht nur unterschied-liche steuerliche Folgen hinsichtlich von Vermögensgegenständen (Aktivseite), sondern auch hin-sichtlich der Entstehung von Verpflichtungen (Passivseite). Rückstellungen stellen buchhalterisch eine periodengerechte Vorwegnahme einer drohenden Auszahlung in der Zukunft als Aufwand dar. Bezogen auf Pensionsverpflichtungen bedeutet dies, dass die Rückstellung grundsätzlich durch den Dienstzeit- und den Zinsaufwand aus der Pensionszusage gebildet wird. Unterstellt man zunächst, dass Rückstellungserhöhungen – wie im HGB – ausschließlich aufwandswirksam gebildet werden, so ist die Summe aller Rentenzahlungen identisch mit dem Pensionsaufwand. Führte ein zunächst zu geringer Aufwand zu einer zu geringen Rückstellung, weil zum Beispiel die Lebenserwartung zu niedrig eingeschätzt wurde, so wirkt sich die längere Lebenserwartung sukzessive rückstellungser-höhend aus. Gleiches gilt auch für alle weiteren Parameter der Bewertung der Rückstellungen. Daher steht fest: Wurde in der Vergangenheit ein zu geringer Aufwand bzw. eine zu geringe Rückstellung gebucht, wird dies in der Zukunft durch einen entsprechend höheren Aufwand ausgeglichen. Be-wertungen von Pensionsverpflichtungen in den Jahresabschlüssen ändern über die gesamte Laufzeit dieser Verpflichtungen nichts an der Summe des zu buchenden Aufwands, weil dies letztlich durch den realen Sachverhalt (Rentenzahlungen) bestimmt wird und nicht durch die Parameter der Rück-stellungsberechnung.

33   Für Bewertungsdifferenzen zwischen der Handels- und der Steuerbilanz bedeutet dies, dass Unter-schiede in der Aufwandsbuchung der Vergangenheit durch ebendiese Unterschiede in der Zukunft ausgeglichen werden. Führt die HGB-Bewertung nach § 255 Abs. 2 HGB zu einer höheren Rückstel-lung als bei der nach § 6a EStG ermittelten steuerlichen Rückstellung, heißt dies, dass die bisherige, zu geringe steuerliche Buchung von Aufwand durch höhere Aufwendungen der Zukunft kompen-siert werden. Somit wird unter sonst gleichen Bedingungen der steuerliche Gewinn vergleichswei-se niedriger sein als der in der Handelsbilanz und somit niedrigere zukünftige Steuerbelastungen auslösen. Dieser steuerliche Vorteil ist als latente Steuer zu aktivieren. Sollte in einem Ausnahmefall die steuerliche Rückstellung höher sein als die in der Handelsbilanz, so wäre eine latente Steuerrück-stellung zu passivieren.

> **Beispiel 10**
>
> Die Pensionsverpflichtungen der Schreibtischmöbel AG betragen zum 31.12.2011 nach § 253 Abs. 2 HGB 100 Mio. €. Nach den steuerlichen Regelungen des § 6a EStG werden die gleichen Zusagen lediglich mit 75 Mio. € bewertet. Da über den gesamten Betrachtungshorizont dieser Pensionszusage im Ergebnis alle Rentenzahlungen tatsächlich auch als Aufwand – vorweggenommen als Dienstzeit- und Zinsaufwand – zu buchen sind, ist steuerlich ein Aufwand von 25 Mio. spätestens mit den Rentenzahlungen nachzuholen. Insofern ist der steuerliche Gewinn der Zukunft um 25 Mio. € geringer als derjenige in der Handelsbilanz. Bei einem Steuersatz von 30 % bewirkt die Bewertungsdifferenz in Höhe von 25 Mio. € einen steuerlichen Vorteil in Höhe von 7,5 Mio. €. Der dazugehörige Buchungssatz lautet:

Aktive latente Steuern	7,5 Mio €	an	Steuerertrag	7,5 Mio €

---

9   In dem vorliegenden Buch wird die Berücksichtigung von Verlustvorträgen bei der Ermittlung der aktiven latenten Steu-ern nicht behandelt, da hier keine spezifischen Auswirkungen von Pensionsverpflichtungen festzustellen sind. In diesem Bereich weicht das HGB jedoch ein wenig von den IFRS ab.

Aktive latente Steuern dürfen nach § 274 Abs. 1 Satz 2 HGB gebildet werden. Neben diesem Ansatzwahlrecht wurde den Bilanzierenden auch ein Ausweiswahlrecht eingeräumt, wonach aktive und passive latente Steuern unsaldiert ausgewiesen werden dürfen. Sollte die Bewertungsdifferenz hinsichtlich der Pensionsverpflichtungen ausnahmsweise zu passiven latenten Steuern führen, so sind diese gemäß § 274 Abs. 1 Satz 1 HGB zwingend zu passivieren.   34

Die Bildung latenter Steuern bei der Bildung von Pensionsrückstellungen nach IFRS unterscheidet   35
sich nach der gemäß HGB in zwei wesentlichen Punkten: Zum Einen handelt es sich bei den aktiven latenten Steuern nicht um ein Ansatzwahlrecht, sondern um ein Ansatzgebot, zum Anderen ist zu berücksichtigen, dass es neben den aufwandswirksamen Bestandteilen auch erfolgsneutrale Elemente (Remeasurement) der Rückstellungsbildung gibt. Der bilanzielle Grundzusammenhang, dass alle Aufwendungen auf reale Auszahlungen der Vergangenheit, Gegenwart oder Zukunft zurückzuführen sind, wird in der IFRS-Rechnungslegung teilweise aufgehoben. Bei der OCI-Methode werden die Abweichungen von der geplanten, auf einer bestimmten Festlegung der bewertungsrelevanten Parameter beruhenden Bewertung der Pensionsverpflichtung (versicherungsmathematische Gewinne oder Verluste) erfolgsneutral gegen das Eigenkapital verbucht. Bewertungsdifferenzen zwischen der IFRS-Handelsbilanz und der Steuerbilanz, die nicht aufwandswirksam entstanden sind, können auch keine zukünftigen Steuerentlastungen gegenüber stehen. Insofern können aus den erfolgsneutralen Elementen der Bewertungsdifferenz keine erfolgswirksam zu behandelnden Steuererträge oder -aufwendungen gebucht werden. Der auf den erfolgsneutralen Teil der Rückstellung entfallende Teil ist demzufolge ebenfalls erfolgsneutral gegen das Eigenkapital zu verbuchen:

❯ Beispiel 11

Die Entwicklung der Pensionsverpflichtung der X-AG vom 31.12.2010 auf den 31.12.2011 hatte folgendes Bild in T€:

Tabelle 8.10:   Entwicklung der Pensionsverpflichtungen in der IFRS- und in der Steuerbilanz

Entwicklungsrechnung der X-AG			
(in T€)	Pensionsrückstellung	EK (Eigenkapital)	Steuerbilanz
31.12.2010	4.400	400	3.000
Dienstzeitaufwand	450		376
Zinsaufwand	193		174
Rentenzahlung	-200		-200
Neubewertung	157	157	
31.12.2011	5.000	557	3.350

Bereits zum 31.12.2010 enthielt die Rückstellung in Höhe von 4.400 T€ erfolgsneutrale Elemente in Höhe von 400 T€. Berücksichtigt man bereits zu diesem Zeitpunkt die latenten Steuern, sind lediglich 4.000 T€ erfolgswirksam entstanden. Die aktive latente Steuer, die bis dahin mit dem Gegenposten des Steuerertrags gebucht wurde, basiert somit auf der Differenz der erfolgswirksam gebildeten 4.000 T€ aus der IFRS-Bilanz und den 3.000 T€ aus der Steuerbilanz. Bei einem Steuersatz von 30 % beträgt die aktive latente Steuer zunächst 300 T€. Die Buchungssätze der Vergangenheit betrugen bis zum 31.12.2010, bezogen auf den erfolgswirksamen Teil der Rückstellung, kumuliert:

Aktive latente Steuer	300	an	Steuerertrag	300

Darüber hinaus ist die Rückstellung offensichtlich aufgrund von versicherungsmathematischen Verlusten um 400 T€ gestiegen, die erfolgsneutral das Eigenkapital um 400 T€ gemindert haben. Der daraus erwachsende zusätzliche Unterschied zur Steuerbilanz bewirkt somit einen „neutralen Steuervorteil" in Höhe von (400 x 30 % =) 120 T€. Der versicherungsmathematische Verlust, der das Eigenkapital um 400 T€ gemindert hat, bewirkt gleichzeitig einen „neutralen Steuervorteil" in Höhe von 120 T€ , welcher das Eigenkapital wiederum erhöht hat. Die gesamte Eigenkapitalwirkung des versicherungsmathematischen Verlusts „nach Steuer" auf das Eigenkapital zum 31.12.2010 beträgt somit (400 – 120 =) 280 T€. Die dazugehörige Buchung lautet:

Aktive latente Steuer	120	an	Eigenkapital	120

Die Differenz zwischen der IFRS-Handelsbilanz und der Steuerbilanz ist zum 31.12.2011 auf insgesamt 1.650 T€ angestiegen. Aufgrund der versicherungsmathematischen Verluste in Höhe von 157 T€ im Jahr 2011 beträgt der erfolgswirksam gebuchte Unterschied insgesamt (1.650 – 557 =) 1.093 T€. Die aktive latente Steuer darauf beträgt demnach (1.093 x 30 % =) 328 T€. Da der bis dahin erfolgswirksam gebildete Posten in Höhe von 300 T€ auf 328 T€ steigt, ergibt sich folgende Buchung:

Aktive latente Steuer	28	an	Steuerertrag	28

Gleichzeitig ist die aus erfolgsneutral zu behandelnden Gründen verursachte Bewertungsdifferenz von 400 T€ auf 557 T€ angewachsen. Der dazugehörige erfolgsneutrale Steuervorteil beträgt somit (557 x 30 % =) 167 T€. Das Anwachsen des Vorteils von 120 T€ auf 167 T€ wird folgendermaßen verbucht:

Aktive latente Steuer	47	an	Eigenkapital	47

E. Pensionsverpflichtungen in der Kapitalflussrechnung

I. Bedeutung, Funktion und Struktur des Cash Flows bei der Beurteilung von Unternehmen

36 Der Cash Flow steht für die originäre Innenfinanzierungskraft eines Unternehmens. Dabei versteht man unter Cash Flow den aus der laufenden betrieblichen Tätigkeit resultierenden Zahlungssaldo. Möchte man den Aspekt der laufenden betrieblichen Tätigkeit stärker in den Vordergrund rücken, spricht man auch vom operativen Cash Flow. Der operative Cash Flow ist die Quelle für alle weiteren Finanzaktivitäten des Unternehmens. Kredite, die getilgt werden müssen, können, nachdem die entsprechenden Mittel investiert wurden, in letzter Konsequenz nur durch den operativen Cash Flow bedient werden. Daher sind für die Kreditwürdigkeitsanalyse Kennzahlen wie der dynamische Verschuldungsgrad von Bedeutung. Dabei wird – je nach Definition – die Verschuldung des Unternehmens in Relation zum operativen Cash Flow gesetzt. Es ist für den Fremdkapitalgeber von Bedeutung, ob die Innenfinanzierungskraft des Unternehmens ausreicht, Kredite innerhalb von 5 Jahren oder innerhalb von 20 Jahren zu tilgen. Die Wahrscheinlichkeit, dass im letzteren Fall das Unternehmen gar nicht erst als kreditwürdig eingestuft wird, ist eher hoch. Zu ähnlichen Erkenntnissen gelangt man dann, wenn der operative Cash Flow mit den Zinsauszahlungen verglichen wird. Ein Unternehmen, welches kaum in der Lage ist, die Kreditzinsen zu erwirtschaften, würde man ebenfalls als nicht kreditwürdig einordnen. Der operative Cash Flow ist bei dieser Betrachtungsweise somit eine der wichtigsten Größen bei der Kreditwürdigkeitsanalyse bzw. beim Rating. Auch für Eigenkapitalgeber ist die Analyse des operativen Cash Flows von großer Bedeutung. Die Selbstfinanzierungskraft des Unternehmens gewährleistet die Zahlung von Dividenden oder – im Falle der Thesaurierung – das Wachstumspotenzial des Unternehmens.

37 Um die Frage der Einordnung von Rentenzahlungen in eine aussagefähige Cash Flow-Struktur betriebswirtschaftlich befriedigend lösen zu können, soll hier kurz auf Bedeutung und Aufgaben der

Kapitalflussrechnung (Cash Flow-Rechnung) eingegangen werden. Im Rahmen der Analyse des Jahresabschlusses dient die finanzwirtschaftliche Bilanzanalyse der Gewinnung von Informationen über die Kapitalverwendung (Investitionsanalyse), Kapitalaufbringung (Finanzierungsanalyse) und über die Beziehung zwischen Kapitalverwendung und -aufbringung (Liquiditätsanalyse); letztere hat somit zur Aufgabe, den Zusammenhang zwischen Investition und Finanzierung aufzudecken. Hierzu kann die Liquiditätsanalyse einerseits anknüpfen an Bestandsgrößen und überprüfen, ob Überlassungs- und Bindungsfristen in einem angemessenen Verhältnis zueinander stehen, und andererseits sich als dynamische Liquiditätsanalyse an Stromgrößen orientieren und deshalb zusätzlich den Rückfluss an liquiden Mitteln (= Cash Flow) mit einbeziehen und diesen Cash Flow auf ein angemessenes Verhältnis zur Investition und Finanzierung untersuchen. Letztlich zielt die dynamische Liquiditätsanalyse auf eine Prognose künftiger Zahlungsströme aus den Zahlungsströmen der Vergangenheit ab, um aus dem extern ableitbaren Cash Flow Informationen über die Innenfinanzierungskraft sowie die Verschuldungsfähigkeit des betreffenden Unternehmens zu gewinnen. Zusätzliche Informationen zur Liquidität eines Unternehmens sind für den Externen dann erhältlich, wenn das Unternehmen eine zahlungsorientierte Kapitalflussrechnung veröffentlicht.

Gemäß diesem Modell lässt sich der gesamte Cash Flow auf drei Bereiche zuordnen: Der operative Cash Flow entspricht dem aus der laufenden Geschäftstätigkeit des Unternehmens erzielten Zahlungsüberschuss. Unter dem Investitions-Cash Flow versteht man den Saldo aus dem Mittelabfluss für Investitionen und dem Mittelzufluss aus Desinvestitionen. Der Finanzierungs-Cash Flow bezeichnet den Mittelzufluss und -abfluss aus der Außenfinanzierung mit Eigen- und Fremdkapital. Die Summe dieser drei (Teil-)Cash Flows gibt den gesamten Mittelzufluss bzw. -abfluss des betreffenden Unternehmens in der Berichtsperiode wieder. Diese Struktur der Cash Flow-Rechnung (Kapitalflussrechnung) wird in der Internationalen Rechnungslegung als Bestandteil des zu veröffentlichenden Jahresabschlusses IAS 7 (IFRS) gefordert.

IAS 7.6 folgt der oben dargestellten Dreiteilung. Dabei sind „betriebliche Tätigkeiten die wesentlichen erlöswirksamen Tätigkeiten, …, die nicht den Investitions- und Finanzierungstätigkeiten zuzuordnen sind." In IAS 7.13 wird zudem ausgeführt, dass die operativen Cash Flows insbesondere ein Schlüsselindikator für die Fragestellung nach der Fähigkeit des Unternehmens sind, Verbindlichkeiten zu tilgen, Dividenden zu zahlen und Investitionen zu tätigen, ohne auf eine Außenfinanzierung angewiesen zu sein. Darunter fallen nach IAS 7.14 (d) insbesondere die Auszahlungen an und für die Beschäftigten. IAS 7 scheint im Ergebnis, auch ohne explizite Nennung, die Pensionszahlungen den operativen Cash Flows zuzuordnen. Wie später gezeigt werden kann, ergeben sich auch bei der indirekten Ermittlung des Cash Flows vergleichbare Auswirkungen. Insofern ist es gängige Praxis, die Rentenzahlungen mindernd dem operativen Cash Flow zuzuordnen.

Auch nach § 264 Abs. 1 in Verbindung mit § 264d HGB ist das Cash Flow Statement (Kapitalflussrechnung) obligatorischer Bestandteil des Jahresabschlusses und nach § 297 HGB auch Bestandteil des Konzernabschlusses. Wenn auch das HGB keine weiteren Regelungen trifft, als dass die Kapitalflussrechnung „eine Einheit mit der Bilanz, der GuV und dem Anhang bilden sollte", so lässt sich daraus ableiten, dass sowohl die direkte als auch die indirekte Methode der Ableitung der Zahlungsströme erlaubt ist. Auch die Fokussierung auf die Entwicklung des Finanzmittelfonds in der bekannten Struktur des IAS 7 mit Erfolgszahlungen (operativen Zahlungen), mit Investitionszahlungen und Finanzierungszahlungen entsprechen dem Mindestgliederungsschema des DRS 2 (Deutsche Rechnungslegungs-Standards) und somit der herrschenden Auffassung zu einer HGB-konformen Kapitalflussrechnung.

II.   Rentenzahlungen im Cash Flow Statement

41   Versteht man Rentenzahlungen als die Tilgung von Pensionsverpflichtungen, somit von Verbindlichkeiten gegenüber Arbeitnehmern, ist die obige Einordnung nicht zwingend und kann bei der betriebswirtschaftlichen Analyse zu Missverständnissen führen.

▶ Beispiel 12

Die Pensionsverpflichtungen in Höhe von 12.000 T€ entsprechen in gleicher Höhe den bilanzierten Rückstellungen zum 31.12.2010. Im Laufe des Jahres 2011 erarbeiten sich die Arbeitnehmer einen Rentenbaustein (=Dienstzeitaufwand) in Höhe von 150. Im gleichen Jahr 2011 werden Renten in Höhe von 1.000 T€ gezahlt. Der Rechnungszins beträgt 4 %. Versicherungsmathematische Gewinne oder Verluste fallen nicht an. Das Unternehmen hat darüber hinaus Umsatz-Einzahlungen in Höhe von 20.000 T€ und operative Auszahlungen in Höhe von 19.000 T€:

Tabelle 8.11:   Rückstellungsentwicklung

Pensionsrückstellung zum 1.1.2011	12.000
Dienstzeitaufwand	150
Zinsaufwand	460
Rentenzahlung	-1.000
Pensionsrückstellung zum 31.12.2011	11.610

Die GuV des entsprechenden Geschäftsjahres hat demnach folgendes Aussehen:

Tabelle 8.12:   Berücksichtigung des Pensionsaufwands im Jahresüberschuss

Umsatzerlöse	20.000
Diverse Aufwendungen	19.000
Dienstzeitaufwand (Personalaufwand)	150
EBIT	850
Zinsaufwand	460
Jahresüberschuss	390

Zur Überleitung auf die Kapitalflussrechnung sollte man sich noch einmal klar die GuV- und Bilanzwirkungen vor Augen führen: In Höhe von (150 + 460 =) 610 T€ fallen Pensionsaufwendungen an (GuV), die das Kreditvolumen zunächst entsprechend erhöhen. In Höhe von 1.000 T€ findet eine Tilgung statt. Die Kredithöhe zum Ende des Jahres beträgt somit per Saldo 11.610 T€ (Bilanz).

Die Kapitalflussrechnung auf der Basis von IAS 7 zum 31.12.2011 hat bei der direkten

Herleitung des Cash Flows folgendes Aussehen:

Tabelle 8.13:   Berücksichtigung der Pensionszahlungen in der Cash Flow-Darstellung (direkte Methode)

Operative Einzahlungen	20.000
Operative Auszahlungen	-19.000
Pensionszahlungen	-1.000
Operativer Cash Flow	0
Investitions-Cash Flow	0
Finanzierungs-Cash Flow	0
Cash Flow gesamt	**0**

Bei der indirekten Herleitung, ausgehend von der Größe Jahresüberschuss in der GuV, hat die Kapitalflussrechnung folgendes Aussehen:

Tabelle 8.14: Berücksichtigung der Pensionszahlungen in der Cash Flow-Darstellung (indirekte Methode)

Jahresüberschuss	390
Zunahme der Rückstellungen	-390
Operativer Cash Flow	0
Investitions-Cash Flow	0
Finanzierungs-Cash Flow	0
Cash Flow gesamt	**0**

Sowohl die direkte als auch die indirekte Cash Flow-Darstellung lassen dabei die zumindest für Bilanz und GuV geltende Einordnung der Pensionsverpflichtung als Schulden und der Rentenzahlung als Tilgung dieser Schulden außer Acht. Richtig und konsistent wäre jedoch, die Pensionszahlungen als Tilgung dem Finanzierungs-Cash Flow zuzuordnen und nicht dem operativen Cash Flow. Berücksichtigte man darüber hinaus keine weitere Veränderung, würde man die Entstehung der Verbindlichkeiten, die unzweifelhaft operativen Ursprungs sind, komplett vernachlässigen. Dies kann jedoch nicht richtig sein. Daher sollten die Pensionsaufwendungen als das erkannt werden, was sie auch tatsächlich sind: ein abgekürzter Zahlungsweg. Auf der einen Seite werden Gehalts- und Zinszahlungen fällig. Diese Zahlungen mindern das laufende Ergebnis. Auf der anderen Seite geben die Arbeitnehmer die entsprechenden Beträge als Kredit an das Unternehmen zurück (vgl. Kapitel 3.1.). 42

Wenn man in der Größe Cash Flow beide Zahlungen undifferenziert erfasst, neutralisieren sich beide Vorgänge. Da aber Gehalts- und Zinszahlungen dem operativen Bereich, die Kreditaufnahme jedoch dem Finanzierungsbereich zuzuordnen sind, ermöglicht erst eine entsprechende Differenzierung des im Ergebnis zahlungsunwirksamen Vorgangs die Bilanz- und GuV-konsistente Information: 43

❯ Beispiel 13

Der gleiche Sachverhalt wie in Beispiel 12 führt bei einer „Bilanz- und GuV-konsistenten" Darstellung zu folgendem Ergebnis:

Tabelle 8.15: Berücksichtigung der Pensionszahlungen in der modifizierten Cash Flow-Darstellung I

Operative Einzahlungen		20.000
Operative Auszahlungen		-19.000
Gehaltszahlungen	-150	
Zinszahlungen	-460	
Operative „Pensionszahlungen"		-610
Operativer Cash Flow		390
Investitions-Cash Flow		0
Kreditaufnahme aus Pensionen	610	
Tilgung von Pensionen	-1.000	
Finanzierungs-Cash Flow		-390
Cash Flow gesamt		**0**

Das Beispiel zeigt, dass der gesamte Cash Flow im Ergebnis durch die Veränderung der Darstellung nicht beeinflusst wird, jedoch ein wesentlich konsistenteres und aussagefähigeres Bild zu den Einzelgrößen entsteht. Dass eine solche Differenzierung durchaus gewollt ist, lässt sich aus IAS 7.12 schließen. Dieser Paragraph behandelt den Fall, dass eine Auszahlung im Rahmen der Tilgung eines Darlehens sowohl die Zinsen als auch die Darlehenssumme umfasst. Der Zinsanteil kann nach dieser Vorschrift als operativer Cash Flow, der Tilgungsanteil als Finanzierungs-Cash Flow dargestellt werden. Die obige Darstellung ist damit nichts anderes als eine logische und konsequente Fortführung dieses Gedankens. 44

45   Darüber hinaus ist zu berücksichtigen, dass eine rückstellungsfinanzierte Pensionszusage zwei separate Produktions- und Kostenfaktoren im Unternehmen tangiert, welche nicht zwingend gemeinsam „verbucht" werden müssen: Die Aufwendungen für die Produktionsfaktoren Arbeit (Personalaufwand) und Kapital (Finanzierungsaufwand). Der Entgeltcharakter der Dienstzeitaufwendungen ist ebenso eindeutig dem Personalaufwand zuzuordnen wie die Rechnungszinsen dem Finanzierungsaufwand. Auch wenn es nach IFRS sowohl in der GuV als auch in der Kapitalflussrechnung Wahlrechte gibt, so ist es doch sachgerecht und betriebswirtschaftlich zweckmäßig, den Zinsaufwand in der GuV dem Finanzergebnis zuzuordnen. Wenn man so in der GuV verfährt (was sich in der Praxis in einem immer stärkeren Maße durchsetzt und nach HGB zwingend ist), so sollte man in der Kapitalflussrechnung konsistent verfahren und die „virtuellen" Zinszahlungen dem Finanzierungs-Cash Flow zuordnen. Das obige Beispiel bekäme dann die folgende Struktur:

> **Beispiel 14**
>
> Der gleiche Sachverhalt wie in Beispiel 12 und 13 führt bei einer differenzierten Darstellung der „Zinszahlungen" zu folgendem Bild:

Tabelle 8.16:   Berücksichtigung der Pensionszahlungen in der modifizierten Cash Flow-Darstellung II

Operative Einzahlungen		20.000
Operative Auszahlungen		-19.000
Gehaltszahlungen	-150	
Zinszahlungen	0	
Operative „Pensionszahlungen"		-150
Operativer Cash Flow		850
Investitions-Cash Flow		0
Kreditaufnahme aus Pensionen	610	
Zinszahlungen	-460	
Tilgung von Pensionen	-1.000	
Finanzierungs-Cash Flow		-850
Cash Flow gesamt		**0**

46   Insgesamt zeigen die Beispiele, dass sowohl die Darstellung als auch die einzelnen Teilergebnisse stark voneinander abweichen können. Dabei bietet insbesondere der operative Cash Flow als wichtige Kennzahl der Jahresabschlussanalyse einen großen Gestaltungsspielraum.

F.   Pensionsverpflichtungen in der Eigenkapitalentwicklungsrechnung

I.   Funktion und Struktur der Eigenkapitalentwicklungsrechnung

47   Grundsätzlich kann sich das bilanzielle Eigenkapital auf zwei verschiedenen Wegen verändern. Zum Einen kann durch Gesellschaftertransaktionen wie zum Beispiel Kapitalerhöhungen bzw. -herabsetzungen oder auch Gewinnausschüttungen das Eigenkapital verändert werden. Zum Anderen erhöht der Gewinn (bzw. mindert der Verlust) eines Unternehmens das Eigenkapital. Insofern hat die GuV die Funktion, die unternehmensimmanente Veränderung des Eigenkapitals detailliert zu erklären.

Nach der IFRS-Rechnungslegung besteht das Gesamtergebnis eines Unternehmens jedoch nicht nur aus „erfolgswirksamen" Gewinnen bzw. Verlusten, sondern auch aus „erfolgsneutralen" Elementen, dem Other Comprehensive Income (OCI). Auch die erfolgsneutralen Ergebnisse verändern das Eigenkapital. Insofern gibt es neben Gesellschaftertransaktionen und Gewinn bzw. Verlust eine dritte Art der Eigenkapitalveränderung: Erfolgsneutrale „Korrekturen" der Bewertung von Bilanzposten, die jedoch nicht erfolgswirksam als Aufwand oder Ertrag einzuordnen sind. Diese „Korrekturen" werden unmittelbar gegen das Eigenkapital in Form einer Neubewertungsrücklage gebucht. Faktisch sind diese Rücklagen vergleichbar mit Gewinnrücklagen. Im Unterschied zu diesen wurde der Gewinn jedoch nicht durch die GuV festgestellt und anschließend thesauriert, sondern durch das erfolgsneutrale Ergebnis. Beispiele für solche „Korrekturen" sind Finanzanlagen, die man zwar langfristig halten möchte, die dennoch jederzeit veräußert werden könnten. Hierbei sieht man in der Fair Value-Bewertung nach IAS 39 einerseits die optimale (Bilanz- und Eigenkapital-) Information für den potenziellen Investor, andererseits sollten Wertänderungen nicht als Gewinn interpretiert werden, welcher sofort ausgeschüttet werden könnte.

⬡ Beispiel 15

Die Papier-AG kauft auf der Basis einer langfristigen Anlagestrategie an der Börse ein Aktienpaket für 100.000 €. Zum folgenden Bilanzstichtag steigt der Wert dieser Aktien auf 120.000 €. Durch die Buchung

Wertpapiere	20.000	an	Eigenkapital (Neubewertungsrücklage)	20.000

ist der Bilanzleser über die Vermögens- und Kapitaleffekte dieser Entwicklung informiert. Wäre dieser unrealisierte Gewinn erfolgswirksam, würde der Investor möglicherweise diese 20.000 € ausschütten (wollen). Das Unternehmen müsste c.p. einen Kredit aufnehmen, um die Ausschüttung zu bedienen. Dessen Rückzahlung wäre im Falle eines Kursrückganges fraglich und würde das Unternehmen in seinem Fortbestand gefährden.

Die Eigenkapitalentwicklung ist gemäß IAS 1.106 separat über das Berichts- sowie über das Vorjahr   48
auszuweisen. Hierbei wird dem Bilanzleser ein Überblick über die drei grundsätzlichen Wege der Eigenkapitalveränderung dargestellt.

Auch das HGB sieht gemäß § 264 Abs. 1 HGB in Verbindung mit § 264d HGB für den Einzelab-   49
schluss einen Eigenkapitalspiegel vor. Gleiches gilt für den Konzernabschluss gemäß § 297 HGB. Allerdings sind IFRS-typische Fragestellungen wie die Berücksichtigung der erfolgsneutralen Teile der Entwicklung der Pensionsrückstellung für den HGB-Abschluss ohne Bedeutung, da es nach den Bewertungsvorschriften des § 253 Abs. 2 HGB keine erfolgsneutralen Elemente bei der Bilanzierung und Bewertung von Pensionsverpflichtungen gibt.

II.   Berücksichtigung von versicherungsmathematischen Gewinnen und Verlusten in der Eigenkapitalentwicklungsrechnung

Versicherungsmathematische Gewinne und Verluste treten insbesondere bei der Veränderung von   50
Bewertungsparametern auf und führen zu einer erfolgsneutralen Erhöhung oder Minderung der Pensionsrückstellung. Dieser erfolgsneutrale Teil verändert – anders als der Dienstzeit- und Zinsaufwand – das Eigenkapital nicht über den „Umweg" der GuV, sondern unmittelbar:

◉ Beispiel 16

Die Industrieholding AG zeigt für das Jahr 2011 die folgende Entwicklung der Pensionsrückstellung:

Tabelle 8.17:   Entwicklung der Pensionsrückstellung

Pensionsrückstellung (DBL) (in T€)	
01.01.11	1.000
Dienstzeitaufwand	450
Zinsaufwand	55
Rentenzahlung	-200
Neubewertung	195
31.12.11	1.500

Die Rückstellung wurde durch den Pensionsaufwand um (450 + 55 =) 505 T€ erfolgswirksam sowie durch die versicherungs-mathematischen Verluste erfolgsneutral um 195 T€ erhöht. Diese Erhöhung mag an der Absenkung des Rechnungszinses liegen. Die Tilgung der Pensionsverpflichtung durch die Rentenzahlung ist zwar ebenfalls erfolgsneutral, bewirkt jedoch keine Änderung des Eigenkapitals, sondern lediglich eine Bilanzverkürzung durch die Minderung von Liquidität und Schulden. Die dazugehörige Buchung lautet:

Personalaufwand	450	an	Pensionsrückstellung	450
Zinsaufwand	55	an	Pensionsrückstellung	55
Eigenkapital	195	an	Pensionsrückstellung	195
Pensionsrückstellung	200	an	Bankguthaben	200

51   Insgesamt bezweckt die Verbuchung der versicherungsmathematischen Gewinne und Verluste un-mittelbar über das Eigenkapital eine Verbesserung der Aussage hinsichtlich der Vermögens- und Kapitalstruktur, soll jedoch keine „falschen" Rückschlüsse über den eventuell ausschüttungsfähigen Gewinn zulassen, da die Veränderung der Rechnungsparameter in der Regel temporär wirkt und sich im Zeitablauf ausgleichen kann. Eine diesbezügliche Erhöhung oder Verminderung von Aus-schüttungen kann insbesondere dann zu einem ungewünschten Ergebnis führen, wenn man be-rücksichtigt, dass sich die Gesellschafterstruktur gerade bei börsennotierten Unternehmen jederzeit ändern kann und das „Auf und Ab" somit zu realen Vermögenseffekten von „Alt-" und „Neuaktio-nären" führen könnte.

G.   Berücksichtigung von Pensionsverpflichtungen in den Quartalsabschlüssen

52   Kapitalmarktorientierte Unternehmen haben neben Pflichten zur Erstellung von Einzel- und Kon-zernabschlüssen im Sinne eines Jahresabschlusses zudem auch unterjährige Berichtspflichten (Zwi-schenberichte) zu erfüllen. Dies können auf der Basis des § 37w Abs. 2, 3 und 4 WpHG Halbjahres-berichte sowie Quartalsberichte sein. Letztere gelten für im Prime Standard der Frankfurter Wert-papierbörse (FWB) gelistete Unternehmen nach § 66 Abs. 1 und 2 der BörsO zwingend. Quartalsbe-richte sind demnach Dreimonats-, Halbjahres- und Neunmonatsabschlüsse („Q1", „Q2" und „Q3"). Nach IAS 34.8 enthalten Zwischenberichte eine Bilanz, eine Erfolgsrechnung, eine Kapitalflussrech-nung, eine Eigenkapitalveränderungsrechnung sowie einen verkürzten Anhang. Hierbei orientieren sich die genannten Darstellungen an den Regelungen zum Jahresabschluss. Dies gilt sowohl hinsicht-lich des Ausweises als auch hinsichtlich der Bilanzierungs- und Bewertungsmethoden.

Die Frage der Genauigkeit der unterjährigen Abgrenzung der Erfolgskomponenten wird nach IAS 34.29 dahin gehend beantwortet, dass für jede Berichtperiode ein eigenständiger Ansatz zu wählen ist. Dies könnte für die Bewertung von Pensionsverpflichtungen bedeuten, dass für jedes Quartal eine neue Bewertung durchzuführen ist. Da dies nach IAS 19.60 nicht explizit gefordert wird, hat sich in der Praxis durchgesetzt, den prognostizierten Jahrespensionsaufwand als gleichmäßig zu unterstellen. Insofern werden die Aufwendungen zeitanteilig aus der Jahresprognose abgeleitet. Erfüllt man darüber hinaus die Anforderungen hinsichtlich der Bilanzierungs- und Bewertungsmethoden, ist eine qualifizierte Schätzung der Pensionsverpflichtung vertretbar. Dies gilt natürlich nicht für besondere Ereignisse wie Curtailments, Settlements und Past Services. Diese sind zu dem Stichtag bzw. in dem Quartal zu berücksichtigen, in dem sie anfallen.

53

> Beispiel 17

Die Konsumgüter AG rechnet zum 1.1.2011 mit der folgenden Entwicklung der Pensionsverpflichtungen sowie des Planvermögens für das Jahr 2011:

Tabelle 8.18: Prognose der Entwicklungsrechnung DBO, Planvermögen und DBL für das Jahr 2011

(in T€)	DBO	Vermögen	Loss/Gain	DBL	GuV	EK
01.01.11	4.400	3.400	200	1.000		200
Dienstzeitaufwand	450			450	450	
Zinsaufwand	198			45	45	
Erw. Ertrag auf Planvermögen		153				
Rentenzahlung	-200	-200				
Neubewertung	0	0	0			0
31.12.11	4.848	3.353	200	1.495	495	200

Zum 31.3.2011 beträgt unter sonst gleichen Bedingungen der Rechnungszins 5,0 % (anstelle von 4,5 % wie zum Jahresbeginn). Die Inventur des Planvermögens zu diesem Stichtag zeigt ein Planvermögen in Höhe von 3.360 €. Die Rentenzahlungen betragen bis dahin tatsächlich 52. Die Sensitivität der Verpflichtungen (Anwärter und Leistungsempfänger zusammen) beinhaltet eine 20 %-ige Erhöhung der DBO bei einer Senkung des Rechnungszinses um 1 %. Für den Quartalsbericht zum 31.3.2011 ist die folgende vereinfachte Darstellung vertretbar.

Tabelle 8.19: Entwicklungsrechnung DBO, Planvermögen und DBL für das erste Quartal 2011 (Q1)

(in T€)	DBO	Vermögen	Loss/Gain	DBL	GuV	EK
01.01.11	4.400,00	3.400,00	200,00	1.000,00		-200,00
Dienstzeitaufwand	112,50			112,50	112,50	
Zinsaufwand	49,50			11,20	11,20	
Erw. Ertrag auf Planvermögen		38,30				
Rentenzahlung	-52,00	-52,00				
Prognose	4.510,00	3.386,30		1.123,70		
Neubewertung	-451,00	-26,30	-424,70	-424,70	0,00	424,70
31.03.11	4.059,00	3.360,00	-224,70	699,00	123,70	224,70

Auf der Basis der Prognose zu Jahresbeginn müsste die DBO zum 31.3. unter sonst gleichen Bedingungen 4.510 betragen. Dabei wurden für die Dienstzeit- und Zinsaufwendungen jeweils ein Viertel der Jahresprognose angesetzt. Aufgrund der Erhöhung des Rechnungszinses in Höhe von 0,5 % sinkt die Verpflichtung um 10 % auf 4.059.

Zum 30.6.2011 beträgt unter sonst gleichen Bedingungen der Rechnungszins 4,25 % (anstelle von 4,5 % wie zum Jahresbeginn). Die Inventur des Planvermögens zu diesem Stichtag zeigt ein Planvermögen in Höhe von 3.385 €. Die tatsächlichen Rentenzahlungen betragen bis dahin 100. Die Sensitivität der Verpflichtungen (Anwärter und Leistungsempfänger zusammen) beinhaltet eine 20 %-ige Erhöhung der DBO bei einer Senkung des Rechnungszinses um 1 %. Für den Quartalsbericht zum 30.6.2011 ist die folgende vereinfachte Darstellung vertretbar.

Tabelle 8.20:   Entwicklungsrechnung DBO, Planvermögen und DBL für das zweite Quartal 2011 (Q2)

(in T€)	DBO	Vermögen	Loss/Gain	DBL	GuV	EK
01.01.11	4.400,00	3.400,00	200,00	1.000,00		-200,00
Dienstzeitaufwand	225,00			225,00	225,00	
Zinsaufwand	99,00			22,50	22,50	
Erw. Ertrag auf Planvermögen		76,50				
Rentenzahlung	-100,00	-100,00				
Prognose	4.624,00	3.376,50		1.247,50		
Neubewertung	231,20	8,50	222,70	222,70	0,00	-222,70
30.06.11	4.855,20	3.385,00	422,70	1.470,20	247,50	-422,70

Auf der Basis der Prognose zu Jahresbeginn müsste die DBO zum 30.6. unter sonst gleichen Bedingungen 4.624 betragen. Aufgrund der Absenkung des Rechnungszinses in Höhe von 0,25 % gegenüber der Prognose steigt die Verpflichtung um 5 % auf 4.855,2.

Zum 30.9.2011 beträgt unter sonst gleichen Bedingungen der Rechnungszins 4,5 % (wie zum Jahresbeginn). Die Inventur des Planvermögens zu diesem Stichtag zeigt ein Planvermögen in Höhe von 3.340 €. Die tatsächlichen Rentenzahlungen betragen bis dahin 149. Die Unternehmensleitung vereinbart mit den Arbeitnehmern eine Plankürzung in Höhe von 350. Für den Quartalsbericht zum 30.9.2011 ist die folgende vereinfachte Darstellung vertretbar:

Tabelle 8.21:   Entwicklungsrechnung DBO, Planvermögen und DBL für das dritte Quartal 2011 (Q3)

(in T€)	DBO	Vermögen	Loss/Gain	DBL	GuV	EK
01.01.2011	4.400,00	3.400,00	200,00	1.000,00		-200,00
Dienstzeitaufwand	337,50			337,50	337,50	
Zinsaufwand	148,50			33,70	33,70	
Erw. Ertrag auf Planvermögen		114,80				
Plankürzung	-350,00			-350,00	-350,00	
Rentenzahlung	-149,00	-149,00				
Prognose	4.387,00	3.365,80		1.021,20		
Neubewertung	0,00	-25,80	25,80	25,80		-25,80
30.09.2011	4.387,00	3.340,00	225,80	1.047,00	21,20	-225,80

Auf der Basis der Prognose zu Jahresbeginn müsste die DBO zum 30.9. unter sonst gleichen Bedingungen 4.387 betragen. Da der Rechnungszins gegenüber der Prognose unverändert bleibt, ist eine qualifizierte Umschätzung auf der Basis der Sensitivitäten nicht notwendig. Die Prognose der jährlichen Aufwandsgrößen wird zeitanteilig auf 9 Monate verteilt. Die erfolgswirksame Plankürzung ist jedoch ein Ereignis, welches nicht als gleichmäßiger Ertrag zeitanteilig verteilt werden kann, sondern ist als singuläres Ereignis in dem Quartal zu berücksichtigen, in dem es tatsächlich anfällt.

Das 4. Quartal „Q4" ist identisch mit dem Jahresabschluss. Hier greift demzufolge die „normale" Entwicklungsrechnung, wobei die DBO und das Planvermögen zum Stichtag ermittelt werden. Daraus lassen sich dann die tatsächlichen versicherungsmathematischen Abweichungen ermitteln, welche gegen das Eigenkapital zu verbuchen sind. In Fortführung des obigen Beispiels heißt dies für den Fall, dass eine DBO zum 31.12.2011 in Höhe von 5.000 sowie ein Planvermögen in Höhe von 3.400 ermittelt wurden:

Tabelle 8.22:   Tatsächliche Entwicklung DBO, Planvermögen und DBL für das Jahr 2011

(in T€)	DBO	Vermögen	Loss/Gain	DBL	GuV	EK
01.01.11	4.400,00	3.400,00	200,00	1.000,00		-200,00
Dienstzeitaufwand	450,00			450,00	450,00	
Zinsaufwand	198,00			45,00	45,00	
Erw. Ertrag auf Planvermögen		153,00				
Plankürzung	-350,00			-350,00	-350,00	
Rentenzahlung	-200,00	-200,00				
Neubewertung	502,00	47,00	455,00	455,00		-455,00
31.12.11	5.000,00	3.400,00	655,00	1.600,00	145,00	-655,00

Das Erfordernis von Quartalsabschlüssen tangiert zwar oftmals über diverse Börsen- und Kapital-   54
marktregelungen die Unternehmen. Zumeist ist von IFRS-Quartalsabschlüssen auszugehen; es ist
aber nicht ausgeschlossen, dass in der Praxis auch HGB-Quartalsabschlüsse aufgestellt werden. Hier
wäre dann in einer Bilanz nach den gleichen Grundsätzen zu verfahren: Auf der Basis einer qualifizierten Schätzung (Grundlage hierfür sind belastbare Sensitivitätsanalysen) ist die Pensionsrückstellung über die Quartale fortzuschreiben. Da eine Prognose des Dienstzeitaufwands nicht immer
vorliegen dürfte, müsste man sich hier mit den Vorjahresdaten behelfen. Dies kann allerdings zu
groben Ungenauigkeiten führen, so dass die Zielsetzung eines Quartalsabschlusses gefährdet wäre.

H.   Berücksichtigung von Fehlern

Wenn Fehler in früheren Perioden unterlaufen sind und in der Berichtsperiode auffallen, müssen   55
diese nach IAS 8 rückwirkend angepasst werden, sofern sie wesentlich sind. Als Fehler werden dabei
fehlende oder falsche Angaben bezeichnet, die auf einer Nichtnutzung oder einer unsachgemäßen
Nutzung von Informationen beruhen. Diese Informationen waren zum jeweiligen Stichtag vorhanden und verfügbar.

Prinzipiell ist der Jahresabschluss der Berichtsperiode so zu erstellen, als wäre der Fehler nicht vorge-   56
fallen. Dies bedeutet für den Fall, dass der Fehler im Vorjahr entstanden ist, dass bei der Darstellung
der Vergleichsperiode im laufenden Abschluss dieser Fehler durch Anpassungen des jeweiligen Bilanzpostens zu korrigieren ist. Die Gegenbuchung erfolgt erfolgsneutral im Eigenkapital:

> Beispiel 18
>
> Die Haushaltsgeräte AG erkennt bei der Bewertung der Pensionsverpflichtungen zum 31.12.2011, dass eine bestimmte
> Personengruppe, die im letzten Jahr aufgrund eines Betriebsübergangs den Personenbestand zum 1.1.2010 erhöht hatte,
> aufgrund einer falschen Kennzeichnung in der Bestandsführung bereits im Vorjahr übersehen wurde. Deswegen betrug die
> DBO zum 31.12.2010 nicht 4.000 T€, sondern 4.400 T€. Die auf den zusätzlichen Personenbestand entfallenden Dienstzeit-
> aufwendungen betrugen 40 T€, die entsprechenden Zinsaufwendungen 20 T€. Zudem wurden für diese Gruppe im Jahr 2010
> insgesamt 10 T€ Renten unmittelbar aus dem Unternehmen gezahlt. Die Entwicklungsrechnungen wurden ursprünglich wie
> folgt dargestellt.

Tabelle 8.23:   Entwicklungsrechnung DBO, Planvermögen und DBL für das Jahr 2010

(in T€)	DBO	Vermögen	Loss/Gain	DBL	GuV	EK
01.01.10	3.600	3.400	190	200		-190
Dienstzeitaufwand	380			380	380	
Zinsaufwand	180			10	10	
Erw. Ertrag auf Planvermögen		170				
Rentenzahlung	-180	-180				
Neubewertung	20	10	10	10		-10
31.12.10	4.000	3.400	200	600	390	-200

Die entsprechende Korrektur für das Jahr 2010 erfolgt zunächst erfolgsneutral:

Tabelle 8.24:   Erfolgsneutrale Korrektur von Fehlern in der Entwicklungsrechnung 2010

(in T€)	DBO	Vermögen	Loss/Gain	DBL	GuV	EK
01.01.10	3.600	3.400	190	200		-190
Zugang 1.1.	400					
Dienstzeitaufwand	380			380	380	
Dienstzeitaufwand Zugang	40					
Zinsaufwand	180			10	10	
Zinsaufwand Zugang	20					
Erw. Ertrag auf Planvermögen		170				
Rentenzahlung	-180	-180				
Pensionszahlungen Zugang	-10					
Neubewertung	20	10	10	10		-10
Korrektur	-50		400	400		-400
31.12.10	4.400	3.400	600	1.000	390	-600

Die Korrektur der versicherungsmathematischen Abweichungen in Höhe von -50 T€ hat ihre Ursache darin, dass in dem „übersehenen" Zugang selbst ein versicherungsmathematischer Gewinn vorlag. Im Ergebnis sind die gesondert aufgeführten Korrekturen durch die jeweiligen Zugangseffekte inklusive der darin enthaltenen versicherungsmathematischen Abweichungen in einem Betrag zusammen zu fassen (450 T€ Zugang per Saldo abzüglich 50 T€ versicherungsmathematischer Gewinn). Dieser erhöht zu Lasten des Eigenkapitals die Pensionsrückstellungen. Ob man diesen Betrag auch als versicherungsmathematischen Verlust behandelt, ist auf den ersten Blick unerheblich. Berücksichtigt man aber die Folgewirkungen zum Beispiel für die latenten Steuern, so spricht vieles dafür, diesen unerkannten Zugang faktisch als versicherungsmathematischen Verlust zu behandeln. Allerdings ist dann im Anhang diese Besonderheit zu erläutern. Letztlich liegt dann in dieser Erläuterung der Unterschied darin, ob man den Fehler für unwesentlich hält und somit als „normalen" Verlust erfasst oder ob man ihn als wesentlichen Fehler explizit erwähnt. Die Startwerte zum 1.1.2011 können dann aus der korrigierten Darstellung der Vergleichsperiode übernommen werden.

An der obigen Darstellung ist strittig, ob auch die eigentlich erfolgswirksamen Elemente des „übersehenen" Personenbestandes erfolgsneutral behandelt werden. Insgesamt erscheint dies nicht folgerichtig, da sich das Unternehmen durch den Fehler hinsichtlich der Ertragszahlen im Jahr 2010 besser darstellt, als es tatsächlich war. Im Vergleich mit dem Jahr 2011 könnten dann die falschen Schlüsse für den Erfolg des Managements gezogen werden, denn in 2011 ist der „übersehene" Bestand aufwandswirksam. Aus Gründen der temporalen Vergleichbarkeit sollte die obige Darstellung nicht ausschließlich das Eigenkapital tangieren, sondern auch den Ertrag der vergleichenden Darstellung:

Tabelle 8.25:   Teilweise erfolgsneutrale Korrektur von Fehlern in der Entwicklungsrechnung 2010

(in T€)	DBO	Vermögen	Loss/Gain	DBL	GuV	EK
01.01.10	3.600	3.400	190	200		-190
Zugang 1.1.	400					
Dienstzeitaufwand	380			380	380	
Dienstzeitaufwand Zugang	40			40	40	
Zinsaufwand	180			10	10	
Zinsaufwand Zugang	20			20	20	
Erw. Ertrag auf Planvermögen		170				
Rentenzahlung	-180	-180				
Pensionszahlungen Zugang	-10					
Neubewertung	20	10	10	10		-10
Korrektur	-50		340	340		-340
31.12.10	4.400	3.400	540	1.000	450	540

In diesem Fall werden zusätzlich 60 T€ Dienstzeit- und Zinsaufwendungen aus dem „übersehenen" Bestand erfolgswirksam. Die Eigenkapitalkorrektur ist entsprechend geringer, weil dieser Betrag bei dieser Variante über den „Umweg" der GuV das Eigenkapital mindert. Insgesamt ist wegen der verbesserten Vergleichbarkeit diese Variante IFRS-konformer und dürfte auch eher dem IAS 8.46 entsprechen.

Wenn die Fehler weiter zurück in der Vergangenheit liegen, dann erfolgt die Korrektur ebenfalls erfolgneutral dadurch, dass die Anfangsbestände der Vergleichsperiode so angesetzt werden, als wäre der Fehler nicht geschehen. Die notwendige Korrektur wird dann unmittelbar über das Eigenkapital gebucht. 57

Gleichermaßen ist zu verfahren, wenn ein möglicher Änderungsbedarf nicht auf wesentlichen Fehlern, sondern auf der Änderung von Bilanzierungs- oder Bewertungsmethoden beruht. Solche Änderungen sind dann zulässig, wenn sie auf einer Änderung der Vorschrift beruht oder aber die Information hinsichtlich Finanz-, Vermögens- und Ertragslage durch die Änderung verbessert wird. Für die Umstellung zum Beispiel von der Korridor- auf die OCI-Methode bedeutet dies, dass die Startwerte des Vergleichsjahres erfolgsneutral zu korrigieren sind. Versicherungsmathematische Gewinne oder Verluste zum 31.12.2011 sind somit erfolgsneutral gegen das Eigenkapital zu verbuchen, so dass am 1.1.2012 mit dem Vergleichsjahr begonnen wird. Dies ändert nichts daran, dass das Unternehmen für das Jahr 2012 im veröffentlichten Jahresabschluss weiterhin die Korridormethode anwendet. Der Jahresüberschuss des tatsächlich veröffentlichten Jahresabschlusses 2012 wird dann von dem des Vergleichsjahres 2012 (im Jahresabschluss zum 31.12.2013) abweichen, wenn zum Beispiel Amortisationen im Rahmen der Korridormethode vorgenommen wurden, welche bei der OCI-Methode unterbleiben. 58

Korrekturen von Bilanzfehlern sind nach HGB gemäß der IDW-Stellungnahme zur Rechnungslegung IDW RS HFA 6 aus dem Jahre 2007 grundsätzlich erfolgswirksam in der jeweiligen Berichtsperiode zu erfassen. Allerdings ist auf der Basis dieser Stellungnahme auch möglich, die jeweiligen HGB-Abschlüsse nach Feststellung der Abschlüsse zu korrigieren. Er ist zwingend zu korrigieren, wenn der Abschluss nichtig ist. Ansonsten bleibt es bei der ergebniswirksamen Korrektur im Berichtsjahr. 59

I.   Währungsumrechnung

60   Die Währung, in der ein Unternehmen seinen Abschluss erstellt, richtet sich gemäß IAS 21.9 nach dem „primären Wirtschaftsumfeld". Letzteres wird durch die Währung der Zahlungsmittel bestimmt, in denen das Unternehmen hauptsächlich seine Umsätze oder Aufwendungen tätigt (Konzept der funktionalen Währung). Handelt es sich bei dem Unternehmen um ein ausländisches Konzernunternehmen einer inländischen Muttergesellschaft, ist für die weitere Behandlung zu unterscheiden, ob es sich um ein eher unselbständiges oder ein eher selbständiges, autonom agierendes Unternehmen handelt.

61   Gemäß IAS 21.11 (a) ist ein unselbständiges Unternehmen dann anzunehmen, wenn seine Tätigkeit lediglich als erweiterter Bestandteil der berichtenden Konzernmutter zu sehen ist. Dies ist zum Beispiel dann der Fall, wenn die Auslandstochter ausschließlich von der Konzernmutter importierte Waren verkauft und die Einnahmen an die Mutter weiterleitet. In diesen oder den weiteren Fällen des IAS 21.11 ist die funktionale Währung des ausländischen Konzernunternehmens diejenige der Muttergesellschaft. Daher sind alle „inländischen" Geschäftsvorfälle nach der Zeitbezugsmethode umzurechnen. Demnach sind alle monetären Posten mit dem Stichtagskurs am Bilanzstichtag umzurechnen. Zu den monetären Posten gehören gemäß IAS 21.16 auch die Pensionsverpflichtungen. Nicht-monetäre Posten wie zum Beispiel Sachanlagen werden dagegen mit dem Transaktionskurs umgerechnet, welcher sich aus dem (historischen) Kurs zum Zeitpunkt der Anschaffung ergibt. Auf dieser Basis werden auch die dazu gehörigen Abschreibungen ermittelt. Lediglich dann, wenn nicht-monetäre Posten aufgrund des jeweiligen IFRS-Standards nicht zu den historischen Kosten, sondern zum Zeitwert bewertet werden, ist anstelle der historischen Anschaffungs- oder Herstellungskosten der Kurs der letztmaligen Neubewertung anzusetzen. Die folgende Darstellung konzentriert sich zunächst auf die Währungsumrechnung monetärer Posten, insbesondere Pensionsverpflichtungen.

62   Die Umrechnungsdifferenzen bei der Bewertung von Pensionsverpflichtungen, die dadurch entstehen, dass einerseits der Stichtagskurs zum Ende des Jahres von dem zu Beginn des Jahres abweicht, und andererseits alle Stromgrößen wie Aufwendungen, Erträge und Zahlungsgrößen des Jahres zum jeweiligen Transaktionskurs, vereinfachend zu Durchschnittskursen, anzusetzen sind, sind nach IAS 21.28 grundsätzlich erfolgswirksam zu verbuchen. Für eher unselbständige Konzernunternehmen wird die Währungsumrechnung nach der Zeitbezugsmethode durch das folgende Beispiel beschrieben:

> ❱ Beispiel 19
>
> Die Daten der „eher unselbständigen" Industrieholding Corp. sind die folgenden in US-$. Der $-Kurs des Euros, der funktionalen Währung der Muttergesellschaft beträgt zum 31.12.2010 $ 1,35, zum 31.12.2011 $ 1,45. Der durchschnittliche Kurs für die Stromgrößen des Jahres betrage $ 1,38. Der Rechnungszins beträgt 4,5 %.

Tabelle 8.26:   Währungsumrechnung der DBO

	DBO (in T$)	DBO (in T€)	anzusetzender Kurs
01.01.11	4.400	3.259	Stichtagskurs 31.12.2010
Dienstzeitaufwand	450	326	Durchschnittskurs 2011
Zinsaufwand	198	143	Durchschnittskurs 2011
Rentenzahlung	-200	-145	Durchschnittskurs 2011
Neubewertung	152	110	Durchschnittskurs 2011
Währungseffekt		-245	
31.12.11	5.000	3.448	Stichtagskurs 31.12.2011

Bei der Ermittlung der DBO ist ein Währungsgewinn in Höhe von 245 T€ festzustellen, der im Wesentlichen darauf basiert, dass die Verpflichtung durch die Abwertung des Dollars aus dem Blickwinkel der Muttergesellschaft geringer geworden ist. Die versicherungsmathematische Abweichung des Jahres 2011 wird hierbei als „Stromgröße" interpretiert, was umstritten ist. Für die Einordnung als Stromgröße spricht, dass sich im Falle einer „Null-Abweichung" die Dienstzeit- oder die Zinsaufwendungen entsprechend verändern würden, dass somit die versicherungsmathematischen Abweichungen letztlich auf Aufwandsgrößen basieren. Dagegen spricht, dass die Abweichungen, die lediglich auf einer Änderung des Rechnungszinses zurückzuführen sind, nur zu einem geringen Teil dem Aufwand des Berichtsjahres zuzuordnen wären und eher der Vergangenheit „anzulasten" wären.

Die dazugehörige Betrachtung des Planvermögens zeigt folgendes:

Tabelle 8.27:   Währungsumrechnung des Planvermögens

	Planverm. (in T$)	Planverm. (in T€)	anzusetzender Kurs
01.01.2011	3.400	2.519	Stichtagskurs 31.12.2010
Erw. Ertrag auf Planvermögen	153	111	Durchschnittskurs 2011
Rentenzahlung	-200	-145	Durchschnittskurs 2011
Neubewertung	47	34	Durchschnittskurs 2011
Währungseffekt		-174	
31.12.2011	3.400	2.345	Stichtagskurs 31.12.2011

Die Abwertung des Dollars hat zur Folge, dass das Vermögen in $ ebenfalls sinkt. Dies ist allerdings ein Währungsverlust in Höhe von 173 T€.

Für die Pensionsrückstellung bedeutet dies:

Tabelle 8.28:   Währungsumrechnung der Pensionsrückstellung

	DBL (in T$)	DBL (in T€)	anzusetzender Kurs
01.01.2011	1.000	741	Stichtagskurs 31.12.2010
Dienstzeitaufwand	450	326	Durchschnittskurs 2011
Zinsaufwand	45	33	Durchschnittskurs 2011
Neubewertung	105	76	Durchschnittskurs 2011
Währungseffekt		-73	
31.12.2011	1.600	1.103	Stichtagskurs 31.12.2011

Insgesamt ist per Saldo ein Währungsgewinn in Höhe von (245 – 174 =) 73 T€ feststellbar, der grundsätzlich ergebniswirksam zu verbuchen wäre. Allerdings ist feststellbar, dass nicht die gesamte Entwicklung der Pensionsrückstellung aufwandswirksam erfolgt. Zumindest die Veränderung auf der Basis der versicherungsmathematischen Abweichung wird erfolgsneutral gegen das Eigenkapital verbucht. Insofern wäre es sachgerecht, die daraus resultierenden (Gesamt-) Ergebniswirkungen ebenfalls erfolgsneutral zu verbuchen. Um die erfolgswirksamen Bestandteile zu ermitteln, ist es daher sinnvoll, die Währungsumrechnung zunächst auf der Basis der Plansätze durchzuführen. Ein entsprechender Gewinn oder Verlust ist dann mit dem Ist-Ergebnis zu vergleichen.

Tabelle 8.29:   Währungsumrechnung der erwarteten DBO

	DBO (in T$)	DBO (in T€)
01.01.11	4.400	3.259
Dienstzeitaufwand	450	326
Zinsaufwand	198	143
Rentenzahlung	-200	-145
Neubewertung	0	0
Währungseffekt		-240
31.12.11	4.848	3.343

Tabelle 8.30:   Währungsumrechnung des erwarteten Planvermögens

	Planverm. (in T$)	Planverm. (in T€)
01.01.11	3.400	2.519
Erw. Ertrag auf Planvermögen	153	111
Rentenzahlung	-200	-145
Neubewertung	0	0
Währungseffekt		-174
31.12.11	3.353	2.312

Der Währungsgewinn beträgt ohne versicherungsmathematische Abweichungen (240 – 174 =) 66 T€. Planmäßig beträgt der ergebniswirksame Währungsgewinn demnach 66 T€. Insofern wird ein Währungsgewinn in Höhe von 7 T€ aufgrund der erfolgsneutralen versicherungsmathematischen Abweichungen verursacht und entsprechend erfolgsneutral verbucht. Während der versicherungsmathematische Verlust in Höhe von 76 T€ das Eigenkapital mindert, erhöht der sich daraus ergebende Währungsgewinn in Höhe von 7 T€ das Eigenkapital.

63   Ein Tochterunternehmen ist als eher selbständig im Sinne des IAS 21.11 (a) einzustufen, wenn es „überwiegend in seiner Landeswährung Zahlungsmittel und andere monetäre Posten ansammelt, Aufwendungen tätigt, Erträge erwirtschaftet und Fremdkapital aufnimmt. Dies dürfte für die meisten Gesellschaften eines Konzerns gelten. In diesem Fall ist die so genannte modifizierte Stichtagskursmethode anzuwenden, bei der nach IAS 21.39 Vermögenswerte und Schulden zum Abschlussstichtag und Erträge und Aufwendungen zum Kurs zum Zeitpunkt des Geschäftsvorfalls anzusetzen sind. Bezüglich der Betrachtung der Umrechnung von Pensionsverpflichtungen unterscheidet sich diese Methode von der Zeitbezugsmethode dadurch, dass die Währungsdifferenzen ergebnisneutral als sonstiges Ergebnis (OCI) gemäß IAS 21.41 dem Eigenkapital zugeordnet werden.

❯ **Beispiel 20**

Die Daten der „eher selbständigen" Industrieholding Corp. entsprechen denen in Beispiel 20. Der sich ergebende Währungsgewinn in Höhe von 73 T€ ist nicht in ergebniswirksam und –neutral zu separieren, sondern in voller Höhe dem neutralen Ergebnis (OCI) und somit unmittelbar dem Eigenkapital zuzuordnen.

64   Die modifizierte Stichtagskursmethode ist auch bei der Währungsumrechnung nach HGB anzuwenden. Nach § 308a HGB sind die Umrechnungsdifferenzen als „Eigenkapitaldifferenz aus Währungsumrechnung" als gesonderter Posten innerhalb des Eigenkapitals auszuweisen.

J.   Erstanwendung von IFRS-Vorschriften

65   Unternehmen, die erstmalig und explizit den Jahresabschluss nach den IFRS-Vorschriften aufstellen, sind gemäß IFRS 1.3 Erstanwender. Bei der Erstanwendung der IFRS in der IFRS-Eröffnungsbilanz sind alle geltenden IFRS-Vorschriften so anzuwenden, als ob schon immer nach den aktuellen Vorschriften bilanziert worden wäre. Dies heißt zum Beispiel für die Bewertung von abnutzbaren Sachanlagen, dass die Abschreibungsmethode und die Nutzungsdauer bereits vom Zeitpunkt des Zugangs an nach den IFRS-Regeln zu berücksichtigen sind.

66   Für die Bilanzierung und Bewertung von Pensionsverpflichtungen bedeutet dies vom Grundsatz her, dass die Regelungen des IAS 19 von Beginn des Pensionsplans an anzuwenden wären. Insofern wären versicherungsmathematische Gewinne und Verluste rückwirkend über die bisherige Laufzeit des Pensionsplans zu ermitteln. Bei Anwendung der Korridormethode hätte dies bedeutet, dass bei der Eröffnungsbuchung die Pensionsrückstellung bereits unter Berücksichtigung der bis dahin entstandenen versicherungsmathematischen Abweichungen, den dazugehörigen Korridor- und Amor-

tisationsregeln zu ermitteln wäre. Da dies zum Einen sehr aufwendig und zum Anderen hinsichtlich der Aussagekraft mehr als zweifelhaft ist, räumt IFRS 1.20 ein, dass anstelle dieser rückwirkenden Betrachtung ein „Neustart" ermöglicht wird.

Durch die Anwendung der OCI-Methode ist die rückwirkende Betrachtung von vornherein unproblematisch, da der vollständige Ausweis der Nettoverpflichtung im Ergebnis mit einem „Neustart" vergleichbar ist. Der „Neustart" unterscheidet sich lediglich darin von der rückwirkenden Anwendung der OCI-Methode, dass der erfolgsneutral gebildete Teil der Pensionsrückstellung unbekannt bleibt. Da bei der Erstanwendung ohnehin alle Bewertungsdifferenzen erfolgsneutral gegen das Eigenkapital gebucht werden, wirkt sich diese Differenzierung nicht aus.   67

Von Bedeutung ist allerdings, dass auch zum erstmaligen IFRS-Berichtszeitpunkt und somit auch für das erste Berichtsjahr zwingend die Vergleichswerte aus dem Vorjahr ausgewiesen werden müssen: 68

> Beispiel 21

Die Industrieholding AG erstellt zum 31.12.2011 zum ersten Mal einen IFRS-Abschluss. Der zu diesem Datum ermittelten Pensionsrückstellung ist zwingend als Vergleichswert der Wert der Pensionsrückstellung zum 31.12.2010 gegenüber zu stellen. Da der Jahresabschluss 2011 über die Gesamtergebnisrechnung auch Zeitraumdaten für das Jahr 2011 wie zum Beispiel Aufwendungen und Erträge enthält, ist dies auch für das Jahr 2010 darzustellen. Insofern benötigt man für das Jahr 2010 auch eine Eröffnungsbilanz, und es ist somit auch die Pensionsrückstellung zum 31.12.2009 zu ermitteln.

Die Pensionspläne der Industrieholding AG, im Jahr 1985 aufgelegt, wurden bis dahin nach den Vorschriften des HGB ermittelt. Hierbei wurden die nach § 6a EStG ermittelten Werte in die Handelsbilanz übernommen. Zum 31.12.2009 betrug der Wertansatz der Pensionsrückstellung in der Handelsbilanz 2.000 T€. Entsprechendes Planvermögen konnte zu diesem Zeitpunkt nach HGB noch nicht gebildet werden, so dass die entsprechenden Vermögensgegenstände zu Anschaffungskosten in der Bilanz in Höhe von 2.200 T€ aktiviert wurden. Bei der Umstellung auf die IFRS-Bewertung wurde zum 31.12.2009 eine DBO nach den Bewertungsregeln des IAS 19 in Höhe von 3.600 T€ ermittelt, der Verkehrswert des Planvermögens betrug zu diesem Zeitpunkt 3.400 T€. Die zu passivierende Nettopensionsrückstellung betrug 200 T€.

In der Überleitung vom HGB-Jahresabschluss zum 31.12.2009 auf die IFRS-Eröffnungsbilanz 1.1.2010 waren somit folgende Buchungen notwendig:

Eigenkapital	2.200	an	Vermögensgegenstände	2.200
Pensionsrückstellung	1.800	an	Eigenkapital	1.800

Im Ergebnis wurde somit das Eigenkapital um 400 T€ gemindert. Darin enthalten ist die das Eigenkapital erhöhende Aufdeckung stiller Reserven in den nach IAS 19 als Planvermögen zu qualifizierenden Vermögensgegenständen in Höhe von 1.200 T€. Gleichzeitig minderte die Erhöhung des Wertes der Pensionsverpflichtung das Eigenkapital um 1.600 T€. Per Saldo minderte sich das Eigenkapital (Gewinnrücklagen) um 400 T€.

Für das Vergleichsjahr 2010 sind die Aufwendungen und Bewertungen zum Stichtag ebenso durchzuführen wie für das erste Berichtsjahr 2011 und alle folgenden Wirtschaftsjahre.

9 Sonstige Verpflichtungen

A. Altersteilzeit

1 Die Altersteilzeit ist eine Möglichkeit des gleitenden Übergangs in den Ruhestand für Arbeitnehmer, die das 55. Lebensjahr vollendet und einer Arbeitszeitreduktion, bei teilweiser Kompensation der Einkommensreduktion, zugestimmt haben. Rechtliche Grundlage für die Altersteilzeit ist das „Gesetz zur Förderung eines gleitenden Übergangs in den Ruhestand" (Altersteilzeitgesetz / AltTZG) aus dem Jahr 1996[1]. Ziel dieses Gesetzes war es, die damalige betriebliche Frühverrentungspraxis zu stoppen und damit die gesetzliche Arbeitslosen- und Rentenversicherung zu entlasten. Für Altersteilzeitarbeitsverhältnisse, die bis einschließlich 31.12.2009 begannen, können die Arbeitgeber bei Wiederbesetzung der frei werdenden Stelle durch einen Auszubildenden oder einen vormals Arbeitslosen Erstattungsansprüche an die Bundesagentur für Arbeit im Rahmen des AltTZG geltend machen. Das AltTZG regelt in § 3 AltTZG die Anforderungen, die erfüllt sein müssen, um einen Anspruch auf Erstattungsleistungen von der Bundesagentur für Arbeit geltend machen zu können. In der Praxis wurden von Arbeitgebern und Arbeitnehmern bzw. den Tarifvertragsparteien diese Mindestanforderungen als Grundlage für die Ausgestaltung der Altersteilzeitarbeitsverhältnisse übernommen. Für Altersteilzeitarbeitsverhältnisse, die nach dem 31.12.2009 begonnen haben, gibt es die Möglichkeit der Erstattungsansprüche an die Bundesagentur für Arbeit nicht mehr. Im Übrigen gilt das AltTZG jedoch fort.

2 Altersteilzeit kann von Arbeitnehmern, die das 55. Lebensjahr vollendet haben, durch einen Vertrag mit dem Arbeitgeber vereinbart werden. Dieser muss sich zumindest auf den Zeitraum erstrecken, bis eine Rente wegen Alters beansprucht werden kann. Die Arbeitszeit wird dabei auf die Hälfte der bisherigen, d.h. vor Beginn der Altersteilzeit, wöchentlichen Arbeitszeit reduziert. Dabei ist es unerheblich, wie die Arbeitszeit auf die Dauer des Altersteilzeitarbeitsverhältnisses verteilt wird. In der Praxis werden fast ausschließlich zwei Modelle für die Verteilung der Arbeitszeit verwendet:

3 **Teilzeitmodell:** Das Teilzeitmodell sieht vor, dass der Arbeitnehmer für die gesamte Dauer des Altersteilzeitarbeitsverhältnisses seine Arbeitszeit im Vergleich zur Zeit vor der Altersteilzeit gleichmäßig um 50 % vermindert.

4 **Blockmodell:** Im Rahmen des Blockmodells arbeitet der Arbeitnehmer in der ersten Hälfte der Zeitspanne, für die die Altersteilzeit vereinbart wurde („Beschäftigungsphase"), Vollzeit, um dann in der zweiten Hälfte der Altersteilzeit von der Arbeit freigestellt zu werden („Freistellungsphase"). Im Falle des Blockmodells führt die Altersteilzeit in der Beschäftigungsphase zum Aufbau eines Wertguthabens, aus dem die Freistellungsphase finanziert wird. Dieses Wertguthaben ist gegen die Insolvenz des Arbeitgebers zu sichern.

5 Die Arbeitnehmer in Altersteilzeit werden unabhängig von der tatsächlichen Verteilung der Arbeitszeit kontinuierlich entlohnt und erhalten gemäß § 3 Abs. 1 S. 1 AltTZG zusätzlich zum Teilzeitgehalt Aufstockungsbeträge, die das Teilzeitgehalt um mindestens 20 % erhöhen („Nettoaufstockung"). Diese Aufstockungsleistungen sind steuer- und sozialversicherungsfrei, soweit das Teilzeitgehalt und die Aufstockung 100 % des Arbeitslohnes, den der Mitarbeiter bei einer Vollzeitbeschäftigung erhalten hätte, nicht übersteigt. Darüber hinaus entrichten die Arbeitgeber gemäß § 3 Abs. 1 Nr. 1. b) AltTZG zusätzliche Beiträge zur gesetzlichen Rentenversicherung mindestens in Höhe des Beitrags, der auf 80 % des Regelarbeitsentgeltes für die Altersteilzeitarbeit, begrenzt auf den Unterschiedsbetrag

---

1 Altersteilzeitgesetz vom 23. Juli 1996 (BGBl. I S. 1078), das zuletzt durch Artikel 10 des Gesetzes vom 22. Juni 2011 (BGBl. I S. 1202) geändert worden ist

zwischen 90 % der monatlichen Beitragsbemessungsgrenze und dem Regelarbeitsentgelt, entfällt, höchstens bis zur Beitragsbemessungsgrenze („Rentenaufstockung"). Die so definierten Aufstockungsbeträge waren ursprünglich als Mindestbeträge zu verstehen, die der Arbeitgeber entrichten muss, um einen Anspruch auf Erstattungsleistungen für Altersteilzeitarbeitsverhältnisse, die vor dem 1. Januar 2010 begannen, gegenüber der Bundesagentur für Arbeit geltend machen zu können. Tatsächlich wurden und werden von den Arbeitgebern oftmals höhere Aufstockungsbeträge gezahlt, als es das Altersteilzeitgesetz vorsieht.

Auch wenn die Arbeitgeber dazu verpflichtet sind, Rentenaufstockungen zu zahlen, so vermindert sich bei Arbeitnehmern in Altersteilzeit i.d.R. der Anspruch auf Zahlungen aus der gesetzlichen Rentenversicherung im Vergleich zu einer unverändert fortgeführten Vollzeitbeschäftigung. Aus diesem Grund werden häufig, zusätzlich zu den oben genannten Aufstockungsbeträgen, von den Arbeitgebern Kapitalabfindungen zum Ausgleich für die verminderten Ansprüche aus der gesetzlichen Rentenversicherung gezahlt (sog. „Nachteilsausgleich"). 6

◉ Beispiel 1

Tabelle 9.1: Beispiel für die Bestimmung des (monatlichen) Aufwands für einen Mitarbeiter in Altersteilzeit

	(in €)
Durchschnittliches Vollzeitgehalt vor Beginn der Altersteilzeit	**4.000**
Altersteilzeitgehalt	2.000
Arbeitgeberaufwand Sozialversicherung Altersteilzeit	400
a. Summe der Arbeitgeberaufwands für die Teilzeitarbeit	**2.400**
	(= 28.800 p.a.)
Nettoaufstockung	600
Rentenaufstockung	400
b. Summe der Aufstockungsbeträge	**1.000**
	(= 12.000 p.a.)
Monatlicher Aufwand für einen Mitarbeiter in Altersteilzeit (a.+b.)	**3.400**
Kapitalabfindung	**6.000**
Bei Erfüllen der Anspruchsvoraussetzungen durch die Bundesagentur zu erstatten:	
Bruttoaufstockung gemäß § 3 (1) 1. a AltTZG (20 % ATZ-Gehalt)	400
Zusatzbeitrag zur gesetzl. Rentenversicherung gemäß § 3 (1) 1. b AltTZG	320
Summe der Erstattungsleistungen	**720**
	(= 8.640 p.a.)

Angenommen der Arbeitnehmer unterschreibt einen Altersteilzeitvertrag im Wirtschaftsjahr 2008 (Vertragsabschluss vor dem 31.12.2009 - also Anspruch auf Erstattungsleistungen durch die Bundesagentur für Arbeit möglich), so ergibt sich aus Beispiel 1 für den Arbeitgeber – bei sechs Jahren Altersteilzeit im Blockmodell, beginnend am 1.1.2009 - folgenden Zahlungsstrom: 7

Tabelle 9.2: Ermittlung der künftigen Zahlungsströme in der Altersteilzeit

Zahlungsstrom	2008	2009	2010	2011	2012	2013	2014
		Beschäftigungsphase			Freistellungsphase		
Aufstockungen	0	12.000	12.000	12.000	12.000	12.000	12.000
+ 50 % - TZ Gehalt	0	28.800	28.800	28.800	28.800	28.800	28.800
+ Kapitalabfindung	0	0	0	0	0	0	6.000
./. Erstattungen durch BA	0	0	0	0	-17.280	-17.280	-17.280
= Summe	0	40.800	40.800	40.800	23.520	23.520	29.520

8   In dem in Tabelle 9.2. dargestellten beispielhaften Zahlungsstrom wird davon ausgegangen, dass die Wiederbesetzung der nach der Beschäftigungsphase freiwerdenden Stelle ab Beginn der Freistellungsphase erfolgt. Die Leistungen der Bundesagentur für Arbeit werden dann mit Beginn der Freistellungsphase in doppelter Höhe (2 x 12 x 720 € = 17.280 € p.a.) gewährt, um damit auch die Erstattungen für die zurückliegende Beschäftigungsphase zu erbringen.

9   Da der Arbeitnehmer, obwohl er in der Beschäftigungsphase Vollzeit arbeitet, für seine Tätigkeit weniger als das ihm zustehende Vollzeitgehalt erhält, ist das noch ausstehende Arbeitsentgelt, einschließlich der hierauf entfallenden Arbeitgeberbeiträge zum Gesamtsozialversicherungsbeitrag (das sogenannte Wertguthaben), gemäß § 8a AltTZG mit der ersten Gutschrift in geeigneter Weise gegen das Risiko der Insolvenz des Arbeitgebers zu sichern. Bei der Berechnung des gegen Insolvenz zu sichernden Wertguthabens ist gemäß § 8a Abs. 2 AltTZG eine Anrechnung der Aufstockungsbeträge unzulässig. Der Arbeitgeber hat dem Arbeitnehmer die zur Sicherung des Wertguthabens ergriffenen Maßnahmen mit der ersten Gutschrift und danach alle sechs Monate in Textform nachzuweisen. Das monatlich anzusammelnde Wertguthaben entspricht dem Altersteilzeitgehalt zuzüglich des darauf entfallenden Arbeitgeberanteils zur Sozialversicherung.

10   Das gegen Insolvenz zu sichernde Wertguthaben entwickelt sich danach wie folgt fort. (Fortführung Beispiel 1)

Tabelle 9.3: Entwicklung des gegen Insolvenz zu sichernden Wertguthabens (Fortführung Beispiel 1)

31.12.	2008	2009	2010	2011	2012	2013	2014
		Beschäftigungsphase			Freistellungsphase		
Wertguthaben	0	28.800	57.600	86.400	57.600	28.800	0

11   Nach den vom Gesetzgeber vorgenommenen Einschränkungen kommen im Wesentlichen folgende Lösungen für die Sicherung der Wertguthaben aus Altersteilzeit in Betracht:

1. Auslagerung und Anlage von Finanzmitteln mit individueller Verpfändung oder Einschaltung eines Treuhänders

2. Abschluss von kapitalbildenden Versicherungen mit Verpfändung

3. Bürgschaft oder Bürgschaftsversicherung

12   Bei den beiden erstgenannten Optionen wird also ein Kapitalstock aufgebaut, der bei der Bilanzierung von Altersteilzeitverpflichtungen von Bedeutung ist.

I.   Ansatz und Ausweis von Altersteilzeitrückstellungen in der deutschen Handelsbilanz

Nach der Meinung des Instituts der Wirtschaftsprüfer (IDW Stellungnahme zur Rechnungslegung: Bilanzierung von Verpflichtungen aus Altersteilzeitregelungen nach IAS und nach handelsrechtlichen Vorschriften – IDW RS HFA 3; Stand: 18.11.1998) ist bei der Bilanzierung der Altersteilzeitrückstellungen zwischen den Aufstockungszahlungen und der möglicherweise zu zahlenden Abfindung sowie (im Blockmodell) dem Arbeitgeberaufwand für die Teilzeitbeschäftigung zu unterscheiden.   13

Im Folgenden wird die Bildung von Altersteilzeitrückstellungen auf Basis der oben genannten IDW-Stellungnahme erläutert. Wir möchten an dieser Stelle allerdings darauf hinweisen, dass durch verschiedene in der jüngeren Vergangenheit erschienene und nicht originär die deutsche Handelsbilanz betreffende Rechnungslegungsstandards bzw. Entscheidungen insbesondere die handelsbilanzielle Behandlung der Aufstockungszahlungen infrage gestellt wird. In der Fachwelt wird daher nicht ausgeschlossen, dass sich in der näheren Zukunft auch bei der Bilanzierung der Aufstockungszahlungen in der deutschen Handelsbilanz eine Veränderung ergeben wird.[2]   14

Der Teil der Altersteilzeitbezüge, der über das Teilzeitgehalt hinausgeht, also Aufstockungszahlungen und mögliche Kapitalabfindungen, ist nach Auffassung des IDW eine eigenständige Abfindungsverpflichtung, die kein Bestandteil des für die erhaltene Arbeitsleistung zu gewährenden Entgelts darstellt. Für diese Abfindungsverpflichtung ist eine Rückstellung für ungewisse Verbindlichkeiten nach § 249 Abs. 1 Satz 1 HGB zu passivieren. Dabei sind nicht nur die Aufstockungszahlungen bzw. Abfindungen für Altersteilzeitvereinbarungen zu berücksichtigen, die bereits abgeschlossen wurden, sondern auch, mit dem Grad der wahrscheinlichen Inanspruchnahme, solche, die noch nicht abgeschlossen wurden. Beispielsweise kann im Rahmen eines Tarifvertrages bzw. einer Betriebsvereinbarung festgelegt werden, dass bis zu einem gewissen Prozentsatz, gemessen an der Zahl der aktiven Beschäftigten, die Mitarbeiter ein Anrecht auf Altersteilzeit haben. Dann muss das Potenzial der zukünftigen Altersteilzeitvereinbarungen mittels Prognose bestimmt und eine Rückstellung der korrespondierenden potenziellen Aufstockungen bzw. Abfindungen passiviert werden.   15

Die voraussichtlich zu leistenden Aufstockungszahlungen sind nach versicherungsmathematischen Grundsätzen zu bewerten, wobei zu beachten ist, dass die Verpflichtung mit dem Eintritt von Invalidität oder Tod des Arbeitnehmers erlischt. Da die Aufstockungszahlungen über einen bestimmten Zeitraum in i.d.R. gleichbleibenden monatlichen Raten auszuzahlen sind, sind diese nach § 253 Abs. 1 Satz 2 HGB mit ihrem Erfüllungsbetrag bzw. Barwert anzusetzen. Bei der Ermittlung des Barwertes sind die künftigen Leistungen nach den am Bilanzstichtag gegebenen Verhältnissen und Erwartungen zu bemessen, so dass künftige Trends, z.B. Gehaltssteigerungen zu berücksichtigen sind.   16

Wird die Altersteilzeit im Blockmodell durchgeführt, so arbeitet der Mitarbeiter in Altersteilzeit in der Beschäftigungsphase voll und erhält dafür lediglich Bezüge in Höhe von 50 % des Vollzeitgehalts. Aus diesem Grund ist in diesem Fall nach Beginn der Altersteilzeit, d.h. in der Beschäftigungsphase, eine Rückstellung für ungewisse Verbindlichkeiten gemäß § 249 Abs. 1 HGB in Höhe des noch nicht entlohnten Anteils der Arbeitsleistung, des so genannten Erfüllungsrückstands, zu bilden. Diese Rückstellung umfasst insbesondere auch den Arbeitgeberanteil zur Sozialversicherung. In der Freistellungsphase entspricht die Rückstellung für den Erfüllungsrückstand dem Barwert des bis zum Ende der Altersteilzeit zu zahlenden Altersteilzeitentgelts zuzüglich der Arbeitgeberbeiträge zur Sozialversicherung.   17

---

2   Bzgl. eines möglichen Updates siehe http://www.gabler.de/Buch/978-3-8349-2997-6/Bilanzierung-von-Pensionsverpflichtungen.html

18   Eine konkrete Methode für die Bewertung der Rückstellung für den Erfüllungsrückstand in der Beschäftigungsphase ist nicht vorgeschrieben. Der Erfüllungsrückstand kann in der Beschäftigungsphase also sowohl mit dem Teilwert als auch mittels Verfahren der laufenden Einmalprämien (Projected Unit Credit-Methode) bewertet werden.

19   Die Rückstellungen für Aufstockungszahlungen, Kapitalabfindungen und Erfüllungsrückstand (im Blockmodell) sind gemäß § 253 Abs. 2 HGB bei einer Restlaufzeit von mehr als einem Jahr mit dem ihrer Restlaufzeit entsprechenden durchschnittlichen Zinssatz der vergangenen sieben Geschäftsjahre abzuzinsen. Abweichend hiervon dürfen die Rückstellungen, genau wie die Pensionsrückstellungen, auch pauschal mit dem durchschnittlichen Zinssatz bewertet werden, der sich bei einer angenommenen Restlaufzeit von 15 Jahren ergibt. Die jeweils aktuellen Zinssätze werden monatlich von der Bundesbank veröffentlicht[3]. Darüber hinaus sind bei der Bewertung der Rückstellung, den Vorschriften des § 253 Abs. 1 HGB entsprechend, zukünftige Anpassungen, z.B. der Aufstockungszahlungen, aufgrund von Gehaltssteigerungen sowie biometrische Ausscheidewahrscheinlichkeiten wie Tod und Invalidität zu berücksichtigen.

20   Der schematische Verlauf, d.h. ohne Berücksichtigung von Biometrie und Abzinsung, der Altersteilzeitrückstellung in der deutschen Handelsbilanz für Beispiel 1 wird in Tabelle 9.4 ersichtlich.

Tabelle 9.4:   Schematischer Rückstellungsverlauf der Altersteilzeitrückstellung gemäß HGB

31.12. Rückstellung für	2008	2009	2010	2011	2012	2013	2014
			Beschäftigungsphase			Freistellungsphase	
Aufstockungen	72.000	60.000	48.000	36.000	24.000	12.000	0
+ Erfüllungsrückstand	0	28.800	57.600	86.400	57.600	28.800	0
+ Kapitalabfindung	6.000	6.000	6.000	6.000	6.000	6.000	0
= Summe	78.000	94.800	111.600	128.400	87.600	46.800	0

21   Gemäß § 246 Abs. 2 HGB gilt für Vermögensgegenstände, die dem Zugriff aller übrigen Gläubiger entzogen sind und ausschließlich der Erfüllung von Schulden aus Altersversorgungsverpflichtungen oder vergleichbaren langfristig fälligen Verpflichtungen dienen, dass diese mit den korrespondierenden Verbindlichkeiten zu verrechnen sind. In der Praxis wird die Insolvenzsicherung der Wertguthaben aus Altersteilzeitvereinbarungen gemäß § 8a AltTZG oftmals durch ausgelagerte Vermögensgegenstände, z.B. Wertpapiere, die in eine Vermögenstreuhand eingebracht wurden, vorgenommen. Erfüllen diese die Voraussetzungen des § 246 Abs. 2 HGB, d.h. sind diese ausreichend vor dem Zugriff der Gläubiger im Falle der Insolvenz geschützt, dann kann die Altersteilzeitverpflichtung also mit diesen Vermögensgegenständen saldiert werden.

22   Bei der Überleitung der Altersteilzeitrückstellung in einem Wirtschaftsjahr müssen bei Vorliegen ausgelagerter Vermögensgegenstände, welche die Bedingungen das § 246 Abs. 2 HGB erfüllen, die Beiträge an sowie die Rückflüsse aus diesem Vermögen berücksichtigt werden. Der in einem Wirtschaftsjahr zu buchende Aufwand ist in den Personal- und den Zinsaufwand aufzuteilen. Der Zinsaufwand bei der Überleitung der Altersteilzeitrückstellung ergibt sich aus dem Zinsaufwand auf die Altersteilzeitverpflichtung einerseits und dem Zinsertrag auf die ausgelagerten Vermögensgegenstände andererseits.

23   Führt man das obige Beispiel fort und unterstellt darüber hinaus, dass einerseits die Bewertung mit einem Rechnungszins von 4,0 % vorgenommen und andererseits die Insolvenzsicherung der Wertguthaben aus Altersteilzeit über die Auslagerung von Vermögensgegenständen durchgeführt wird, so ergibt sich für das Wirtschaftsjahr 2009 folgende Rückstellungsverlauf (auf Grund der versiche-

---

3   Aktuelle Zinssätze können unter http://www.bundesbank.de/download/statistik/abzinsungszinssaetze.pdf abgerufen werden.

rungsmathematischen Bewertung mit 4,0 % Rechnungszins beträgt der Barwert der Aufstockungen und der Kapitalabfindung zum 1.1.2009 61.300 € anstelle von 78.000 € – vgl. Tabelle 9.4):

Tabelle 9.5: Entwicklung der Altersteilzeitrückstellung

Altersteilzeitrückstellung 1.1.2009	61.300
+ Personalaufwand	31.048
+ Zinsaufwand	2.452
./. Nettobeitrag an Wertguthaben (Beitrag ./. Rückflüsse)	-28.800
./. geleistete Aufstockungszahlungen	-12.000
./. Arbeitgeberaufwand 50 % Altersteilzeit (Freistellungsphase)	0
Altersteilzeitrückstellung 31.12.2009	54.000

Darüber hinaus sind etwaige Forderungen auf Grund von Erstattungsansprüchen gegenüber der Bundesagentur für Arbeit als Vermögenswert dann zu aktivieren, sobald sicher ist, dass die in den §§ 2 und 3 AltTZG genannten Bedingungen erfüllt sind.   24

II.   Altersteilzeitrückstellungen in der Steuerbilanz

Wird die Altersteilzeit im **Teilzeitmodell** durchgeführt, so scheidet gemäß BMF-Schreiben vom 11. November 1999 eine Rückstellungsbildung vor und während der Altersteilzeit aus (vgl. BMF-Schreiben vom 11.11.1999 Rz. 16).   25

Die steuerbilanzielle Behandlung von Altersteilzeitverpflichtungen im **Blockmodell** wurde ursprünglich ebenfalls durch das BMF-Schreiben vom 11. November 1999 geregelt. Nach einem BFH-Urteil[4] wurde am 28. März 2007 ein neues, überarbeitetes BMF-Schreiben zur „bilanzsteuerlichen Berücksichtigung von Altersteilzeitvereinbarungen im Rahmen des so genannten ‚Blockmodells' nach dem Altersteilzeitgesetz (AltTZG)" veröffentlicht.   26

Danach sind, im Gegensatz zur deutschen Handelsbilanz, ausschließlich Rückstellungen für die laufenden Vergütungen in der Freistellungsphase zu bilden. Es müssen also für die Verpflichtungen zur Zahlung von Vergütungen in der Freistellungsphase in der Beschäftigungsphase Rückstellungen für ungewisse Verbindlichkeiten passiviert werden. Bemessungsgrundlage sind dabei die gesamten in der Freistellungsphase zu gewährenden Vergütungen einschließlich der zu erbringenden Aufstockungsbeträge sowie sonstige Nebenleistungen (Urlaubs- und Weihnachtsgeld, Arbeitgeberanteile zur gesetzlichen Sozialversicherung).   27

Erstattungsleistungen der Bundesagentur für Arbeit stellen nach Meinung des BMF Vorteile für den Arbeitgeber dar, die gemäß § 6 Abs. 1 Nr. 3a Buchstabe c und § 52 Abs. 16 Satz 2 EStG wertmindernd bei der Rückstellungsberechnung berücksichtigt werden müssen, sofern am Bilanzstichtag nach den Umständen des Einzelfalls mehr Gründe für als gegen die Inanspruchnahme der Erstattungsansprüche sprechen. Wurden Erstattungsleistungen noch nicht gezahlt, obwohl die Voraussetzungen für die Zahlung der Erstattungsleistungen erfüllt waren, so ist eine Forderung in der Bilanz zu aktivieren.   28

Die Altersteilzeitrückstellungen für Leistungen in der Freistellungsphase, d.h. Aufstockungszahlungen, 50 % Teilzeitgehalt und evtl. Abfindungszahlungen sind entsprechend ihrer ratierlichen wirtschaftlichen Verursachung in der Beschäftigungsphase zeitanteilig in gleichen Raten anzusammeln. Bei der versicherungsmathematischen Bewertung der Rückstellungen mittels des Verfahrens der laufenden Einmalprämien ist ein Rechnungszins von 5,5 % vorgeschrieben. Wie schon bei den Pensionsrückstellungen wird hinsichtlich der biometrischen Rechnungsgrundlagen auf die Richttafeln 2005 G von Klaus Heubeck hingewiesen.   29

---

4   BFH-Urteil vom 30.11.2005 I R 110/04 – BStBl. 2007 II S. 251

30 Bei der Bewertung der Rückstellungen sind die Kosten- und Wertverhältnisse des jeweiligen Bilanzstichtages gemäß § 252 Abs. 1 Nr. 4 HGB maßgebend, d.h. das zukünftige Gehaltssteigerungen, sofern nicht schriftlich der Höhe nach vereinbart, bei der Rückstellungsberechnung nicht berücksichtigt werden dürfen.

31 Wendet man die Vorschriften des BMF zur Bildung von Altersteilzeitrückstellungen in der Steuerbilanz an, so ergibt sich für Beispiel 1 folgender schematischer, d.h. unter Ausblendung von Biometrie und Rechnungszins, Rückstellungsverlauf:

Tabelle 9.6: Schematischer Rückstellungsverlauf Altersteilzeitrückstellung Steuerbilanz

31.12. Rückstellung für	2008	2009	2010	2011	2012	2013	2014
		Beschäftigungsphase			Freistellungsphase		
Aufstockungen	0	12.000	24.000	36.000	24.000	12.000	0
./. Erstattungsleistungen	0	-8.640	-17.280	-25.920	-17.280	-8.640	0
+ Erfüllungsrückstand	0	28.800	57.600	86.400	57.600	28.800	0
+ Kapitalabfindung	0	2.000	4.000	6.000	6.000	6.000	0
= Summe	0	34.160	68.320	102.480	70.320	38.160	0

32 Alternativ zur versicherungsmathematischen Bewertung gestattet das BMF-Schreiben ein pauschales Verfahren mittels einer dem BMF-Schreiben angefügten Tabelle, wobei zu beachten ist, dass die Altersteilzeitverpflichtungen eines Unternehmens nur einheitlich mit dem Pauschalwertverfahren oder versicherungsmathematisch bewertet werden dürfen.

33 Eine Saldierung der Rückstellung mit einem evtl. vorhanden Kapitalstock (etwa zur Sicherung der gegen Insolvenz zu sichernden Wertguthaben) ist nicht zulässig. Der Rückstellungsverlauf unterscheidet sich durch die unterschiedliche Behandlung der Aufstockungs- und Abfindungszahlungen einerseits und die Berücksichtigung bzw. Nichtberücksichtigung der Erstattungsleistungen da anderrerseits erheblich vom Rückstellungsverlauf in der deutschen Handelsbilanz.

Abbildung 9.1: Beispiel zum Altersteilzeitrückstellungsverlauf in der deutschen Handels- und Steuerbilanz

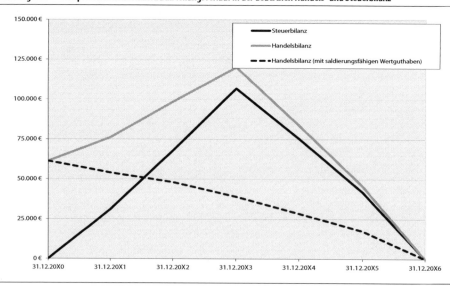

Abbildung 9.1 illustriert anhand unseres Beispiels den Rückstellungsverlauf in der deutschen Han- 34
dels- und Steuerbilanz unter Berücksichtigung von Biometrie, d.h. Invalidisierungs- und Sterbe-
wahrscheinlichkeiten, sowie unterschiedlichen Rechnungszinssätzen in der Steuerbilanz von 5,5 %
sowie 4,0 % in der Handelsbilanz. Ist ein saldierungsfähiges Wertguthaben vorhanden, so entspricht
der Rückstellungsverlauf in der Handelsbilanz näherungsweise dem Rückstellungsverlauf für die
Aufstockungszahlungen und Kapitalabfindung.

III. Altersteilzeitverpflichtungen gemäß IFRS

Grundsätzlich wird beim Ausweis der Altersteilzeitverpflichtungen in der Bilanz nach internationa- 35
len Rechnungslegungsvorschriften (IFRS; hier maßgeblich: IAS 19) gemäß der IDW-Stellungnahme
zur Rechnungslegung: Bilanzierung von Verpflichtungen aus Altersteilzeitregelungen nach IAS und
nach handelsrechtlichen Vorschriften (IDW RS HFA 3; Stand 18.11.1998) genauso verfahren wie in
der deutschen Handelsbilanz, wobei die Altersteilzeitverpflichtungen im IAS 19 nicht explizit geregelt werden.[5]

Aufgrund des Abfindungscharakters von Aufstockungszahlungen und Kapitalabfindungen werden 36
diese als Leistungen aus Anlass der Beendigung eines Arbeitsverhältnisses (Termination Benefits)
eingestuft. Gemäß IAS 19.165 müssen Leistungen aus Anlass der Beendigung eines Arbeitsverhältnisses in dem Moment bilanzwirksam erfasst werden, ab dem der Arbeitgeber von der Leistung
nicht mehr zurücktreten kann. Dies ist nicht nur dann erfüllt, wenn eine Altersteilzeitvereinbarung
bereits unterzeichnet wurde, sondern auch dann, wenn der Arbeitgeber den Arbeitnehmern, etwa
in einem Tarifvertrag oder Betriebsvereinbarung, ein Recht einräumt, zukünftig diese Leistungen
zu beanspruchen. Also muss, analog zur deutschen Handelsbilanz, auch für zukünftige, potenzielle
Altersteilzeitvereinbarungen eine Verpflichtung für Aufstockungen und Kapitalabfindungen in der
Bilanz ausgewiesen werden.

Die voraussichtlich zu leistenden Aufstockungszahlungen und Kapitalabfindungen sind nach versi- 37
cherungsmathematischen Grundsätzen zu bewerten. Da die Aufstockungszahlungen über einen bestimmten Zeitraum in gleichbleibenden monatlichen Raten auszuzahlen sind, sind diese mit ihrem
Barwert anzusetzen.

Bei Anwendung des Blockmodells wird der Erfüllungsrückstand aufgrund der Zahlung von Bezügen 38
in Höhe von 50 % gegenüber der Vollzeitbeschäftigung des Mitarbeiters während der Beschäftigungsphase gemäß IAS 19.153 als eine so genannte andere langfristig fällige Leistung an Arbeitnehmer (other long-term employee benefit) eingeordnet. Daraus folgt, dass die Verpflichtung zwingend
mit dem Verfahren der laufenden Einmalprämien berechnet werden muss.

Bei einer Restlaufzeit der Altersteilzeitverpflichtungen von mehr als zwölf Monaten sind die Leistun- 39
gen mit einem restlaufzeitadäquaten Rechnungszins gemäß IAS 19.83 abzuzinsen. Bei der Bewertung
sind die künftigen Leistungen nach den am Bilanzstichtag gegebenen Verhältnissen zu bemessen,
d.h. dass z.B. auch erwartete zukünftige Anpassungen der Leistungen aufgrund der Gehaltsdynamik
zu berücksichtigen sind.

Wurden Vermögensgegenstände zwecks Insolvenzsicherung ausgelagert und erfüllen diese die Be- 40
dingungen des IAS 19.8 für Planvermögen, so kann die Verpflichtung für andere langfristig fällige
Leistungen mit diesen Vermögensgegenständen saldiert werden. Eine Verrechnung der in der Bilanz
auszuweisenden Verpflichtung zur Zahlung von Leistungen aufgrund der Beendigung des Arbeitsverhältnisses (hier: Aufstockungszahlungen und Kapitalabfindung) mit ausgelagertem Vermögen ist
nicht erlaubt.

---

5   Hinsichtlich möglicher Änderungen der Rechnungslegungspraxis verweisen wir hier auf die Ausführungen im vorange-
    gangenen Abschnitt I Tz. 14.

41   Die Zuführung zur Altersteilzeitverpflichtung ist entsprechend den Regelungen für die Pensionsverpflichtungen in eine Dienstzeitaufwands-, Zinsaufwands- und Neubewertungskomponente aufzuteilen (vgl. Kapitel 6). Im Gegensatz zur Rechnungslegung für Pensionsverpflichtungen ist die
Neubewertungskomponente allerdings nicht erfolgsneutral im Eigenkapital zu erfassen, sondern
erfolgswirksam in der Gewinn- und Verlustrechnung zu berücksichtigen.

42   Etwaige Forderungen auf Grund von Erstattungsansprüchen gegenüber der Bundesagentur für Arbeit sind gemäß IAS 37.53 als Vermögenswert zu aktivieren, sobald faktisch sicher ist, dass sie dem
Arbeitgeber in Zukunft zufließen werden, d.h. die in den §§ 2 und 3 AltTZG genannten Bedingungen erfüllt sind.

Unterschiede zu US-GAAP

43   Die Bilanzierung von Altersteilzeitverpflichtungen nach US-amerikanischen Rechnungslegungsvorschriften (US-GAAP) ist im Gegensatz zum IFRS explizit geregelt (Topic 715-30-55-80 ff).

44   Abweichend von den IFRS werden Aufstockungszahlungen und Kapitalabfindung zwar ebenfalls als
Leistungen mit Abfindungscharakter klassifiziert, jedoch werden in der Bilanz auszuweisende Verpflichtungen zur Zahlung dieser Leistungen ausschließlich für die Freistellungsphase gebildet. Die
in der Bilanz auszuweisenden Verpflichtungen für Aufstockungszahlungen und Kapitalabfindungen
werden ratierlich in dem Zeitraum ab Unterschrift der Altersteilzeitvereinbarung bis zum Ende der
Beschäftigungsphase angesammelt (vgl. Tabelle 9.7).

Tabelle 9.7:   Schematischer Rückstellungsverlauf der Altersteilzeitverpflichtung gemäß US-GAAP

Rückstellung für	31.12.	2008	2009	2010	2011	2012	2013	2014
			Beschäftigungsphase			Freistellungsphase		
Aufstockungen		9.000	18.000	27.000	36.000	24.000	12.000	0
+ Erfüllungsrückstand		0	28.800	57.600	86.400	57.600	28.800	0
+ Kapitalabfindung		1.500	3.000	4.500	6.000	6.000	6.000	0
= **Summe**		**10.500**	**49.800**	**89.100**	**128.400**	**87.600**	**46.800**	**0**

45   Die in der Bilanz auszuweisenden Altersteilzeitverpflichtungen sind bei Anwendung der US-amerikanischen Rechnungslegungsvorschriften vor Beginn der Freistellungsphase offensichtlich geringer
als bei Anwendung des IAS 19 (vgl. Abbildung 9.2). Mit Wechsel des Arbeitnehmers in die Freistellungsphase entsprechen die in der Bilanz nach US-GAAP auszuweisenden Altersteilzeitverpflichtungen den Werten in der IFRS-Bilanz.

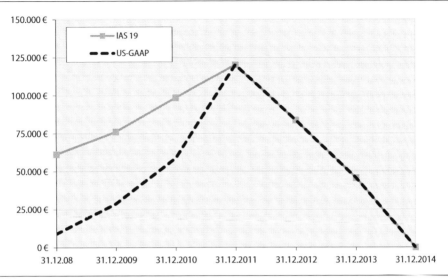

B.   Leistungen anlässlich eines Dienstjubiläums

Viele Unternehmen gewähren ihren Arbeitnehmern nach Vollendung einer bestimmten Dienstzeit   46
eine „Zuwendung anlässlich eines Dienstjubiläums" (Begriffsbestimmung gemäß § 5 Abs. 4 EStG).
Das BMF definiert eine Jubiläumszuwendung als eine Einmalzuwendung in Geld oder Geldeswert
an den Arbeitnehmer anlässlich eines Dienstjubiläums, die der Arbeitnehmer neben dem laufenden
Arbeitslohn und anderen sonstigen Bezügen erhält. Es fallen insbesondere auch zusätzliche Urlaubstage im Jubiläumsjahr unter den Begriff der Jubiläumszuwendung.

 Beispiel 2

Jubilare erhalten nach einer anerkannten Dienstzeit von

    10 Jahren: 750 € (netto)

    25 Jahren: 1 Monatsgehalt (brutto)

    40 Jahren: 1,5 Monatsgehälter + 2 Tage Urlaub

Angenommen ein Arbeitnehmer verdient monatlich 2.500 €, dann ergibt sich aus der oben dargestellten Regelung ein Aufwand für den Arbeitgeber, der über die in der Regelung genannten Beträge hinausgeht. So muss der Arbeitgeber bei allen
drei Jubiläen Arbeitgeberbeiträge zur Sozialversicherung und bei Erreichen des Dienstjubiläums nach Vollendung von zehn
Dienstjahren zusätzlich auch noch die Steuern für den Arbeitnehmer abführen. Außerdem müssen die zwei Tage Zusatzurlaub
anlässlich des 40-jährigen Dienstjubiläums in einen Geldwert umgerechnet und bei der Aufwandsplanung berücksichtigt
werden.

I.   Handelsbilanz

47   Bei der Verpflichtung zur Zahlung von Jubiläumsleistungen handelt es sich um ungewisse Verbindlichkeiten, die gemäß § 249 Abs. 1 Satz 1 HGB in der deutschen Handelsbilanz zu passivieren sind. Dabei ist der Entgeltcharakter der Jubiläumszuwendungen zu beachten, d.h. dass Arbeitnehmer Jubiläumszuwendungen als Gegenleistung für die während der Dauer der Betriebszugehörigkeit erbrachte Arbeitsleistung erhalten. Daraus folgt, dass die jeweilige Jubiläumsleistung über die gesamte Dauer der Betriebszugehörigkeit, d.h. ab Diensteintritt bis zum jeweiligen Jubiläumszeitpunkt zu finanzieren ist.

48   Aufgrund des aleatorischen Charakters der Rückstellungen für ungewisse Verbindlichkeiten bietet sich ein versicherungsmathematisches Bewertungsverfahren, d.h. ein Verfahren, das die Ausscheidewahrscheinlichkeiten Sterblichkeit, Invalidisierung und Fluktuation berücksichtigt, für die Bewertung der Jubiläumsverpflichtungen in der Handelsbilanz an. In der Praxis werden hier sowohl der Teilwert als auch das Verfahren der laufenden Einmalprämien genutzt. Eine Vorschrift, die die eine oder die andere Methode vorschreibt, existiert nicht.

49   Die Jubiläumsrückstellungen sind gemäß § 253 Abs. 2 HGB bei einer Restlaufzeit von mehr als einem Jahr mit dem ihrer Restlaufzeit entsprechenden durchschnittlichen Zinssatz der vergangenen sieben Geschäftsjahre abzuzinsen. Abweichend hiervon dürfen die Rückstellungen, genau wie die Pensionsrückstellungen, auch pauschal mit dem durchschnittlichen Zinssatz diskontiert werden, der sich bei einer angenommenen Restlaufzeit von 15 Jahren ergibt. Bei der Bewertung am Bilanzstichtag sind die zukünftigen Jubiläumsleistungen unter Berücksichtigung zukünftig erwarteter Entwicklungen zu bewerten, d.h. dass z.B. auch erwartete zukünftige Anpassungen der Jubiläumsleistungen aufgrund der Gehaltsdynamik, zu berücksichtigen sind.

50   Der Verlauf einer Jubiläumsrückstellung ist aufgrund der Unregelmäßigkeit der Jubiläumszuwendungen ebenfalls im Zeitablauf schwankend. Führt man etwa das obige Beispiel fort, so ergibt sich bei Eintritt des Arbeitnehmers in das Unternehmen im Alter 20 und einem Rechnungszins von 5,25 % der in Abbildung 9.3 dargestellte Rückstellungsverlauf:

Abbildung 9.3:   Entwicklung der Jubiläumsrückstellungen der Handelsbilanz

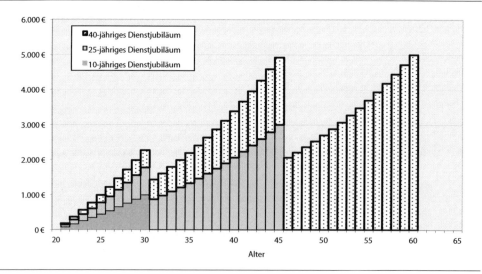

II.   Jubiläumsrückstellungen in der Steuerbilanz

Rückstellungen für Zuwendungen anlässlich eines Dienstjubiläums wurden letztmals von der Finanzverwaltung am 8. Dezember 2008 in einem BMF-Schreiben dargelegt.

51

Danach ist die Bildung von Rückstellungen für Jubiläumszuwendungen gemäß § 5 Abs. 4 EStG nur zulässig, wenn

52

- das Dienstverhältnis mindestens zehn Jahre bestanden hat,
- die Jubiläumszuwendung eine Dienstzeit von mindestens 15 Jahren voraussetzt,
- die Zusage schriftlich erteilt und
- die Anwartschaft auf das Dienstjubiläum nach dem 31.12.1992 erdient wurde.

Daraus folgt insbesondere, dass für Jubiläumszuwendungen anlässlich eines Dienstjubiläums bei zehnjähriger Betriebszugehörigkeit keine steuerliche Rückstellung gebildet werden darf.

53

Jubiläumsrückstellungen in der Steuerbilanz sind mit dem versicherungsmathematischen Teilwert der Verpflichtung unter Verwendung eines Rechnungszinssatzes von (mindestens) 5,5 % zu bewerten. Bei der Bewertung ist von den Verhältnissen am Bilanzstichtag auszugehen, d.h. dass z.B. erwartete zukünftige Gehaltssteigerungen, die am Bewertungsstichtag noch nicht feststehen, bei der Bewertung nicht zu berücksichtigen sind. Es ist ferner darauf zu achten, dass, wenn für die Arbeitnehmer auch Pensionszusagen bestehen, das rechnungsmäßige Endalter bei der Bewertung von Jubiläumsrückstellungen mit dem Endalter bei der Bewertung der Pensionsrückstellungen übereinstimmen muss (vgl. Kap. 5.2.2). Alternativ zum versicherungsmathematischen Teilwert ist es auch zulässig, ein so genanntes Pauschalwertverfahren für die Berechnung der Jubiläumsrückstellungen zu verwenden. Dabei ist zwingend die als Anlage dem BMF-Schreiben vom 8. Dezember 2008 beigefügte Tabelle zu verwenden.

54

Führen wir unser Beispiel 2 fort und nehmen zudem an, dass der Arbeitnehmer 1983 in die Firma eingetreten ist, so wird deutlich, dass die Jubiläumsrückstellung in der Steuerbilanz nicht nur aufgrund der Nichtzulässigkeit der Rückstellungsbildung in den ersten zehn Jahren der Betriebszugehörigkeit geringer ausfällt als in der Handelsbilanz, sondern auch, weil Anwartschaften, die vor dem 1.1.1993 erdient wurden ebenfalls nicht für steuerliche Zwecke berücksichtigt werden dürfen:

55

Abbildung 9.4:   Entwicklung der Jubiläumsrückstellungen in Handels- und Steuerbilanz

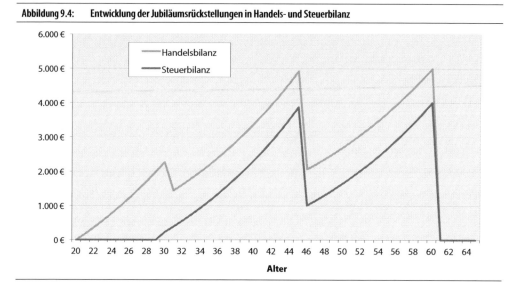

III.   Jubiläumsverpflichtungen gemäß IFRS

56   Jubiläumsverpflichtungen gehören gemäß IAS 19.153 (b) zu den anderen langfristig fälligen Leistungen (other long-term employee benefits) an Arbeitnehmer. Aufgrund der Tatsache, dass die Bewertung anderer langfristig fälliger Leistungen an Arbeitnehmer gewöhnlich nicht den gleichen Unsicherheiten unterliegen, wie dies z.B. bei Pensionen der Fall ist, gelten für andere langfristig fällige Leistungen vereinfachte Bewertungs- und Bilanzierungsvorschriften.

57   Die Jubiläumsverpflichtungen sind mit dem Verfahren der laufenden Einmalprämien unter Berücksichtigung zukünftig zu erwartender Veränderungen (z.B. Gehaltssteigerungen) und Anwendung des aktuellen Rechnungszinssatzes gemäß IAS 19.83 unter Berücksichtigung der Fristigkeit der Verpflichtungen zu bewerten. Falls für die Erfüllung der Ansprüche Vermögenswerte ausgelagert wurden, die den Ansprüchen an Planvermögen gemäß IAS 19.8 genügen, so können diese mit der Jubiläumsverpflichtung saldiert werden.

58   Die Veränderung der Jubiläumsrückstellung ist gemäß IAS 19.156 getrennt nach Dienstzeitaufwand, Nettozinsaufwand und Neubewertungen erfolgswirksam in der Gewinn- und Verlustrechnung zu erfassen zu erfassen (vgl. Tabelle 9.8):

Tabelle 9.8:   Schema zur Entwicklung von Jubiläumsrückstellungen gemäß IAS 19

Jubiläumsrückstellung (Anfang des Wirtschaftsjahres)
+   Dienstzeitaufwand
+   Nettozinsaufwand
+   Neubewertungen
./.   Ausgezahlte Jubiläumsleistungen
Jubiläumsrückstellung (Ende des Wirtschaftsjahres)

59   Die Neubewertungen werden also im Unterschied zu den Vorschriften für die Pensionsverpflichtungen nicht direkt im Eigenkapital erfasst. Gemäß IAS 19.158 werden für andere langfristig fällige Leistungen an Arbeitnehmer keine speziellen Offenlegungspflichten definiert, jedoch kann aus anderen Standards (z.B. IAS 1 oder IAS 24) die Notwendigkeit einer Anhangangabe resultieren.

C.   Zeitwertkontenmodelle

I.   Begriff und Modellvarianten

Zeitwertkonten beruhen auf einer Vereinbarung zwischen Arbeitgeber und Arbeitnehmer, zukünftig fällig werdende Teile des Arbeitsentgeltes nicht sofort auszuzahlen, sondern diese beim Arbeitgeber als Wertguthaben bis zu einer späteren Verwendung im Rahmen einer Freistellung zu belassen. Gemäß § 7b SGB IV hat diese Vereinbarung in schriftlicher Form zu erfolgen und sie darf nicht als Ziel lediglich die flexible Gestaltung der täglichen oder wöchentlichen Arbeitszeit verfolgen. Das eigentlich fällige Bruttoarbeitsentgelt, einschließlich des hierauf entfallenden Arbeitgeberanteils am Gesamtsozialversicherungsbeitrag für erbrachte oder noch zu erbringende Arbeitsleistungen, wird als Wertguthaben erfasst und in der Phase einer vollständigen oder teilweisen Freistellung von der Arbeitsleistung entnommen. Es wird also die Fälligkeit des Arbeitsentgeltes bis zur Freistellungsphase hinausgeschoben. | 60

Die Vereinbarung zwischen Arbeitgeber und Arbeitnehmer enthält üblicherweise Regelungen darüber, welche Entgeltbestandteile in ein Wertguthaben eingebracht werden, ob und wie sich dieses Guthaben verzinst, für welchen Freistellungszweck es verwendet werden darf und auf welche Weise es gegen die Insolvenz des Arbeitgebers geschützt werden soll. Grundsätzlich können anstelle von Entgeltbestandteilen auch Zeitwerte eingebracht werden, welche dann jedoch jeweils mit dem aktuellen Stundensatz bewertet und dem Wertguthaben gutgeschrieben werden. | 61

Zumeist handelt es sich bei den Entgeltbestandteilen um Tantiemen, Boni, Weihnachts- oder Urlaubsgeld sowie gesondert definierte Anteile des monatlichen Arbeitsentgeltes. Umzurechnende Zeitwerte ergeben sich oftmals im Rahmen von Überstunden oder (Rest-) Urlaubstagen. Über die gesetzlich nicht vorgeschriebene Verzinsung steuern die Vertragsparteien die Attraktivität des Modells. Gesetzlich vorgeschrieben ist lediglich, dass der Arbeitgeber zumindest den Rückfluss der „in das Wertguthaben eingezahlten Beträge" zum Zeitpunkt der planmäßigen Verwendung garantieren muss. Des weiteren ist das Wertguthaben für den Fall einer Insolvenz des Arbeitgebers zu sichern. Eine mögliche Verzinsung kann sich an einem fest vereinbarten Zins oder auch an einem variablen Referenzzins orientieren. Oftmals wird das Wertguthaben einer vorher definierten Kapitalanlage zugeführt, an deren Erfolg oder Misserfolg die Arbeitnehmer teilhaben. Eine solche Kapitalanlage kann auch „virtuell" durchgeführt werden. Andere Vereinbarungen sehen vor, das in Zeiteinheiten eingebrachte und in einen Geldbetrag umgerechnete Guthaben mit dem Lohn- oder Gehaltsniveau des Arbeitnehmers ansteigen zu lassen. Neben den genannten Verzinsungsformen sind in der Praxis eine Vielzahl von Mischformen vorzufinden. Das Guthaben kann dann für eine längere Freistellung wie zum Beispiel für ein Sabbatical, für längere Eltern- oder Weiterbildungszeiten oder im Rahmen von Altersteilzeit oder Vorruhestandsregelungen eingesetzt werden. | 62

Wie auch immer Verzinsung und Kapitalanlage ausgestaltet werden, der Gesetzgeber verpflichtet den Arbeitgeber dahingehend, dass das Wertguthaben jederzeit – also sowohl bei einer planmäßigen Verwendung in der Freistellungsphase als auch bei einer planwidrigen Verwendung im sogenannten Störfall z.B. in Folge einer Kündigung oder eines Todesfalls – liquidiert werden kann. Dabei muss das Wertguthaben, neben den eingebrachten Beträgen, jederzeit zumindest die garantierte Mindestverzinsung – sofern eine Verzinsung tatsächlich garantiert ist – sowie den Arbeitgeberanteil am Sozialversicherungsbeitrag enthalten. Aufgrund diverser Anlagebeschränkungen wie zum Beispiel Risikobegrenzungen durch die Festlegung maximal zulässiger Aktienquoten oder Verlustausschlüssen ist die Kapitalanlage faktisch stark eingeschränkt. In Tarifverträgen kann aber eine „freiere" Anlage normiert werden. | 63

64   Erfolgt eine „reale" Anlage der Wertguthaben, so wird die Insolvenzsicherung in der Praxis auf zwei unterschiedlichen Wegen durchgeführt. Entweder werden die angesparten Guthaben an den Arbeitnehmer als Gläubiger verpfändet, so dass im Falle der Insolvenz das verpfändete Vermögen nicht Teil der Insolvenzmasse wird, oder aber durch die Umsetzung eines „Treuhandmodells" ausgelagert. Das Treuhandmodell (vgl Ausführungen zum CTA in Kapitel 2 Tz. 56-61) sieht vor, dass das Vermögen nach Maßgabe der Regelungen bei der Vermögensübertragung vom Arbeitgeber auf den Treuhänder durch diesen verwaltet wird (Verwaltungstreuhand). Im Falle der Insolvenz des Arbeitgebers sorgt der Treuhänder dafür, dass das Vermögen ausschließlich für die Auszahlung der entsprechenden Verpflichtungen des Arbeitgebers gegenüber dem Arbeitnehmer verwendet wird (Sicherungstreuhand). Oftmals werden Verpfändungs- und Treuhandmodelle kombiniert. Werden die Wertguthaben nicht real angelegt, so kann die Insolvenzsicherung z.B. durch ein Bürgschafts- oder Versicherungsmodell sichergestellt werden.

65   Erfüllt das angewandte Zeitwertmodell die oben genannten gesetzlichen Vorgaben, wird der Vermögenszufluss beim Arbeitnehmer erst bei der Auszahlung des Guthabens in der Freistellungsphase angenommen. Die steuerliche und abgabenrechtliche Folge ist, dass erst mit der späteren Auszahlung Lohnsteuer und Sozialversicherungsbeiträge anfallen.

II.   Handelsrechtliche Abbildung (HGB)

66   Im Zeitpunkt der Erbringung der Arbeitsleistung durch den Arbeitnehmer bewirkt das „Nicht-Erbringen" der Gegenleistung in der Arbeitsphase (Zahlung des Arbeitsentgeltes für erbrachte Arbeitsleistung) einen Erfüllungsrückstand beim Arbeitgeber. Da der Zeitpunkt der Fälligkeit der Gegenleistung in der Freistellungsphase bzw. im Störfall in der Regel ebenso wenig feststeht wie die Höhe der Verbindlichkeit, ist eine ungewisse Verbindlichkeit gemäß § 249 Abs. 1 HGB zu passivieren.

67   Die Bewertung dieser Rückstellung erfolgt nach § 253 Abs. 1 Satz 2 HGB nach kaufmännischer Beurteilung in Höhe des künftigen Erfüllungsbetrages. Dieser Erfüllungsbetrag wird wesentlich durch das gestundete Entgelt sowie durch die Vereinbarung zur Entwicklung des Wertguthabens bestimmt. Ebenfalls zu berücksichtigen sind die Sozialversicherungsbeiträge des Arbeitgebers.

> ❱ Beispiel 3
>
> Der Angestellte Heinz Schmitz verzichtet im Jahr 2011 auf das Weihnachtsgeld in Höhe von 3.000 € (brutto). Der auf dieser Basis abzuführende Sozialversicherungsbeitrag des Arbeitgebers beträgt rund 20 %. Arbeitgeber und Arbeitnehmer haben vereinbart, dass das Wertguthaben mit 5 % verzinst wird. Zudem soll es 10 Jahre nach Beginn der Ansparung zur Finanzierung eines Sabbaticals eingesetzt werden. Insofern berücksichtigt der Erfüllungsbetrag sowohl den Wert der erbrachten Arbeitsleistung zum Zeitpunkt der Erbringung als auch dessen Verzinsung über den vereinbarten oder den wahrscheinlichen Zeitraum. In diesem konkreten Fall bewirkt die Aufzinsung der 3.000 € mit dem vereinbarten Zinssatz auf 10 Jahre einen Wert in Höhe von 4.886,86 €. Da das Entgelt in vermutlich 10 Jahren in der genannten Höhe ausgezahlt wird, werden dann auch die Arbeitgeberbeiträge zur Sozialversicherung fällig. Setzt man den Arbeitgeberanteil am Sozialversicherungsbeitrag mit 20 % an, so beträgt der Erfüllungsbetrag 5.864,02 €.
>
> Zur besseren Nachvollziehbarkeit wird an dieser Stelle sowie in den folgenden Beispielen auf die Berücksichtigung biometrischer (Überlebens-)Wahrscheinlichkeiten verzichtet.

68   Da die Erfüllung in der Zukunft liegt, ist der Erfüllungsbetrag nach den Grundsätzen des § 253 Abs. 2 HGB zu diskontieren (vgl. Kapitel 4 Tz. 37-40). Der laufzeitadäquate, durchschnittliche Marktzins der letzten 7 Jahre oder eben derjenige für eine pauschalierte Restlaufzeit sind dann anzuwenden:

> **Beispiel 4**
>
> In Fortführung des Beispiel 3 veröffentlicht die Bundesbank zum 31.12.2011 einen Referenzzins in Höhe von 5,17 %. Die Diskontierung des Erfüllungsbetrages in Höhe von 5.864,02 € über 10 Jahre führt zu einer Rückstellung in Höhe von 3.542,23 €. Im Folgejahr steigt die Rückstellung um den jeweiligen Zinseffekt. Da sich der handelsrechtliche Referenzzins jedoch ändern kann, ist die Zuführung zur Rückstellung nicht immer identisch mit der Verzinsung genau eines Jahres. Wenn zum 31.12.2012 der Referenzzins ebenfalls 5,17 % beträgt, beträgt die neue Rückstellung 3.725,36 €. Die Zuführung zur Rückstellung beträgt demnach 183,13. Insofern ist die Höhe der Zuführung exakt identisch mit dem Zinsaufwand in Höhe von 5,17 %. Es ist jedoch zu erwarten, dass sich der Referenzzins jährlich ändert. Bei einem Referenzzins von 5,25 % zum 31.12.2012 beträgt die Rückstellung 3.699,96 €. Die Zuführung beträgt demnach trotz (oder besser: aufgrund) des höheren Rechnungszinses lediglich 157,73 €.

Wird die Entwicklung des Wertguthabens an den Anlageerfolg eines Wertpapierdepots gekoppelt, dann ist grundsätzlich gemäß § 253 Abs. 1 Satz 3 HGB die Verpflichtung in Höhe des Zeitwerts der Wertpapiere anzusetzen. Obwohl der § 253 Abs. 1 Satz 3 HGB explizit auf Altersvorsorgeverpflichtungen Bezug nimmt, gilt dieser Bewertungsansatz auch für andere langfristige Verpflichtungen gegenüber Arbeitnehmern wie zum Beispiel diejenigen aus Zeitwertkontenmodellen. 69

Trotz des Anlageschutzes des § 7d Abs. 3 SGB IV ist es möglich, dass die Vermögensanlage nicht die notwendige Mindestverzinsung erreicht. Daher ist nach § 253 Abs. 1 Satz 3 HGB zugleich der Erfüllungsbetrag der zugesagten Mindestleistung festzustellen. Dieser ist nach den Grundsätzen des § 253 Abs. 2 HGB zu diskontieren. Falls der so ermittelte Wert der Mindestleistung den Zeitwert des Vermögens übersteigt, so ist die Rückstellung mit diesem höheren Wert zu bemessen. Sofern die Mindestverzinsung allerdings nur den nominellen Werterhalt gewährleistet, ist es in der Praxis kaum vorstellbar, dass dieser Fall eintritt. 70

Liegen zudem die Voraussetzungen der Saldierung gemäß § 246 HGB vor (vgl. Kapitel 4 Tz. 57-61), wäre im „Normalfall" (solange der Zeitwert des Vermögens den Wert der Mindestleistung übersteigt) aufgrund der Saldierung gleich hoher Beträge weder das Deckungsvermögen zu aktivieren noch die Verpflichtung zurückzustellen. Falls der Wert der Mindestleistung den Zeitwert übersteigt, so ist die Differenz als Rückstellung (Unterdeckung) zu bilanzieren). 71

> **Beispiel 5**
>
> In Abwandlung der Beispiele 3 und 4 gehen wir nun davon aus, dass der Arbeitgeber keine feste Verzinsung garantiert, sondern das Wertguthaben im Rahmen eines Treuhandmodells anlegt, welches die Kriterien der Insolvenzsicherheit sowie die übrigen Voraussetzungen nach § 246 Abs. 2 HGB erfüllt. Die Zinserträge werden in vollem Umfang dem Wertguthaben gutgeschrieben. Der Arbeitgeber garantiert lediglich, dass im Zeitpunkt der Verwendung mindestens die Summe der eingezahlten Beträge (einschließlich der Beiträge zur Sozialversicherung) verfügbar ist.
>
> Der Zeitwert des Wertguthabens beträgt mit der Einzahlung zum 31.12.2011 genau 3.600 €. Dies entspricht genau der zugesagten Mindestleistung. Der Wert der Mindestleistung beträgt nach Diskontierung mit dem Refenrenzzinssatz in Höhe von 5,17 % 2.287,05 €. Da der Zeitwert des Deckungsvermögens diesen Wert übersteigt, ist die Mindestleistung nicht zu berücksichtigen. Gemäß § 246 Abs. 2 HGB verbleibt somit zum 31.12.2011 weder eine Rückstellung noch ein aktiver Unterschiedsbetrag aus der Vermögensverrechnung.
>
> Zum 31.12.2012 beträgt der Wert der Mindestleistung bei einem Referenzzinssatz in Höhe von 5,25 % schon 2.390,70 €. Falls der Zeitwert des Vermögens im Folgejahr dramatisch auf zum Beispiel 2.300 € einbricht, so ist eine Rückstellung (nach Saldierung) in Höhe der Unterdeckung zu bilden. Diese beträgt 90,70 €.

Auch dann, wenn die Voraussetzungen der Saldierung nicht vorliegen oder gar die Wertentwicklung des Wertguthabens nur virtuell an ein definiertes Wertpapierportfolio gekoppelt ist, ist die Verpflichtung des Arbeitgebers nach den Grundsätzen des § 253 Abs. 1 Satz 3 HGB zu bewerten. 72

73 Bei der Berücksichtigung der Sozialversicherungsbeiträge des Arbeitgebers ist der Beitrag zum Zeitpunkt der Auszahlung zu berücksichtigen. Dies setzt eine Prognose der zukünftigen Beitragssätze ebenso voraus wie diejenige der künftigen Beitragsbemessungsgrenzen. Da zumeist bereits die Einschätzung der Fälligkeit mit Unsicherheiten verbunden ist, reicht für die Bewertung das jeweils aktuelle Niveau zur Berechnung aus.

III.   Steuerbilanzielle Abbildung

74 Der Maßgeblichkeitsgrundsatz des § 5 Abs. 1 EStG bewirkt zunächst, dass die Verpflichtung zur Bildung einer Rückstellung nach § 249 Abs. 1 HGB auch für die Steuerbilanz gilt. Insofern ist der Erfüllungsrückstand hinsichtlich der bereits erbrachten, jedoch noch nicht vergüteten Arbeitsleistung auch in der Steuerbilanz zu passivieren. Das BMF-Schreiben vom 17.6.2009 nennt als Voraussetzung für den Ansatz dieser Rückstellung, dass für die steuerliche Anerkennung des Zeitwertkontos insbesondere die Regelungen der § 7 ff. SGB IV erfüllt sein müssen.

75 Aufgrund des steuerlichen Bewertungsvorbehalts des § 5 Abs. 6 EStG sind die steuerlichen Bewertungsvorschriften zu beachten. Demnach sind Rückstellungen für unverzinsliche Verbindlichkeiten nach § 6 Abs.1 Nr. 3a Buchst. e EStG mit einem Rechnungszins in Höhe von 5,5 % zu diskontieren. Im Falle einer expliziten Zinsvereinbarung zwischen Arbeitgeber und Arbeitnehmer unterbleibt die Diskontierung. Dabei ist davon auszugehen, dass die geforderte Werterhaltung allein nicht als explizite Zinsvereinbarung zu qualifizieren ist. Aufgrund des strengen Stichtagsprinzips sind zu erwartende Steigerungen des Wertguthabens, welche jedoch nicht verbindlich vereinbart wurden, nicht bei der Ermittlung des Wertes der Verpflichtung zu berücksichtigen.

76 Sofern der Fälligkeitstermin der Auszahlung der gestundeten Entgelte fest steht, bestimmt dieser den Zeitrahmen der Diskontierung. Oftmals wird ein solcher Fälligkeitstermin nicht exakt vereinbart sein. In diesem Fall ist nach dem BMF-Schreiben vom 11.11.1999 der wahrscheinlichste Fall anzunehmen. Hierbei gilt eine pauschale Minderung des Zeitrahmens um drei Jahre als zulässig.

> **Beispiel 6**
>
> Der Angestellte Heinz Schmitz verzichtet im Jahr 2011 auf das Weihnachtsgeld in Höhe von 3.000 €. Der auf dieser Basis abzuführende Sozialversicherungsbeitrag des Arbeitgebers beträgt 20 %. Arbeitgeber und Arbeitnehmer haben vereinbart, dass das Wertguthaben mit 5 % verzinst wird. Zudem soll es 10 Jahre später zur Finanzierung eines Sabbaticals eingesetzt werden (Daten aus Beispiel 3).
>
> Da eine Verzinsung explizit vereinbart wurde, ist für den zum Stichtag des 31.12.2011 feststehenden Erfüllungsrückstandes inklusive der Arbeitgeberbeiträge zur Sozialversicherung eine Rückstellung in Höhe von 3.600 € zu bilden. Im Folgejahr beträgt die Rückstellung 3.780 €. Die Zuführung in Höhe von 180 € entspricht der vereinbarten Verzinsung in Höhe von 5 %.

77 Wird anstelle einer festen Verzinsung vereinbart, dass die tatsächlich erzielten Zinserträge der Vermögensanlage dem Wertguthaben zugerechnet werden, so ist u.E. ebenfalls von einer Verzinslichkeit der Verpflichtung auszugehen. Die Rückstellung ist demnach in Höhe der eingebrachten Entgeltbestandteile zu bemessen. Wertsteigerungen der Vermögensanlage erhöhen aufgrund des strengen Stichtagsprinzips nicht die Rückstellung. Aufgrund des Anschaffungskostenprinzips bleiben sie jedoch auch bei der Bewertung des Vermögens weitgehend unberücksichtigt. Im Schreiben vom 17.6.2009 hat das BMF eine Stellungnahme zu dieser Fragestellung angekündigt, die bisher ausblieb.

> **Beispiel 7**
>
> Die Angestellte Liesel Müller verzichtet im Jahr 2011 auf das Weihnachtsgeld in Höhe von 3.000 €. Der auf dieser Basis abzuführende Sozialversicherungsbeitrag des Arbeitgebers beträgt 20 %. Arbeitgeber und Arbeitnehmer haben keine Verzinsung des Wertguthabens vereinbart. Das Wertguthaben soll in 10 Jahren zur Finanzierung eines Sabbaticals eingesetzt werden.

Da keine Verzinsung vereinbart wurde, ist für den zum Stichtag des 31.12.2011 feststehenden Erfüllungsrückstands inklusive der Arbeitgeberbeiträge zur Sozialversicherung eine Rückstellung zu bilden. Da zum jetzigen Zeitpunkt lediglich eine verbindliche Verpflichtung in Höhe von 3.600 € vereinbart ist, ist die Verpflichtung über einen Zeitraum von 10 Jahren zu diskontieren. Die Rückstellung zum 31.12.2011 beträgt somit 2.107,55 € bei einem steuerlich vorgeschriebenen Rechnungszins in Höhe von 5,5 %. Im Folgejahr beträgt die Rückstellung 2.223,47 €. Die Zuführung in Höhe von 115,92 € entspricht dem steuerlichen Rechnungszins in Höhe von 5,5 %.

Die nach § 246 Abs. 2 Satz 2 HGB geregelte Saldierung von Deckungsvermögen und Verpflichtungen ist nach § 5 Abs. 1a EStG explizit untersagt. Insofern ist die mögliche Anlage des Wertguthabens zu aktivieren. Anders als der Zeitwertansatz in der Handelsbilanz ist die Kapitalanlage gemäß § 6 Abs. 1 EStG zu den Anschaffungskosten der Anlage zu bewerten. Bei einer Rückdeckungsversicherung wäre dies das geschäftsplanmäßige Deckungskapital.   **78**

IV.   IFRS-Bilanzierung

Gemäß IAS 19.8 in Verbindung mit IAS 19.153 sind Wertguthaben aus Zeitwertmodellen als „andere langfristig fällige Leistungen" einzuordnen, da das Arbeitsverhältnis noch nicht beendet ist, die Leistung wahrscheinlich jedoch erst nach mehr als 12 Monaten erfolgt. In der Bilanz ist die leistungsorientierte Verpflichtung, bewertet nach den Grundsätzen zur Bewertung von Pensionen, auszuweisen. Im Falle des Vorliegens von Planvermögen, ist dieses zum Zeitwert zu saldieren.   **79**

Wie bei den nach der OCI-Methode bilanzierten Pensionsverpflichtungen zeigt die Bilanz die vollständige, nicht durch Planvermögen gedeckte Verpflichtung. Im Unterschied zur Pensionsbilanzierung sind allerdings die jährlichen versicherungsmathematischen Gewinne und Verluste erfolgswirksam zu erfassen.   **80**

> ● Beispiel 8
>
> Der Angestellte Heinz Schmitz verzichtet im Jahr 2011 auf das Weihnachtsgeld in Höhe von 3.000 €. Der auf dieser Basis abzuführende Sozialversicherungsbeitrag des Arbeitgebers beträgt 20 %. Arbeitgeber und Arbeitnehmer haben vereinbart, dass das Wertguthaben mit 5 % verzinst wird. Zudem soll es 10 Jahre später zur Finanzierung eines Sabbaticals eingesetzt werden (Daten aus Beispiel 7). Der laufzeitkongruente Rechnungszins zum 31.12.2011 beträgt 4,5 %.
>
> Auf der Basis der vereinbarten Verzinsung ist für den zum Stichtag des 31.12.2011 feststehenden Erfüllungsrückstandes inklusive der Arbeitgeberbeiträge zur Sozialversicherung eine Rückstellung gemäß IAS 19.153 ff. in Höhe von 3.776,01 € zu bilden. Im Folgejahr beträgt auf der Basis eines angenommenen Rechnungszinses in Höhe von 4,25 % die Rückstellung 4.031,92 €. Die Zuführung beträgt inklusive der versicherungsmathematischen Verluste 255,90 €.

Das Planvermögen ist gemäß IAS 19.113 ff. zum Zeitwert zu bewerten.   **81**

> ● Beispiel 9
>
> Der Arbeitgeber des Angestellten Heinz Schmitz aus Beispiel 6 legt das Wertguthaben im Rahmen eines Treuhandmodells an. Der Zeitwert des Planvermögens beträgt 3.600 €. Auf der Basis des Rechnungszinses in Höhe von 4,5 % beträgt der Barwert der Verpflichtung 3.776,01 €, so dass eine Rückstellung in Höhe von 176,01 € zu bilden ist. Im Folgejahr beträgt auf der Basis eines angenommenen Rechnungszinses in Höhe von 4,25 % der Barwert der Verpflichtung 4.031,92 €, das Planvermögen 3.672 €. Insofern ist eine Rückstellung in Höhe von 359,92 € zu bilden. Die Zuführung in Höhe von 183,91 € ist aufwandswirksam zu verbuchen. Dabei bleibt offen, ob es sich hierbei um einen Personal- oder um einen Finanzierungsaufwand handelt.

Bei der Bilanzierung von Zeitwertmodellen unterscheidet sich die IFRS-Bilanzierung von derjenigen nach HGB insbesondere in der Ermittlung des Rechnungszinses.   **82**

Die Autoren

Dipl.-Math. Stephan Derbort ist seit 2009 im betriebswirtschaftlichen Bereich der Heubeck AG tätig. Hierbei gehören Fragen der nationalen und internationalen Rechnungslegung zu seinem Tätigkeitsfeld. Zuvor war er bei zwei multinationalen Konzernen im Rechnungswesen sowie bei einer internationalen Wirtschaftsprüfungsgesellschaft in der versicherungsmathematischen Abteilung beschäftigt. Herr Derbort ist Dipl.-Mathematiker.

Dr. Richard Herrmann ist seit 1993 bei der Heubeck AG beschäftigt und seit 2003 Mitglied des Vorstandes. Zu seinen Themenfeldern gehören auch internationale Fragestellungen. Zuvor war Dr. Herrmann bei einer internationalen Wirtschaftsprüfungsgesellschaft im Bereich Revision von Versicherungsunternehmen und der betrieblichen Altersversorgung tätig, zuletzt als Leiter der versicherungsmathematischen Abteilung. Dr. Herrmann ist Diplom-Mathematiker und hat in Volkswirtschaft promoviert.

Dipl.-Math. Christian Mehlinger ist seit 2001 Mitarbeiter der Heubeck AG und Spezialist für Fragen der internationalen Rechnungslegung. Seine Tätigkeitsschwerpunkte liegen im Bereich der Koordinierung und Konsolidierung von Pensionsplänen multinationaler Unternehmungen (Global Actuary). Herr Mehlinger ist Dipl.-Mathematiker.

Professor Dr. Norbert Seeger lehrt seit 2003 an der Hochschule Bonn-Rhein-Sieg Betriebliche Steuerlehre und Internationale Rechnungslegung. Zudem unterstützt er als freier Mitarbeiter die Betriebswirtschaftliche Abteilung der Heubeck AG und als Treuhänder den Deutsche Post Pensionsfonds.

Stichwortverzeichnis

fette Zahlen = Kapitel

andere Zahlen = Textziffer

2207810R00140

Printed in Germany
by Amazon Distribution
GmbH, Leipzig